21世纪应用型本科系列教材·文化产业类

文化产业案例

第三版

殷亚丽　胡晓明　主编

中山大学出版社
·广州·

版权所有　翻印必究

图书在版编目（CIP）数据

文化产业案例/殷亚丽，胡晓明主编. —3 版. —广州：中山大学出版社，2023.8
21 世纪应用型本科系列教材. 文化产业类
ISBN 978 - 7 - 306 - 07826 - 1

Ⅰ. ①文… Ⅱ. ①殷… ②胡… Ⅲ. ①文化产业—产业发展—中国—高等学校—教材 Ⅳ. ①G124

中国国家版本馆 CIP 数据核字（2023）第 112557 号

WENHUA CHANYE ANLI

出 版 人：	王天琪
策划编辑：	邹岚萍
责任编辑：	邹岚萍
封面设计：	林绵华
责任校对：	杨文泉
责任技编：	靳晓虹
出版发行：	中山大学出版社
电　　话：	编辑部 020 - 84111996，84111997，84113349，84110779
	发行部 020 - 84111998，84111981，84111160
地　　址：	广州市新港西路 135 号
邮　　编：	510275　传　　真：020 - 84036565
网　　址：	http://www.zsup.com.cn　E-mail: zdcbs@mail.sysu.edu.cn
印 刷 者：	佛山市浩文彩色印刷有限公司
规　　格：	787mm×960mm　1/16　17.25 印张　356 千字
版次印次：	2011 年 3 月第 1 版　2017 年 7 月第 2 版
	2023 年 8 月第 3 版　2023 年 8 月第 8 次印刷
印　　数：	16001～19000 册　定　价：50.00 元

如发现本书因印装质量影响阅读，请与出版社发行部联系调换

内 容 提 要

案例教学是高等院校应用性学科专业经常使用的一种教学手段，通过分析、比较各种鲜活的成败案例，拓宽学生的视野，提高学生的综合能力和实践能力。文化产业是一门实践性很强的学科，在实际教学中引入专门的案例，对帮助学生提高课堂学习的质量和效果、启发学生对现实社会中相关事例的反思非常重要。本书选取国内外文化产业经典案例进行深入研究，可以作为高等院校文化产业管理类专业的教科书，也可以作为从事文化产业学术研究的学者以及文化产业领域从业人员的参考资料。

第三版前言

《文化产业案例》自 2011 年面市以来,受到开设文化产业管理、艺术管理、影视制片管理等相关专业及方向高校师生的认可,十多年来一直被用作相关课程的教材和参考资料。为进一步改进教材质量、提高案例时效性,我们推出了第三版,在第二版的基础上做了如下修订。

一、删除部分案例

为了更好地提高所选案例的代表性,在本版中,我们删除了第二版中一些行业代表性较弱或内容和资料过时的案例。如,传媒产业篇中的《文化造镇 创意宋庄》《优酷:视频网站的版权保护之路》《看资本市场 谁是高手——中南出版传媒集团资本运营之路》;文化旅游会展产业篇中的《中国文化产业的大集市——中国国际文化产业博览交易会》《驶向品牌化、国际化"车道"——上海国际汽车工业展》。

二、新增部分案例

新增的案例包括:传媒产业篇中的《分众传媒:"电梯间"创意中诞生的数字化传媒集团》《网络视频第一股——乐视的兴衰》《奈飞:流媒体巨头的革新之路》,文化旅游产业篇中的《现代化国家文化公园建设中的文旅融合发展——扬州中国大运河博物馆》。

三、增加新资料,增补新内容

随着时间的变迁,部分案例在发展和变化,我们对其中变化较大的某些案例增加了新资料的,并增补了新内容。

如,传媒产业篇中的《光线传媒:不可复制的光线传奇》、文化旅游产业篇中的《横店影视城:从山区小镇到中国"好莱坞"》,不同程度地更新了文中的数据,修改了资料中不准确的说法,删除了部分时间久远的无价值的数据。

艺术产业篇中的《培育动漫产业 争抢原创市场——常州国家动画产业基地》,着眼于常州近些年在动漫产业方面的发展状况,从常州动漫的生产、发行、展会、旅游、授权等方面对原案例进行了补充,对北京、上海、深圳的动漫政策及发展数据做了补充或删减。

四、更改个别篇名

鉴于第二版中旅游会展产业篇的案例替换最多,有 3 篇,原有篇名已无法准确涵盖其领域所指，故将其更改为文化旅游产业篇。

五、个别案例归类的调整

如，将传媒产业篇中的《以戏带建　以建兴旅——无锡影视基地的影视旅游共生模式》《横店影视城：从山区小镇到"中国好莱坞"》、艺术产业篇中的《〈印象·刘三姐〉成功引领旅游演艺市场》归入文化旅游产业篇。

殷亚丽　胡晓明

2023 年 4 月 10 日

第二版前言

《文化产业案例》自2011年面世后，6年多来一直被用作相关课程的教材和参考资料，受到开设文化产业管理、艺术管理、影视制片管理等相关专业及方向高校的师生的认可。为进一步改进教材质量，提高案例时效性，我们推出了第二版，在第一版基础上主要做了如下修订。

一、更换案例

为了更好地提高所选案例的代表性，本版中我们替换了第一版的一些行业代表性较弱的案例，如电广传媒资本运营的案例，更换为中南出版传媒资本运营案例；上海世博会营销案例，更换为上海国际车展品牌化运作案例；另外，删除了淘宝网案例，新增了国际文化产业案例——CAA经营模式及启示。

二、增加新数据及新资料

随着时间的推移，每个案例都在发展和变化，本版中，我们对变化较大的案例做了一些新数据新资料的增补：

《光线传媒：不可复制的光线传奇》：着眼于光线传媒最近几年的发展状况，主要增加了对光线影业、彩条屋影业、青春光线、先看网、七维科技等电影业务和新媒体业务的介绍，补充和更新了电视节目制作与发行业务、大型活动业务、电视剧业务、艺人经纪业务的相关内容。同时，增加了对光线传媒运营模式的优势分析，并对光线传媒的未来发展进行了展望和小结。

《横店影视城：从山区小镇到"中国好莱坞"》：各章节均有不同程度的数据资料更新，修改了资料中不准确的说法，添加了图片素材，修正了部分脚注，增加了参考文献。

《文化造镇 创意宋庄》：在原有资料基础上，总结梳理宋庄艺术产业集群从初级阶段到发展的历程，并根据波特理论对宋庄的竞争力要素优劣势进一步诠释和扩展，提出相应的对策建议。

《从水乡古镇到文化小镇：文化乌镇的转型模式》：根据乌镇最近几年的发展状况，聚焦乌镇从观光小镇、度假小镇到文化小镇的转型发展，在标题中突出文化乌镇的转型；更新了第二部分的全部内容，增加了"乌镇的古镇转型发展的策划团队""乌镇古镇转型的发展阶段"，以及"乌镇古镇转型的发展模式"的内容。

《全球娱乐王国——迪士尼》：将对世界五大迪士尼乐园的介绍扩充为对世

界六大迪士尼乐园的介绍，增加了上海迪士尼的相关内容。

《中国文化产业的大集市——中国国际文化产业博览交易会》：依据营业推广在现代营销中的发展状况，对营业推广的概念和作用进行了修改，使之更加符合现代营销的特征；对中国国际文化产业博览交易会（以下简称"文博会"）发展做了修订，并依据修订后的数据，对文博会进行了分析。具体来说，本案例的数据包括文博会从首届到第11届的内容，数据更具体、更全面，因此也更科学。同时对案例涉及的大部分数据进行了实时更新。

《〈印象·刘三姐〉成功引领旅游演艺市场》：主要更新了近几年的发展数据，特别补充了近年来取得的成绩，对旅游演艺产品发展中的代表性作品《宋城千古情》的资料进行了完善，并在旅游演艺发展前景部分对党的十八大政策中关于加强旅游产业融合发展的内容进行了简单介绍。

殷亚丽　胡晓明
2016年12月1日

目 录

绪论 ·· (1)

区域文化产业篇 ··· (5)
  案例1　猎猎大唐风　巍巍华夏碑
          ——西安文化产业发展的曲江模式 ···················· (5)
      思考题 ··· (31)
  案例2　审视区域性文化资源
          ——安徽宿州文化产业调研 ························· (32)
      思考题 ··· (46)

传媒产业篇 ··· (48)
  案例1　分众传媒："电梯间"创意中诞生的数字化传媒集团 ········ (48)
      思考题 ··· (59)
  案例2　光线传媒：不可复制的"光线传奇" ································ (60)
      思考题 ··· (70)
  案例3　乐视的兴衰 ·· (71)
      思考题 ··· (80)
  案例4　奈飞：流媒体巨头的革新之路 ····································· (81)
      思考题 ··· (89)

艺术产业篇 ··· (90)
  案例1　惊梦·寻梦·圆梦
          ——从青春版《牡丹亭》看文化的创意与传承 ········· (90)
      思考题 ·· (103)
  案例2　培育动漫产业　争抢原创市场
          ——常州国家动画产业基地 ······················ (104)
      思考题 ·· (118)
  案例3　日本动漫业的精华　全球动漫迷的天堂
          ——日本东京秋叶原 ································ (119)

思考题 …………………………………………………………… (131)

文化旅游产业篇 ………………………………………………………… (132)
　　案例1　从水乡古镇到文化小镇：文化乌镇的转型模式 …………… (132)
　　　　思考题 …………………………………………………………… (153)
　　案例2　现代化国家文化公园建设中的文旅融合发展
　　　　　　——扬州中国大运河博物馆 ………………………………… (154)
　　　　思考题 …………………………………………………………… (164)
　　案例3　《印象·刘三姐》成功引领旅游演艺市场 ………………… (165)
　　　　思考题 …………………………………………………………… (184)
　　案例4　以戏带建　以建兴旅
　　　　　　——无锡影视基地的影视旅游共生模式 ………………… (185)
　　　　思考题 …………………………………………………………… (194)
　　案例5　横店影视城：从山区小镇到"中国好莱坞" ……………… (195)
　　　　思考题 …………………………………………………………… (213)

国际文化产业篇 ………………………………………………………… (214)
　　案例1　全球娱乐王国——迪士尼 ………………………………… (214)
　　　　思考题 …………………………………………………………… (236)
　　案例2　儿童畅销书是这样炼成的
　　　　　　——以"哈利·波特"系列为例 …………………………… (237)
　　　　思考题 …………………………………………………………… (250)
　　案例3　洋为中用
　　　　　　——CAA经营模式及其启示 ……………………………… (251)
　　　　思考题 …………………………………………………………… (265)

绪　　论

在教学和科研工作中，我们普遍感到，文化产业是一门实践性较强的学科，在实际教学中，案例教学非常重要。实践证明，好的案例有助于提高课堂教学的质量和效果，增加学生对专业学习的热情和积极性，并且能起到举一反三、触类旁通的作用，启发学生对现实社会中相关事例与情境进行深入观察与思考。

一、案例教学概述

案例教学是一种通过模拟或者重现现实生活中的一些场景，让学生走进案例场景之中并通过研讨来进行学习的教学方法。教学中，既可以由老师通过分析、比较，研究各种各样的成功经验和失败教训，从中总结出一般性的结论或原理，也可以让学生通过自己的思考或者他人的思考来拓宽视野，从而丰富知识。运用案例教学，是活跃课堂教学的有效手段，也是全面提高学生综合能力和实践能力的重要步骤，在专业课程的学习中具有十分重要的地位。

案例教学法起源于20世纪20年代，由美国哈佛商学院（Harvard Business School）所倡导，当时采取了一种很独特的案例型的教学，这些案例都来自商业管理的真实情境或事件，此种方式有助于培养和发展学生主动参与课堂讨论的能力，实施之后颇具成效。但这种教学法到20世纪80年代才受到师资培育的重视，1986年美国卡耐基小组（Carnegie Task Force）在提出的《准备就绪的国家：二十一世纪的教师》（*A Nation Prepared*：*Teachers for the 21st Century*）报告书中，特别推崇案例教学法在师资培育中的价值，并将其视为一种相当有效的教学模式。我国教育界开始探究案例教学法则是在20世纪90年代以后。

如今，案例教学已经向各学科门类渗透，在许多应用性学科专业中，案例教学运用得更为普遍。案例教学非常适合于分析、综合及评估能力等高级智力技能的开发，通过案例分析，理论研究与现实操作得以更好地结合，已经成为联系两者的桥梁，同时也使传统的人文社会科学与现实的联系更为紧密、更为直接。

二、案例教学的价值

在教学过程中，我们发现，学生从案例教学的运用中获得了很多知识，其原因可以归结为以下几点：

（1）案例教学能够使学生从课堂环境观照现实生活。换言之，案例分析使学生无须耗时费力去参观或实习就能看到一个组织机构是如何运作的。

（2）案例教学可使教师开发由学生集体参与的、合理的、高标准的课堂教学。运用案例分析，教师可以引导学生主动学习，而非填鸭式教学，这是一个双向交流的过程，可以激发学生学习的积极性。在案例教学课程中，教师可以问："如果你面对这种情况，你将如何做？为什么？"这样，学习将变得积极主动，而非被动地接受，而且学生也能从中受到鼓励，从而从这些案例分析工作中提出自己的观点和理论。

（3）案例教学能使学生明白可以用多种多样的方法处理一个特定的文化产业问题，这里并不存在简单的对或错，但可以帮助学生理解组织运行和文化产业发展中所存在的问题的复杂性，明白一个道理，即在文化产业领域，任何投机取巧的方法都难以解决实际问题。

（4）案例教学能使学生领会文化产业发展中各个组织和部门的不同作用以及对待问题的不同观点。案例教学可以让学生在最大程度上了解文化产业各组织在现实生活中能起到的实际作用，或者让学生理解不同的部门、组织或个人在处理文化产业问题上的不同作用。他们被要求扮演的角色可能比在实习时被安排的工作或大学毕业之后的第一份工作中的角色更重要，这可以使他们明白，在实际工作岗位上，他们需要的是战略，而非简单的战术。

（5）案例教学能使教师区别对待理解能力不同的学生。越是那些理解能力强和知识面广的学生，越有能力进一步提高自己，尤其是当把他们与具有相当能力的个体放在一起时，其发挥的作用更大。能力相对弱一些的学生可以结合个人实际情况，通过参与案例讨论，最后得出一系列拓展他们思维的结论。整个过程组织有序，可以使学生学会处理实际问题，同时能够帮助他们在群体中形成自己的观点。

（6）案例教学有利于教师开发学生的情感与智力技巧。在案例分析中，学生被要求评估不同的情况，做出正确的决策，拿出令人信服的计划。学生经常不得不考虑如何进行决策，这就为教师提供了增加他们的知识、发展他们的个人技能、提高教学质量的有效方法。同时，一些案例可由学生自己写。如让学生写成文章或用于开卷考试，这种思考式考试代替了机械式考试，要求学生在考试过程中利用所提供的资料表达并发挥自己的观点。如果教师采取这种类型的教学策略，应当向学生讲授撰写案例分析的一些要点。

三、案例教学的要求

案例教学是非常重要的，但是，使用案例教学也有较高要求，如果达不到这一要求，案例教学有可能导致种种不足。

（1）案例教学对教师的素质提出了较高的要求。有些教师会讲授有争议性的案例，以提高学生的兴趣。但是，不可否认，也有些教师缺乏相应的技巧与能力，他们讲授的案例十分枯燥、乏味、肤浅。

（2）案例教学鼓励学生向教师提出问题。针对这些问题，教师需要参与讨论和发表意见，对有些教师来说，这或许只是一个小小的挑战，但是对那些缺乏实践经验的教师来说，则可能是一个难题。因此，案例教学要求教师对实践有充分的认知。

（3）案例教学要求学生在课堂学习过程中更加活跃，以激发自己的思想与灵感。然而，并非所有学生都愿意参与讨论，提出自己的观点，向心目中的专家——教师提出挑战，这样的事例屡见不鲜。在教学过程中引进评估策略，对引导那些在讨论过程中观点有所保留的学生积极发言是十分必要的。

（4）案例教学要与时俱进。由于案例的时效性很强，更新速度很快，对教师来说，经常寻找一些新的案例是非常必要的。

四、案例教学的方式

根据学生的知识水平，案例教学可以有多种方式。其中在教学实践中经常使用的案例教学方式可以归纳为以下几种：

（1）案例教学仅用于说明一个特别的问题。这种案例通常比较简短，仅给出几个观点，可用于传统教学或个别指导之中，通常是教师简单地讲解，或分小组开展小规模的讨论。在案例陈述之后，也可以要求学生去完成某些活动。

（2）案例教学与授课或一系列的理论性阅读一起使用。这意味着可在授课或阅读中掌握理论与概念，而案例中的一些问题可在作业中进一步加以讨论。这种方法能够使学生将理论与案例分析实践有机结合起来。

（3）案例教学用于以小组为单位的情景讨论，而且在讨论之前最好不要做理论阐述。学生需要通过小组的案例讨论，在案例分析实践的基础上，陈述自己的想法，形成自己的理论。当学生在案例分析实践中扮演特定的角色，如人事主管、市场主管等时，这种讨论就显得特别有效。这就需要案例中有相应的角色，或者要求教师在案例讨论课前创造这些角色作为附加信息。这种方法尤其适合大学四年级学生或研究生，因为他们已具备一定的理论基础，能够接受案例分析中的理论。根据经验，在案例分析课程结束、向学生讲授相关理论时提出个人观点，这也是非常有价值的。

（4）案例教学作为开卷考试的工具。可以要求学生在考试之前自己撰写案例；或者教师在考试之前向学生提供具体案例，由学生自行组织案例分析。后者的优点是可以巩固学生的研究技能，缺点是学生可能缺乏案例的组织和研究技能，或没有时间去组织和研究案例。开卷考试安排案例分析可以使学生充分发挥想象力，积极思考问题，而不是机械地记忆事实。

文化产业管理是一门应用性很强的专业，要想学生将来步入社会后能学以致用，成为社会所需的人才，传授给他们的知识就必须是与现实社会具有密切联系的，以便他们充分认识和了解文化产业在现实中的具体发展状况。案例教学正是为了达到这一目标而设置的，它可以使学生与社会直接接触，培养学生重视案例、分析案例并主动收集案例的意识，使理论教学与实践教学密切配合。案例教学非常重要，就造就文化产业管理的创新型人才来说，它已成为培养学生应用能力与实践能力的重要环节以及教学的重要手段。

区域文化产业篇

案例1 >>>

猎猎大唐风　巍巍华夏碑[*]
——西安文化产业发展的曲江模式

西安市曲江新区是国家级文化产业示范基地，在我国文化产业发展过程中处于领先地位，有着丰富的经验和雄厚的资本，对我国文化产业的发展和历史文化的保护与开发都具有重要的现实指导意义和理论研究意义。

曲江新区借助西安得天独厚的优势开发大唐文化，在建设和保护富有特色的历史文化名城，并赋予其新的生命，使城市化发展和城市品位的提升取得双赢方面，为国内外提供了一条独具特色的探索之路；对树立西安的国际形象，促进大西安战略的实施，改善西安的投资环境，加快西安经济发展，提高居民生活质量，均具有重要意义。曲江模式不同于我国其他地区文化产业发展的模式，它开创了一种新的模式：文化＋旅游＋人居＋商业，四者结合，互不冲突，完美融为一体，获得了良好的经济效益和社会效益。研究曲江模式对我国传统历史文化保护和开发具有指导意义，同时对如何利用传统文化使之适应市场经济并实现增值具有极大的借鉴意义。

不同的地区在依据自身资源传播民族传统文化上有不同的做法，但无论是保护还是开发，都应强调历史文脉的延续，如此才能将历史融入现代文化之中，提升城市的品位，达到经济的发展和社会效益的统一。在国内，丽江、苏州、开封三个有代表性的古城，在发展中遵循的第一原则都是延续古城文脉，丽江古城面对的是如何保持延续千年的民族的"活文化"；苏州面对的是如何在保护古城风貌的基础上发展新城；开封则是运用经典记录，恢复古代的民俗风情，提升城市品位，三者各有所侧重。而西安面对的问题却是三者的综合，三者的经验对西安的发展都有参考意义。

西安作为中华民族文化重要的发祥地，比丽江有着更为丰富的历史文化遗

---

[*] 本案例改编自黎荔、吕晓宁、王庆生《以旅游业为突破口，推动西三角经济区的建构和发展》，《陕西省改革发展研究会2009优秀论文集》，2010年。

迹，比苏州有着更为厚重的历史文化，比开封有着更为完整的历史记录。但是这座历经沧桑的古都，地表古建筑较少；虽然历史遗迹较多，但受到国家法律的保护，禁止开发，城市的发展处处受到限制。如何延续古都文脉；如何在保留旧城风貌的前提下促进城市的发展；如何恢复城市记忆，向人们展示鼎盛时期的唐代民俗风情，提升城市品位，传播民族传统文化，这些问题都摆在西安开发者的面前。

西安古城在历史文化遗址的保护、新城区的发展、城市品位的提升上不是三种模式的简单挪用与拼接，而是要将这三个方面结合起来，探索既能保护旧城和历史文化遗址，又能促进城市发展，提升城市文化品位，发挥历史文化底蕴的优势，使历史活起来的新路子。

在我国改革开放后城市化迅速发展的大潮中，具有深厚历史文化底蕴的古城西安在发展城市化与保护和开发历史文化资源的博弈中该怎样走？作为国家文化产业示范区的曲江新区担负着提升西安城市品位、发扬光大大唐文化的重任，在多年的实践中走出了一条适合自己发展的道路，在一定程度上阐释了文化产业创新的理念和民族传统文化的传播模式，摸索出了发扬光大大唐文化、保护和开发历史文化资源与城市化发展相适应的路子。

一、大唐文化引爆曲江

（一）西安的历史文脉

西安的历史就是一部中华民族的文化史。西安（古称长安）是我国历史上建都时间最长的都城，与雅典、开罗、罗马并称为世界四大古都。公元前1136年，周文王在今天西安西南沣河西岸建立了沣京，武王即位以后，又在沣河的东岸建立起另一座都城镐京，合称沣镐，自此，西安亮相历史舞台。公元前350年，秦孝公迁都咸阳，它位于今天渭河的北岸，后来又在渭河的南岸建立了长乐宫、阿房宫等代表性的建筑。汉代张骞开通了丝绸之路，将世界古代文明发祥地中国、印度、两河流域、埃及以及古希腊、古罗马等国家和地域联系起来。从西周开始，在西安建都的有秦、西汉、新朝、隋、唐等大一统的朝代。历史上，在这里建立政权的有前赵、前秦、后秦，南北朝时期的西魏、北周，东汉初年的刘玄和赤眉军，唐末的黄巢、明末的李自成等也都在这里建立过都城——先后有6个统一的朝代和11个政权，都城史延绵1900多年。

西安作为我国的古都，最辉煌的时代莫过于唐朝。西安地处关中平原，自古就是人文荟萃之地，山川秀丽，物阜民丰，宛然天府之国。隋唐长安城的建设，自隋开皇二年（582）开始，隋文帝颁令在汉长安城东南（今西安城址）营建新都大兴城，至唐高宗永徽五年（654），都城建设基本就绪，历时72年。城市面积84.1平方公里，布局规划整齐，东西严格对称，分宫城、皇城和外廓城三大部分。城市结构布局充分体现了封建社会巅峰时期的宏大气魄，在中国建筑史、城市史上具有划时代影响。公元7—9世纪的近300年间，长安城人口稠密，百货俱丰，人口达100万，是当时世界的贸易、文化中心，最大的国际性城市。提起西安，自然让人想到大唐盛世，它是中华民族传统文化的优秀代表。大唐盛世留给我们的不仅是辉煌的物质文化和丰富的精神文化遗产，更重要的是中华民族的自信心，我们完全有能力屹立于世界之巅，开创盛世，这一点对目前的中国尤为适用。这些都为我们开发大唐文化、传播大唐文化的提供了充足的理由。

如何开发大唐文化呢？开发大唐文化就应该彰显唐朝的文化气质。首先要在西安恢复唐朝风貌，包括大唐的建筑、大唐的生活方式、大唐的习俗等，让世人通过重塑的盛唐风貌获得亲身体验，将盛唐人恢弘大气的精神风貌、长安城作为国际化大都市的气度，以及重塑盛唐带给我们的荣耀、西安未来的发展展现出来。

（二）西安的区域社会环境

新中国成立以来，尤其是改革开放以后，我国的城市化速度加快，到1999年，城市化率已经达到29.5%。进入21世纪，城市化以前所未有的速度推进。根据发达国家的经验，城市人口超过总人口的30%，城市化率每年将提高1%～2%，这就意味着我国每年都会有近1500万人涌入城市。[①] 因此，住房需求、生活需求、就业需求必将引发大规模的城市化建设，具有深厚历史文化底蕴的城市的建设与文化遗产保护的矛盾便会日益突出。

在我国，对是"改造旧城"还是"跳出旧城，发展新区"的争论由来已久，从新中国成立之初就是每一座历史文化城市要面对的问题。很多历史文化名城在城市化建设中迷失方向，失去自己的传统特色，忽视对历史建筑的保护，导致历史文化街区和历史城市特色淹没在鳞次栉比的新建筑群中，"除旧布新"，高楼大厦平地起，同质化程度高。历史性的街区积淀了丰厚的文化底蕴，有完整丰富的城市记忆，占有较好的区位优势，也因此成为开发商高价争夺之地，一些地方政府搭上旧城改造的顺风车，将城区破坏殆尽，严重影响了旧城区的历史文化价值和环境。

要总结历史文化古城开发的经验，不能不提到"梁陈方案"。1950年2月，梁思成和陈占祥先生从历史遗迹的保护出发，共同提出《关于中央人民政府行政中心区位置的建议》，史称"梁陈方案"，它体现了当时世界上最先进的城市发展理念。本着"古今兼顾，新旧两利"的原则，梁、陈两位先生对新中国的首都做了科学的规划。一方面，从整体保护的构思出发，建议把中央行政中心放到西郊，为未来北京城的可持续发展开拓更大的空间，避免大规模拆迁的发生，降

---

① 参见单霁翔《城市化发展与文化遗产保护》，天津大学出版社2007年版，第8页。

低经济成本，自然延续城市社会结构及文化生态；另一方面，提出平衡发展城市的原则，增进城市各个部分居住与就业的统一，防止跨区域交通的发生。① 这个理念也是以后西安进行规划和曲江新区发展城市文化产业、传播大唐文化决策的重要依据。

新中国成立初期，西安的城市发展选择了新旧混合式，新城围绕旧城建设，旧城中又增加了大量新的建筑，在旧城改造中对历史文化底蕴积淀深厚的旧城区破坏空前。特别是改革开放以后，在旧城区的范围内增添了很多高层建筑，聚集了很多人口，破坏了原有的以低层建筑为主体的历史风貌。早在2005年进行的全国第五次人口普查就显示，西安市常住人口突破800万人，达到807万人。城区面积才14平方公里，人口密度相当大，人地矛盾突出，旧城区远远不能满足人口住房需求。

有了前车之鉴，加上摆在面前的现实，足以让西安的开发者们警醒，要规划西安，第一原则是保护历史文化古迹和历史遗址。西安最终选择了建立新城的方案，将发展眼光跳出十几平方公里的旧城，从延续古都文脉的角度，以新的人文观念、利用更广阔的空间着手解决历史城区保护的难题。一方面，"只拆不建"，停止古城墙以内新建项目的规划审批，决心用50～70年的时间逐步降低中心城区的建设密度和高度；另一方面，"疏解功能"，将过分集中于历史城区的行政、金融、商贸、交通、居住等功能向外逐步分散，首先将行政中心从历史城区迁出，以带动相关城市功能的转移，全面实施"新旧分治"。

西安经历了四次大的规划，才奠定了今天的发展格局②。

第一次规划（1953—1972）。当时西安城区面积只有13.2平方公里，城区人口39.6万。根据国家保护文物的指示，避开了汉唐遗址，最后形成的总体设想是：规划用地131平方公里，到1972年总人口达到120万人，西安老城区得到充分利用。为了保护古城，工业区放在旧城外的东西两侧，并且定位为轻型精密机械制造与纺织工业区。旧城作为行政中心，南郊作为文教区，铁路北作为仓库区和发展备用区，用半个八角形的环状放射型道路系统把上述用地联系起来。第一次规划奠定了以后三次规划的基础，具有三个突出特点：第一，确定了棋盘式的格局，道路正向，主干道宽而明确，充分显示了唐风。第二，引进了广场体系。当时的苏联专家在棋盘式的道路整体布局上把欧洲干道广场体系移植过来，这使西安的形象避免了棋盘式的呆板。第三，已经注意到文物保护。西安对大遗址和地面建筑周围都做了绿化，例如将兴庆宫开辟为公园，种植环城林带，曲江此时也被规划为公园。③

---

① 参见梁思成、陈占祥著，王瑞智编《梁陈方案与北京》，辽宁教育出版社2005年版，第72页。
② 参见西安市规划局《西安市城市总体规划》，2005年。
③ 参见阎琦《重现盛唐风貌的西安选择》，载《三联生活周刊》2008年第36期，第26页。

第二次规划（1980—2000）。结合日本的文物古迹保护方案，提出在保护古都风貌的基础上，确定西安作为以精密机械制造和纺织工业为主，科研、文教、旅游事业发达，有特色的城市，城市用地为169平方公里，规划人口为180万左右。在城市布局上，除东北郊外，北郊、西北郊仍加以控制，原先规划的西南预备工业用区仍予以保留。新规划的一个突出贡献是体现了对历史文化名城的保护，确定把保护、恢复、重新利用历史文化遗址、风景名胜和古建筑与发展现代城市的功能结合起来，把西安众多文化古迹连接起来，组成一个点线面的整体古都。保护明城的基本格局，显示唐城的宏大规模，保护周秦汉唐的伟大遗址，对遗址做了绿化，建立遗址公园，并将历史上的皇家园林如曲江池纳入园林规划中。将古代文物遗址划分为绝对保护区、文物环境影响区和环境协调区，加以分级保护。

第三次规划（1995—2004）。由于城市发展速度快，原来的规划方案已经不符合实际，出现了多中心的外围城市结构。西安市的外围有许多大遗址，怎样才能让它们错开，使建设和保护不冲突，这就需要西安重新做出城市规划。这次规划强调了保护古城、降低人口密度、控制规模、节约土地、改善中心、发展组团、保护环境、基础先行的原则，在古城保护和城市现代化建设的结合上、在提高城市品位和环境质量上再上一个台阶。第三次规划面积为275平方公里，人口控制在310万。

第四次规划分为近期（2004—2010）、远期（2011—2020）、远景（2020年以后）。随着发展的速度越来越快，第三次规划又被突破。2004年西安市政府又做出了第四次规划，这一年进行的第四次规划，针对城市出现多中心格局的趋势，提出拉大城市骨架、逐步形成"九宫格局、一城多心"的空间结构，形成新古分治、历史文化与现代文明交相辉映的大都市形态。未来的西安将是大西安格局，东有临潼，西有咸阳，南有长安，北有三原。《西安"唐皇城"复兴规划》提出西安行政中心将北迁，退出老城，在距市中心约10公里的北城张家堡地区建设现代化新城。[①] 可以看出，雄心勃勃的市委市政府要通过城市扩张的三级跳，立马张家堡，剑指渭河两岸，在西安地理版图和经济发展史上写下浓墨重彩的一笔。第四次规划方案宛如"梁陈方案"的再现。2002年以后的曲江新区获得新生，处在上升期的曲江新区的目标在于运用自身的经验、资金、媒介等资源，借助第四次规划的契机，积极配合西安市政府的大西安战略，做大做强西安的文化产业，提升西安的软实力。曲江新区在大西安战略中是极为重要的板块。

虽然走过弯路，但是，历次规划在壮大城市发展的同时兼顾历史文化遗址的保护，本能地成为西安发展的第一原则并一脉传承。区域内的现实状况给了曲江新区以契机，加上曲江新区本身就继承了大唐丰厚的历史文化底蕴，因此，保护

---

① 和红星：《西安"唐皇城"复兴规划》，《2007年中国城市规划年会论文集》，2008年。

性地开发历史文化遗址也成为曲江新区传播唐朝文化的原则和基调。

二、创生曲江

曲江新区原名曲江旅游度假区,是西安市政府于1993年批准设立的省级旅游度假区,以旅游功能为主,房地产为辅。当时规划面积为15.88平方公里,西安市政府为了整合西安的旅游资源,在城市东南方向的二环和三环之间设立了一个政府的派出机构,主要目标是发展西安的历史文化旅游业,改变西安的发展模式。2003年7月经西安政府批准更名为"曲江新区"。曲江新区内已有的景区有唐大慈恩寺遗址、大雁塔南北广场、青龙寺遗址、大唐芙蓉园、曲江海洋世界、曲江池遗址公园、曲江国际会展中心、大唐不夜城楼观道文化展示区、曲江寒窑、白鹿仓、大明宫国家遗址公园、秦二世陵、唐城墙遗址公园等。2007年8月,文化部授予曲江新区"国家级文化产业示范园区"的荣誉。曲江文化产业投资(集团)有限公司(简称"曲江文化产业集团")自2012年起连续11年入选"全国文化企业30强"。[①]

西安市政府当初规划时为什么要选择曲江新区作为西安发展的主要方向呢?发展曲江对西安有何意义?

(一)识读曲江

西安承载了中华民族几千年的历史,虽然改朝换代时经历战火,地表上留存的东西很少,但是地底还是为我们留下了丰富的物质遗产,这座连修地铁都要上报国家文物局的城市,发展处处受到限制。综观西安,四处都有古迹:西有秦皇宫遗址、沣镐二京遗址;西北有汉长安城遗址、阿房宫遗址;北部有大明宫遗址;南部有大慈恩寺遗址和大雁塔;东部有临潼秦始皇陵兵马俑、浐灞生态区。绕西安一圈下来,能扩张的只有三个方向,首先是西南,对历史文化破坏最少,其次是东南曲江一带,接下来是北部,绕过大明宫也可发展。1991年开发区选址的时候,毫无争议地选择了紧靠文教区和工业区的西南方向。1996年后,西安又在北部设立经济技术开发区,但是必须绕过大明宫遗址。划出这两片开发区是因为它们避开了历史文化遗址,同时可以缓解旧城压力,疏散人口。

接下来的城市发展似乎与规划者们期望的不太一样,仅仅依靠产业区外移缓解中心城区人口压力效果不大,相反,随着城市化进程加快,大量人口集中到城市,旧城的压力仍然很大,原因在于行政功能和旅游功能高度集中,虽然以前的几次规划都提出了分散旧城功能,但在实际建设中却没有达到目的。于是规划者的目光开始转向具有深厚历史文化底蕴的曲江。

要发展曲江,首先要读懂曲江。曲江具有丰厚的历史文化底蕴,早在2200

---

① 参见《曲江文化产业集团企业简介》,www.qjculture.com。

多年前，秦人就利用曲江地区原隰相间、山水景致优美的自然特点，开辟一处专供帝王游猎的宜春苑。苑中著名的风景点隑州，是曲江江畔错落有致的小岛，宜春苑、隑州作为中国古典园林文化的源头被载入史册。汉武帝时沿用秦"上林苑"的名称，在京城长安周边辟建了规模宏大的苑囿，纵横300里，并重修"宜春苑"，称为"宜春下苑"，成为上林苑内一处重要的宫苑。汉武帝对宜春苑旁的水泉进行了疏浚，使水面扩大到周边近6里的规模，并因其河岸曲折、形状仿佛广陵的曲江而起名"曲江"。汉宣帝时，曲江一带不仅景色秀丽，而且沃野膏腴，农业生产十分发达，曲江北部地势较高之处被辟为乐游苑，在曲江东南选址造陵，是为杜陵。公元元年至5世纪，历经东汉、魏晋南北朝，长安几经战乱，几番复苏，几番毁坏，长安东南的这块山水佳景被湮没在历史的长河中，未有文字记载。公元581年，隋朝建立，隋文帝命城市规划和建筑工程专家宇文恺在汉长安城东南另造城址，建造都城——大兴城，将曲江纳入城池之内，命名为芙蓉园，正式将这里从郊野的离宫变为都城中的皇家御苑，并于3月上巳日在"芙蓉"曲江池畔宴饮群臣。宇文恺开凿黄渠，引终南山义谷的水流注入曲江，"青林重复，绿水弥漫"，成为都城一处风景秀美的游览胜地。唐朝定都长安以后，历代皇帝在此修建寺院和亭台楼阁，玄宗时达到高峰。他修建了大明宫至芙蓉园之间的"夹城"，可以让自己通过封闭的御道直达芙蓉园。除开挖黄渠外，还进一步拓展水域，在曲江池下游修建了两条支流，将曲江水面和附近的亭台楼阁连成一片，并使得芙蓉池下游的北池水面扩大，官民可以随意进入，自此赋予了长安公共性景观的特性。

唐朝时，全国每次参加科举考试的多则两千人，少则千人，但最终能够被录取的不过三四十人。进士及第后，有一系列的优待，首先是"喜报家书"。主司以黄花笺书其姓名，花押其下，使人持以报之。其次便是"曲江游宴"。及第进士在向上司谢恩、行座主门生之礼以后便齐赴期集院，开始各种宴游活动，同年们饮于曲江，其宴称为"曲江大会"。最后是"雁塔题名"。唐朝时，夏天到大慈恩寺游览的人很多，这里是一个避暑的好地方。新科进士张莒来此闲游时，偶发奇想，将众同年的名字一一书写于大雁塔上，因此，唐神龙年间以后形成了"雁塔题名"的传统。

值得一提的是，自唐玄宗时期开始，每年正月晦日、3月上巳与9月重阳三大节日，皇帝会赐宴百官于曲江亭或乐游苑，基本形成了每年三节赐钱、放假、游宴的制度。三节赐宴百官于曲江亭是"曲江流饮"的主体活动之一。流饮即开宴会酒，在曲江多采取曲水流觞的文雅方式，故"曲江流饮"也成为酒文化最具代表性的风情，后来成为关中八景之一，流传千古。曲江宴规模宏大，等级很高，具有国宴性质，皇帝会派太常辖左右教坊及梨园子弟悉集曲江，奏乐歌舞，各尽所能；同时，皇帝还派彩舫船数只载着宫廷特酿的御酒，泛彩舟到楼亭台阁，向参加曲江宴的百官们赐酒，一时盛况空前。

曲江刚开发时，开发者们很难把这个具有深厚历史价值的曲江和现代文明结合起来。20 世纪 80 年代以前，西安城就是明清时期的旧城，20 世纪 50 年代搞过一些民族形式的现代建筑，但是，随着改革开放，西安的旅游业得到极大的发展，外国友人来到西安，对这里的景观提出了批评。例如，日本游客批评西安搞明清风格不对路，因为西安是盛唐的帝都，它见证了中华民族最繁盛的时期，应该发展唐朝风格。日本的古都京都、奈良都保留有完好的仿唐建筑，而西安没有，令他们很失望。西安的唐风建筑开始于中国工程院院士、建筑大师张锦秋。华清池的大门以前是明清风格，遭到日本游客的强烈批评，20 世纪 70 年代，张锦秋设计了一座仿唐大门，得到好评。

最先读懂曲江的是日本人。20 世纪 80 年代西安开始搞"三唐工程"①。中日建交后，西安和日本多个城市建立友好城市关系，日本"三井"不动产帮助西安完成三个项目建设：唐华宾馆、唐歌舞厅、唐历史博物馆。"三井"不动产将唐华宾馆选址曲江，将曲江定位为休闲旅游景区，修建唐华宾馆就是希望开发一条如同丝绸之路的商业路线，以它作为这条路线的起点，延伸至甘肃敦煌一带，沿线建立宾馆。

唐华宾馆建好以后，由于一些原因，接下来的项目没有继续进行，但是这次开发给国人的启示有两点：①历史文化资源可以通过商业开发得到复兴，它有可能变成连接历史和现实的桥梁。②可以用盛唐文化破解发展命题，实现古代文化与现代文化的对接和贯通。唐朝的历史文化资源可以成为现代西安新的增长模式，这也是开发曲江新区对西安的意义所在。

（二）打造大唐文化传播的环境

曲江新区成为城市品位最高点，也是西安地价最高的区域，这不是炒作起来的，而是由 5700 亩公共空间与文化空间的硬环境支撑起来的。这里有 6 个文化场馆，国际化音乐厅和剧院都在曲江，在西安具有唯一性。大雁塔周边有 1000 多亩的公共空间，芙蓉院有 1000 多亩、曲江池有 1500 亩、唐城墙有 1000 亩、大唐不夜城有 1000 亩。这些公共空间的面积总计 5700 多亩。

1. 满足公众回归感

曲江新区升值成功，首先告诉开发者现代城市如何在空间上满足人们的回归感。随着城市化建设的开展，城市的公共空间开始远离公众：公园由于游乐园的进驻一改往日的沉寂，变得喧嚣起来，人们可以互动的开放的私密空间越来越少；街道变成了交通干道，不再是孩子玩耍、邻里街坊交往的地方；现代化的街区都被开发为消费性很强的商业区，这样的公共空间很难让人们毫不设防地去接

---

① 参见张锦秋《理解环境　保护环境　创造环境——"三唐"工程创作札记》，载《建筑学报》1987 年第 9 期，第 13 页。

受。曲江新区开发的大雁塔景区、曲江池遗址等都为公众免费提供大尺度公共空间，一切都是开放的，增强了公众在公共空间的互动性和回归感。

2. 塑造文化认同性

文化的认同对公众而言具有不可替代性。文化是相对稳定的，可以在无形之中影响生活在其中的人们的思维方式和观念，文化氛围的塑造能够给受众带来心理上的愉悦。我们对古代人生活方式的了解往往借助于古代文学作品、官方历史资料、物质文化遗产等，而曲江新区认识到"心时代"① 的到来，坚持对公众负责，展现历史本来面目，通过创造性的建设，积极开发人性化的大唐文化，让民众看到了城市的过去和现在，使其融入公众的生活中，直指人心，感动公众，重塑荣耀感，给予公众心理上的满足，重现大唐风貌。

3. 打造传播利剑：曲江文化产业投资集团有限公司

文化产业发展取决于城市的文化底蕴。文化底蕴不同，文化创意产业精神内核自然不同。曲江新区承载着深厚的历史文化底蕴，其文化底蕴在唐朝时达到极致。如何将盛唐的历史文化转变为现实的文化产业？解决历史古城发展的关键在于将"埋在地下的"转化到现实中来，"兑现城市价值"，借此展现盛唐风貌，恢复城市记忆。虽然经历了四次规划，形成了一个非常理想的框架，但是要把这个规划变为现实，还需要诸多方面的努力。

曲江文化产业集团是曲江新区宏观统筹发展中的一颗重要棋子。曲江新区将支撑大唐文化传播的硬环境打造出来，但是他们意识到，仅仅靠公共空间环境和基础设施无法涵盖万国来朝的大唐帝国宏大的精神气度，因此组建了文化产业集团，打造唐风建筑，让公众体验到真实的唐代氛围。曲江文化产业集团将"议程设置"理论用于舆论宣传工作实践，主动制造良性关注点和兴奋点，发挥"意见领袖"的影响力、辐射力，策划组织诸多主题宣传活动，不失时机地把人们在这个氛围中所体验到的荣耀感和回归感以直接的感性方式展现在公众面前，有效引导社会舆论，取得了显著效果。

曲江新区构建文化产业发展的核心平台，实现了产业集聚。西安曲江新区管委会设立的国有独资有限公司——曲江文化产业投资集团有限公司成立于1995年，到2009年总资产已达170亿元。它构建起了西安乃至陕西省发展文化产业的坚实平台，形成了以旅游、影视、会展、演艺等为核心的文化产业集群，目前已成为引领中国文化产业大发展大繁荣的龙头企业。2009年，集团被中国企业联合会评为中国服务业500强企业、中国文化产业九强企业，旗下秦腔剧院被评为"全国文化体制改革先进企业"。②

---

① 这是文化学者曹世潮在其专著《心时代：一个情感化的世界及其经济图景》中提出的概念，认为人性、情感正在成为经济、社会和文化发展的资源，成为核心竞争力。

② 《曲江文化产业集团企业简介》，www.qjculture.com。

曲江文化产业集团依托丰富的历史文化资源，通过创意和规划，实施重大文化旅游工程，既提升了曲江新区的影响力，又促进了影视、演艺、会展等其他产业的联动发展，衍生出与大板块开发相适应的上下级产业链，逐步构建起庞大的产业体系。集团下辖全资子公司11个：西安曲江大明宫投资（集团）有限公司、西安曲江文化旅游（集团）有限公司、西安曲江国际会展（集团）有限公司、西安曲江影视投资（集团）有限公司、西安曲江文化演出（集团）有限公司、西安曲江建设集团有限公司、西安曲江大唐不夜城文化商业有限公司、西安曲江秦腔剧院有限责任公司、西安曲江出版传媒有限公司、西安曲江职业围棋俱乐部有限公司、西安唐华宾馆有限公司；控股企业4个：陕西文化产业投资控股有限公司、陕西法门寺文化景区建设有限公司、西安曲江国际会展投资控股有限公司、西安曲江大秦帝国文化传播有限公司。

三、激活曲江
——新区运营模式

（一）曲江昔日

　　曲江的功能最初被定位为"旅游度假区"，但是刚开始开发者并没有意识到将文化资源的保护、开发和旅游功能联系起来，缺少一个整体的核心竞争力来统领开发。当他们试图把曲江新区规划到西安市发展时却发现阻力重重：一是此处文物古迹多，历史丰富，在开发的时候需要保护。二是此处离城区较远、偏僻，开发难度较大，因此地价低廉。1995年规划开发之初，规划者们就具有一定的市场意识，他们把曲江新区分割成52个小项目，对外招标，想利用市场的力量来开发建设曲江。但是这里的开发难度很大，而且认购土地的人大多是看中了曲江低廉的地价，想以低价拿到土地，然后伺机高价卖出，从中获得差额利润。从1996年开始，曲江经济的发展几乎停滞。2002年，曲江新区新的管委会领导班子在清理时发现很多项目的土地都几易其手。时任西安交通大学副校长、管理学院教授席酉民总结了曲江失败的教训："没有公共空间和基础设施的投资，这里的整体环境就无法得到改善，土地价值无法提升，先来的投资者就无法得到效益，当然也无法吸引进一步投资，更重要的是，……在开发过程中，开发者的主体角色始终不够清晰。""经济发展的主体应该是企业，然而涉及区域性，一个新区的发展，它必须有政府强有力而且富有远见的整体策划和规划，这样才能保证这个区域发展的合理性。但是政府又不能作为一个战士冲到第一线"。[①]

---

　　① 转引自朱文轶：《曲江：5700亩公共空间的城市价值》，载《三联生活周刊》2008年第36期，第16页。

（二）曲江新区的运营和环境建设

曲江新区将体制改革和环境塑造结合在一起进行。体制改革为曲江新区放手开发历史文化资源、大手笔塑造环境开辟道路，而环境的塑造见证了体制改革的成功，成为最有说服力的依据。在环境的塑造中，曲江新区以"曲江速度"先后开始了历史文化资源的开发：大雁塔广场、大唐芙蓉园、曲江池遗址公园、大明宫遗址开发等。曲江新区为何要开发这些遗址？开发的作用是什么？曲江新区是如何将传播学上的"议题设置"理论成功应用到实践中去的？以下将一一做出分析。

1. 体制改革

2002年是曲江新区焕发新生的一年，以段先念为首的曲江新区管委会新领导班子上任。这个团队既有政府背景，又有地产操作经验，替政府冲到了第一线。段先念以新的理念对曲江新区的规划建设进行了大胆的改革，事实证明，他的曲江模式成功了。段先念将他的团队定位为"城市运营商"，他说："我觉得所谓城市运营，第一，要在市场经济而不是计划经济条件下进行。第二，如果一个城市财政能力有限，要充分依靠市场的力量。这个市场的力量在于它是与历史遗产的结合点，是城市面貌重建的基础。第三，城市运营商必须有政府背景，政府要把为城市与市民营造优越的安居环境，挖掘这个城市与历史的传承关系，变成房地产的开发动力，政府要变化控制城市发展的手。""城市运营商是一个承政府之上启开发商之下的角色，这才能在缺钱的背景下具备很强的融资能力和号召能力。"①

2002年，段先念担任曲江管委会主任。之前曲江作为旅游度假区，发展非常缓慢，原因是土地资源分散在各个开发商手中，他们各自为政，等着土地升值转手，很少建设，难以凝聚起来共同建设文化环境。由于用以吸引投资的基础设施、公共空间都得不到改善，土地价值自然就升不起来。因此，房地产商出身的段先念提出了他的"倒序法"，即规划—预售—征地—建设—商家进驻—带动环境，再次升级。这个方法在以前的高新区试验过，证明了其可行性。段先念将"倒序法"应用到面积十倍于高新试验区的曲江，提出先把城市基础设施等硬环境和文化理念等软环境一次性做足，提升该地的土地价值，再让其他产业进来。大雁塔广场成为段先念的第一个试水区。

2. 环境建设

（1）大雁塔广场。大雁塔建于唐代永徽三年（652），是玄奘为藏经典而修建的，塔身7层，通高64.5米，是西安市著名的旅游地，被视为古都西安的象

---

① 转引自谭洪安：《土地运营求变，成功模式难复制》，载《中国经营报》2004年7月20日。

征。段先念以大手笔打造大雁塔文化广场，大雁塔北广场计划投资4.5亿元。开发区是不管曲江新区财政问题的，曲江新区融资走的是市场化道路，进行市场化操作，即未来在大雁塔广场周围推销规划预留商业建筑，用投资者的钱改造环境。曲江新区将还在图纸上的20万平方米的规划预留商业区预售给投资者，这些投资者当然会看到这个有政府背景的曲江新区进行的巨大改造后面蕴藏的巨大商业利益，纷纷表示出强烈的出资意向。①

有了资金，接下来要解决的是土地问题。2002年，为了调控局部地区房地产投资增幅过大价格增长过快的问题，国务院几个部委联合发布了《关于加强房地产市场宏观调控促进房地产市场健康发展的若干意见》，政府首次提出和强调政府部门的职能，并将房地产调控的重任落实到各级政府，这等于将土地冻结起来。对于刚刚接手曲江管委会准备大手笔开发的段先念来说无疑是雪上加霜。后来曲江管委会一致决定清理当年52个开发项目，从这里入手。针对大部分开发商当初收购这个项目而没有进行开发的状况，曲江新区提出共建这些项目，然而大部分开发商感到无力开发和继续维持，便纷纷以高于原来收购的价格转手卖给曲江新区。但冻结土地并没有断绝段先念的发展思路，相反给了他很大的启发。国家的调控客观上有助于房地产界内部的兼并和结构性调整。冻结了土地，意味着开发商的资金被"套牢"，承受力弱的开发商急于把手里的土地变为现金，此时的曲江新区举债以高价收购大量土地，成为最大的受益者。土地越来越集中到大的开发商手中意味着手里的土地升值了。地价也以越来越短的时间段飞速上升，到2007年每亩土地已经达到了300万元。同时，曲江的城市投入不断增加。

大雁塔北广场的大气与大唐的气度相称，它的建成既没有削弱大雁塔的主体地位，还赋予自身以生命力。大雁塔北广场的东西两边全是仿唐商业建筑，北边设计了一群开放式的建筑作为门户迎接客人，既有唐风的牌坊，又有仿敦煌造像的几座万佛灯塔，既可以照亮夜空，又可以作为空间的分隔，南边和大慈恩寺交接的地方采用了唐风和宗教题材的浮雕作为过渡。北广场上还安放了1万多米长的可以坐的凳子，这是一个可以同时容纳3万人的空间。大雁塔广场1万多平方米的喷泉区域的水舞表演区是亚洲最大的，而且采用了互动式设计，公众可以自由出入，行走其间，一切都使人想到大唐开放恢宏的气度。大雁塔南广场在大慈恩寺的正门，为了突出宗教氛围，建设成以玄奘雕塑为主体的"佛文化广场"。别的广场树木用的是3000元一株的国槐，段先念坚持用1.5万元一株的银杏，只因佛教圣地一般用银杏，与大雁塔相契。现在大雁塔南北广场的参观者每天络绎不绝。

大雁塔和大雁塔广场真正成为西安的城市名片，改变了西安没有大型广场的局面。对长期缺乏宽阔广场的西安市民来说，到大雁塔北广场休闲是理想的选

---

① 参见李邦田《高执行力，科学发展跨越发展之根》，载《济宁日报》2009年4月28日。

择，这里成了西安人民的"会客厅"。大雁塔广场作为曲江系列开发的序幕，运作得非常成功，成为西安文化复兴的一个旗帜。

（2）大唐芙蓉园。这是继大雁塔北广场后的又一个大的投资项目，曲江新区计划投资13亿元。大唐芙蓉园是我国西北地区最大的文化主题公园，也是我国第一个全方位展示盛唐风貌的大型皇家园林式文化主题公园，令"国人震撼、世界惊奇"。2009年"大唐芙蓉园"品牌获得中国驰名商标荣誉称号。

大唐芙蓉园占地1000亩，水面面积300亩，其建设创下了多项纪录：全球最大的水幕电影、全球最大的户外香化工程、中国第一个"五感（视觉、听觉、嗅觉、触觉、味觉）"公园、全国最大的仿唐皇家建筑群和中国园林及建筑艺术的集大成者。①

规划者以保护历史文化遗址为己任，并没有在唐代芙蓉园原址上修建，"而是选择了原来被称为曲江池的北池，这样既保持了它位于唐代大雁塔东南的方位和距离，让它与历史记载大体一致，又避开了遗址保护、故旧恢复等一系列问题，从而做到历史风貌、现状地形和现代旅游的有机结合"，设计者张锦秋如是说。大唐芙蓉园是建立在曲江池遗址上的唐代山水文化的复兴，是文化恢复，不是具体建筑古迹的恢复。大唐芙蓉园与开封的清明上河园有异曲同工之处。

大唐芙蓉园能在开园四年多的时间里扬名海内外，给人的启示是广泛和深刻的。

首先，对特色历史文化底蕴的深入挖掘。现代旅游业已经不是单靠风景的竞争，必须做出自己的特色，特色背后是深厚的历史文化底蕴。大唐芙蓉园的发展很好地阐释了这一点。从秦朝的宜春苑到隋朝的皇家园林再到大唐皇家禁苑，大唐芙蓉园利用各种表现形式充分、自然地展示盛唐文化，使游客既能领略到神圣恢宏的皇家文化，又可以看到"百帝游曲江"的规模盛大的大唐仪仗队，其中更有杏园探花、雁塔题名、曲江流饮、入仕出相等主题活动。进入大唐芙蓉园，每个建筑和各个景观都有着迷人的典故传说。大唐芙蓉园以它独特的魅力和无可比拟的历史地位，成为华夏子孙寻根追梦的文化基地和重温盛世的精神家园，它将公众带入中国唯一的盛唐文化之旅，"全方位展示盛唐风貌的大型皇家园林式文化主题公园"的文化定位在一开始就取得了成功，大唐芙蓉园承载了文化复兴和旅游振兴的重任。

其次，曲江新区遵循"内容为王"的原则，以精品意识打造大唐芙蓉园，精益求精构筑优质工程。大唐芙蓉园从细节入手，注重观光式旅游和体验式旅游相结合，体现了以人为本的经营理念，在继承盛唐文化大气与脱俗的同时，一开始就以国际化标准、精品意识统筹包装。园内唐式古建筑在建筑规模上全国第

---

① 参见柏定国、欧阳友权、李广川《大唐芙蓉园：特色塑造形象　文化树立品牌》，载《中国文化报》2006年12月18日。

一，是世界上最大的建筑群，集中了唐时期的所有建筑形式，简直就是一本完整的唐代建筑教科书。大唐芙蓉园仿唐建筑遵循仿古建筑持久性的原则，建筑材料设计均采用砖瓦混凝结构与木材结构相结合，既保存了唐代建筑的原貌，又能使仿古建筑长久不受损害。景观创意、主题设计、园区文化包装、大型活动策划、同名电视连续剧《大唐芙蓉园》的拍摄，甚至一个标牌设立、一次广告创意、每一次接待或每一个演出细节，凡是关联园区对外形象的，大唐芙蓉园都追求完美。每晚上演的全球最大水幕电影，集音乐喷泉、激光、火焰、水雷、水雾为一体，带给游客震撼的立体效果。

最后，制造"议题"，广泛参与社会公益活动，引起社会的关注。旅游项目离不开社会的支持，以服务求发展、以贡献求支持是大唐芙蓉园的做法。在社会公益活动中，他们积极参与，用实际行动为社会做出自己的贡献。2008年北京奥运会火炬的传递牵动着亿万中国人的心，大唐芙蓉园作为西安传递的终点站，突出了芙蓉园在西安旅游中的价值和知名度。为陕南灾区捐款；中秋佳节到儿童福利院，关心孤残儿童；"六一"儿童节，为贫困儿童捐助学习用品、衣物和现金；主动邀请肾病患者游园；"五一"劳动节邀请劳动模范参观大唐芙蓉园；为艾滋病人捐款；等等，这些活动把芙蓉园良好的形象树立在市民游客面前，把爱心播撒给社会，展现了良好的社会责任，有极高的美誉度。

正所谓"栽下梧桐树，引得凤凰来"。大手笔地营造公共环境，建设基础设施，把其他产业引进来了。大唐芙蓉园和大雁塔广场的价值，一方面在于旅游景点的重新启动带动了曲江新区的旅游产业；另一方面在于对整个曲江房地产、芙蓉园周边地块的提升价值，带动整个区域土地的升值。正如段先念所说的那样，"曲江模式某种意义上实现了城市组团多中心的格局，现在曲江新区的房价是城墙内的两倍。同时房价意味着需求，它也说明曲江新区确实已经为西安旧城的居住人口疏散产生了作用"。

"强者越强，弱者越弱"的现象称为马太效应，任何地区，任何群体，一旦在一方面获得成功，就会产生一种积聚的优势，这种优势继而为一个地区、群体创造更多的机会，取得更大的成功。大雁塔广场和大唐芙蓉园的建成丰富了曲江新区开发历史资源的实践经验，提升了它的公信度，使公众看到了它的能力和气度，为后来其资本积聚和产业集聚奠定了基础。

(3) 曲江池遗址。正如前文所说，曲江是盛唐游宴之处，是古都长安最著名的风景区，官民可以随意进入，具有公共性景观的特性。曲江池遗址依循山水格局，以秦汉、隋唐曲江池为基础，最大限度地恢复了曲江池水系的历史原貌。整个公园以曲江池水面为中心，分为八大景区，总共占地1500亩，水域近700亩，对市民免费开放。建立曲江池的目的就是提升城市空间的功能性，与周边的大唐芙蓉园错层互补。与1300年前相比，曲江的二次复兴无疑被规划者赋予了更多的意义。

曲江池遗址公园设计策划之——美灵机构估算过，作为城市公共公园的曲江池，肯定要用周围400多亩的土地升值和房地产项目来弥补一系列文化项目的投入，估计要比大唐芙蓉园17年收回成本周期快。

开发曲江池，在基础设施开发投资上与金地集团合作，走开发项目带动周边地价弥补开发费用的路子。建设一个庞大的唐式建筑群来提升西安在全国旅游市场上的竞争力，它不仅在于可以为市民免费提供生活空间，还能借助这个空间将各种旅游设施、唐代乐舞表演、节日游园活动表现出来，这也是1300年前唐朝人都能参与的盛事。而今唐朝的游乐休闲、交友的景象开始出现在这里，仿佛重新回到"三月三日天气新，长安水边多丽人"的时代。

曲江池遗址几乎不存在，史书上对此记载也很少，只是一个地理位置上的考据。所以，建设曲江池遗址公园的时候，重在复兴唐代的山水文化，仿古建筑仅仅是衬托这一文化的工具。但是在曲江池整体景观的设计上，张锦秋强调，曲江池力图依托整体性的原则："比如曲江池的水面是南高北低，落差有3米，我们就在水面上设计了一个景观叫江滩叠水，既体现了水起水落的景致，也可以让游人通过水面上的石台穿越整个水面，水中种植的芦苇和亚洲枯草等沉水植物，既呼应了唐代关于曲江诗篇中的描写，也起到了绿色净化水体的作用。"

在缜密的整体设计背后，如何保证对曲江池遗址公园环境的动态保护和它作为公共空间的便利性？曲江文化产业集团副总经理周德嘉说："曲江作为旅游开发区，不允许兴建任何污染性的企业，在和金地集团签订土地转让合同时，曲江管委会就已经提出各种环保和景观规划的要求，比如临湖开发的房地产项目不得高于6层，曲江遗址公园的用水来自曲江水厂的退水，不会对黑河的流量和整个西安市的饮用水供应产生影响。在公共交通方面，曲江新区南界紧邻绕城高速公路，而公园附近的会展中心已经被建成一个公共交通枢纽，未来这里的交通状况也会是全西安最好的。"但是，我们还要看到，曲江池遗址开发不久，每天来游玩的人很多，这里仍缺乏足够的服务配套设施。大唐不夜城位于曲江池遗址公园、大唐芙蓉园、大雁塔广场的核心地带，大唐不夜城以购物、餐饮、娱乐设施等弥补了曲江池遗址公园旅游消费体验的盲点和空白。

四、升级曲江
——大明宫遗址公园和法门寺佛文化景区的开发

（一）大明宫遗址公园的价值

1. 唐史研究价值

在唐代长安城禁苑中，大明宫位于城东北部的龙首原，建于贞观八年（634），原名永安宫。公元662年，唐高宗扩建后迁入大明宫执政，从此成为唐帝国近300年的政治中心。大明宫周长7.6公里，面积约3.2平方公里，是唐代最为宏伟的宫殿建筑群,同时也是世界史上最宏伟和最大的宫殿建筑群之一。大明宫集中展现了唐代的社会风采,是研究唐代的政治、经济、文化的最珍贵的实物资料,遗憾的是,公元896年大明宫毁于兵乱。

2. 发展"道北"

西安过去的北城,仍然是乡镇小路,陇海线从这里穿过。人们记住了"道北"这个词,这里曾经是西安治安最差的地方,环境恶劣,到处挤满了两三层高的民宅,是西安棚户区集中的地方。1961年,国家将大明宫遗址定为全国首批重点文物保护单位,不允许大规模建设,没有繁荣的市场,因此,北城开发难度很大,给人一种荒凉的感觉。过去西安城有"北贫南富"的说法,道北聚集了很多外来贫困人口,对开发商来说,这个地方拆迁成本很大,土地价值和房屋价值上不去,没有开发价值。开发大明宫遗址对道北的发展、实施大西安战略具有重要意义。

3. "大西安"战略价值

西安2004年以来的第四次规划提出了建设大西安的战略,要扩大城市骨架,向北发展,开发古城西安曾经落伍的北城,以未央区和经济技术开发区为核心发展区域,规划改造形成重要的产业基地、商贸物流中心和交通枢纽。2007年10月29日,西安市委市政府研究通过了《大明宫遗址区保护改造实施方案》,拉开了大明宫遗址区域整体保护的序幕。曲江新区以丰富的经验和雄厚的实力,成为西安市政府开发大明宫遗址的首选。

(二)如何开发大明宫遗址

曲江新区对大明宫遗址进行了文化环境的塑造,提升该地区的城市品位,主要从基础设施的建设和文化活动的塑造两方面来展开。

1. 基础设施的建设

按照方案,在大明宫遗址区域19.16平方公里的范围内,将逐步形成"一心两翼三圈六区"的基本格局。所谓"一心",即大明宫国家遗址公园;"两翼",指以火车站北广场为轴心,沿陇海线形成东西两大城市改造板块;"三圈",即形成未央路、太华路、北二环三个商业圈;"六区",为规划建设文化旅游区、商贸服务区、商务核心区、改造示范区、中央居住区、集中安置区六个功能区(如图1所示)。

曲江新区主要负责全面实施大明宫遗址保护改造工程,具体负责遗址及周边地区征地拆迁、产业发展、招商引资、规划建设、土地管理和遗址公园建设。成立西安曲江大明宫投资(集团)有限公司,隶属于曲江新区管委会,承担大明宫遗址区19.16平方公里保护改造的项目招商、投融资、基础设施建设、土地开

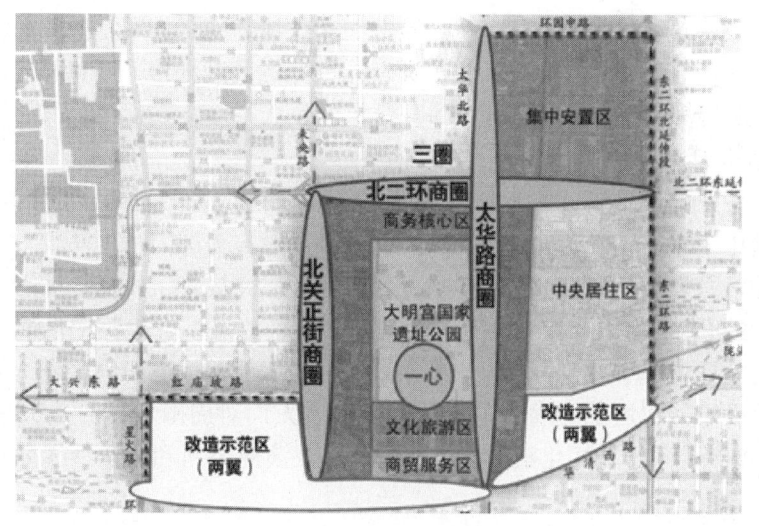

图1　一心两翼三圈六区

发和经营管理工作。①

经过对大明宫遗址现状和开发的可行性分析，曲江新区预计大明宫遗址整体区域开发资金需求量逾千亿元，仅大明宫核心区域3.2平方公里，就需要80亿元。曲江新区按照政府主导和市场化相结合的原则，发挥引领与聚合社会资本的作用，通过整合市场资源，凝聚全社会的力量共同开发大明宫遗址，形成一个总体规划方案，最终与中建总、中铁建、中海、大连万达等国内外多家知名公司达成了广度的合作意向。在开发遗址的过程中，政府的重视和全社会的关注也是对大明宫遗址最好的宣传。

在征地拆迁过程中，段先念预见到大明宫地区土地的升值潜力，一改以往其他地区的"滚动拆迁"模式，提出了整体拆迁、整体建设的思路，即开发商出钱整体拆迁，由政府主导土地的一级开发，"现状挂牌，净地交付"。在具体工作中，保护机构围绕遗址保护核心目标，在项目招商、投融资、基础设施建设、土地开发和经营管理相关领域，培育和引进若干个大型战略投资商，参与土地一级开发，承担起城市配套、融通资金、激活市场等功能，从而示范、带动整个区域的发展。②

在遗址保护和规划过程中，曲江文化产业集团对此持高度重视的态度，对规划方案进行全球招标，引起了国际上建筑行业、一流设计公司的极大热情。对规划方案论证采取市民旁听的制度，广泛征求社会人士、专家、学者的意见。最

---

① 倪明涛：《再现盛唐"大明宫"遗址保护展新姿——西安大明宫遗址保护展示示范园区建设理念与实务综述》，载《今日中国论坛》2009年第4期。

② 同上。

终，由西安建筑科技大学与以色列设计公司合作编制的《大明宫国家大遗址保护展示示范园区暨遗址公园总体规划》得到了专家的高度评价，顺利通过了国家文物局组织的专家论证。

2. 文化活动的锻造

在大明宫的开发中，曲江新区成功地将"议题设置"理论运用到大明宫的造势宣传中来。议题设置又称议程设置，该理论源自美国的马尔科姆·麦库姆斯和唐纳德·肖发表于20世纪70年代的一份实证研究报告《大众传播的议程设置功能》。该报告认为大众传媒具有一种为公众设置"议事日程"的功能，即媒介强化报道的题材和事件会引起人们的重视，传媒的新闻报道和信息表达活动以赋予各种议题不同程度的显著性的方式，影响着人们对周围世界的"大事"及其重要性的判断。① 塑造文化氛围，主要通过曲江演出公司和曲江影视公司的宣传引起公众参与和新闻聚焦。

（1）曲江演出公司与"2006·盛典西安"。2006年，曲江文化产业集团举办了以"人文奥运，盛典西安"为主题的"2006·盛典西安"文化活动，打破了大明宫遗址千百年不能"冒犯"的神话，让大明宫走向了世界，成为北京奥运会人文精神的最好阐释。盛会结束后，以这次演出的班底为主力，成立了曲江演出公司。曲江演出公司的成立也为以后的宣传奠定了基础，成为曲江新区"议题设置"的工具之一。

"2006·盛典西安"选在唐长安城三大宫室建筑中规模最大的大明宫含元殿遗址举行。曲江集团对大明宫的定位是：大明宫是唐朝近300年的统治中心，代表了盛唐文化的巅峰，象征着"开放、包容、和谐"的大唐精神，与"更快、更高、更强"的奥运精神交相辉映，完美结合，是中华民族引以为自豪的世界级文化遗产。

"2006·盛典西安"文化活动创造性地选择了唐大明宫遗址，著名导演张艺谋为晚会掌舵，把大历史、大遗址与北京奥运会紧密结合，把弘扬大唐文化与奥运精神紧密结合，各界名流因为这次活动走到了一起，文艺名人、体育明星效应与推介大明宫遗址、宣传人文陕西和西安文化旅游紧密结合。本次活动仅演职人员就达5000多人，达到了4万人观看演出、1亿人关注、3亿人知晓的预期影响目标。盛典活动推崇包容盛唐文化和奥运精神元素的原创音乐及歌曲，请来了世界三大男高音之一的卡雷拉斯演唱中国民歌《在那遥远的地方》，为人们所津津乐道。"2006·盛典西安"文化活动中，让动物参加演出，除加强了节目的观赏性外，更为重要的是体现了人与动物和谐相处的立意。盛典活动充分彰显了人与自然、人与宇宙、东方文明与西方文明、历史与现代的和谐，使更高、更快、更

---

① E. M. McCombs, D. L. Shaw. The agenda-setting function of mass media. *Public Opinion Quarterly*, 1972, 36（2）：pp. 176–187.

强的奥运精神和开放、包容、大气的大唐精神相互交融。

这次文化活动取得了巨大成功，2006年10月20日、21日晚，央视《新闻联播》连续两天报道"2006·盛典西安"的盛况，后来央视又重播了8次。《人民日报》发表通讯和评论，称赞这次活动是"北京奥运会开幕式的总预演"，是"对人文精神最生动的展示"。"2006·盛典西安"引起了国内外的广泛关注。巨大的新闻聚焦效应使得古都西安将这个沉寂已久的大明宫重新推向世界，再次成为公众的焦点，展现在公众面前。

由于紧扣奥运主题，经过激烈的竞标，曲江演出公司为这次演出购入的价值七八千万元的大型灯光音响设备也被北京奥组委租用，为2008年北京奥运会服务，这让曲江演出公司最引以为自豪。曲江演出公司走的是国际化精品路线，直接引进国际精品，对西安城市文明素质的提高、文化氛围的塑造、演艺市场的发展以及培育起到了巨大的作用。曲江演出公司2009年先后成功举办重大文化演出110余场，累计接待观众20万人次，成为陕西演出市场的行业旗舰。①

（2）曲江影视公司与区域文化剧目创作。2006年4月29日，经西安曲江新区管委会批准，由曲江文化产业集团投资，注册资本1亿元的曲江影视公司挂牌成立。成立之初，曲江影视管理层即表示，将以西安深厚的历史文化为基础，以曲江雄厚的资源和资金实力为依托，以先进的机制和优惠政策为导向，构建影视产业集群。从影视业的发展来看，影视业投资数额大、周期长、利润低，在我国很少有能够获得银行贷款拍摄影视的企业和导演，但是影视业有很大的联动性，会带动其他产业如文化旅游的发展。因此，曲江影视集团的成立，肩负提升城市品位、树立区域形象、发展区域经济的重任。

曲江影视公司采取了周密的改革措施。首先，整合陕西的影视行业，为许多影视企业和年轻导演提供发展的平台。曲江设置了一个4.5亿元的风险投资基金，制定了很多吸引影视企业的措施，以吸引影视公司入驻。例如，购买影视器材，提供税费支持，低息贷款，补贴场地租赁费用，专项基金的扶持，对国内外有重要影响、对区域产业发展有战略性带动作用的新入区影视企业及其重大项目实行一事一议，予以重点扶持，等等。其次，建立影视剧风险评估体系。曲江影视集团有自己的优势，作为政府的国有独资公司，有政府的信誉和自身的资产做支撑，可以获得银行贷款资助影视业的发展。为此，曲江影视公司建立了一套风险评估体系，科学评估影视剧的风险和回报，确保将风险降到最低。

曲江影视公司成立后的4年多时间里，已有包括北京小马奔腾、香港银都机构、陕西光中影视、YY影视等在内的50余家制作实力雄厚的影视企业入驻曲江，拍摄、制作影视作品80余部、2300余集。影视作品《大明宫》《法门寺》在国内外反响强烈；《纺织姑娘》获第33届加拿大蒙特利尔国际电影节"评审

---

① 参见凌霜华《文化产业：梦从这里开始》，载《三联生活周刊》2008年第36期，第50页。

团大奖"及"全球专业影评人大奖";《窃听风云》《机器侠》票房飘红,热销全国;《大秦帝国》全面热播,秦文明系统工程全面启动,"大秦帝国"成为曲江又一响亮的品牌;秦腔剧院顺利完成事转企改制,走向市场化、精品化、产业化的发展道路;《柳河湾的新娘》荣获全国"五个一工程奖";2009年8月西安秦腔剧院被评为"全国文化体制改革先进企业"。①

曲江文化产业集团作为文化产业的巨无霸,优势在于可以协调资源配置。旗下11个子公司各尽所能,曲江影视公司作为曲江文化产业集团的首要战略性公司,成为配合曲江文化产业集团其他项目开发的主要力量。综观曲江影视公司,所拍摄的题材大部分带有区域文化的特色,以区域文化为立足点,向外推广。例如,影视剧《大明宫》,通过曲江文化产业集团雄厚的现代科技手段和导演的精心策划,以优质的影视作品作为切入点,吸引受众了解大明宫的前世今生,揭开其千古之谜,被称为一部"恢复城市记忆的经典之作"。以免费的形式在西安各大高校和影院轮番上映,配合曲江大明宫集团正在开发的大明宫遗址,使古城6月刮起了"唐风"。同时还满足了受众的自豪感和自信心的回归,提升了大明宫地区的城市品位,改变了大明宫地区的城市形象,成功带动了大明宫周边区域土地升值。

经过全面的遗址公园建设和文化环境的塑造,大明宫遗址将成为"西安城市中央公园区",充分展示以盛唐文化为特色,集文化、旅游、商贸、居住、休闲服务为一体,具有国际水准的城市新区。"区域的总体建设目标是创建具有世界意义的文物保护示范工程,建设世界一流的国家遗址公园,改善人居环境,创造规划和建设的国际典范,实现历史与现代、经济与社会、文物保护与城市建设的和谐共融、协调发展,促进文化、旅游产业大发展,实现区域科学、快速、创新、和谐发展。"②

(3)曲江会展集团与中国西部文化产业博览会。提到文化产业,近年来一个新崛起的朝阳产业不得不被提及——会展产业。我国已经有40多个城市把会展产业作为城市经济发展的支柱产业。会展产业对拓展城市发展空间、提升城市国内外地位起到了极其重要的作用。会展经济的价值不在于本身的盈利,而在于它对周围产业的拉动效应。曲江国际会展集团总裁王建军说:"会展业是城市的新经济增长点,它以1∶10的效率带动经济引擎。"

2006年4月,曲江文化产业集团打造占地4300亩、计划总投资60亿元的集会展、办公、物流、餐饮住宿等为一体的曲江国际会展产业园区,2007年3月24日一期工程已经建成使用,2008年底二期工程完工,启动了会展酒店、国际

---

① 参见"西洽会"特别报道《打造中国文化产业"巨无霸"》,载《西安晚报》2010年4月9日。
② 倪明涛:《再现盛唐"大明宫"遗址保护展新姿——西安大明宫遗址保护展示示范园区建设理念与实务综述》,载《今日中国论坛》2009年第4期,第53页。

会议中心和三个现代化展馆。到现在，曲江会展集团已经有 10 万平方米的国际水准的展馆。花香蜂蝶自然来，有了规格较高的完备的基础配套设施，曲江会展产业蒸蒸日上。例如，2008 年在曲江国际会展中心举行的中国西部第四届文化产业博览会，汇集了西部 12 个省的文化资源和文化产业发展状况，并且将以前每两年一届、西部 12 省轮流举行的文化产业博览会永久性地落户西安。2009 年开办会展 111 个，累计接待观众 110 万人次，成为西部首屈一指的行业领头羊。会展拉动周边的旅游、餐饮、物流、办公、宾馆等行业，间接拉动的是西安城市形象和城市文化的传播。会展对周边经济的另一个拉动是土地价值，2007 年会展一期工程结束后，曲江的地价已经从 2002 年的每亩 20 万元上涨到 300 万元，如今这里的土地价值更高。

王建军指出，"曲江会展模式"实行的所有权和经营权的分离是会展创新模式的最大亮点。成立曲江会展控股公司，拥有会展产业园的开发权，投资建设 400 亩核心区的展馆和会议中心等基础设施，打造国际会展产业园的硬件平台。成立曲江会展集团，对展览馆进行国际化、现代化、专业化管理运营的同时，整合西安乃至中西部会展优势资源，聚集产业集群，打造产业链，丰富和完善国际会展产业园的软件内容。同时，曲江会展控股公司拥有周围 3700 亩土地的开发经营权，通过发展地产业来投资会展中心的运营。当与周边的地产形成一条龙后，会展中心的收益和周围产品的附加值相比只是很小的一环。①

（三）开发法门寺景区的价值与策略

1. 开发法门寺景区的价值

（1）助力区域协调发展。位于宝鸡市扶风县境内的法门寺景区的开发是对曲江新区的区域协调战略的一个极好阐释，也是曲江新区实力壮大模式得到认可的见证。2007 年 3 月，宝鸡市政府决定与曲江新区管委会联手，他们看到了曲江开发大雁塔广场和大唐芙蓉园在西安的成功，认为曲江有开发历史文化资源的能力和经验，又有成熟的团队。拥有如此珍贵的文物资源，对这些文物资源进行保护的同时又利用其带动地方经济发展的重任摆在了宝鸡市政府面前。

（2）扩大佛文化影响力。法门寺因安置释迦牟尼佛指骨舍利而成为佛教圣地，是中国西部旅游的一个热点。1981 年 8 月 24 日，法门寺修建于明朝的 13 级宝塔由于连日阴雨而半边倒塌。1986 年宝鸡市政府决定修复宝塔，1987 年 2 月底开始动工。适逢四月初八佛诞日，"从地涌出多宝龛，照古腾今无与并"，在沉寂了 1113 年之后，2499 件大唐国宝重器，簇拥着佛祖真身指骨舍利重回人间。据佛典记载，释迦牟尼的弟子从其遗体灰烬中拣出 1 块头顶骨、2 块肩胛骨、4 颗牙齿、1 节中指指骨和众多珠状舍利子。唐代，这枚指骨舍利曾被 6 次迎请至

---

① 参见凌霄华《文化产业：梦从这里开始》，载《三联生活周刊》2008 年第 36 期，第 50 页。

皇宫供奉。公元874年最后一次被迎请供奉后，这枚舍利被密封珍藏于法门寺塔下的地宫，直到1987年重新面世。1988年，法门寺正式开放并举办了国际性的佛指舍利瞻礼法会。海内外诸山长老及各界代表共300余人参加法会。20多年来，法门寺在前任方丈澄观、净一法师的住持下，相继建成大雄宝殿、玉佛殿、禅堂、祖堂、斋堂、寮房、佛学院等仿唐建筑。①

地宫内出土的稀世珍宝，在中国社会政治史、文化史、科技史、中外交流史、美术史等方面的研究上都具有极其重要的价值。

2. 如何开发法门寺佛文化景区

法门寺文化旅游景区规划面积为9平方公里，分为东西两区，即东部佛文化展示区和西部综合服务区两大部分，总投资超过10亿元，涵盖现有的"法门寺文化景区"。其中，佛文化区占地大约5平方公里，按照佛教三宝"佛、法、僧"呈品字形布局，三区各占地1000亩。佛区建设安奉佛祖真身指骨舍利和合十舍利塔以及供僧俗四众瞻礼朝拜的10万人广场，这一部分于2009年5月9日落成；法区以当代法门学科研究和科技发展成果为基础，全面展现世界佛教2500年、中国佛教2000多年的历史文化及唐代地宫珍宝之精华；僧区以大唐法门寺瑰琳宫二十四院为蓝本，再现唐代法门寺"极人间之焕丽"的壮丽景观。西区4平方公里作为综合配套区，将为游客提供吃、住、行、游、购、娱的服务，给旅客以全方位的体验感，带给他们"在法门寺多留一夜"的消费习惯。该项目意在打造供奉佛指舍利的圣地和21世纪世界佛文化中心，成为集僧众朝拜、举办大型佛教文化交流、观光旅游、休闲度假为一体的主题公园。

"我们的想法是，把法门镇按照建设新农村的思路，重新做整体规划，"曲江新区管委会副主任、文化景区建设有限公司负责人刘兵说，"未来规划中，处于景区中央位置的佛光大道，就是法门镇上最繁华的一条街，仅拆迁费就达到2.5亿元。"大手笔背后，是管委会和文化景区建设有限公司对景区巨大增长潜力的信心。根据管委会提供的数字，景区除对旅游业的拉动，造就的土地运营收入也将带动整个法门镇，乃至成为宝鸡经济发展的强大动力：在法门寺佛教文化景区周边，可以利用的土地面积为2890亩，土地运营年收入在8600万元左右，5年预期总收入超过28亿元。

五、大唐文化传播模式与城市文化品位的提升

（一）城市品位之源

西安位居中国八大古都之首，承载了中华民族的半部历史，见证了中华民族

---

① 参见韩金科《法门寺与法门寺文化》，载《文博》1993年第4期，第8页。

最为骄傲和繁盛的时期。汉唐以来，长安声名远播，文化的交流融合盛况空前。从贞观四年（630）3月"诸蕃君长诣阙，请太宗为'天可汗'"起，中国长达几个世纪的分裂、战争、民族危机、社会混乱，给人们带来的彷徨、失望、颓废心理烟消云散。四夷征服、物阜民丰、政治开明的盛世现实，引起了文化心理氛围的变化，中华民族的自信从那时起就流淌在血液里。

唐末战乱，长安城被破坏殆尽，从此慢慢淡出了人们的视线，虽然后来历朝历代都以西安作为西北重镇，但是昔日辉煌不再。新中国成立以后，西安由于有众多历史文化古迹和文化资源，受到国家政策保护，历史文化遗址的开发被禁止，其发展处处受到限制。

西安在困难时期并没有坐以待毙。看到许多历史文化城市在发展中曾经走过的弯路，失去了自己的个性，对历史文化资源造成很大的破坏，西安从中吸取教训，开始了自己的规划探索之路。几经波折，西安做出了保护历史文化资源"跳出旧城，发展新城"的决定。新中国成立至今，西安经历了四次规划，形成今天的格局，从第四次规划可以看到雄心勃勃的西安开发者们走的是"大西安"的发展之路。西安市政府在历次规划中，始终不变的是以保护历史文化资源为主题，更将其与园林建设完美相结合，相得益彰，历史文化赋予了城市园林内涵，提高了城市品质，这是其他城市没有的。

（二）大唐文化传播模式总结

在开发历史文化资源促进经济发展上，1996年西安市政府批准成立曲江新区管委会以负责历史文化资源开发旅游项目。管委会是政府的一个派出性机构，有市政府的支援。市政府决定支持曲江只搞旅游，不搞其他产业，不衡量曲江的GDP，这对管委会来说无疑是一种解脱，所以，放下包袱的曲江才能够在西安这座城市显现出很鲜明的特色。但是在初期开发中，开发者想运用市场的力量，将土地资源分散成为52个项目的建设，缺乏明确的发展思想和统一的核心竞争力来引领，使曲江发展几乎停滞。直到2002年，一个新的管委会领导班子出现，终于探索出一条既能保护历史资源又能推动经济发展的模式，西安现在的发展证明了这个模式的可行性。

段先念上任曲江新区管委会主任后，凭借其丰富的地产开发和高新区建设的经验，在曲江新区开创了一种新的模式。曲江模式成功地解答了"像西安这种文化名城，如何建设保护利用文化遗产？如何让文化遗产成为城市的骄傲，成为人民心中的一种向往？如何让人们自觉地去传承文化、弘扬文化"等诸如此类的问题，曲江让西安人找到了一种文化自信。现在的曲江模式已经成为一种可供其他历史文化名城参考的模式。

曲江新区是文化产业的"巨无霸"，有整体的品牌优势。美国营销大师、凯洛格管理学院教授菲利普·科特勒对曲江模式做出注解："它（曲江）相当巧妙地将一个区域的独特文化特征与新城市区域的发展有效结合起来,在城市建设、开发、运营、管理等商业链条上,吸引了众多的参与者。"①

(1) 历史文化资源显性化。历史文化名城不应该是文物的堆砌,而应该是融入市民的生活。曲江秦汉唐的历史遗存特别多,地下的宝藏也很多,所以被定位为文化区域、旅游区域,要把这里的历史遗存作为一种旅游产品开发出来。

曲江新区的成功之处在于其十分注重对遗址和周围环境的整体开发,建设了很多遗址公园,注重受众的参与性;成功地把地下的东西搬到地面上,把消失了的、把人们记忆中的传说故事和典故融入现实生活中,告诉人们残存的这些文化符号代表了什么,说明了什么,给老百姓带来了些什么,给后代留下了什么。曲江把它们做成一种可感受、可体验、可消费的产品呈现出来,以感性的方式满足了公众的消费需求,也满足了西安人的自豪感。同时,用文化演绎、文化创意的方式渲染大唐氛围,让公众体验到唐朝文化,提升历史文化资源周围环境的品位。如把唐诗写出来,画成壁画,尽量用各种方法表达出来,让儿童容易理解,让普通老百姓也能感受到这种历史文化。曲江新区始终把握这片土地上具有文化遗产存在的优势,统领曲江的发展。

在历史文化资源的开发中,处处注重体现唐朝的恢宏大气。按照段先念的说法是把环境做大做绝,即使资金短缺、举债也在所不惜。大雁塔广场、大唐芙蓉园、曲江池遗址公园、大明宫遗址公园和法门寺佛文化景区等处处体现精品意识,将"内容为王"发挥到了极致,在这些地方再配以文艺演出、影视传播、展览等直观感性方式,让公众体验唐代人的生活方式。

(2) 历史文化资源价值化和产品化。应该说曲江新区进行大项目的建设,没有依靠政府财政,而是充分利用市场化的手段。以历史为文化复兴的动力,利用做大做绝的环境气势和政府的信用进行融资。曲江新区管委会坚信造环境就是招商,有了好的环境,商家自然就进来了。

曲江新区将优质的公共空间建设起来,如大雁塔广场、曲江池遗址公园、大唐不夜城的公共场馆等都是免费对公众开放。如此各方都能获得利益:公众的自豪感、认同感和团结精神得到回归;商家凭借源源不断的客流获得丰厚的商业利润;曲江新区凭借营造环境带动周边土地升值,开发地产带来收益,再通过房地产收益来补偿塑造文化资源的费用和历史文化遗址公园等基础设施的运营维护费用,达到良性循环。这就是曲江地产模式,是曲江新区做大做强的经济来源。

当然,对一些文物古迹的仿造引起了很多非议,有的人认为这是对文物古迹的歪曲甚至破坏。曲江人却有自己的思考,没有在历史古迹上进行"建设性的破坏",而是另选地方建设。例如,大唐芙蓉园没有任何历史记载,只是经过考察后发现有这么一个地方存在,曲江新区就在大致的方位上把它做成一个主题公

---

① [美] 菲利普·科特勒:《国家营销》,俞利军译,科学出版社2003年版,第137页。

园。芙蓉园的一些建筑与古代的风格、习惯不同也引起了大家的争议。段先念如此回答："我们修建的不是文化遗产，是文化财产，而今天的文化财产就是明天的文化遗产。我们建设大唐芙蓉园就是要告诉后人，芙蓉园始建于隋，盛于唐，而在公元2005年，西安市政府对其进行了修缮。"

但是，无论别人对曲江仿造文物古迹做何评论，曲江新区都以精品意识打造每一个历史文化遗址，做好每一次文化创意活动。例如，大唐芙蓉园的建造体现了室外装饰室内化原则，如将整个园子当作家居中的"客厅"，那么景观就是家中摆放的盆花和盆景。园内多用木制品、石材进行装饰，铺地选用石材、艺术砖、木制品等真材实料，不用水泥制品。此外，园区的养护、管理也参照星级酒店的标准来进行。演出活动也是如此。"2006·盛典西安"大型文化活动中卡雷拉斯演唱中国民歌《在那遥远的地方》，这是盛典活动推崇原创音乐及歌曲的一个有力证明；大力推崇原创音乐，不仅仅为个别歌手量身定做歌曲，还把演出背景音乐的制作作为一个重头戏，使这些原创音乐包容盛唐文化及奥运精神的多重元素。

（3）历史文化产品价值的延伸化。

1）在保护和开发历史遗址时十分注重与园林的绿化相结合。目前，西安市在大遗址和地面建筑周围都做了绿化。例如，第二次规划时，拓宽构成原唐城中轴线的朱雀大街，从体育路、明德门遗址到莲湖路的承天门遗址，全线开拓为50米宽的林荫道。在规划兴庆宫遗址为公园时，只能种树不能盖房子，城墙周围也建成了环城林带。近年来，曲江新区也不断加强对环境综合治理的投入，生态、人居等指标处于西安市的前列，35%的绿化率，万亩生态森林，1400多亩的水面，使曲江新区成为西安最适合休闲、居住的区域，被称为西安的后花园。这些绿化工程不仅对文物环境起保护作用，还为改善城市空气质量、保持市民良好的生活环境做出了贡献，极大地提升了区域价值，丰富了城市形态，激活了旅游市场。

2）营造城市大面积公共空间。这一举措提升的是城市人民的生活质量，潜移默化地改变了公众生活方式。如以前亲朋好友相聚的时候，庆祝的主要方式就是吃吃喝喝玩玩，现在这种方式正在悄然发生转变。生活方式的变化对人们转变旅游方式起着决定性的作用，休闲时代的到来使休闲旅游成为必然，曲江抓住人们对旅游升级的要求，对此做了补充。现在接待朋友，带着他们去曲江赏景，可以深切地体验到西安人生活环境的提升，感受历史的变迁，提升作为西安人的自豪感，这种感受过程就是一种体验。现在的曲江在西安已被视为文化和财富的象征。

3）完善基础设施建设的配套。大遗址开发项目带动周围基础设施建设，配套逐步完善，而且在这些历史遗址公园里经常举办演出等各种文化活动，城市品位不断提升，公众素质得到提高。大唐不夜城中的西安音乐厅，每天都有精彩节目奉送给公众。

(三) 展望

曲江的成功带动了周边各个区域的发展，古都西安不再因为文物太多却不知道该如何保护而困惑，而是以文物多而自豪。曲江模式有可借鉴之处，也有不可复制之处。"曲江"不仅指曲江这个地方，它已经辐射到全市全省。如今，曲江模式博得了国内外文化产业操盘手的广泛关注，总结其核心要点便是：以文化项目带动区域板块联动，以开发的速度和产业规划的亮度来提升区域价值。

2020年西安市政府的第四次规划完成，西安入选国家文化和科技融合示范基地十强城市。文旅融合品牌效应日益凸显，大唐不夜城入选全国首批示范步行街，北院门风情街位列全国十大回暖夜市榜首，大唐西市文旅小镇创建经验在全国推广。曲江"不倒翁"燃爆全网，"打卡西安"成为旅游热点。西安上榜全国夜经济影响力十强城市，入选首批国家文化和旅游消费试点城市。①

参考文献

[1] 樊海强，袁寒. 大遗址保护与利用互动发展新模式：汉长安城保护与利用总体规划 [J]. 规划师，2008，24 (2).

[2] 焦艳丽. 我国历史文化资源保护利用文献综述 [D]. 南京：南京农业大学硕士学位论文，2007.

[3] 柯可. 文化产业论 [M]. 广州：广东经济出版社，2001.

[4] 柯卓英. 唐代文化软实力与西安城市品位 [N]. 西安晚报，2009 - 11 - 19.

[5] Michael E. Porter. *The Competitive Advantage of Nation* [M]. NewYork：The Free Press, 1985.

[6] Raúl Prebisch. Commercial Policy in the Underdeveloped Countries [C]. American Economic Review, Vol. XLIX, 1959.

[7] 须俭，陶伯华. 活力城市文化建设 [M]. 江苏省2001—2010年文化大省建设规划纲要，2001.

[8] 杨军. 大型文物遗址类旅游资源开发的另一种思路 [J]. 规划师，2008，24 (2).

[9] 周鸿铎. 区域传播学导论 [M]. 北京：中国纺织出版社，2005.

（撰稿人：黎 荔 杨鸿远）

---

① 李明远：《2021年西安市政府工作报告》，http://www.shaanxi.gov.cn/zfxxgk/zfgzbg/sqszfgzbg/202102/t20210223_2153976.html。

思考题

1. 西安市遗址保护和城市建设、经济发展之间的矛盾突出，文物保护经费缺口大，文化建设面临着巨大的困难，以"文化＋旅游＋城市"为内核的曲江模式是如何将一直以来是西安发展负担的"文化遗产"转化为"文化财产"的？

2. 曲江模式的独特之处，在于其文化遗产与公共文化事业，以及影视、演艺、会展等其他产业的联动发展，你如何理解曲江文化产业发展"国有民营"的运行机制以及其公共文化事业和文化产业的并举共建？

3. 曲江通过大资本运营、大产业布局、大项目带动，正在迅速改变着陕西文化产业的格局，但曲江目前几乎"垄断"了陕西文化遗产开发，过度商业开发是否会使陕西文化单一化、景观表象化，进而破坏中华文明发祥地的文化多样性、厚重感？其操作模式是否有文化搭台、地产唱戏之嫌？

案例 2 >>>

审视区域性文化资源
——安徽宿州文化产业调研

在安徽宿州市委市政府及中国传媒大学南广学院（以下简称"南广学院"）领导的重视下，南广学院媒介管理系①专门成立了宿州文化产业调研课题组②，于 2009 年 7 月 13 日开始对宿州文化产业进行为期一个月的实地调研。

在中共宿州市委组织部、宣传部及市文化局的协调下，课题组 10 名师生通过召开局领导座谈会的方式，调研了宿州市及埇桥、萧县、灵璧县、泗县等下辖区县的文化局、新闻出版局、广播电视局、旅游局、体育局、商贸局、发改委、文物管理所等各相关职能部门，实地参观考察了陈胜吴广起义旧址——涉故台、花鼓戏剧团（淮北花鼓戏）、五柳风景区、闵祠、萧县书画一条街、灵璧钟馗书画一条街、奇石大市场、市直剧团等文化项目及相关文化机构，共整理会议记录资料 20 万余字，摄像资料时长 160 分钟，拍摄图片资料 580 张，发放调查问卷 60 份（问卷调查对象仅为相关职能局领导及文化产业专业人士），收集二手资料 30 余份。课题组会同顾问组专家，从定性和定量角度，对数据进行分析，深度调研宿州文化产业的发展状况和存在的问题。

一、宿州文化产业调研计划

为充分挖掘宿州市文化资源潜力，整合资源，提升宿州市文化产业在全国的影响力，宿州市委市政府召集相关部门认真研究宿州的"文化立市"战略，结合宿州市文化资源及文化产业发展现状，提出了将宿州打造成为全国一流文化产业强市的战略目标。

受宿州市委市政府委托，南广学院承担了宿州文化产业调研课题——"宿州文化产业调研报告"，对宿州市文化资源及文化产业做出全面的调查了解，并对其现状进行分析，为市委市政府制定宿州文化产业发展规划提供决策参考。

（一）调研环境

宿州是一个有着悠久历史文化以及深厚人文气息和艺术气息的魅力之城，素有"中国书画艺术之乡""中国马戏之乡""中国观赏石之乡"的美誉，文化资源开发和利用前景十分广阔。在宿州经济日益发展的今天，如何进一步加强文化

---

① 现为南京传媒学院文化管理学院。
② 课程组成员：胡晓明、陈建华、程秀花、朱长春、孙静、王育栋、柳丝雯、彭顺婷、孙路、赵慧。

建设，大力发展具有鲜明地方特色的文化经济和文化产业，增强文化产业的整体实力和竞争力，提高文化产业对国民经济的贡献率，已成为宿州在经济高速发展的同时必须考虑的重要课题。宿州市文化资源形式多样，文化产品多姿多彩，文化氛围浓厚，有着诸如埇桥马戏、泗州戏、灵璧石、钟馗画、乐石砚制作等影响深远的文化资源基础，其中泗州戏被列入首批全国非物质文化遗产保护名录。

随着市场经济的不断发展，文化产业在经济中的地位越来越受到重视，国内部分省市重金打造特色文化产业园、主题公园，提高新媒体在文化产业开发中的价值，逐渐形成一定的规模，并创造了可观的经济收益。就目前宿州文化产业发展的总体情况而言，相关部门领导已经认识到文化产业发展的重要性，但是由于地方产业经济实力不强，核心产业无法凸显，没有形成特色品牌文化区，文化资源优势未能形成合力，缺乏统一的文化产业市场体系和宽松的发展环境，优势资源得不到充分利用，且缺乏文化产业管理以及经营方面的专业人员。因此，在现有文化资源的基础上，如何对其有效整合并科学规划和管理，已成为宿州当下发展文化产业的重要课题。

（二）调研目的

（1）整合宿州优势文化资源，加快宿州文化市场的发展步伐和宿州文化产业的竞争力。

（2）充分考察宿州文化产业的现状、存在的问题，并寻找对策。

（3）为宿州新的奇石产业、马戏产业、书画产业、文化旅游业、广播影视业、出版业、节庆会展业等文化产业大型项目的开发提供翔实资料和对策。

（4）为宿州市与南广学院的全面科研教学合作奠定基础。

（5）为南广学院研究区域文化产业课题提供材料。

（三）调研内容

调研内容包括文化遗产资源、自然遗产资源、文学艺术资源、奇石资源、马戏资源、书画艺术资源、新闻出版资源、网络文化资源、文化人才资源、广播电视电影资源、文化设施资源、广告会展资源等方面的基本现状，宿州文化产业发展现状、存在的问题及对策。

（四）调研对象

（1）市委宣传部、发展改革委、文化局、广播电视局、新闻出版局、体育局、商贸局、旅游局、统计局、市文联、各局团等相关职能部门领导、文化企业管理者及相关文化产业从业者，共计50～100人。

（2）宿州市文化产业重点项目。

（五）调研方法

调查中采用多种方法，如问卷调查、座谈会等。最后将调查数据录入电子表格，利用 SPSS 统计软件进行分析，得出较为科学的结论。

1. 座谈法

(1) 举办有市委市政府相关职能部门领导参加的座谈会。

(2) 举办市下辖区县相关职能部门领导及人员出席的座谈会。

(3) 举办宿州具有代表性的文化企业负责人、文化事业单位负责人以及文艺团体参加的座谈会。

(4) 邀请宿州本土艺术家、民间艺人以及文化学者等相关人员进行专题座谈。

(5) 专访宿州知名人士，听取他们对宿州文化产业发展的看法和建议，为决策提供专业意见。

2. 实地走访

调研组成员实地进入宿州及下辖各区县，对当地文化资源进行考察和记录，主要包括：

(1) 当地文化资源的实际状况。

(2) 当地文化资源的发展状况（主要通过门户访问、座谈以及二手资料获得）。

(3) 当地文化资源的使用情况，包括使用频率、使用方式、文化资源保护情况（如何传承，是否有相关政策，等等），现存文化资源在当地群众中的接受程度。

(4) 访问当地群众，了解当地百姓的生活方式和对当地文化艺术的感知状况，调查当地文化氛围。

(5) 搜集当地的民间（特色）文化艺术资源。

3. 二手资料收集整理

(1) 搜集宿州文化资源及产业规划的相关资料（形式：文字或视频；内容：经济社会发展五年规划、政策文件、书籍、原有调查统计成果、重点项目资料等）。

(2) 搜集宿州市及其下辖各区县重点文化项目、文化企业和艺术团体的相关资料。

(3) 收集整理全国主要城市的文化资源状况及文化产业规划，通过对发达城市文化产业的二手资料分析，得出国内文化产业发展状况的综述。

4. 调查问卷

通过制作关于宿州文化资源以及文化产业的定性、定量问卷并组织人员作答，得到一部分调研数据，并对数据进行科学的现状分析。

(六) 样本分析

（1）专业市场调研人员对前期搜集的资料进行初步整理。
（2）在调研过程中，整理以及分析实际所得材料和数据。
（3）运用 SPSS 进行调研数据的集成和分析。
（4）集合文化产业领域相关专家和学者以及当地主管领导，对调研期间数据资料进行整理、分析和论证。

二、宿州文化产业调研问卷设计

1. 宿州文化资源丰富程度在全国的地位

问题：您认为宿州的文化资源丰富程度如何？
①非常好　　②很好　　③一般　　④还好　　⑤不太好
调查结果显示：57%的人认为宿州文化资源"很好"，说明宿州的文化资源在国内算不上一流，但已相当不错。

2. 宿州市政府对文化产业发展的重视程度

问题：您认为宿州市政府对文化产业发展的重视程度如何？
①非常重视，作为一项执政要务　　②比较重视，建立了比较完善的制度
③一般重视，鼓励发展　　　　　　④不太重视，没有专门政策
调查结果显示：绝大部分领导干部选择了"比较重视"，说明宿州对文化产业发展的重视程度仍然不够。

3. 关于发展文化产业对于宿州最大贡献的认识情况

问题：您认为发展文化产业对于宿州最大的贡献是什么？（只能选一个）
①精神文明程度得到提高　　　　②城市品牌形象与声誉得到提高
③拉动产业经济发展　　　　　　④城市综合竞争力得到提升
调查结果显示：11人认为使"城市综合竞争力得到提升"，19人认为"拉动产业经济发展"，18人认为使"城市品牌形象与声誉得到提高"，5人认为使"精神文明程度得到提高"，说明宿州的领导干部对文化产业的作用认识比较到位。

4. 结合宿州的情况谈谈对文化产业提法的认识

问题：您认为目前国内关于文化产业的提法，哪个最适合宿州？
①文化产业　　②创意产业　　③文化创意产业　　④其他
调查结果显示：32人认可"文化产业"，16人认可"文化创意产业"，极少数人认可"创意产业"，说明宿州创意产业比较薄弱。

5. 传播宿州文化最有效的途径

问题：您认为传播宿州文化最有效的途径是什么？
①新闻媒体　　②文化产业园　　③主题公园　　④演出团体　　⑤其他

调查结果显示：52%的人觉得传播宿州文化最有效的途径是"新闻媒体"，36%的人认为是"文化产业园"，对"主题公园"和"演出团体"的选择较少，说明对文化传播的认识有待进一步深化。

6. 发展宿州文化产业的主要优势

问题：您认为发展宿州文化产业的主要优势是什么？（最多选三个）

①丰富的文化遗产资源　　　　　②文化人才优势
③强大的文化需求　　　　　　　④迅速发展的宿州经济
⑤文化产业在宿州的战略地位高　⑥其他

调查结果显示：31%的人认为发展宿州文化产业的主要优势是"丰富的文化遗产资源"，19%的人认为是"文化人才优势"，17%的人认为是"迅速发展的宿州经济"。

7. 宿州演出产业发展应该参考的模式

问题：您认为宿州演出产业发展应该参考什么模式？

①上海时空之旅（国际化）　　　②云南映像（品牌化）
③河北吴桥杂技（产业链）　　　④其他

调查结果显示：27人认为应该参考"河北吴桥杂技"，20人认为应该参考"云南映像"，4人认为应该参考"上海时空之旅"。

8. 影响宿州文化产业发展的主要问题

问题：您认为宿州文化产业发展存在的主要问题有哪些？（最多选三个）

①整体处于起步培养阶段，文化产业规模小，结构不合理，科技含量不高，缺乏有影响力的品牌

②文化资源管理分散，存在管理体制性障碍，资源分配机制缺乏有效整合和集聚

③文化消费水平有待提高，文化消费市场有待培育和激活

④体制改革仍然滞后，文化产业理念不清，思想解放不够，文化产业政策还有待完善和进一步落实

⑤文化资源存在浪费和闲置。现有的一些文化资源未能有效地挖掘和开发，文化资源总体数量不足、结构不合理

⑥文化产业社会投资不积极，文化产业设施落后

⑦高层次、高素质的文化人才缺乏，尤其缺乏高层次的文化产业经营和管理人才、科技人才和领军人物

⑧其他

调查结果显示：排在前四位的问题是：①文化产业规模小，缺乏有影响力的品牌；②社会投资不积极，文化产业设施落后；③文化资源管理分散，缺乏有效整合和集聚；④文化资源存在浪费和闲置，有些资源尚待开发。分别占比23%、17%、14%、14%。

9. 宿州应该采取哪些主要对策做大做强文化产业

问题：您认为宿州应该采取哪些主要对策做大做强文化产业？（最多选三个）

①加快文化体制改革的步伐，加强科学规划，完善扶持政策

②深化体制改革，培养市场主体。培育文化产业龙头企业及项目，打造自主品牌

③拓宽投融资渠道，建立多元化投融资机制。制定政策，鼓励民营资本进入文化市场

④优化产业结构，建设特色文化产业园区

⑤建立健全文化创意产业中介机构和行业组织。搭建文化产业协会、文化产业基金会等产业辅助平台

⑥着力打造同一品牌下的文化、旅游、演出、教育、文化用品产业链

⑦加快高层次、高素质文化人才的引进和培养

⑧其他

调查结果显示：23%的人选①；19%的人选⑥；17%的人选②；17%的人选③。

10. 宿州文化产业支柱产业

问题：您认为哪些子系列的产业可以列为宿州文化产业的支柱产业？（最多选三个）

①演出产业　　　　　　　　　　②工艺美术产业

③传媒产业（新闻出版、广播电视等）　④文化旅游产业

⑤体育产业　　　　　　　　　　⑥文化娱乐产业

⑦会展产业　　　　　　　　　　⑧动漫网络游戏产业

⑨创意设计产业（工业设计、建筑设计、广告设计、时尚设计等）

⑩其他

调查结果显示：排在前三位的是文化旅游产业、工艺美术产业、传媒产业，分别占比26%、16%、15%。

11. 宿州书画产业发展应该参考什么模式

问题：您认为宿州书画产业发展应该参考什么模式？

①深圳大芬村（复制）　　　　　　②北京宋庄画家村（原创）

③江苏甪口（产业链）　　　　　　④其他

调查结果显示：55%的人认为应参考"北京宋庄画家村"；39%的人认为应参考"江苏甪口"；6%的人认为应参考"深圳大芬村"。

三、宿州文化产业调查分析

（一）宿州市各职能局领导座谈观点摘要

1. 宿州文化资源丰富

宿州历史源远流长，文化底蕴丰厚，有新石器时代遗址、隋唐大运河文化遗产等。宿州自古以来便是诸侯必争的军事要地，历史名胜众多，文化名人资源丰富，如陈胜、吴广、刘邦等。宿州市是中国书画艺术之乡、中国马戏之乡、中国观赏石之乡，连续举办三届灵璧石文化节。马戏、泗州戏、灵璧石是宿州的文化名片。

课题组点评：宿州文化资源丰富，要注重重点文化资源的开发，注重文化品牌与城市品牌的关系。宿州几大节庆活动可以合成一个来做，这样影响力会更强。

2. 宿州文化产业发展路径问题

宿州成立了6个产业招商组，由市委宣传部等政府职能部门直接领导，并分别明确了各自联系的对口单位。宿州文化产业发展存在很多不足，政府各职能部门对宿州文化产业发展的路径、抓手、切入点和突破点不是很明晰，虽认识到了文化产业的重要性，但缺乏具体措施和做法。宿州的艺术家虽多，但具有代表性的成果不多。宿州文化产业要结合地域特色，根据已形成的文化产品，打造经典，做到极致。传统文化产业要实现品牌化，新兴文化产业要有创新战略。

课题组点评：宿州市职能部门领导积极探索宿州文化产业的发展，但对如何实现文化产业发展的路径不清晰。建议组织职能部门领导不定期到高校集体学习，到全国各地参观考察，汲取异地文化产业发展经验；利用文化节庆活动举办文化产业论坛，探讨文化产业发展的理论与实践路径。

3. 宿州文化产业园区建设

宿州对文化产业的概念并不明确。我国文化产业发展的概念上大下小，客观上地方文化资源配置缺乏，没有报业集团、出版集团，造成文化产业发展基础薄弱，文化产业相对萎缩。就宿州市的书报刊产业来说，重在抓出版市场，申请建造了书刊专业市场，占地7万平方米，一期已经建成，并列入省委省政府发展计划。现阶段重在研究建成后如何填充此市场。宿州市已经规划建设印刷园产业区，目前占地300亩，并和多家企业签订合作意向，成为市文化招商的重要项目之一。但宿州的印刷和包装究竟有多大市场，还有待调研。

课题组点评：文化产业项目软件和硬件同等重要，在开发建设文化产业园区的同时，要注重园区的经营管理。

4. 宿州体育产业

体育事业大体分为群众体育、竞技体育、体育经济三方面。2008年北京奥运会之后，文化和体育已经成为发展经济的排头兵。宿州市群众体育和竞技体育的发展势头良好，但体育场馆的缺乏制约了体育经济的发展。市委市政府已经认识到了这一点，逐步加大了对体育设施建设的投入，这对发展体育经济很有利。但宿州体育经济受总体经济发展的制约，发展规模较小，发展步伐相对滞后。目前，体育彩票收入是宿州市体育经济的"铁饭碗"，弥补了政府对体育经济发展的投入不足。

课题组点评：宿州体育产业应因地制宜，体育产业发展应该以产业链下游的体育用品制造业为主导。

5. 宿州文化产业规划

对文化产业的概念不明确，对宿州文化产业如何发展也没有总体思路。国家"十一五"计划主要是对教育事业的发展，所以，文化的发展应该提到"十二五"时期的重要发展议程上，这也是地方文化产业发展的机遇。

课题组点评："十二五"计划是宿州文化产业发展的机遇，但要提前做好充分的准备工作。

6. 宿州文物资源丰富

隋唐时期大运河遗址在宿州境内约有140公里，两次发掘共出土500件文物，有地下瓷器宝库的美名。除了文物之外，还发掘了几十万片瓷片。宿州应借鉴其他地区的经验，把文物景点和旅游结合起来。要发展文物复制市场、玉器市场，做好文物遗址的保护与开发，可以参考蚌埠仿制品市场。

课题组点评：文物资源应该更多地采取非营利性发展方式，而不适合与旅游开发相结合等营利性方式，否则会造成盈利不多、口碑又不好的后果。

7. 宿州文化人才建设

近年来，市委市政府的观念和行为逐步转变，在文化上的投入逐步增加，宿州市文化投入居全省前五位。政府要利用名人效应，加大投入，加强艺术队伍建设。宿州文化资源丰富，但经济条件落后，改变这一现状的关键在于市委市政府领导态度和观念的转变，加大对文化事业建设的投入。

课题组点评：加强文化产业经营管理人才的建设，通过产业化发展开发宿州文化名人资源。

（二）埇桥区各职能局领导座谈观点摘要

1. 埇桥文化资源

埇桥区在文化产业方面起步较晚，对文化产业概念理解较为模糊，但有一个核心的发展思想，就是实施以文化事业为主的发展模式。该区是文化资源大区，却谈不上是文化产业强区。埇桥区最为著名的是马戏，可以说埇桥拥有全国最多的马戏表演艺术团，占到了全国马戏表演市场的2/3。但是，在该区马戏之乡的埇桥却看不到马戏，想看埇桥马戏必须到外地去，出现了"马戏之乡看不到马戏"的现象。埇桥区正在规划建设一个"马戏城",保证马戏在当地的演出,远期规划是建设一个"马戏大世界"——这将是一个集动物的繁殖、驯养、表演为一体的场所。在非物质文化遗产(以下简称"非遗")方面,其中有一项是淮北花鼓戏。以前大家总是提凤阳花鼓,但是淮北花鼓戏比它的历史还要悠久,现在已经是国家级非遗。还有符离集烧鸡,拥有上千年的历史,现在已经是市级非遗,正在申报国家级非遗,正筹划举办符离集烧鸡美食节,对它进行推广。在石文化方面有乐石。乐石和灵璧石是一个山脉体系的,但是乐石鲜为人知,它的特点就是有五色,主要用于制作砚台和石壶,工艺也是相当精美。可以说埇桥区具备大量的文化资源,现在的主要目标就是如何使之形成产业。

课题组点评:埇桥马戏资源极具稀缺性,其品牌建设应该是战略性的,应该做好系统的产业规划与品牌规划,同时配套政策、人才、资金等资源。

2. 埇桥广电产业

埇桥区于1998年设立,它位于安徽省的北部,面积2868平方公里,有人口180万,可以说是全国最大的县级区,80%的人口在农村。但是,就是这样一个大区,却是一个"三无区",没有广播电台,没有报纸杂志,没有电视台,这对埇桥区的文化产业发展、宣传是一种阻力。

课题组点评:受体制限制,埇桥区的广电产业在战略上应该走产业链下游路线。

3. 埇桥马戏产业

埇桥区作为马戏之乡,有很高的专业演出水准,但是在埇桥当地基本上看不到马戏,这主要是受演出场馆的限制,没有一个正规的演出场地,平时也主要是在下辖的乡镇流动演出。关于马戏大世界建设,现在林业部门对动物表演这方面的审批比较严格,尤其是涉及一些保护动物时,审批更加困难。而且现在的马戏团基本上都是家族式的,在设施配备、资金管理等方面很不规范,这给埇桥马戏的发展带来了一些困难。

课题组点评:马戏产业的消费群体是全国性的,马戏产业的发展要把握好"走出去"和"请进来"的关系。用大型的马戏演出基地吸引全国的消费者,伦敦西区和百老汇是我们学习的榜样。项目可以学习和借鉴太阳马戏团、时空之旅、云南映像、河北吴桥杂技等的做法。

4. 埇桥文化旅游产业

埇桥区的五柳绝对是一个好地方,因为周边地区都是大平原,没有这样美的山山水水。对于五柳景区,着重打造的就是"休闲品牌"。该地有泗州戏、梆子戏、淮北花鼓,可以改良,也可以在景区内湖面上表演,例如让埇桥马戏成为每天的常规表演项目,相信这样的市场化运作效果会非常好。

课题组点评:文化产业和旅游产业的融合是大趋势。五柳景区的整体规划、开发和品牌包装很重要,目前的规划建设亮点还不够。

(三) 萧县各职能局领导座谈观点摘要

1. 萧县书画产业

萧县能提笔书画的人员达2万多人，拥有装裱店68家，多为家庭作坊形式，或是自己销售，或是别人上门来买。所存在的问题主要是如何把萧县书画产业做大做强，把作品当作商品推出，成批量销售，形成规模产业。目前萧县文化艺术城还在规划建设中，为扩大萧县书画产业，将用118亩土地来筹建萧县文化艺术城。建成后的艺术城包括博物馆、名人馆、展览馆、演播厅和花鸟市场等。这个项目是由黄山的公司投资开发的。

课题组点评：萧县的书画资源非常丰富，但需要培育书画中介机构、各级书画市场等，以规范萧县的书画文化产业。

2. 萧县广电产业

由于受经济条件的限制，萧县广电局规模较小，主要为政府做宣传，很少有自己的文化产品。由于全省网络整合，有线电视节目传输已经划归省里所有，一年收入2000多万元，但县里留下的只有100万元左右。

课题组点评：受体制限制，萧县的广电产业在战略上应该走产业链下游路线。

3. 萧县文化旅游产业

萧县的旅游资源丰富，有很多国家级文化遗产，其中，国家4A级景区皇藏峪自然风景区旅游资源十分丰富。从文化产业的发展情况看，县里要解决的最主要的问题是对哪方面进行投资。建议将旅游与文化相结合，在旅游景点建立展览馆、销售纪念品、进行文艺演出等，充分开发利用资源。

课题组点评：我国的文化建设由文化事业和文化产业组成，目前国内的整体趋势是文化、旅游、广电、新闻、体育等的大融合。萧县可以把文化产业的范围做得更大一些，旅游主要是做好皇藏峪的规划、开发与品牌包装。

(四) 泗县各职能局领导座谈观点摘要

1. 泗县演艺产业

泗县有专业剧团一个、业余剧团100多个，分布在各乡镇，以唢呐、泗州戏和歌舞为主，主要服务红白喜事。县剧团每年演出150~200场，在职职工28人，财政拨款每年约45万元。为弘扬泗州戏文化，2006年和2008年，泗县联合省文联、省戏剧家协会，连续成功地举办了两届中国（泗县）泗州戏文化艺术节。

课题组点评：泗县应大力发展演艺产业，考察学习国内目前较成功的室内和室外大型演出。对泗州戏既要保持传统的金字招牌，又要探索产业的新途径。南京甘熙故居的昆曲会所可以做参照。

2. 泗县大型旅游项目

石龙湖湿地保护区人文和生态环境优良，有植物100多种、动物几千种，保护区北部有邓愈故里，东北部有淮北地区保存最完好的霸王城。县委县政府把石龙湖湿地生态园作为重大项目，规划投资10亿元，近期投资5亿元，利用10～15年时间，建设环湖公路、植物园、生态园、农业观光园、节制闸、霸王城、点将台、度假村、邓公岛、垂钓中心和农家乐等主要景点，把石龙湖湿地保护区打造成为4A级皖北生态旅游胜地。该项目的融资渠道主要为政府投资、银行贷款和对外招商引资。已经建成的项目有植物园、生态园度假村、苗寨风情园等。

课题组点评：石龙湖湿地生态园的开发可以参考杭州西溪湿地公园，但要结合泗县特色，增加具有文化底蕴和内涵的项目。

（五）灵璧县各职能局领导座谈观点摘要

1. 灵璧文化资源

灵璧县为文化大县，拥有三大文化资源：①楚汉文化。具体资源包括垓下古战场遗址、虞姬墓、霸王城等。②钟馗文化。包括钟馗画、钟馗酒文化。③灵璧石文化。包括赏石、玩石文化等。钟馗文化起于唐代，兴于宋、明、清时代，"文革"期间遭到严重破坏，后经老艺术家的抢救性修复得以继续发展；其艺术流派较多，产业发展较好。灵璧石产业发展较好，已建成奇石大市场，目前正在筹建的有中国石林公园、国际奇石交易中心等，相信在建成之后必定能以奇石产业带动旅游业的发展。2006年，灵璧县被国家文化部命名为"全国文化艺术之乡"，本县的剪纸、高跷等民间艺术极具特色。灵璧县从2007年开始多次将关于文化开发方面的报告及规划呈报上级，其中包括总投资1.2亿元的虞姬文化园、总投资2.5亿元的灵璧县钟馗文化园、已举办的灵璧县民间艺术节、筹办中的钟馗文化节等。

课题组点评：石文化产业是灵璧县的支柱产业，产业基础好，通过交易市场的规模扩大和产业升级等方式培育出石文化特色产业。但灵璧石的工艺水平和市场运作还有待提高。建议遵循"结合城市品牌做强灵璧石品牌—加强灵璧石产业集群及延长灵璧石产业链—扶持灵璧石文化企业及建设灵璧石交易市场"的发展思路。

2. 灵璧广电产业

灵璧的广电产业很不发达，存在的问题主要有：①缺乏专业人才，如主持人、编导、导演等。②设备老化，缺乏资金扶持。③产业文化不发达，除电台、电视台外，广电系统无其他文化发展空间。如，媒体网络已经被个体承包；地区经济发展薄弱，政府无力扶持，人才引进较难；政府有意建设广电中心，但还未做决策。目前已通过各种方式广纳人才，如举办全省电视节目主持人大赛，并从中选拔了四名主持人，以优厚待遇与其签约。总之，存在的主要问题仍然是缺乏政策、资金、人才等的支持。

课题组点评：灵璧广电产业的发展思路对其他区县广电产业是一个参考，应因地制宜发展本地的广电产业，进行产业多元化的探索。

3. 灵璧演艺产业

关于艺术团体方面，现有民营团体1000多家，但还存在较大问题，如，演员素质不高，文化市场不规范，舞台、服装的艺术效果不好，等等。泗州戏虽流传了300多年，但剧团存在的问题不少，包括：①缺乏人才资源，留不住人才，后继人员培养存在较大问题。因此，解决人才后续保障问题是关键。②市场生存困难。剧团编排的《霸王别姬》《钟馗嫁妹》等作品的投入产出未成正比。文化需要传承，但要保证传承人有饭吃、有收入。③老人占编制，新人无编制。每年演出300多场，其中100场为义演。

课题组点评：建议做大做强一个项目，如《霸王别姬》，使之变成常态性的演出。

四、宿州文化产业发展对策

宿州文化产业要发展，必须进一步解放思想，更新观念，把发展文化产业放到国民经济和社会事业发展的重要位置来抓，放到宿州城市综合实力提升的战略上来抓。要遵循市场经济规律和文化生产规律，整合宿州各类文化资源，着力培育具有宿州特色的支柱文化产业及项目品牌，努力构建多种结构和多种所有制经济共同发展的新格局。具体对策如下。

1. 积极制定并落实有利于文化产业发展的政策，为宿州文化产业发展提供良好的政策环境

文化产业是特殊产业，需要依靠政府政策、行政、经济等手段来支持其发展。要尽快制定具体的文化产业政策，包括产业组织政策、投资融资政策、财政税收政策、分配激励政策和文化资源保护利用政策等，逐步使文化政策覆盖宿州文化产业的主要领域。要进一步调整和完善文化体制的所有制结构，尽快制定鼓励非文化企业、非公有制经济创办文化产业的政策，明确文化开放领域的市场准入标准、准入程序及管理监督办法，降低文化产业准入门槛。同时，科学规划文化产业总体发展战略，确定重点发展的文化行业门类及品牌项目，形成文化产业的中长期整体发展规划，完成现代文化产业体系的整体设计。

2. 加强宿州文化遗产及民俗文化的科学分级及挖掘整理，为文化产业发展提供文化资源

宿州文化资源丰富，文化积淀深厚，文化传统悠久，马戏、书画艺术源远流长，历史名人众多，民间民俗文化丰富多彩。要积极加强宿州文化资源的科学分级及挖掘整理，要开发和保护好埇桥马戏、萧县书画、泗州戏、灵璧石、砀山梨花等特色非遗以及其他本土文化资源项目，在上档升级上下功夫。积极支持和鼓

励马戏、灵璧石、书画等不同门类的文化生产,努力打造文化产业精品项目。

3. 支持重点产业,通过组建文化产业集团、举办节庆活动等方式推进宿州文化产业快速发展

一是做大做强演艺产业。鼓励发展埇桥马戏、泗州戏及其他宿州特色的演艺产业,通过产业规划、政策支持、人才引进、节庆活动、组建产业集团、项目合作、全国乃至全球的品牌演出等多种方式培育演艺产业,使之成为宿州拉动文化产业、旅游产业及其他产业发展的引擎。二是做大做强灵璧石产业。通过组建灵璧石产业集团、培育灵璧石交易市场、举办灵璧石交易会、举办节庆活动等方式,形成灵璧石产业链。三是做大做强文化旅游产业。重点培育五柳、皇藏峪、石龙湖等项目,形成大型旅游产业集团。

4. 建立多元化的资金投入机制,筹建宿州文化产业发展基金

设立文化产业发展基金,将其作为加快文化产业发展的引导资金,主要用于文化产业建设项目的贴息或补助,以更多地吸引银行信贷资金和社会投入;坚持"谁投资,谁受益,谁承担风险"的原则,动员社会力量,形成多元投入。要真正推进文化产业的发展,解决宿州文化产业发展所面临的资金、人力资源、管理资源等不足的矛盾,鼓励企业、个人、社会各界对文化产业的投入。大力发展民营文化产业,实现文化产品民营化战略。通过相应的文化投资体制改革,实现文化产业投资主体多元化、社会化、公共化,以此构筑宿州文化产业体系。

5. 建设各类文化产业发展基地,培育宿州文化产业发展的集聚力

以凝聚文化资源、培育特色产品、打造文化品牌、加速产业集聚、落实分类指导、增强横向交流、促进产业融合为主要目的,建设宿州文化产业基地星级管理体系。各类文化产业基地不分隶属关系和所有制性质自愿申报,由文化产业主管部门或委托非政府组织制定标准,定期评估,及时指导,动态管理。

建立"宿州文化产业示范基地"。选择实力、规模、绩效俱佳,外向发展能力强和具有较强示范带动作用的文化产业组织,授予"文化产业示范基地"称号。通过示范基地的建设,形成文化机构的链状集中和块状聚集,带动一批文化机构迅速走向规模化和网络化经营,提高特色领域的整体实力。

建立"宿州文化产业发展研究基地"。确定一批有文化产业战略与政策研究基础的机构,发挥其具有专业性和综合性特征的文化产业发展战略、文化产业政策及产业宏观发展问题研究中的主体作用,凝聚一批文化产业专家。跟踪国内外文化产业发展态势,逐步提升产业发展的战略研究水平。鼓励各有关机构在文化产业发展研究基地的框架下,展开全面、深入、多视角、多学科的文化产业理论和实践研究,开展文化产业及管理部门高层管理人员的培训工作。

6. 鼓励民间资本进入文化产业

认真落实《国务院关于非公有资本进入文化产业的若干决定》和安徽省《非公有资本进入文化产业指导目录》文件内容,落实文化产业税收优惠、规费减免和奖励政策，有效降低民营文化企业生产经营成本，引导民间资金转化为民间资本。确保民营文化企业和国有文化企业在资源配置、市场准入、项目鼓励、支持和引导、政府服务、法律监管、土地使用、职称评定、金融和税收支持等方面享有同等待遇，为民营文化企业创造平等竞争的机会。简化对农村个体文化经营户和民营文化企业的登记审核程序，鼓励、支持和引导农村文化经营单位和个体经营者。鼓励民营资本进入基层文化站，开展项目和经营合作。

7. 支持文化政策、理论和产业信息研究，强化文化产业发展的理论支撑和信息基础

加强文化产业发展研究，为文化产业和文化创新奠定理论基础；加强战略性和基础性产业门类的发展战略研究，以理论引领产业发展，提高产业发展的科学性。支持文化产业政策、行业规范和产业发展战略研究，使宿州市文化产业发展建立在科学管理的基础上，如定期出版《宿州市文化产业蓝皮书》。完善文化产业统计与文化资源调查制度，将文化产业和文化资源调查工作制度化、常规化，为文化产业发展宏观决策提供信息支持。编辑《宿州市重点鼓励发展的文化产品与文化产业投资指南》《文化产业重点项目信息库》《文化产业人才资源信息库》《宿州市文化产业优惠政策查询系统》，编制《宿州市数字文化地图》，动态反映文化产业发展的资源需求和空间变化，为文化产业投资者、经营者和消费者提供可靠的参考信息。

8. 建立宿州文化产业发展的组织保障和协调机制

成立宿州文化产业发展领导组织，拓宽文化产业战略决策的国际视野。成立"宿州文化产业振兴领导小组"，加强其振兴文化产业和推进文化强市的职能。成立"宿州市文化产业专家委员会"，受市文化产业振兴领导小组的委托，负责制定鼓励、支持和引导文化产业发展的政策及其实施细则，起草宿州文化产业规划、宿州文化产业基地认定标准及管理办法，为文化产业基地等级认定提供专业评审意见，加强与国内外著名专业机构的交流与合作，拓宽宿州文化产业发展战略的国际视野。

9. 推动和引导文化企业组建行业协会，强化行业自治与行业自律

鼓励文化企业依法组织各类文化行业协会，实现政府与行业协会的分离，支持文化行业协会发展。强化行业协会集中办理公共事务、维护共同利益、降低运作成本、规范行业行为、提高行业发展质量等职能，提高行业协会的向心力和凝聚力。引导行业协会借鉴国际文化产业运作规则，统一调配资源，统筹规划，提高文化产业运作水平。在会员单位中建立落实演出季、展出季、活动季、会展季和比赛季制度。

10. 实行"城市文化发展总规划师制度"，推动文化产业可持续发展

设立"宿州专职城市文化发展总规划师"一职，作为宿州市文化事业和文化产业发展的总策划师、总规划师，组织实施宿州文化建设总体规划，主持编

写和落实重点文化行业的发展计划和特色文化项目的培育计划，主持制订和落实文化产业经营管理队伍的培育计划，制订和实施宿州市文化艺术节庆和重大专项文化活动的系统设计方案。城市文化发展总规划师要集中调动一切积极因素，共同完善宿州文化产业价值增值链，推动文化产业集群和产业生态建设，引导宿州市文化产业快速健康发展。

11. 开展文化产业发展主题年建设活动

围绕宿州文化产业发展目标，通过开展主题年建设活动，每年重点解决一些文化产业发展的"瓶颈"问题，有计划地落实发展目标和任务。

（1）"文化体制改革年"。集中解决制约文化产业发展关键性的体制、机制和市场环境问题。通过集团化改革和建设，实现政企分开、政事分开和管办分离。建立科学化、制度化的管理框架，理顺管理体制，完善运营机制。

（2）"文化产业人才队伍建设年"。制订和落实文化产业专业人才发展计划、文化产业管理人才发展计划。

（3）"文化产业基地与文化产业孵化器建设年"。制定文化产业基地的评选标准和管理办法，落实鼓励、支持和引导文化产业基地建设的具体政策措施，建设文化产业基地的工作网络与信息平台，完善组织领导、发展计划和工作机制，促进文化产业基地的健康发展。发展文化企业孵化器和文化项目孵化器，培育和引进创新源，开展增值服务和高端服务。

（4）"文化行业协会与特色文化产业建设年"。理顺政府与行业协会的关系，规范行业协会行为，培育企业家精神，建立企业家的发展辅导机制，降低行政运行成本。发展和保护知识产权，充分发挥企业、政府和协会的作用，围绕特色产品和特色活动做大特色文化产业。

12. 加强各类高层次文化人才的培养和引进

目前，宿州市文化人才较为匮乏，高层次文化人才更是奇缺。文化人才特别是标志性文化代表人物，对于宿州市实现文化资源大市向文化产业强市跨越的意义重大。要实施高层次文化人才培养工程，抓紧培养文化创意与策划等方面的专门人才，抓紧培养文化产业的经营管理、技术创新方面的专业人才，抓紧培养熟悉市场规则、了解文化规律的文化经纪人才，造就大量的高层次文化专业人才、文化管理人才、文化经纪人才。要拓宽高层次人才引进渠道，制订高层次人才引进计划，特别是加强对紧缺人才的规划，定期或阶段性发布人才需求目录。通过以上措施，为宿州市文化强市建设建立一支高素质的文化产业人才队伍。

（撰稿人：胡晓明　陈建华　程秀花）

思考题

1. 如何撰写区域文化产业调研计划？试以家乡区域文化产业为调研对象撰

写调研计划。

2. 如何进行区域文化产业调研问卷的设计、调查及统计？
3. 如何开发区域特色文化资源，打造区域支柱性文化产业？
4. 如何寻找区域文化产业发展对策？

传媒产业篇

案例1 >>>

分众传媒:"电梯间"创意中诞生的数字化传媒集团

分众传媒(以下简称"分众")在2003年成立伊始,舍弃了相对传统的广告业务形式,率先进军当时还基本处于空白状态的楼宇广告市场。近年来,分众以电梯媒体业务(包括电梯电视和电视海报)为核心,拓展影院银幕广告媒体、终端卖场媒体等更多创新性广告媒体场景,在广告媒体市场取得了亮眼的成绩。2005年,分众成为首家在海外上市的中国广告传媒股,2013年私有化后退市。2015年借壳回归的分众市值破千亿元,发展至2021年,分众年营收达148.36亿元。核心业务电梯媒体覆盖230多个城市,超过260万个电梯终端,日抵达4亿中国城市主流消费人群,被《中国广告》杂志评为"中国广告最具品牌引爆力媒体。"① 综观其发展,分众在广告市场的起伏中抓住了数次机遇,在电梯媒体领域取得了领先地位,但伴随着广告市场数字化进程加快,竞争对手的急速增加与复杂化,分众在未来将面临进一步的挑战。

一、分众之路:数字化传媒集团发展历程

分众成立以来,一直伴随着我国传媒广告市场的高速发展,可以说,分众的发展是一段在红海中寻找新蓝海的历程。在20年的发展道路上,分众经历了数次收购、融资、业务重组,也在激烈的市场竞争中积极调整公司组织架构,已发展成为国内领先的数字化传媒集团。在广告市场的变化中,分众经历了如下几个发展阶段。

(一)电梯媒体起步期(2003—2007年)

分众的前身是江南春于1994年创立的上海永怡传播公司。与此前专注于传统广告业务不同的是,分众的成立开辟了一个全新的广告市场——楼宇电梯媒体。同年,聚众传媒(以下简称"聚众")也于北京起家,并于5月开始进驻上

---

① 参见分众传媒《分众集团介绍》,https://www.focusmedia.cn/about/,2023-03-18。

海等地，成为分众最主要的竞争对手，双方开启了激烈的圈楼运动，并逐渐形成了早期电梯媒体双寡头垄断格局。分众与聚众的竞争持续了长达三年的时间，在此期间，分众先后完成了三轮融资，获得了软银、鼎晖和英国3i集团等国际基金的投资。在风险资产的推动下，分众在资本竞争、上市进程、人才抢夺等方面取得了一些竞争优势。2006年分众成功收购了聚众，两大电梯媒体巨头合并，结束了市场竞争状态。分众与聚众的竞争助推了我国电梯媒体市场的起步，而分众和聚众的结合则助推产业格局从竞争走向了合作，推动了电梯媒体行业进一步发展，为电梯媒体市场打开了新的局面。

（二）稳定发展期（2008—2017年）

伴随着竞争与合作，2008—2012年，分众成为楼宇媒介市场的领军公司。剥离了竞争状态下跑马圈地式的网状扩张，分众从"规模化"向"集中化"转型，更专注于楼宇媒体的优势业务，并通过收购美国ACL（影视）、好耶（互联网）、望诚传媒（卖场）等，逐渐形成了楼宇、影院、卖场三大业务格局。2013—2014年，公司完成美股私有化，2015年以借壳上市的方式回归A股，借助先发垄断优势，分众在媒介资源、公司利润及业务上保持着稳定增长的态势，远超其他竞争对手。2017年，分众开始布局海外市场，进一步拓展了品牌矩阵和影响力。

（三）转型竞争时期（2018年至今）

与高速增长的广告市场潜力同步而来的是媒介市场竞争的白热化。分众度过了电梯媒体的早期红利期，也迎来了来自各方的市场竞争和自身发展的压力。从分众的模式来看，为了维持领先地位，其不得不持续加大点位扩张的投入，并且，面对媒介线上市场竞争的重要性不断增加，分众的数字化转型也迫在眉睫。不难看出，从2018年开始，分众的发展在转型中出现了较大的波动。

首先是互联网资本等纷纷入局户外广告市场。百度领投新潮传媒（以下简称"新潮"），京东战略投资电梯媒体市场，为应对未来竞争格局及数字化转型需求下带来的压力，2018年分众寻求与阿里巴巴集团（以下简称"阿里"）的合作，阿里以150亿元人民币战略入股分众，以10.3%的持有股份成为仅次于江南春的分众第二大股东。

其次是分众的同质竞争对手的持续发力，并对分众发起了激烈的进攻型竞争战略。分众的竞争对手之一新潮于2018年4月发起了一则《关于全面争夺分众亿元级客户的通知》，矛头直指与分众优质客户上的竞争，其中包括以赠送广告资源形式吸引合伙人与新潮见面，以优惠吸引客户转投新潮，以折扣等方式全面打响与分众的价格战。为了应对这样的竞争，分众成本在增加点位竞争成本的同时，不得不让出了利润，公司业绩受损严重。分众发布的2019年半年报数据显示，价格战期间，分众营收57.17亿元，同比下滑19.6%；实现净利润7.78亿元,同比下滑76.76%。同时,新潮也似乎并非此次争斗中的赢家,从2019—2020年,新潮在巨额投入下出现大面积亏损及裁员。2019年,分众停止了盲目的大规模点位扩张,结束了与新潮之间的不良竞争,并且将关注点转回到自身业务的修炼,开始集中精力于点位梳理重组、客户结构优化以及降本增效战略,并借助自身优势回归稳步增长的状态。

二、分众业务:延伸创新性品牌场景

2021年我国传媒广告市场规模总合计已超过1万亿元,但尚未达到完全饱和,是全球最具有潜力的广告市场之一。其中,传统广告市场份额逐渐下滑,数字媒体、移动媒体等更多新兴广告形式涌现,促使传媒广告市场的竞争不断升级。面对广告份额向线上市场巨幅迁移的趋势,分众作为以线下电梯媒体为核心业务的企业,市场份额并没有受到太大的挤压,这得益于它在"区分受众"的理念下不断寻找更高效的广告场景,形成以电梯电视、电梯海报为核心,以晶视影院、终视卖场为补充的四大业务板块所构筑起的强有力的全国城市媒体网络生活圈。

(一)分众电梯电视和电梯海报

2002年,江南春在搭乘电梯时突然发现了一个场景,受众在搭乘电梯的过程中常常显得空闲且无聊,他觉得这个时间段可以利用起来,电梯媒体的创意由此应运而生。起初,受众对电梯广告的认知度并不高,于是分众在50个高端写字楼搭建了液晶屏幕并投放了自己的广告。但很快电梯作为广告场所的独特价值就显现出来。首先,我国城市化进程不断推进,作为城市基础设施的一部分,电梯的数量也同步高速增长。截至2019年底,我国电梯总量达709.75万台,当年新增81.92万台,电梯总保有量占全球总量的40%以上。[①] 同时,电梯广告也展现出了针对性强、受众主流、高频、低成本等突出优势。

以电梯媒体业务为重心,分众很快就成为我国广告市场领先的公司之一。其电梯媒体业务主要分为两个部分,一是电梯电视媒体,包含放置在电梯外部的LCD联播屏以及放置在电梯内部的智能屏,屏幕滚动播放视频广告内容;二是电梯海报,主要以纸质或电子海报的形式呈现平面内容,周期性进行更换。伴随着数字化进程下的技术迭代,分众的电梯媒体业务从最初的机械式人工投放和插卡式播放,到现在已实现了数字化的转型。2011—2012年,通过内置wifi及ibeacon,互动和远程投放功能成为可能。2014年,分众推出向上云计算战略,电梯电视和电梯海报业务开始通过物业云、搜索云和电商云的组合,达到更为精准的投放和高效的广告效果。2018年阿里战略入股分众,分众进一步向云端、物联

---

① 参见中国电梯协会《中国电梯协会八届六次理事会会议工作报告》,2020-09-01,http://www.elevator.org.cn/index.php/con/867。

网等方向数字化变革，实现了网络可推送、实时可监测、数据可回流、效果可评估的显著效果。2020年分众数字化推进升级，推出B端端口分众直投App，通过推送系统Kuma进一步形成了的智能化营销能力。

分众电梯媒体已在我国主流城市尤其是一、二线城市形成了强覆盖力。截至2021年7月，分众的电梯媒体设备覆盖86个主要城市，合计约84.8万台，电梯海报覆盖75个主要城市，合计约27.8万个。分众的电梯媒体业务开始向海外发力，从2017年开始，分众相继在韩国、新加坡等海外市场上市，在海外市场取得亮眼成绩。以韩国为例，2019—2021年，分众韩国公司归母净利润连年增长，分别为221.77万元、2551.31万元、5064.29万元，实现了阶梯性跨越式翻番，为分众在海外复制其模式打下了良好的信心基础。2022年，分众正式进入日本，这是分众持续推进亚洲市场的进一步举措。截至2022年7月，分众在海外市场已覆盖50多个主要城市共10.6万个媒体数量，电梯电视媒体同比增长9.6%，电梯海报媒体同比增长50%，是电梯媒体业务上较明显的增长点。①（见表1）

表1 分众在海内外市场覆盖情况

媒体类型（单位：万台）	媒体覆盖范围		2022/7/31 媒体数量	2021/12/31 媒体数量	2021/12/31至2022/7/31变动幅度
电梯电视媒体	自营媒体	一线城市	20.6	20.0	3.0%
		二线城市	43.6	42.0	3.8%
		三线及以下城市	5.7	6.0	-5.0%
		境外	10.3	9.4	9.6%
	加盟		4.6	4.1	12.2%
	小计		84.8	81.5	4.0%
电梯海报媒体	自营媒体	一线城市	40.4	40.2	0.5%
		二线城市	92.1	94.4	-2.4%
		三线及以下城市	21.1	23.2	-9.1%
		境外	0.3	0.2	50.0%
	参股		27.8	27.8	0.0%
	小计		181.7	185.8	-2.2%
合计			266.5	267.3	-0.3%

资料来源：分众传媒信息技术股份有限公司董事会《分众传媒信息技术股份有限公司2022年半年度报告》，https://www.focusmedia.cn/uploads/files/20220818。

① 分众传媒信息技术股份有限公司董事会：《分众传媒信息技术股份有限公司2022年半年度报告》，https://www.focusmedia.cn/uploads/files/20220818。

（二）分众晶视影院

分众晶视影院即影院银幕广告媒体，指以电影银幕为载体、主要在映前播放的视频广告形式。影院为广告业务提供了一个封闭且具强制性的收看空间，同时，由于大银幕播放及更多影院技术支撑，能达到震撼且丰富的视听体验，从而增强了广告播放效果。影院银幕广告媒体与电影市场紧密相连，容易受到电影市场波动的影响，以2022年上半年为例，受新型冠状病毒感染（以下简称"新冠"）疫情影响，全国电影市场低迷，同期影院媒体营业收入39112.91万元，较上年同期下降39.96%。[①] 但分众仍持续看好晶视影院业务。从受众定位和投放效果来看，晶视影院是构建分众网络生活圈的重要差异化媒体场景。由于观影受众本身具有鲜明的特征，主要集中于20~40岁的年轻都市群体，具有较高的收入和较强的消费能力，是分众主要针对的消费群体，并且影院与线下消费购物场所关联紧密，对广告也有较好的转化效果。

同时，根据观影行为的特征，分众提出，相对于普通的媒介消费，观影除了提供更好的视听体验外，也是一种深层次沉浸式的文化感受，还伴随着一定的社交属性，因此，晶视影院业务除了能提供更好的音画效果外，也助力了广告主品牌深层次的品牌价值观和品牌品质表达。在影院媒体的发展过程中，分众并没有一味地盲目扩张，而是积极整合纵深优势资源，从调整影院质量、推进联合营销模式两个方面进行优化，一方面，继续巩固发达电影市场的资源优势，另一方面，加大在中西部下沉市场的影院资源布局，构建起强有力的全新电影媒体产品链。截至2022年7月，分众影院媒体签约影院1812家、1.3万个影厅，覆盖国内278个城市的观影人群。[②]

（三）分众终视卖场

"终端"是指消费者与经销商等完成交换、产品价值得到实现的最终过程，是市场营销的最后一个环节，作为消费者购物的决定性场景，它在营销过程中具有特殊价值。在广告营销参与消费者购买行为的全过程中，消费者行为心理具有较大的不确定性和变动性，消费者的购买决策过程经历了产生需求、搜集信息、比较评价的全过程后，仍有可能在做出购买决策的时候受到意外状况或者其他人态度的影响，顾客在最后购买时候的决策时间只有短暂的3秒，55%的是非计划性的选择。因此，尽管有些广告产品耗费巨大，成功抵达受众，仍有可能效果不佳或者功亏一篑。这样一来，以分众终视卖场为代表的终端卖场媒体具有在受消

[①] 分众传媒信息技术股份有限公司董事会：《分众传媒信息技术股份有限公司2022年半年度报告》，https://www.focusmedia.cn/uploads/files/20220818。

[②] 同上。

费决策前为品牌守好最后壁垒的"感官锤"作用。

终视卖场虽然不是分众的主营业务，其占营业收入的比例相对较低，但近年来，分众也在超过150个城市1800多大型卖场布局了6万多块室内电视屏，业务处于增长状态。终视卖场业务板块优化补充了分众媒介网络的整体结构，对分众而言发挥着不容小觑的品牌护城河作用。从B端而言，日用消费品占分众营业收入构成的比重已达35%以上，是分众最重要的目标受众，而卖场作为受众线下消费的场所，其主要商品也是食品、日用品等，场景的价值以及其中的目标受众的重合性使得终视卖场能为广告主提供更高的广告价值和更完善的广告链。从受众来看，终视卖场的目标受众锁定了家庭消费者和广告商品的主要购买决策者，其中以20～50岁的女性居多，在这一卖场具有较关键的作用。

根据终视卖场的媒介特征，分众得出了卖场媒介的搭建的独特心法。一是应对复杂的卖场环境，品牌呈现需要固定、醒目、全场覆盖。二是创意上应在购物场景中设定强有力的购物理由。例如，在思念食品案例中，以"家的味道"刺激消费者心理引发共鸣，或者以"加量不加价"刺激消费者对价格的敏感度。三是根据卖场消费者消费周期和时长规律进行投放，有效提升对受众的影响力。

三、分众模式：抢占受众心智的品牌打法

（一）传播转型下的受众定位

在数字化进程的催动下，媒介传播特征已发生转变，传播环境交叉化、复杂化，传播过程即时性增强，同时对互动性的要求变高。其中，受众在传播过程中的重要性日益凸显，媒介由原本的"传者本位"向"受众本位"转变。在新媒体环境下，受众不再是大众传媒阶段信息被动的接受者，而是更为鲜活的个性化、多样化的动态受众，不仅可以主动参与传播过程，甚至能在某种程度上反过来影响传播过程，以受众为中心制定品牌经营策略已成为关键。分众的战略是，在传播转型的趋势中，变"大众传播"为"窄播"，分众敏锐地意识到无差别的"大众传播"已经不再高效，"分众传播"成为媒介市场的必然趋势。分众传播指的是针对不同的受众提供有差异的信息服务以满足受众细分的需求的传播。分众的定位正是以"区分受众"为宗旨，其主要瞄准的是高质量的城市消费受众，并且覆盖了目标人群所在的场景，其中主要包括商务写字楼中具有高消费力的白领群体，住宅区中具有家庭属性的消费群，以及影院、卖场等具有较高广告价值并与特定消费场景相关联的这一部分受众。因此，分众的受众定位既完美地满足了消费市场不断升级的趋势下品牌对高标准受众的需求，促使广告客户和受众结构共同优化升级，保证了分众线下传播的核心品牌价值和竞争力；同时，其由多点到多点的传播也满足了不同情况下细分的受众群体对媒介的多样化需求，体现了分众时代满足差异化、满足个性化的独特传播优势。

(二) 抢占受众心智的价值主张

当媒体市场紧密关注线上的流量和线下的位置时,分众率先从渠道竞争表象看到了决定媒体价值核心的本质,追根究底,无论是流量还是位置,都是为了更好地抵达受众。对广告媒介来说,有效受众的数量和质量才是最为重要的。分众的核心价值主张是"抢占消费者心智",其深入分析了广告受众特征、受众行为、传播场所、受众心理的真实需求,认为对分众核心场景"电梯"而言,其稀缺性在于"主流人群、必经、高频、低干扰",即从受众特征而言,"电梯间"意味着商务写字楼或者社区的高质量城市受众主流人群,"必经"和"高频"分别对应着城市受众要通过电梯间每日出入的自然行为,且人均要经至少四次。电梯这一空间密闭,对受众而言具有一定的强迫观看性,具有"低干扰"的特征,同时,从受众心理的角度出发,电梯也在某种程度上缓解了受众等电梯和乘电梯时的无聊或在狭小空间内不想社交的尴尬。因此,分众并不是强制性拓流,而是利用场景让受众自然地接受广告信息。正如江南春曾经提到的,从本质而言,广告是违反受众本性的,没有受众愿意主动收看广告,只有当广告主动向消费者场景靠近,并且满足他们的需求,广告才会变得更加自然而被认可。

(三) 整合型商业模式

分众的商业模式在定位细分受众市场的基础上,通过与物业公司(写字楼、影院、卖场等)签订2~3年的电梯或屏幕点位的租赁协议,以租代买绑定优质流量资源,通过自有或者加盟屏幕的方式拓展广告位,将广告资源出售给广告主顾客,最后以受众的注意力资源完成了最终交易(如图1所示)。因此,分众模式并非简单的一对一销售广告,从本质上而言,分众以搭建媒体网络平台为核心,从整合媒介资源出发,将媒介资源出售给资本市场,形成了具有规模优势的双头捆绑整合型商业模式。①

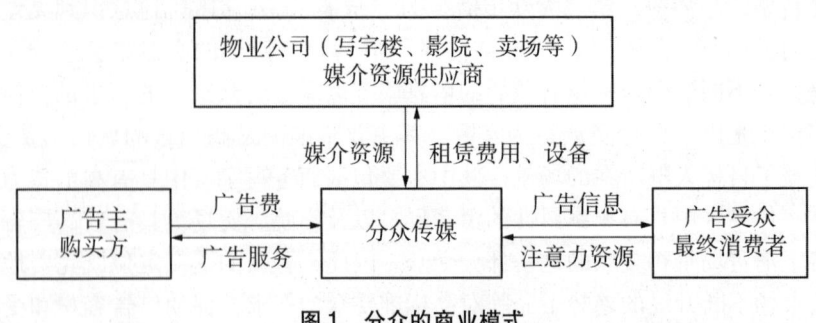

图1 分众的商业模式

---

① 陶力:《对话分众传媒江南春:一代人有一代人的机会》,载《21世纪经济报道》2021年6月28日。

从购买方来看，分众在运营过程中不断积累优质的客户资源，合作品牌矩阵扩大，传统客户行业持续增长，新经济、新消费领域赛道持续拓宽，从早期的互联网广告，到现在以快消品广告为主。同时，分众的客户结构优化升级，在头部品牌中具有较高影响力，在全球最具价值中国品牌100强排行榜中，有81个品牌选择分众；在媒介资源的布局方面，分众首先以轻资产的模式运作，通过租赁的方式和影院、社区卖场等物业公司合作，主要提供广告设备和广告内容，不承担过高的成本。其次，多方面地寻求资源共享，以加速其点位拓展和产业网络布局。为下沉三、四线城市市场，分众采取了加盟分销的策略，同时，为增强线上资源，分众与阿里、百度、中国电信等互联网及通信公司进行多方面的跨行业合作，依托数字技术进行全媒体布局和数字化改革；最后，面对受众，分众持续对消费者进行精细化受众细分，寻找符合其定位的高质量主流人群，找出强而有效的广告场景，同时，抓住新时代的受众特征，进行更精准的营销打法。

四、分众危机：竞争加剧下的品牌转型困境

（一）加剧的行业竞争业态

在现有的市场环境下，广告市场受到宏观经济环境变动及微观行业结构调整的影响，其不确定性因素增加，同时风险加大。伴随着互联网环境的发展，媒介形式及内容增多，媒介结构逐步调整，也使得媒介市场竞争空前加剧。

分众面对着来自多方面的竞争。一是传统广告业的竞争对手，如电视、广播、报纸、传统户外海报等其他广告形式。传统广告媒介形式虽然市场份额下降，消费者关注度减少，但其信息仍具有相对较高的公信力。二是行业内部的同质竞争对手。随着电梯媒体这一模式的成功，分众先后面对聚众传媒、梯影传媒、城市纵横、华语传媒、新潮传媒等诸多竞争对手，现在分众的主要竞争对手是新潮。次要的对手是在开放的媒介市场不断涌现的新兴广告媒体形式，其中既包含互联网媒体，以自媒体、社交媒体、流媒体为代表，这些媒体具有较快的传播速度、较高互动性及较大的流量优势。其他对手还包括一些革新中的户外媒体形式。以城市电视、高铁传媒、机场传媒等媒体为例，相较于分众单一的广告轰炸，这些媒介形式提供了更多的城市信息、重大新闻、出行信息等内容，能满足消费者和受众对信息的需求。最后，企业自身的媒体化趋势也逐渐显现，广告主不再满足受制于信息中介的媒介市场，开始寻求自己掌控媒介力量和媒体，大批量地进行了自由媒体建设。据统计，2022年广告主大幅减少在电梯、平面、电视等媒介上的投入，超过70%广告主转而将投入增加至社交媒体等，无形中也降低了分众的市场份额。①

---

① 参见李晓丹《2023年中国数字营销趋势报告：77%广告主将增加移动互联网营销投入，社交、短视频、直播是重点》，2022-12-23，https://baijiahao.baidu.com/s?id=1752994855822750502&wfr=spider&for=pc。

(二) 商业模式简单,行业壁垒薄弱

分众虽然凭借电梯间的创意引爆了新的传媒广告市场,拥有着先发优势下媒体布局和品牌效应两大优势,但整体而言,分众的商业模式并不复杂。分众作为资源整合分发平台,上游对接广告商,中游对接物业,下游对接消费者,每个环节的黏性都并不高:广告商仅从广告效果和行业变化选择投放媒体,对分众本身不具有高忠诚度;在物业公司的租赁模式及二、三线城市的代理模式下,分众管理存在困难,对媒介资源的自主性和掌握度不够,表面上,分众垄断着楼宇市场,但时刻存在着泡沫危机。作为以广告内容为主的媒体,分众也很难靠内容和消费者形成强的情感连接。

从分众的运作方式上来看,分众核心的电梯广告业务仅需要基础的屏幕及网络,海报等业务占比较高,仍需要人工更换,同时,分众缺乏广告制作能力,在内容生产上也没有太大的优势。自媒体如抖音能在传播过程中打造出现象级的 IP,例如直播带货主播,从而形成极大的吸引力和影响力,就此来看,分众也不具备强有力的品牌壁垒。同时,互联网线上份额不断增加,仍是重要增长点。分众的资源优势集中在线下,如何有效地进行线上线下的转换,进一步向数字化、智能化改革也是重要的一步。阿里的入股是分众数字化阶段性进程的标志,不过目前看来,其数字化速度还较为缓慢,行业所需的大数据、AI 智能化、互动交互、用户数据收集等方面的技术都有待进一步突破。且从数据看来,分众自身的研发能力较弱、投入不充分,多年以来研发占比不足 2%,研发人员数量也增长缓慢。如果不能积极突破技术鸿沟,进行全面的技术化、数字化转型,为企业在互联网竞争环境下连通线上线下渠道,建立保护机制,分众的竞争力势必会进一步削弱。竞争对手很容易采取跟随者策略复制其模式,同时,在利润的驱使下,资本也纷纷入局,行业竞争进一步复杂化及白热化。例如,2019 年 12 月,京东数字集团与梯之星共同发布了"京梯计划",在结合数字化电商集团与电梯流量企业优势下,达成"CPR(千人次曝光售卖)"和"DMP(千人千面、精准触达)"精准营销创新模式。[①] 同时,百度也入股新潮传媒,并免费开放语音技术接口,为合作伙伴提供语音识别、语音合成、多平台 SDK 等服务支持,这些技术的加持会进一步影响线下媒体市场的竞争格局。在这样的情况下,分众如果仍简单粗暴地采取圈地战和价格战,势必会面对人才流失、企业管理及成本增加等风险。面对数字化企业的强势入局及优势重组,分众必须慎重考虑自己的未来在何方。

---

① 参见马越《互联网巨头看上了电梯广告,电梯媒体数字化成为趋势》,2019 - 12 - 17,https://baijiahao.baidu.com/s? id = 1653154386949824040&wfr = spider&for = pc。

(三) 政策规范下带来的内容创意挑战

分众起步之初，对电梯广告的具体界定、法律标准以及内容管控条例都并不完善。但伴随着物权法、广告法的更新出台，分众的广告业务也面临着更加严格的监管环境。政策规范下带来的风险主要集中于两点，一是电梯物权的分配问题。分众主要业务以电梯场所为核心，现在分众大部分的网点并非自有，而是与物业签署合同以规定期限进行租赁。但《物权法》中指出，电梯属于全体业主所有，其产生利润是否能交由物业分配尚不确定，这对梯媒的投放及后续平稳运行增加了风险性。二是伴随着新广告法的出台，广告内容监管更加严格，也给分众在内容管理上增加了难度系数。从媒介道德伦理的角度出发，一方面，分众在狭窄面积的强制性收看虽然对广告媒体来说是一个竞争优势，但从另一方面来说，重复、循环、大面积的广告轰炸也让受众产生了审美疲劳，同时，无处可逃的媒介包围及其是否会扰民等问题依然突出。为吸引眼球，低俗化、娱乐化的广告内容事件频出，为分众的良性发展埋下隐患。面对更需规范发展的政策环境和一批更高质量、具有更深层次精神审美需求的受众，分众的内容创作及审核也面临着进一步的挑战。

五、分众的未来：向数字化、智能化进行全方位的深化改革

(一) 以分众模式为核心拓展品牌应用场景

分众的成功起源于小小的电梯间创意，分众的未来也蕴藏在对创新场景的敏锐观察之中。媒介市场及其受众特征瞬息万变，分众所面对的挑战也是复杂多样化的，面对不同的地理、人口、经济、政策环境，或受到微观环境的影响，分众的媒体发展场景都应做出有效的调整。为拓展品牌创新应用场景，分众可以朝着以下的方向探索：一是以线下渠道优势为基础，积极探索线上线下融合。与阿里等互联网公司、移动通信服务商等开展合作，共享技术及渠道资源进行优势资源转化，全面打通线上线下通道，增强分众全媒体服务力。二是采取不同的定位策略。例如，从区域定位战略而言，我国市场已区域饱和，但海外市场仍有空间，分众可以在不同环境中找到更多出口。三是深化合作模式。除了单一的广告投放，分众所具备的线下渠道是它的核心优势，应对企业媒体化等危机，分众完全可以利用线下渠道积极与不同品牌方展开多样化的合作方式，达成品牌的进一步延伸。四是优化已有结构。例如，在影院媒体中，分众减少了低效率点位，进一步开发高质量、小众影院，促使原有场景优化升级，媒体质量提高。

(二) 提高技术壁垒，加速线上融合

作为一家数字化传媒集团，技术的提升和人才队伍的培养才能为品牌竖起强

有力的壁垒。以 iBeacon 技术为代表的多次分发和网络技术的变革为其在市场竞争中抢占明显的优势，后续分众仍应加强在数字化、智能化方面的技术提升及研发投入。在内容呈现上，依托 AR（augmented reality，增强现实）、VR（virtual reality，虚拟现实）等新兴技术创造更好的奇观体验。分众已经进行了相关的尝试，例如，2018 年分众携手"雪花啤酒勇闯天涯"创新电梯全息广告获得了伦敦国际奖，其通过覆盖电梯轿厢的三个落地面，为受众创造了沉浸式的视觉冲突效果。在互动性上，增强不同屏幕之间的技术与信息互通，增强与终端的传感及交互技术，变单屏传播为多屏联动。从与用户的关系来说，分众的产品还需要进一步智能化、数据化、线上化发展，依托现有的电商云、物业云、搜索云等云端，积极开发人脸识别等物联技术，达到更精准的投放和更系统的用户数据及广告效果评估反馈。"分众直投"在系统地推出让广告客户能够通过线上数据自主投放广告、效果更加灵活的同时，也避免了一刀切的广告投放门槛，从某种程度上来说不但助力了分众的投放效果，也将更多原本市场外的中小型客户纳入了分众的市场范围之中。

虽然数字化改革任重道远，部分技术仍处于设想状态或还存在成本、法律等方面的问题需要解决，但在未来，分众需坚持在后续过程中综合广告效果、心理体验、品牌定位、受众关系等因素，进一步加强自己的软硬件开发、视听技术、受众调研技术和云端及大数据技术等的运用，在销售、广告制作、营销等多个环节赋能发展。

（三）完善内容审核机制，提高广告创意质量

从分众几次负面广告带来的争议可以看到，一次失误的传播可能会给分众及其服务品牌造成极大的影响。分众已建立起一定的审核投放机制，并且有专门的审核部门。在分众官方微博等自媒体平台的互动中也可以看到，当消费者出现负面评价、反映分众电梯广告扰民或者内容不恰当的时候，分众能及时进行反馈并撤换广告内容。但目前来看，分众审核机制还较为单一，与加速的媒介发展进程并不符合，受众与分众之间的沟通渠道也并不畅通，无法高效应对内容监管需求。因此，首先，分众需要进一步加强内容审核及监管流程，制定完善的平台监管制度，加强创作意识，搭建起受众监督的渠道，助力电梯等媒介法律法规日趋走向完善，从源头上杜绝低俗、不良广告的出现。其次，分众现在的模式还主要集中在广告的投放上，并没有单独的广告制作研发部门，内容受制作方影响较大。在内容为王的时代，分众也应该加强自身创作与设计广告的能力，提高广告创意质量，加强数字化时代品牌自身的影响力及品牌质量。分众在分析其受众时认识到，现有的消费者市场具有消费分级明显，消费者年轻化、时尚化、精致化、高要求化，具有更高的精神需求，面对这样的消费者，广告内容质量正变得前所未有的重要。

六、小　结

在广告市场的发展中，分众是一个另辟蹊径、以"电梯"小场景撬动大的广告市场的商业传奇，其区分受众的策略取得了有目共睹的成效，依靠资本化运作、商业模式优化、数字化方向改革，在领域范围内取得了难以撼动的领先地位。但从近年来分众营收数据的波动中可以看到，来自电梯间的焦虑已经袭来，度过市场发展的红利期，分众已从蓝海步入了红海。如何应对竞争白热化，以及环境变化下数字化的迫切需求，是分众想要维持其企业位置必须考虑的问题。不过，分众模式的成功仍为媒介市场的发展提供了诸多启示：在受众自主化的今天，单向的大众化传播已经收效甚微，细分的分众传播是更必然的趋势；受众在这个时代具有核心的价值，在信息复杂的年代，只有抢占受众心智，才能持续盈利；创新是一个品牌发展的不竭动力，站在时代风口浪尖，找准商业机会率先入局，抓住市场细节不断革新，才能保持品牌生命力源源不断。

参考文献

[1] 分众传媒信息技术股份有限公司董事会. 分众传媒信息技术股份有限公司 2017—2022 年年度报告 [R]. https://www.focusmedia.cn/investorinfo/financial, 2017—2022.

[2] 胡洋. 从分众传媒看户外媒体的数字化转型路径 [J]. 传媒, 2021 (13).

[3] 孙峰. 新零售时代分众传媒的发展模式浅析 [J]. 出版广角, 2020 (12).

（改编者：徐思齐）

思考题

1. 分众是如何确定受众定位的？分众模式具有怎样的优势？
2. 面对数字化转型的需要，分众在未来应该如何发展？

案例2

光线传媒：不可复制的"光线传奇"

北京光线传媒股份有限公司（以下简称"光线"）前身为北京光线广告有限公司，1998年成立，2011年在深圳证券交易所创业板上市。横向内容覆盖，纵向产业链延伸，公司现已覆盖电影、电视剧（网剧）、动漫、视频、音乐、文学等领域，产业链层面覆盖了艺人经纪、戏剧、衍生品、实景娱乐等领域，是国内覆盖内容领域最全面、产业链纵向延伸最完整的综合内容集团之一。公司的业务主要分为四大板块：影视、动漫、内容关联业务、产业投资，其中，动漫业务是公司在横向领域内优势最明显的业务板块，也是最具发展潜力的业务板块之一。产业投资板块业务以内容投资和战略投资为核心，是公司布局内容产业链、扩大并延伸业务触角、丰富内容产品线及来源的重要保障。①

一、公司发展历程②

（一）电视节目制作起家

1998年10月，光线的前身——"光线电视策划研究中心"正式成立。1999年7月，《中国娱乐报道》节目横空出世，丰富及时的娱乐资讯内容，配合权威客观的报道态度，使节目一炮而红。仅仅3个月，《中国娱乐报道》的平均收视率就超过8%，覆盖了全国60多家省市级电视台。

到2000年初，《中国娱乐报道》覆盖的电视台数量就超过150家，收视观众达到3.15亿，被称为"娱乐界的新闻联播"。之后，光线陆续推出了包括《音乐风云榜》《娱乐人物周刊》《影视风云榜》等王牌节目在内的十几档综艺节目。在王长田的精密布局下，光线成为我国最大的电视节目制作方和发行商。

（二）转型影视

2005年前后，国内主流院线从1000家陡增到3000多家，电影行业规模迎来爆发式扩大。王长田敏锐地意识到，未来影视行业将大有可为，于是决定带领光线从"报道娱乐界"进入"影视娱乐产业"。2006年12月22日，光线发行的第一部电影《伤城》在内地上市，王长田请到的是两位香港导演刘伟强、麦兆辉

---

① 李阳．杨尚东：《光线传媒研究报告：高筑墙，广积粮，动画电影龙头表现可期》，2022-08-21，https://new.qq.com/rain/a/20220718A026L700。
② 《影视产业解读．光线传媒公司的发展历程——光线传媒系列研究（二）》，2020-05-21，https://zhuanlan.zhihu.com/p/142800871。

联合执导，结果仅仅一个月票房就突破了6000万元。王长田第一次试水大获成功，这促使他开始将光线全面转型为"传媒+娱乐"的商业运营模式。

2008年，光线发行的8部电影全部实现盈利，《画皮》的票房更是突破2亿。2009年初，光线投资拍摄了包括《全城戒备》《花田喜事2010》《四大名捕》在内的6部影片，均取得不错的口碑和票房。2010年，光线投资、制作和发行的影片已超过10部，总票房更是超过7亿元，占全国总票房比例的10%以上。

（三）上市腾飞

2011年8月3日，光线正式登陆A股创业板，在深交所挂牌上市，成为继华谊兄弟（300027.SZ）、华策影视（300133.SZ）之后第三家在内地上市的影视传媒公司。光线自上市后，与华谊兄弟、华策影视并称为"中国影视传媒业的三驾马车"。

（四）电影行业"黑马"爆发

2012年，光线迎来了真正的大爆发。2012年12月12日，光线投资的喜剧电影《人再囧途之泰囧》上映。上映5天票房突破3亿元，创造了华语片首周票房最高纪录；上映一个月，票房达到12.6亿元，观影人次超过3900万人，成为当年华语片市场最大的票房黑马。2013年4月26日上映的《致青春》，上映16天票房破6亿元；同年5月18日上映的《中国合伙人》，3天票房破亿。这三部大热影片为光线创下了总计25亿元的票房纪录，在国产电影的票房史上画下了浓墨重彩的一笔。光线以惊人的速度成功跻身中国电影第一军团，为"传媒+娱乐"的两条腿战略再添重要砝码。

（五）进军电视剧行业

2012年8月，光线出资8100万元，收购欢瑞世纪影视传媒股份有限公司4.81%的股权。2013年10月25日，光线以8.29亿元收购新丽传媒27.64%的股权。新丽传媒以出品爆款影视剧名震影视江湖，作品包括《辣妈正传》《悬崖》《北京爱情故事》等。当时，只要是新丽传媒的剧目，几乎全部实现主流卫视同步播出，在电视剧市场占有重要的一席之地。几次"联姻"帮助光线在电视剧业务上快速成长，使其成功跻身于中国电视剧制作一线公司的行列。

（六）布局动漫，成头号玩家

在2015年，国产动画电影的票房占比还不到全年总票房的5%，而此时光线宣布成立彩条屋，大力布局动画电影业务。

之后，一方面，光线运用"买买买"等资本动作，先后投资了22家有潜力的动画公司，业务涵盖三维动画、二维动画、漫画、游戏、国外版权等，完成了从动漫 IP 开发到作品制作再到衍生品的"一条龙"的完整产业链布局；另一方面，光线自主制作和引进动漫电影，积累光线自身的动漫业务经验。

此后几年，光线在院线动画电影上可谓成绩斐然，不仅打造出多部"现象级"影片，例如《大鱼海棠》《你的名字》《大护法》等，更是在 2019 年创造了国产动画电影票房神话的《哪吒》，光线一跃成为中国动漫领域的头号玩家。

（七）收购猫眼，布局互联网发行①

在多元化产业发展的同时，王长田致力于成为中国最优秀的电影"发行公司"。然而，随着在电影产业圈的不断深耕，王长田发现，传统的电影发行方式已经不可能再适用于当下的电影市场。于是，2016 年初，王长田不惜一切代价，用 23.83 亿元的现金和价值 23.99 亿元的光线传媒股票，从美团手中换来了猫眼 57.4% 的股权。在当时，猫眼电影占到了全国网购电影票 35% 的市场份额。这次交易在两年后就看到了它重要的价值。在"影视寒冬"的行业背景下，光线的电影票房仍呈增长态势，与入股猫眼这个第三方售票平台有很大关系。

（八）AI 技术催化下，对电影生产尤其是动画电影或带来改变②

在 AI 技术应用于电影制作方面，动画电影有望率先受益。但整体来看，光线对此正处于探索和实验阶段，故对该技术带来的效率提升还不能做出准确评估。

二、行业分析

（一）电影市场分析：新冠疫情防控期间，票房集中度提升，影片口碑重要性凸显

1. 新冠疫情影响观影需求，档期电影消费强劲

根据艺恩数据，2021 年春节档票房 78.43 亿元，较 2019 年春节档增长 32.85%，打破春节档票房天花板；2021 年国庆档票房 43.89 亿元，同比 2020 年增长 10.69%，强势逼近 2019 年影史档期冠军；2022 年春节档票房 60.44 亿元，虽不及去年同期，但高于 2019 年春节档 2.38%。进入 2022 下半年，随着防控形势转好，因新冠疫情原因被压制的观影需求在暑期档和国庆档释放。③

---

① 师栩栩、周璇、马海娇：《中国视频网站现状探析》，载《赤峰学院学报（汉文哲学社会科学版）》2012 年第 33 卷第 7 期，第 188～190 页。

② 商业纵观：《光线传媒：AIGC 赋能动画电影龙头，优质 IP 迎价值重估》，2023-04-23，https://caifuhao.eastmoney.com/news/20230423191119359685100。

③ 李秀慧：《新媒体背景下传统影视的出路与探寻》，载《戏剧之家》2021 年第 19 期，第 146～147 页。

2. 头部影片票房可持续性强

在光线参与的所有影片中，票房排名前20的影片票房合计363.36亿元，片均票房18.17亿元，这些影片题材均以动画、喜剧、爱情为主，成本端以中高成本电影（投资规模介于5001万元～8000万元）为主，公司在类似题材的影片上具有丰富经验和驾驭优势，投资回报率较高，且制作模式可持续性强，每年都能为公司创造稳定的票房收入。

3. 票房最高数十亿元，投资回报丰厚

根据公司2022年公告和猫眼数据，2019—2022年6月12日，公司参与的电影中，有37部电影已经上映（不包含网络电影）。其中，公司主投的院线影片数量为13部，票房合计86.59亿元，平均票房为6.66亿元，真人电影共有9部，动画电影共有4部。2019年以来公司主投的电影中，中高成本动画电影《哪吒之魔童降世》以50.35亿元的票房排名第一，高成本动画电影《姜子牙》以16.02亿元的票房排名第二，中成本真人爱情电影《你的婚礼》以7.89亿元的票房排名第三，公司主投的其他爱情电影《如果声音不记得》《以年为单位的恋爱》《十年一品温如言》《我是真的讨厌异地恋》合计录得8.96亿元的票房。公司参投的影片《我和我的祖国》《八佰》《误杀》《满江红》分别取得票房31.69亿元、31.10亿元、22.13亿元、29.26亿元。

（二）动画电影分析：传统文化助力国漫崛起，头部影片引领市场复苏

1. 动画电影发展历程：历经沉浮，逐步复苏

我国动画电影市场共经历了五个发展阶段。

第一阶段：1926—1995年。该阶段是国产动画电影的萌芽期。国产动画传承了民族化创作风格，凭借水墨、木偶、剪纸、皮影等多样化的创作形式，被誉为"中国动画学派"，取得了辉煌成就。代表作有《大闹天宫》《哪吒闹海》《金猴降妖》。

第二阶段：1995—2008年。随着对外开放的深入，美国、日本的动画电影传入中国，代表作有《狮子王》《马达加斯加》《地海传说》等。与此同时，中国动画人才流失，国产动画电影陷入低谷期，偶尔有《宝莲灯》等国产商业化动画电影昙花一现。

第三阶段：2009—2014年。该阶段，基于大IP的国产动画被搬上银幕，《喜羊羊》《熊出没》等系列国产动画电影取得了阶段性成功，但国产动画电影仍未摆脱幼稚、低劣的标签。

第四阶段：2015—2018年。2015年，《西游记之大圣归来》取得商业成功，改变了观众对国产动画电影低幼、劣质的刻板印象，带动国产动画电影投拍热潮频现，票房逐步回暖，但缺乏爆款作品。

第五阶段：2019年至今。2019年，光线主投主控的《哪吒之魔童降世》大获成功，成为国产动画电影里程碑事件，点燃了观众对国产本土动画的热情和信心。国产动画电影开始面向全年龄受众，票房实现了真正意义上质的飞跃。

2. 动画电影政策分析：保护中华传统文化，弘扬中华民族精神

近年来，一系列的战略指引为动画电影产业释放出积极的政策信号。文化底蕴深厚、数字技术领先、IP储备丰富、产能相对充足、制作能力突出的动画电影龙头企业迎来利好。

（1）讲好中华文明故事，数字化成果全民共享。2023年5月22日，国务院出台《关于推进实施国家文化数字化战略的意见》（以下简称"《意见》"），明确到"十四五"时期末基本建成文化数字化基础设施和服务平台，到2035年建成国家文化大数据体系，中华文化全景呈现，中华文化数字化成果全民共享。要坚持守正创新，推动中华优秀传统文化同社会主义社会相适应，展示中华民族的独特精神标识，更好构筑中国精神、中国价值、中国力量。要立足中国大地，讲好中华文明故事，向世界展现可信、可爱、可敬的中国形象。要讲清楚中国是什么样的文明和什么样的国家，讲清楚中国人的宇宙观、天下观、社会观、道德观，展现中华文明的悠久历史和人文底蕴，促使世界读懂中国、读懂中国人民、读懂中国共产党、读懂中华民族。

（2）中国元素数字化演绎，动画电影前景广阔。《意见》为新时代中华文化全景呈现、文化产业数字化转型指明了方向。文化传播的重要载体——动画电影，是中国文化创新的宝藏，具备广泛的受众基础，承载着弘扬中华文化和民族精神的光荣使命。在5G+4K/8K+AI技术全面快速布局下，国产动画电影将现代数字科技与中华传统文化结合，打造出一种全新的艺术形态，既演绎出中国文化的经典元素，又契合了观众的视觉需要，引领着新时代的文化潮流，是文化数字化战略的重要环节。

（3）彰显东方美学，弘扬民族精神。2021年11月，国家电影局出台了《"十四五"中国电影发展规划》（以下简称"《规划》"），要求扶持优秀动画电影创作生产，扶持彰显中华民族精神和东方美学风格的动画电影，更好地满足观众特别是广大青少年观影需求，教育引导青少年提高审美水平、树立文化自信。《规划》为"十四五"时期动画电影产业的发展指明了方向。我国拥有5000多年的文明史，其中包含丰富的文学、哲学、艺术资源，这些优秀传统文化植根在国人内心，积淀着中华民族最深层的精神追求和价值取向，是动画电影创作最直接的灵感来源。

（4）"中国风"成创意源头。中国古代传统文化蕴含着丰富的民族文化价值和审美价值，一直以来都是影视作品改编的"富矿"。盘点近年来我国动画电影的成功之作，从传统文化孕育出来的原创动画占据主导，《西游记之大圣归来》《西游记之再世妖王》均脱胎于《西游记》，《大鱼海棠》的创意来源于《庄子·

逍遥游》《哪吒之魔童降世》《新神榜：哪吒重生》对《封神榜》《西游记》中哪吒这一家喻户晓的形象进行二次加工，《白蛇：缘起》《白蛇2：青蛇劫起》则对民间传说《白蛇传》进行延伸续写。国产动画电影兼容并包，通过讲述从古代经典、民间传说衍生出来的新故事，用符合当代人情伦理的理念重塑角色，将传统文化与潮流文化、主流受众内容消费态度融合，展现当下人的精神追求和价值取向。

（5）艺术技术"双轮驱动"。随着5G时代的到来，虚拟仿真、虚实交互、动作动捕等智媒技术的出现与应用，赋予了动画电影全新的影像表达，动画电影的技术日趋成熟，视觉效果不断提升。如《哪吒》的人物造型一改以往的风格，突出互联网文化中"萌"的特征，100次的人物造型、1318个特效镜头、全国60多家公司1600多名制作人员等数据则记录了影片在视觉技术层面的努力；运用计算机图形技术制作的3D动画电影《白蛇2：青蛇劫起》的总渲染时长超3亿核小时，且借助现代科技，整体提效了近160%，电影开始时的名场面"水漫金山"利用了新的渲染工具，细节逼真，备受好评。随着国家对传统文化的重视程度日益提升，以及观众的期待和要求越来越高，弘扬民族精神、展现东方美学、融合现代科技的优质国产动画电影，有望与政策和市场形成共振，助力国漫崛起，走向世界。

3. 动画电影产业链分析：内容创意为核心，衍生变现利润高

上游内容创意构成核心，下游衍生变现利润最高。动画电影产业链分为上游、中上游、中游和下游四个环节。上游是内容提供方，包括原创动画公司和IP提供方（如漫画、网文、游戏、动画番剧等），该环节还涉及动画作品的投资方，包括出品方（即投资方委托原创公司进行IP改编或研发创作）、联合出品方（即投资方和原创公司联合投资动画作品）、原创动画公司（自有资金投资作品）。中上游是动画电影的制作环节，涉及原创动画制作公司以及外包订单为主的动画制作代工企业。中游是动画作品的发行和播放渠道，播放渠道包括电影院线、网络视频播放平台和电视台。[①] 下游主要是IP授权代理公司和IP衍生品开发公司。就整个产业链而言，核心在于上游的内容创意，价值在于版权，而绝大部分收益则来自电影票房及其助推下的IP衍生与开发。未来，产业链布局相对完整，将上游的内容生产和下游的衍生变现环节相结合，通过"IP+产业"的闭环实现盈利的企业的优势有望进一步扩大。

4. 动画电影市场分析：国产动画电影趁势崛起，全龄向动画一骑绝尘

（1）低谷期跑马圈地，锁定优质生产力。2016年以来，公司全资子公司彩条屋在行业低谷期招兵买马，加码布局动画电影上游的内容生产，陆续投资了玄

---

① 赵玉宏：《我国网络影视产业发展环境、现状及趋势探析》，载《西部广播电视》2021年第42卷第14期，第146～148页。

机科技（代表作为剧集《秦时明月》《斗罗大陆》）、可可豆动画（代表作为《哪吒之魔童降世》）、彼岸天（代表作为《大鱼海棠》）、十月文化（代表作为《西游记之大圣归来》）、凝羽动画（代表作为剧集《茶啊二中》）、中传合道（代表作为《姜子牙》）等优质动画制作公司。

（2）IP取材传统文化，打造中国神话宇宙。动画电影的IP层面，公司参与的作品主要取材于中华传统文化和动画番剧。其中，《封神》系列是公司最擅长的题材，《封神》系列的神话IP本身人物众多、场面宏大、便于改编，且IP知名度高、群众基础好。公司重新梳理了我国有史以来的神话传说、故事、人物、事件等，已初步形成我国神话宇宙的世界观和人物谱系，涉及成百上千的神话人物。目前，《哪吒2》《姜子牙2》《二郎神》《雷震子》《土行孙之破土重生》等封神动画也已处于筹备阶段，世界观架构将进一步拓展。

（3）绑定头部动画电影导演，全龄向动画将持续发力。一方面，光线与国内的头部动画电影导演形成了良好的合作关系。根据拓普数据，执导国产动画电影累计票房排名前20位的导演中，代表作品以爆款全龄向动画和系列亲子向动画为主，全龄向动画的票房效率更高。累计票房排名前10位的导演中，有4位导演曾与公司合作，他们均擅长执导全龄向动画电影作品，均凭借一部爆款动画电影跻身前10位。基于过往项目的成功经验，以及公司开放的合作模式和强大的宣发网络，公司与头部导演实现了高度绑定，合作程度不断加深。如，公司主投主控的新电影《西游记之大圣归来》继续由田晓鹏执导，《哪吒之魔童闹海》继续由杨宇执导，原班人马的打造保证了影片的质量，叠加IP已有的粉丝基础，有望延续此前的热度和口碑，带动公司业绩复苏。①

另一方面，作为国内"神话宇宙"概念的首创者，公司在营销层面强化IP联动。如，《姜子牙》在宣发阶段，便刻意打通单体人物，安排大圣、姜子牙、哪吒同框出现，意在建立统一的利益格局，构建封神宇宙观，传递"国漫崛起"情绪，形成全民热度。同时，在营销上，通过物料展现影片本体品质，展现独有东方美学，证明影片具备"国漫崛起"的硬实力。尽管由于受众错配因素导致口碑分化，但是借势《哪吒》的流量红利、题材内容的独特性以及强大的宣发阵容，《姜子牙》仍然占领档期票房高地，首日票房创下中国动画影史第一名的纪录。

5. 动画电影竞争格局分析：竞争格局稳定，光线票房和储备双高

（1）头部公司市占率高，光线遥遥领先。根据艺恩数据，2015—2021年，国内动画电影出品商中，光线影业的累计票房排名第一且优势显著，主要出品了9部动画电影，累计票房74.7亿元，平均票房达到8.3亿元。光线擅长全龄向动

---

① 程菲：《头部民营电影公司沉浮录》，2022-09-04，《文化产业评论》第3289期，https://new.qq.com/rain/a/20210904A0B4CP00。

画电影，票房爆发力较强。第二名华强动画主要出品了7部动画电影，累计票房31.0亿元（不及光线影业的一半），片均票房4.4亿元，代表作品是亲子向《熊出没》系列动画。第三名追光系动画主要出品了6部动画电影，累计票房16.3亿元，片均票房2.7亿元。追光系早期的代表作品是《小门神》《阿唐奇遇记》等亲子动画，近年来正向《白蛇·缘起》《白蛇2：青蛇劫起》《新神榜：哪吒重生》等成人向动画转变。第四名中影影业的代表作品为《功夫熊猫》《摩尔庄园》。①

（2）光线储备数量最充足，龙头优势持续凸显。2015—2021年，主出品国产动画电影累计票房前10位的公司中，备案数量最多的是光线，参与备案的动画电影达到19部，未上映的储备影片占比74%，且均为成人向/合家欢动画电影，票房爆发力较强；华强方特备案的4部影片均属于《熊出没》系列，票房稳定；追光系动画的备案数量仅有4部，已有3部上映；中国电影、万达影视、横店影视参与备案的动画电影分别为6、3、2部；上海美术电影制片厂（简称"上美厂"）和环球数码参与备案的动画电影数量为11部、8部，均以低幼动画电影为主。考虑到动画电影的制作周期较长，预计短期内动画电影的竞争格局不会有大幅改变，掌握优质动画工作室资源、内容储备充足、产能旺盛的行业龙头市占率有望进一步提升。

（三）产业投资不断加码，全产业链布局，协同效应显现

1. 产业投资效应显现

在我国国产动画电影票房榜中，光线出品、发行的《哪吒之魔童降世》《姜子牙》分别以超过50亿元、16亿元的票房成绩排名第一、第二位，公司在动画电影赛道优势明显。基于丰富的制作经验和强大的宣发网络，公司逐渐向产业链的上下游延伸，已经形成了相对完善的产业链布局，涉及IP打造、作品创作制作、宣发、周边衍生开拓几大领域，充分挖掘内容的价值。

产业链上游，一方面，光线参股了众多优质原创动画工作室，另一方面，通过一本漫画App储备优质IP；中上游，通过彩条屋投资了20余家优质动画制作公司；中游，公司除自身参与发行外，还参股了票务龙头猫眼电影；下游，通过售卖IP衍生品、IP形象跨界联名、建设实景娱乐项目等途径，提升热门IP的变现能力，如哪吒IP和哪吒汽车联名宣传，我国本土原创设计的动画电影形象和自主汽车品牌的精神内核一致，产生了良好的协同效应。在光线的全产业链投资版图下，"IP＋产业"的商业模式已构成闭环，上游的内容IP带动下游的衍生开发，中下游的消费数据反哺上游的内容生产，有利于进一步完善公司内容生态体

---

① 《2023年中国动画电影市场竞争格局分析及投资战略规划研究报告》，2022-11-21，https://bbs.csdn.net/topics/609437659。

系，扩大协同效应。

2. 提倡参股不控股，模式开放广纳贤才

相较于其他电影类型，动画电影具有高风险、高投入、高产出的特质，这也成为我国动画电影的发展桎梏。2015年，光线成立了专注动画业务板块的彩条屋影业，"彩条"来自光线公司四周装饰的彩条，而"屋"取自"大庇天下寒士俱欢颜"之意，期望能为我国动画人遮风挡雨。

通过产业投资，彩条屋锁定优质动画IP、动画制作工作室和宣发渠道，并采取"小米生态链"（生态链的企业将产品与小米手机链接，并与小米共享客户群体和销售渠道，从而相互促进）的互联网平台轻合作模式，特点是"参股不控股""帮忙不添乱""建议不决策"，在保持创作者最大自主性的同时，将动画导演等动画产业生产要素聚集，打造以优质动画电影产品为核心的动画产业发展模式。这种开放的合作模式和强大的产业支持对缺乏资金和产业经验的动画创作者而言，无异于一场及时雨，也帮助公司在动画领域迅速扩张，产业链不断延伸。

（四）艺人经纪业务分析：签约艺人出演主投影片，实现影视经纪业务双赢

1. 主力题材稳定供应，爆款潜力大

公司的真人影片票房主要来源于剧情、喜剧和爱情电影，三者的票房占公司真人电影总票房的比重介于90%～100%。公司在主力题材影片上实现了稳定供应，保障了公司真人电影持续的票房产出，且剧情和喜剧电影容易出现爆款电影，增加了公司的业绩弹性。如，光线参与出品的喜剧电影《唐人街探案2》（2018年上映）和剧情电影《我和我的祖国》（2019年上映）均实现了超过30亿元的票房收入，带动公司2018年和2019年参与的真人电影票房达到68亿元和85亿元。

2. 主力题材优势稳定，单片票房高于大盘

光线参与的真人电影单片票房显著高于大盘真人电影单片票房，体现出公司真人电影持续稳定的竞争力。除个别年份外，公司的主力题材单片票房均显著高于行业平均水平。光线在中低成本、高回报的青春爱情影片上具备成熟经验和驾驭优势，在获取项目的能力、对项目的判断力、对项目风险的控制力、项目投资比例等各方面均稳步提升，不仅有效地保障了项目的成功率，而且项目的成本利润率也远远高于行业平均水平，"护城河"不断加宽。

3. 签约艺人出演影片，加强业务协同效应

近年来，光线主投主控的青春爱情电影主要采用公司签约艺人。一方面，有助于降低影片的制作成本，更加专注内容的生产，提升影片的投资回报率，另一方面，参演电影使公司艺人的知名度和商业价值持续提升，为公司带来更多影视业务和商业合作的资源，实现公司影视业务与艺人经纪业务的协同和双赢。

三、总　结

1. 疫情导致影片延期上映，拖累业绩，减值影响利润

2022 年，由于新冠疫情影响，公司多部影片推迟上映计划，据猫眼数据，2022 年公司参与投资、制作的影片仅 6 部上映，合计实现票房收入 9.44 亿元，较 2021 年同期下滑 66%，公司电影业务收入及利润同比下滑。另外，由于部分参股公司经营受到新冠疫情影响，针对相关资产计提减值准备 7.5 亿元，导致公司经营亏损，剔除减值准备影响，公司取得归母净利润约为 1 亿元。①

2. 电视剧业务稳步推进，艺人经纪业务持续增长

电视剧方面，报告期间，公司播出 1 部剧集。《山河枕》等 4 部剧集与视频平台达成合作，由于部分项目尚未进入收入确认阶段，收入同比下滑。公司持续促成签约艺人出演公司旗下影视作品，加强影视业务与艺人经纪业务的协同效应，艺人经纪业务进入快速发展期。

3. 2023 年初多部影片定档上映，储备项目充裕，看好电影业务收入修复

2023 年，公司已有 4 部参与投资制作的影片定档或上映，票房表现较去年同期大幅改善，公司储备项目充裕，多部电影过审后即可安排合适的档期上映。随着公司电影排期定档常态化，电影收入有望迎来修复。针对动画电影业务，主投动画电影《深海》票房不及预期，但衍生绘本《深海大饭店》销售表现亮眼，上架后位列京东新书热卖榜第一名。长期而言，随着投资动画电影陆续上映，"光线动画"厂牌的品牌力与号召力将随之提升，衍生品等多元变现模式日趋成熟，助推公司保持行业内的领先优势。电影是光线最主营的核心业务，公司在电影行业的特点是内容和渠道都有，而且参控股的优质公司很多，有一些已经上市，也有的在排队上市。渠道上，因为投资了猫眼，从而在在线票务方面分得一杯羹，又借助这种互联网的特质与自身的发行业务产生协同，从长远来看存在很大潜力，猫眼目前在票务行业中排名第一。内容上，公司在青春类型电影以及国产动画电影方面具备独特的投资发行眼光和业内最突出的成功经验，模式可复制性较强。

展望未来，公司 2023—2024 年的电影项目储备丰富，其中不乏头部作品，如《鬼吹灯》《三重门》《大鱼 2》等。随着整个电影行业的回暖，以及消费升级的推动，看电影仍然是国内居民重要的生活娱乐方式之一，未来行业的上升空间仍然较大。

参考文献

[1] 李阳，杨尚东. 光线传媒研究报告：高筑墙，广积粮，动画电影龙头表现

---

① https://mr.mbd.baidu.com/r/13vDei7VzFu?f=cp&u=762003c11bf9127a。

可期 [EB/OL]. (2022-08-21). https://new.qq.com/rain/a/20220718A026L700.

[2] 李秀慧. 新媒体背景下传统影视的出路与探寻 [J]. 戏剧之家, 2021, (19).

[3] 师栩栩, 周璇, 马海娇. 我国视频网站现状探析 [J]. 赤峰学院学报：汉文哲学社会科学版, 2012, 33 (7).

[4] 商业纵观. 光线传媒：AIGC 赋能动画电影龙头, 优质 IP 迎价值重估 [EB/OL]. (2023-04-23). https://caifuhao.eastmoney.com/news/20230423191119359685100.

[5] 影视产业解读. 光线传媒公司的发展历程——光线传媒系列研究（二）[EB/OL]. (2020-05-21). https://zhuanlan.zhihu.com/p/142800871.

[6] 赵玉宏. 我国网络影视产业发展环境、现状及趋势探析 [J]. 西部广播电视, 2021, 42 (14).

（改编者：程秀花）

思考题

光线传媒董事长王长田说："对于新技术新手段的迅速掌握和运用，将是一个公司或个人的核心竞争力之一，未来属于会创造性使用 AI 的人。相信人工智能应用于传统媒体领域的创作，在未来也将带来更多的可能性。"请说说你对这段话的看法。

案例3

乐视的兴衰

在寒意频袭的2022年冬天，互联网大鳄纷纷进行整顿，裁员降薪，喊出"开源节流"的口号。乐视网信息技术（北京）股份有限公司（以下简称"乐视"）却在2023年1月3日对外宣称将实行四天半工作制，并且不裁员不降薪，从21世纪初进入大众视野的乐视再次成为话题。

乐视曾经是我国网络视频行业首家宣布盈利的企业，它于2010年以"网络视频第一股"登陆A股创业板，2015年市值超过1500亿元，成为当时创业板市值最高的公司。在我国商业史上，乐视的发展历程具有开创性的意义，尤其是它对正版内容的追求与坚持，对我国传媒产业具有借鉴意义。纵观乐视发展史，会发现，在不同时期，乐视都曾引领行业风气，建立了较为健全的业务生态。乐视的成长历程处于整个互联网迅速发展的10年，在一定程度上是互联网企业发展的缩影。乐视是影视传媒行业由野蛮生长向精细化发展的产物，了解其发展史有助于我们窥探互联网行业的发展特点和趋势。

一、乐视诞生记

（一）乐视诞生背景

20世纪90年代万维网和浏览器的出现，加速了互联网技术的发展，拉近了人与人之间的距离，世界变成"地球村"。美国硅谷如雨后春笋般涌现出一大批互联网公司，人类开始进入信息时代，各国纷纷提出适合本国国情的信息高速公路计划。

1994年4月，北京中关村地区教育与科研示范网络工程正式进入互联网，开通了Internet全功能服务，我国正式进入网络时代。1998年，中国"互联网第一人"——张朝阳创立搜狐网，开启了我国互联网门户时代。到21世纪初，我国形成了搜狐、新浪、腾讯、网易四大互联网初代门户，引领了我国互联网的发展。门户内容的分发和接收对网络带宽和下载速度的要求都非常高，这催生了信息基建的发展。

2003年，北京西伯尔通信科技有限公司（以下简称"西伯尔"）判定3G牌照很可能迅速推出，而3G牌照发放后手机上网速度会大大提高，电信运营商的业务将不再局限于语音和短信，大流量的彩铃、音乐视频、影视等内容都将更快地发展起来。西伯尔预见到了中国流媒体应用的前景，很快就成立了在线流媒体部门，专门为手机用户提供流视频服务，这为乐视的诞生奠定了基础。

(二) 乐视发展历程

2004年11月,脱胎于西伯尔移动业务群的乐视宣布成立。彼时互联网起步不久,人们消费视频产品的主要渠道是购买或者租赁DVD光盘。乐视起步后的第一款产品就是一款基于PC端的视频软件。随后,乐视通过大量购买视频版权快速扩大版图,形成了版权分销、会员付费和贴片广告三大主要盈利模式。2010年8月,乐视登陆深交所创业板,成为国内A股中第一家网络视频上市公司。

上市后的乐视继续向产业链上下游拓展,进军原创内容领域,收购影视内容公司,布局电视业务,成立了乐视体育、乐视影业、乐视手机、乐视汽车等子公司。经过14年的发展,乐视以极致的用户体验为核心,通过购买大量视频内容版权反哺用户,逐渐形成了"平台+内容+终端+应用"的生态系统,这被称为"乐视模式"。如今,这种模式仍在渗入大众的日常生活,乐视不仅可以播出视频、提供平台、发行、出品高分影视剧,而且可以为智能终端"乐视TV"提供内容。其收入最高时达到200亿元,市值最高时达1800亿元。

二、乐视的商业模式

(一) 布局视频版权,打造营收"三板斧"

乐视成立之初专注于正版影视剧集的采购和制作,通过打造差异化内容提升用户体验,形成了早期的三大主营板块:版权分销、会员服务和广告。

1. 第一板斧——版权分销

由于拥有大量的视频内容网络版权,乐视早期的核心业务集中于视频版权分销。公司成立之初正是视频分享网站快速发展的时代,包括优酷、土豆、56等在内的视频网站以"避风港原则",把钱都烧在了带宽、服务器及线上推广上,不太注重内容投入。脱胎于西伯尔的乐视则另辟蹊径,坚持"合法版权"的经营思路,规避了各类诉讼及法律风险,保障了公司经营的合法性,也保证了公司营业收入的稳定增长。根据后来的招股文件,2007年,乐视采购电影、电视剧的均价为1.74万元/部,2008年为2.68万元/部,2009年的采购量为前两年总和的7倍,均价只有1.47万元/部。2007—2009年3年的版权采购费用加起来只有5850万元。乐视于2010年成功上市,2011年已经建立了国内领先的视频版权库,内容涵盖超过5000集电视剧、4000部电影。到2014年,内容版权进一步增长到10万多集电视剧、5000多部电影。①

从2009年起,其他视频网站之间就开始了"版权大战","玩家"均成为原

---

① Eastland:《视频网站都在亏钱,乐视是如何盈利的? 秘籍有四》,2016-03-23,https://www.huxiu.com/article/142547.html。

告和被告：搜狐告优酷，优酷起诉酷6，酷6起诉土豆，土豆要求政府吊销优酷资质……当这些视频网站开始重视版权、决定购买影视剧时，乐视已经通过与合法版权拥有者签署《影视剧网络版权授权合同》囤积了市面上大部分视频网络版权，自然而然成了版权分销的王者。除了外购，乐视如当年奈飞（Netflix）一样，还进军自制剧领域。2005年乐视打造了国内第一部手机端电视剧《约定》，此后衍生出自制网络剧和综艺制作团队。

版权分销收入对乐视贡献的价值在2011年达到极致。据乐视2011年全年财报显示，版权分销收入为3.56亿元，同比增长571.72%，占总营收的59.5%。从财报数据看，乐视在版权营销领域优势明显。随后，乐视影业成立。乐视影业2011—2016年推出的《失恋33天》《小时代》《敢死队2》《老男孩猛龙过江》等数十部影片都获得成功。通过购买内容版权和自制剧，2011—2016年，乐视拥有电影版权4000部、电视剧版权超过70000集，独家网络版权覆盖热播影视剧60%以上。乐视因此成为影视剧网络正版化的领先者：拥有全面而完善的版权采购和版权保护体系，和全国范围内多家视频网站、超过100家专业律师事务所联合维权，多方共建影视剧维权生态链。通过此举，乐视推动了国家版权保护进程，持续获得国家版权局的认可，成为互联网视频和文化行业融合发展的引领者。

2. 第二板斧——超级电视＋会员付费

乐视作为国内版权会员制的开创者，通过购买和自制内容运营丰富版权，通过提供差异化内容吸引付费和免费用户，依托网络视频基础服务争取到大量优质用户。由此，乐视开始布局硬件设备终端业务。

2013年5月，乐视发布了第一款超级电视机，正式进军智能电视领域。与传统电视的产品理念、销售模式和服务体系不同，乐视打造的超级电视形成了智能化电视游戏平台：这不仅是一台电视机，而且是一个大屏生态系统。在产品上，乐视采用最先进的硬件配置：处理器由芯片巨头高通提供，使用和夏普、三星同样的屏幕。除此之外，"乐视超级电视"还使用创新的EUI系统，预制直播桌面、应用桌面和信号源三大桌面，从而让用户可以自主流畅地观看视频节目，可以随意点直播、轮播，突破和拓展了传统电视机的使用边界。有了超级电视作为内容传播的硬件，乐视在内容运营上，以版权为基础拓展资源和渠道，在自制综艺和自制网络剧上不断加码。

2013年10月，乐视以9亿元全资收购影视产业链上游公司——花儿影视，获得了《潜伏》《金婚》《幸福像花儿一样》的内容版权，随后制作出《甄嬛传》《产科医生》《芈月传》等现象级爆款电视剧。《甄嬛传》作为乐视全资子公司花儿影业的版权内容，每年可以给乐视带来大约5%的收益。在硬件和软件一起发展的同时，"乐视超级电视"又开通了儿童、游戏、同步院线、购物等独立桌面，让不同人群的需求在"乐视超级电视"这一大屏生态系统中都能得到满足。

通过硬件销售搭载付费内容获益，是乐视"打破原有电视生态，重新定义电视"的创新。硬件销售出去，商业运营和变现才开始。每卖一台电视就获得一位忠实用户，虽然电视不赚钱甚至赔钱，但用户每年续费可以带来稳定的收益，更诱人的是用户会观看更多的付费内容，还会以电视机为终端接受其他的互联网服务，慢慢养成为内容付费的习惯。乐视2014年财报显示：超级电视机销售150万部，收入27.4亿元，同比增长443.5%；会员付费收入同比增长288%，达到15.3亿元；其他与"乐视超级电视"相关的收入达到42.7亿元，占全年营收的62.6%。除了财报数字亮眼，乐视也实现了锐意跨界、后来居上的奇迹，成为互联网电视及影视产业发展格局的重构者和行业革新者，其他电视厂商纷纷效仿和跟进，我国由此迎来了互联网智能电视及互联网视频的大发展期。

3. 第三板斧——全网贴片广告

我国视频网站普遍采用视频"前贴、暂停、后贴"的贴片广告以及植入广告模式。贴片广告是视频网站最直接、最外在的广告形式。乐视在充分实施视频网站传统广告模式的同时，在2011年首创了全网贴片广告模式，将广告内置于影视剧内容中，在版权和内容分销的同时，将广告直接分销给合作伙伴。投放乐视的广告主可以同时触达其他视频网站，达到全网投放的效果。乐视拥有"国内第一影视剧库"丰富的内容资源，拥有许多优秀影视剧的独家网络版权，再加上注重内容的评估和筛选，在吸引C端用户的同时，也引起B端品牌广告主的青睐。全网贴片广告模式不仅给乐视带来了持续增长的广告收入，而且给乐视带来了新的发展机遇，实现了广告主、乐视网、分销网站及影视制作公司多方合作共赢的局面。自此，以用户为核心，垂直整合终端、应用、内容与平台四个层面的资源而形成的影视全产业链和以视频网站为核心业务的乐视生态体系初步建立。

（二）延伸产业链条，构建生态大融合

从2004—2014年，乐视经历了10年的快速发展期，以优质的视频内容搭载硬件设备，形成了版权分销、会员付费、广告服务为核心的盈利模式。随后，乐视又踏上了开拓之路——乐视大生态，逐步形成了"平台、内容、终端、应用"联合的生态构想，具体包括视频内容、超级电视（包括电视机和大屏生态系统的综合体）、乐视体育、乐视手机、乐视汽车、乐视云、乐视金融等七大板块。

1. 打造内容软件生态圈

随着互联网基础设施的完善，我国网络视频市场逐渐成熟，资本开始布局相关产业，形成了百家争鸣的局面。乐视早期依靠大量的版权内容，以版权变现和独家播放为手段，早已完成资本的原始积累，之后，乐视进入资本市场，开始下一轮布局。

乐视转换赛道，视频内容开始从版权收购延伸到内容自制。2008年，乐视

对外融资，凭借耀眼的成绩成为资本的宠儿。2010 年，乐视在深交所创业板上市，其市值大涨，很快就成为拥有巨量内容资产的视频产业链一体化公司。乐视早期购买版权的做法引领其他平台纷纷效仿，规范了版权市场，繁荣了视频行业，也间接抬高了版权价格。此时资本涌入，视频流媒体开始了"钞能力"大战。乐视则转向内容自制，如，成立乐视影业，先后成功投资《小时代》《归来》《九层妖塔》等热门电影；收购花儿影视，推出爆款电视剧《甄嬛传》，自制《太子妃升职记》《睡在我上铺的兄弟》等，在获得独家内容的同时，提升了公司的知名度。

乐视将触角延伸到体育领域。2008 年北京奥运会后，更多高规格赛事发展起来，嗅觉灵敏的乐视在 2012 年 8 月上线体育频道，成立了"乐视体育"，为用户提供足球、篮球、网球、高尔夫等赛事的直播、点播和资讯的视频服务。这些服务的关键在于购买体育内容版权，于是乐视体育围绕赛事 IP，开始了"全球体育版权买买买"。乐视先后和美国职业篮球联赛（NBA）签约，买下 F1 中国大陆地区新媒体独家转播权，签下中超、英超 2014—2015 赛季版权，等等。在版权费用高昂的年代，赛事付费是我国体育产业发展的必经之路。在购买体育版权的同时，乐视体育搭载乐视终端硬件建立了体育内容付费体系，并且尝试进行跨界商业合作，让"乐视体育"会员触达更多人群。为此，乐视尝试为观众提供更好的服务，倾注大量的人力物力，无论在赛事直播、线上线下活动运营，还是会员服务体系的建立，"乐视体育"更加互联网式的玩法在我国体育产业化进程中也扮演着"吃螃蟹"的角色，它通过邀请知名解说、开通多路流直播信号、高清直播、弹幕互动、用户福利发放等诸多措施，让互联网观赛体验较之以往有了飞跃式的改善。以中超为例，线上，乐视体育打造了颇具特色的"发弹幕送礼品"活动，吸引了大波网友参与互动。甚至这个弹幕产品当年也要被开发成广告容器。线下，乐视体育联合中超球队和球迷举办超级大屏看球活动，开启了"无乐视，不中超"的乐视体育霸屏时代。

乐视影业、乐视自制剧、乐视体育、乐视音乐、版权收购与运营都成为乐视内容生态上的重要一环，软件生态圈的构建让乐视不断拓展其版权收入以外的盈利。

2. 打造终端硬件生态圈

乐视希望以电视与手机终端架构所有的乐视服务与生态。在电视上，乐视系统整合了电视应用商城，深度整合乐视生态，以提高用户忠诚度。在当时，乐视应用商城是我国第一个电视应用商城，期待打造成像安卓手机应用商城一样的电视应用商城平台，通过开放给电视应用开发商进行盈利分成。同时，"乐视超级电视"通过与智能电视硬件周边的链接，在实现硬件周边收益的同时，获得电视游戏应用开发收入分成。对手机终端，乐视则利用乐看搜索、飞视浏览器掌握移动互联网入口，通过整合乐视体育、乐视视频、乐视音乐等三大服务以吸引用户。乐视还将"乐视云服务"作为硬件生态架构最重要的一环,希望通过云服务对所有硬件进行整合,实现手机、电视内容的双屏共享。

就在乐视业务遍地开花之时,乐视又决定推出"乐视超级汽车"。2014年底乐视宣布"LeSEE计划"(Le代表乐视,SEE代表乐视超级电子生态),通过完全自主研发,复制乐视垂直整合生态打造互联网智能汽车,以期建立汽车互联网生态系统。

自此,乐视大生态形成了内容软件生态圈和终端硬件生态圈为核心的生态框架。2014年,乐视市值达到1784亿元的顶峰,"乐视大厦"巍然而立,极速膨胀并且扩张到多个领域,殊不知,这些烧钱的业务也已经悄悄地为乐视拉响了警报。

三、"乐视大厦"崩盘及其原因

(一)乐视的衰落

随着乐视版图的不断扩大,涉及的领域也越来越多,金融、汽车、房地产各个领域都可以看到乐视的身影,乐视的资金需求也越来越大。虽然乐视短暂地迎来了一些公司的投资,但是"乐视超级汽车"这一烧钱业务此时正在海外持续发酵,亟须输血补给。彼时,各大互联网巨头也入局视频内容赛道,而乐视却因为盲目扩张、收缩内容板块预算,致使核心业务掉队。2016年8月,乐视资金链出现问题,拖欠供应商巨额欠款,加上公司内部财务造假等,从而陷入了严重的财务危机,股价连续暴跌。2016年12月乐视停牌。为缓解运营困难等一系列问题,乐视到处融资,试图解决燃眉之急,就在乐视命悬一线之际,2017年融创孙宏斌以150亿元投资乐视。短暂的回血并没有让乐视从债务危机中走出来,相反,沉重的债务压力使其融创损失超过160亿元。2018年孙宏斌卸任乐视董事长一职,并承认投资乐视失败。据统计,2017—2019年,乐视累计亏损292亿元。至此,视频网站霸主乐视走向衰落,"乐视大厦"开始崩塌。

(二)乐视衰落的原因

1. 网络巨头入局,核心业务遇阻

乐视购买大量原创视频版权,引领了行业风气,但此时资本大量涌入视频网站,优酷背靠阿里,爱奇艺背靠百度,腾讯视频背靠腾讯,互联网巨头们纷纷开始不计代价地购买原创内容做自制剧,这间接抬高了视频内容的价格。乐视需要反哺的业务太多,无法支撑起高昂的内容成本,流失了众多的头部内容,如中超、亚足联等重要体育赛事版权,核心业务遇冷。缺少优质内容的加持,乐视用户大幅流失,版权和广告收入急剧减少,而版权和广告收入曾经是乐视最稳定健康的现金流。

2. 内容吸引力下降，绑定模式无以为继

"乐视超级电视"的策略是绑定会员付费，通过用户续费来获得盈利。虽然开始乐视通过这一模式，盈利可观，但是，随着内容吸引力下降，会员付费递减。同时，在"乐视超级电视"绑定会员付费的模式下，乐视为了保证在电视机消费市场具有竞争力，使用了较高的电视机硬件配置。电视成本高，而销售价格便宜，甚至不赚钱赔钱卖，当付费会员无法按照预期增长时，这种模式自然无以为继。

3. 用户群体不同，生态模式难以形成

从视频网站起家，在价值链条未充分构建时强行投资乐视体育、乐视电视、乐视手机、乐视汽车……乐视希望通过这些子生态产业彼此碰撞整合，共享消费者，产生"生态化反"① 效益。建立企业生态需要共同的用户土壤，乐视子生态产品风格迥异，用户重叠率偏低，无法一起产生巨大效益，而且大部分业务还需要其他业务来"供氧"，这决定了乐视必然面临资金短缺问题，生态型商业模式难以形成。

4. 乐视汽车，压死骆驼的最后一根稻草

以互联网起家的乐视将汽车工业与普通产业的差别想象得过于简单，一心想颠覆传统汽车行业。汽车作为工业领域的集大成者，和普通的实体经济有很大差别。乐视在汽车制造领域几乎是一张白纸，无论是制造工艺、零部件、生产管理还是营销渠道，乐视都是新手。造车是一项需要强大资金链支持的业务，即便是传统汽车，如捷豹、路虎、丰田等进入中国、建立合资品牌也需要几百亿资金的加持。特斯拉进入汽车行业更是花了10年之久，最初的工厂还是由丰田废旧厂房改造而来的。经验不足的乐视汽车后期面临融资困难，陷入巨大的"资金黑洞"，需要乐视其他业务线"输血"供给，必然会拖垮早已岌岌可危的"乐视大厦"。

5. 投融资战略偏差，资金链危机爆发

资金链是否正常运转是企业生存和发展的"晴雨表"。乐视的资金筹集方式和使用方式直接导致资金无法正常回流，资金链危机爆发。一方面，乐视在投资和资金使用方面，不仅扩张自身主业，而且还投资了一些如汽车、手机、房地产、金融等烧钱项目，失败的投资战略成为乐视资金链断裂的催化剂。另一方面，乐视的融资方式搭配不合理。乐视基于战略层面的"生态化反"，从2012年开始进行大规模融资，过多地依赖于债权融资方式。随着多元化扩张愈演愈烈，本已掉队的主业不仅要用来供养其他项目，还要用来偿还银行债务，最终资不抵债。

---

① 生态化反：这里是指乐视将旗下覆盖多个领域的多元化业务如电视、手机、网络等糅合在一起，相互合作，资源共享，产生化学聚变反应，以发挥更大的市场价值，实现巨大的经济价值。

四、启 示

(一) 坚持合法版权，提升用户体验

乐视从成立之初就意识到优质内容对吸引用户的重要性，通过与上百家版权方和版权代理机构建立版权交易关系，与实力强大的内容制作方和发行方建立了长期稳固的合作关系。对用户上传的视频内容采取"三级审核"制度，通过采购、自制、严审等方式，不仅给用户提供了极致的观看体验，还引领了行业风气，丰富了互联网影视内容业态，在多年发展中为行业积累了很多有价值的东西。以乐视体育为例，在版权费用高昂的年代，赛事付费是中国体育产业发展的必经之路，乐视体育无论是在赛事版权的购买还是在顶级赛事 IP 的运营上，都为行业积累了很多宝贵经验。

(二) 提高核心竞争力，切忌盲目扩张

乐视作为一家视频网站，依靠独家内容版权迅速建立起自己强大的内容护城河，并且借此发展出独特的盈利模式（版权分销、会员付费、广告收入）。乐视早期"野蛮粗放"式的增长，确实助其完成了初创型公司的资本原始积累。乐视上市初期，依然靠内容版权强大的获利能力，迅速得到资本市场的青睐，但是，随着大规模的多元化扩张，核心的内容业务预算被砍，例如，乐视体育失去赛事版权后，盈利能力变弱，乐视成为资本和市场的"弃儿"。从中可以看出，企业运营需要有科学的布局、明确的方向，如此才能有效、持久。

(三) 完善内部监督，警惕财务风险

乐视内部监督机制的失效是导致财务问题的重要原因。乐视在陷入财务危机后，依然选择使用财务造假手段来应对监管和股民，这是内部监管失职；乐视不健康的投融资方式导致其现金难以及时回流，而未能根据公司情况采取适当的股权和债权融资方式则又导致了债务负担过多和股权稀释。由此可见，公司首先应该完善监督管理机制，有效监督大股东的决策和财务报告的真实性，发挥监管作用；其次，做好投资发展规划，根据公司的实际情况量身定制投融资方式，从而避免负债过重或股权稀释等财务风险。

(四) 强化市场监督，完善监管机制

在我国，资本市场主要受证监会的监督和管理。乐视上市前夕，舆论就有各种猜疑和质问，证监会非但没有溯源，反而批准其上市，监管不力。从后来的事实看，乐视在 IPO 前曾贿赂证监会官员。为了防止类似的财务舞弊事件的发生，监管部门应该完善证券市场监督机制和惩罚机制，创业板更应加大信息披露力

度，规范资本市场，切实保护相关利益者的权益。

五、结　语

在中国商业史上，乐视书写了一个具有开创意义的故事。在互联网快速发展的 10 年，乐视抓住了机遇并抢占先机。回顾乐视的发展历史，不难发现，其快速成长的背后是构建了自己庞大内容的"护城河"，通过版权收购和内容制作，整合娱乐产业上下游；通过终端会员定制，延伸产品应用，并且由此形成了版权分销、广告售卖、会员付费三大强有力的盈利模式。乐视后期过早地破坏了"护城河"，一方面，开始进入多个不具有共同用户土壤的领域，想要建立"乐视生态"，却破坏了原有生态；另一方面，爱奇艺、优酷、腾讯的竞争，国外的流媒体巨头纷纷进入中国市场，挤兑了乐视已有的用户市场。

从 2022 年下半年开始，乐视为了还债和自救，开始尝试在其官方账号"乐视官方"和公司旗下账号"市场部的日常"直播带货。2022 年 9 月，乐视直播 14 场，出境主播均为乐视员工，乐视前员工还现身直播间为他们加油。虽然目前的营业额不理想，但乐视也深受"东方甄选"的鼓舞，试图成为下一个"东方甄选"。

在 2023 年元旦后的第一个工作日，乐视发布公告称：自 2023 年 1 月 1 日起，乐视将执行每周四天半工作制，每周三弹性工作半天。在近几年互联网降本增效的大环境下，乐视活成了特殊地标，再次回到公众视野的乐视将主要业务回归视频，营收主要来自会员收入、版权业务和电视剧发行等。《甄嬛传》《幸福像花儿一样》《太子妃升职记》《芈月传》《白鹿原》等爆款电视剧还在持续为乐视带来内容版权和会员付费收入。

参考文献

[1] Eastland. 乐视，视频网站拗出超级电视造型 [DB/OL]. (2015 - 03 - 31). https://www.huxiu.com/article/111612.html.

[2] Eastland. 视频网站都在亏钱，乐视是如何盈利的，秘籍有四 [DB/OL]. (2016 - 03 - 23). https://www.huxiu.com/article/142547.html.

[3] 甘伟浩. 乐视没落带来的启示：基于舞弊三角理论 [J]. 特区经济，2022 (12).

[4] 张继德，郭旭东. 基于资金链视角的乐视网财务风险管理 [J]. 风险控制，2020 (4).

（改编者：任以俊　殷亚丽）

思考题

1. 如果乐视继续专注于视频内容,会有机会成为流媒体巨头吗?为什么?
2. 简述乐视资金链风险。
3. "乐视生态"为什么失败了?

案例4

奈飞：流媒体巨头的革新之路

互联网时代快速发展的30年，出现了一大批优秀的互联网企业，其中最为独特的、堪称教科书级别进化的企业当属奈飞（Netflix）。从2020年初后，新冠疫情席卷全球，人们的生活和工作进入了"宅家"模式，全球消费者的娱乐习惯也发生了变化。在视频流媒体赛道新增了Apple TV+、Disney+，加上老牌流媒体巨头奈飞、HBO、亚马逊Prime Video，以及国内爱奇艺、优酷、腾讯视频，视频流媒体逐渐形成了"一超多强"的局面。

虽然奈飞是一个家喻户晓的名字，但是很多人对奈飞的历史却了解不多、不深。本案例通过对奈飞发展史的梳理，全方位地展现奈飞在不同时期如何应对时代的冲击而做出战略型调整。奈飞的历史是一个不忘初心与变革创新并存的勇敢者的故事！

一、奈飞诞生记

1997年，在美国加利福尼亚州，马克·伦道夫（Marc Randolph）和里德·哈斯廷斯（Reed Hastings）创办了奈飞，公司一开始的业务比较单一，只是提供影片租赁服务。随着奈飞堪称完美的股价上涨弧线，以及由它推出的原创网剧《纸牌屋》等大剧的火爆出圈，奈飞的名头也逐渐响亮，和脸书（Facebook）、亚马逊（Amazon）、谷歌（Google）并称为"美股四剑客"，成为美国科技股中极具成长空间的代表。奈飞的创业故事也开始逐渐为人所津津乐道。

（一）创始人——马克·伦道夫和里德·哈斯廷斯

奈飞的联合创始人之一的马克·伦道夫是一个连续创业者，他出生于中产阶级家庭，父亲是金融精英，叔叔是大名鼎鼎的精神分析创始人弗洛伊德。在创立奈飞之前，伦道夫的第一份工作是在Cherry Lane音乐公司负责邮购业务。1995年伦道夫从Cherry Lane离职后，和合作伙伴一起创建了自动化软件测试公司Integrity QA。1996年底，Integrity QA被里德·哈斯廷斯所在的生产软件开发工具的公司Pure Atria收购。不过，没多久，Pure Atria也被收购了。伦道夫和哈斯廷斯同时面临着被新公司裁员的风险。伦道夫再次萌发了创业的念头，并且试图说服哈斯廷斯成为自己公司的投资者或者顾问。彼时的哈斯廷斯一方面忙着公司收购事宜，另一方面也想回到校园继续深造，不过这和他去下一家公司担任投资人或者顾问并不冲突。于是二人一拍即合，决定一起创业。

（二）自立门户，创新服务

20世纪90年代，人们的观影渠道还非常有限，无论是影院还是电视，均不能满足大众日常的需求。而于1985年成立的百视达（Blockbuster）顺势而起，并快速垄断了美国的影片租赁市场，在全美拥有9000家门店和6万名员工，成为美国最大的影片租赁公司。百视达虽然已经是行业龙头，但是依然存在一些问题：门面小，可供租赁的影片有限，热门的电影租不到，小众影片不好找；美国地广人稀，租片地点距离远；对影片租赁规则严格，到期不还，罚金高达20%，这些都让顾客非常不满意。

某天，哈斯廷斯在办公室吐槽从百视达租了电影《阿波罗13号》的录像带，但是因为看完后没有及时归还，被罚了40美元的滞纳金。同时期，以".com"域名为代表的互联网公司快速发展，电商巨头亚马逊刚刚上市不久，电子商务被所有人视为下一波浪潮。1997年，第一台DVD播放机在美国发售，产品的普及度并不高。但是DVD小巧轻便，很适合邮寄，正在思考商业模式的伦道夫和哈斯廷斯，自然而然地想到把电子商务和DVD租赁合二为一。同年，在加利福尼亚斯科茨谷一家酒店的会议室里，二人的新公司奈飞成立了，自此奈飞开始了自己的商业传奇生涯。

二、奈飞的商业模式

（一）推出会员制

1997年4月14日，奈飞平台正式上线，开创影片租赁会员制。奈飞推出的租碟方式是"无到期日、无逾期费、无邮递费"的"三无"会员制度，客户只需要每月支付20美元就可以成为会员并享受奈飞的免费快递影片服务。并且，为了杜绝资源浪费，奈飞在会员制的基础上，又增加了观影清单。每个会员每次只可以挑6部影片，看完归还后才可以继续租赁。在当时，百视达的一部影片租赁费用是4美元，而奈飞每月20美元至少可以租赁6部影片。就这样，奈飞慢慢累积了人气。

1998年，奈飞上线影片租赁商店。这时的奈飞不再做普通的碟片租赁，而是线上租赁。不需要门店，只需要在家动动鼠标，就能享受光影艺术的美好。经过2年的发展，作为全球第一家推出会员制的影像企业，奈飞影片邮寄、线上租赁、会员制的三大商业模式基本确定。

2000年后，奈飞优化算法系统，提升会员观影体验。在奈飞和百视达的收购谈判破裂后，双方红蓝之战拉开帷幕。百视达为了对付奈飞，取消了超期滞纳金制度。奈飞面对财政持续赤字不得不裁员40%，双方还打起了价格战。就在奈飞快要体力不支的时候，百视达高层人事变动，新的首席执行官取消了百视达的线上业务，采取继续走实体店的策略。奈飞借着互联网软件技术的发展，开始在算法领域做尝试，推出了可以按照会员喜好推荐影片的影库系统。2006年，在纳斯达克上市已经4年的奈飞颇受资本的青睐，市值大涨。为了进一步优化算法系统，奈飞拿出100万美元作为奖金，在全球范围内举办开发者大赛。从2006—2009年，全球有186个国家超过4万个团队参与了算法大赛。通过举办大赛，奈飞不仅吸纳了大批顶尖人才，提升了用户体验，还做了一次优秀的公关。

（二）流媒体转型

2007年，奈飞正式推出网路流媒体在线观看业务。首先，将库存影片全部搬到网上供用户免费观看；其次，购买版权费较低的老电影和电视节目，免费提供给会员观看，这样既不影响原先租赁DVD光盘会员的用户体验，又多了一份增值服务，同时吸引了喜欢在线观看的新会员加入。

研发及优化宽带和网络系统，大幅提高下载速度。由于网络带宽速度慢，还做不到即时观影，一部影片至少要下载2小时才能观看，流媒体业务在奈飞开展得并不顺利。为了解决这个问题，奈飞花大价提高下载速度，同时可以兼容电脑、电视、手机等多个终端。在2007年的公开演示中，只需要30秒的缓冲，用户便可以在奈飞网观看一部高质量的影片。2年时间，奈飞的订阅用户从750万人暴涨至1200万人。船大难调头的百视达公司，在2010年9月正式申请破产保护，退出了历史舞台。奈飞对影片租赁市场的颠覆，是低成本、高用户体验带来的胜利，是一场来自技术浪潮的胜利。

（三）坚持"内容为王"

奈飞的第二次革新从2007年开始，这时，崛起的技术媒体公司不止奈飞一家；一方面，以油管（YouTube）为代表的流媒体开始逐渐兴起和普及；另一方面，作为奈飞内容提供商的美国有线电视台Starz，眼红于奈飞所获得的巨大成功，在续约时将价格翻了10倍，奈飞和Starz的合作于是破裂。一边是来自油管的竞争力，一边是Starz的断粮，奈飞开始将目光瞄准影视内容制作，这样它同时面临两个对手，一个是以HBO电视网为代表的有线电视公司，另一个是新时代的技术骄子油管等流媒体公司。

针对两个不同行业的对手，奈飞采取了完全不同的策略。首先，对HBO，奈飞依然使用了当年对战百视达的亲民路线。HBO的订阅用户每月付费的平均值为130美元以上，其他有线电视台的用户平均月付费为90美元。尽管HBO是制作精良的高品质电视网，但这笔开销依然过于昂贵。奈飞将价格定到了7.99美元（2015年提升为9.99美元），远低于传统行业。其次，针对传统电视行业定点定量的"线性电视"观看方式，奈飞推出电视观看创新模式，即可以随时随地随意观看的网络电视。HBO等电视网的热播剧集以季为单位，每周一集，一年播出一季。由于当时大部分用户都是在电视上观看节目，如果有事错过或者迟看，便会大大影响观看体验。而在奈飞网则可以随时观看，且可以一次性看完当季所有内容。再次，对于油管这样的流媒体技术公司，奈飞没有在算法和流量上与之进行比拼。而是决定进行内容开发。奈飞当时处于影视产业链下游，对可以提供内容的影视公司依赖程度高，如果不完成商业闭环，就无法应对两个不同的竞争对手。

2012年，奈飞正式进入影视内容制作领域，拍摄了试水之作《莉莉海默》，这部片子在挪威的NRK电视台播出，创造了挪威有史以来57%的最高收视率。2013年，奈飞开始实施原创内容计划，找来大卫·芬奇，并斥资1亿美元打造《纸牌屋》。这部讲述美国政治潜规则的大尺度剧集，一经推出便轰动全球，获得了15项金球奖和艾美奖提名，奈飞也因为这部影片新增付费用户1000万人。自此，奈飞坚定地走上了内容制作的道路。2017年，奈飞原创内容时长超过1000小时。2018年，奈飞推出超过80个自制或版权购买的作品。而同时期，好莱坞都略显颓势，在"制片人中心制"的好莱坞，大导演、名演员总有些自己想拍、但是制片人觉得不赚钱的项目。而"奈飞原创"的招牌名声在外，于是很多名演员、名导演纷纷跑来跟奈飞合作，把一些项目拿给奈飞。例如阿方索卡隆的《罗马》、科恩兄弟的《巴斯特·斯克鲁格斯的歌谣》这些好莱坞制片人不会投资的项目，奈飞全部投拍。奈飞的几个红色字母组合已经成为一个符号，镌刻到世界文化之中。

（四）全球化策略

随着亚马逊、苹果、HBO、迪士尼等奈飞的竞争对手们纷纷进军流媒体领域，美国本土及地缘文化更亲近的欧洲两大市场趋于饱和。从2010年起，奈飞积极向海外"开疆拓土"，先后在亚洲、拉丁美洲等190多个国家和地区建立办公室。为了适应全球化市场，奈飞斥资购买当地的优秀作品来满足其在这些国家和地区的2亿多付费会员，其中包括英国的《浴血黑帮》，中国的《甄嬛传》《白夜追凶》《流浪地球》，印度的《爱之方寸》，等等。

2018年，欧洲议会规定，在欧盟国家内的流媒体服务至少要有30%的内容来自本土。面对这一规定，奈飞开始在国际市场开发本土化内容，根据不同国家地区的不同文化背景和不同偏好采购本土的内容版权，允许当地创作者讲述有关他们自己文化的故事，促进当地创意产业的发展。例如，在德国制作的《暗黑》，在中国台湾地区制作的《华灯初上》，韩国制作的《鱿鱼游戏》①，等等。

---

① 《鱿鱼游戏》自2021年9月17日开播以来，共登顶94个国家和地区的"今日收视"榜。作为非英语剧集，这部剧在美国连续21天领跑前十榜单。2022年9月，《鱿鱼游戏》更是提名艾美奖多个奖项，最终李政宰拿下最佳男主角奖。

《鱿鱼游戏》大获成功，很大程度上是因为是奈飞在国际化过程中的本土化，将内容决策权下放给当地负责人金敏英。金敏英于2016年加入奈飞，担任奈飞亚太区内容负责人，她最主要的工作就是寻找韩国好故事。2018年，导演黄东赫拿着自己10年前吃了闭门羹的《鱿鱼游戏》剧本找到了金敏英。金敏英凭借敏锐的直觉和数据参考，很快就决定投资《鱿鱼游戏》。《鱿鱼游戏》的出圈验证了奈飞在国际化进程中始终坚持娱乐全球化、叙事本土化策略的成功。奈飞给予创作者最大的自由、高于当地的报酬，在全球吸引了越来越多有才华的导演和演员的加入。

三、独特的企业文化

奈飞成立至今，成功应对了娱乐消费从线下到线上的时代变化，并在必要的时候进行了多次颠覆式转型，拥有独特的企业管理方式，强调自由与责任并存，这些为奈飞的市值带来了指数级增长，并让奈飞成为流媒体巨头。

哈斯廷斯等认为："我们有一点是竞争对手所不具备的，那就是'人才重于流程，创新大于效率，自由大于管控'。我们的文化强调以人才密度实现最高绩效，对员工实行情景管理而不是控制。这使得我们能够不断地成长，并随着整个世界和客户需求的变化而调整策略。如果一定要说奈飞有什么不同之处，那就是它不拘泥于原则。"[①]他在自己的新书《不拘一格：网飞的自由与责任工作法》中描述了奈飞的企业文化，并分享了自己打造"自由与责任"企业文化的三个步骤。

（一）提高人才密度

提高人才密度是构建"自由与责任"文化的第一步。哈斯廷斯第一次注意到"提高人才密度"非常重要，是源于他第一次大裁员的经历。2001年春，互联网经济泡沫破裂，大量互联网公司倒闭。当时奈飞尚未盈利，为度过经济寒冬，降低公司运营成本，哈斯廷斯不得不裁掉了1/3的表现稍差的员工。结果，几个月后的圣诞季，奈飞的DVD邮寄业务迅速增长，剩下的2/3的员工完完成成了任务。工作时间延长了，但所有人都表现出前所未有的高涨情绪。为什么裁员后公司氛围会迅速好转？如何将这种积极的正能量保持下去呢？哈斯廷斯意识到，裁员后公司只留下最能干的员工，人才密度提高了，奈飞为此在以下两个环节重点发力。

1. 支付行业最高薪招聘最优秀的人才

哈斯廷斯是软件工程师出身，熟知在软件行业里，优秀的软件工程师比普通

[①] 哈斯廷斯、迈耶：《不拘一格：网飞的自由与责任工作法》，自序一，XIX页，中信出版社2021年版。

同行能创造更高的价值。他们极富创造力，能随机应变，尝试从不同角度看待问题并致力于解决问题，这些是所有创造性工作都需要的能力。即使在奈飞背负着巨大财务压力、资金有限的2003年，哈斯廷斯仍然坚持把资金花在刀刃上。奈飞招人的时候，对软件工程师这一类创造性工作岗位遵循"精英原则"，对有超强能力的员工开出市场上的最高工资，而不是花同样的钱去雇佣十几名或者更多表现平平的普通员工。事实证明，这种精简团队、提高人才密度的方式非常成功，奈飞的创新和产出速度因此突飞猛进。

2. 果断裁人，保持最高人才密度

在大多数公司，规则和控制流程针对的是那些表现马虎、做事不专业或不负责任的员工。奈飞认为，规避或者剔除掉这样一些人，你就完全不需要那些规则。人才密度越高，你能提供的自由度就越高。在奈飞内部强调"团队文化"，而不是家庭文化，真正优秀的团队就像职业运动队，每个队员（员工）既要个人能力突出，又要灵活配合，还要有团队精神。奈飞的团队管理者就像是职业球队的教练，教练要保证每个位置上的队员都是最合适的，让整个队伍实力越来越强，而队员为了留在队伍里，也会全力以赴。

（二）提高坦诚度

哈斯廷斯认为，领队要提高企业坦诚度，要让员工以积极的态度说出真实的想法。为了培养员工坦诚沟通的文化，一方面，奈飞在美国本部鼓励员工对领导提出反馈，领导在收到员工的反馈时，需要在态度上表达认同。同样，为了引导员工进行有效反馈，奈飞还总结了一个"4A原则"，即：

（1）提供反馈时，目的在于帮助（aim to assist）。反馈者应该清晰阐述这样做对他们和公司有什么样的好处，而不是对自己有什么好处。

（2）提供反馈时，反馈需具有可行性（actionable）。反馈必须说明接受人可以做一些什么样的改变。

（3）接受反馈时，要感激与赞赏（appreciate）。因为人们受到批评时都会本能地为自己辩护，奈飞鼓励并训练员工有意识地反抗这种本能，尤其是领导者，要以欣赏和感激的心态面对负面反馈。

（4）接受反馈时，接受或拒绝（accept or discard）。反馈者和接受反馈的人都必须清楚：对反馈意见的处理完全取决于反馈接受者。如果接受者认为反馈内容可以帮助团队和公司变得更好，则可以接受；反之，反馈者可以不认同，但依然需要认真倾听、认真思考，并表示感激和赞赏。

另一方面，奈飞在国际化过程中，同样因地制宜。随着奈飞业务遍布全球190多个国家和地区，奈飞提倡的"坦诚沟通"原则也遇到了不同地区文化背景的冲突，如日本、韩国等亚洲国家，在文化上不太容易接受负面反馈，导致员工们的坦诚沟通度远远低于美国本土的员工。面对这种情况，奈飞选择"因地制

宜"推广坦诚文化。例如，他们发现，要求日本员工在非正式场合向同事和上级提出及时的反馈不太可行。但是，如果将反馈纳入正式的议程，对他们进行指导并提供清晰的结构框架，这对注重组织的日本来说，反而可以获取更多有价值的反馈意见。

（三）通过情景设定，取消管控

架构了高效的人才团队、塑造了坦诚沟通的文化之后，下一步就是实施"情景管理"，逐步减少管控。

（1）取消限期休假制度。取消限期休假制度是指自己决定怎么放假、放多久。在没有相关制度的情况下，员工休假的长短在很大程度上取决于其领导和周围的同事。所以，如果真的要实现无期限的休假制度，必须从鼓励领导休长假开始，让他们做出表率，并且领导还应该花时间和团队成员沟通应该如何休假更合适。

（2）取消差旅和经费审批。奈飞采取事前情景设定、事后核实报销的制度，尽管在一定程度上，这样的制度会导致员工滥用自由，但是他们所要付出的代价比因为受到束缚而带来的损失小得多。

四、奈飞发展中遇到的问题及新探索

（一）奈飞发展中遇到的问题

1. 付费用户流失，企业发展遇阻

随着流媒体领域进入"存量时代"，家大业大的奈飞也面临着新的困境。无忧无虑的快速增长时代已经结束，作为流媒体巨头，奈飞过去几年在全球范围扩张中制作了大量的节目，内容成本一直占据高位，但是高额的内容成本并没有带来业绩的持续增长。随着全球新冠疫情大流行宣告结束，人们生活逐步恢复正常，疫情曾经给视频流媒体的"用户红利"逐渐减少，部分网民选择不再续费奈飞会员。在2022年，奈飞首次遭遇付费用户流失，全球付费用户流失达20万人，被亚马逊的全球3亿用户反超，以2.2亿用户位居全球第二。

2. 各路巨头入局，赛道竞争加剧

HBO、迪士尼等纷纷入局流媒体赛道，分别推出HBOMAX和Disncy+；亚马逊和苹果也分别推出自己的流媒体应用Prime Video、Apple TV+等。除此之外，北美传媒巨头也开始入局。例如，时代华纳收购HBO后，又与Discovery探索频道抱团取暖；亚马逊85亿收购米高梅；等等，这些势必瓜分奈飞在流媒体市场的大蛋糕。

3. 线上首发模式，形成与院线对立

2020年，原定于大年初一院线上映的《囧妈》，因为突如其来的全球新冠疫情，紧急宣布改为大年初一在抖音、今日头条、西瓜视频等字节跳动旗下App播

出。此举遭到了院线和电影人士的集体抵制，而这一事件也被称为"流媒体对传统影视行业发起的变革"。在美国，电影院线利益分配同样错综复杂，每部院线电影都要严格遵守90天的上映窗口期，之后才能在网络发行。在电影人眼里，好的电影在大银幕被看到，是电影的本分，也是电影的底线。但是，主打移动端的奈飞对院线则是置若罔闻，出品的电影都只在网络发行，不在院线上映，各大影院纷纷抨击奈飞，号称要将奈飞封杀。如果奈飞模式持续下去，会让院线走向灭亡，而线上流媒体并不拘谨的观影条件也会极大地伤害电影艺术。

4. 短视频爆发增长，长视频受冲击

短视频具有互动性、原创性、便捷性等特点，很好地适应了现代人的快节奏生活。如今，在互联网上，短视频快速占领用户市场，给长视频带来了不小的冲击。字节跳动旗下的Tiktok（抖音国际版）出海后在全球大受欢迎。此外，爱奇艺、腾讯、优酷三家巨头也在加紧出海步伐，这势必在一定程度上瓜分奈飞市场。

5. 依赖会费，收入模式单一

不同于迪士尼、HBO、亚马逊、苹果等巨头收入模式的多元，奈飞的收入模式过于依赖用户的订阅费用。对奈飞来说，流媒体就是其盈利工具，而对于其他巨头来说，流媒体只是引流的工具。例如，对苹果和亚马逊而言，它们依靠的是硬件和电商，而流媒体只不过是其吸引用户和留住用户的工具。

（二）奈飞的新探索

1. 广告付费模式

在微软技术的加持下，奈飞一改往日只做内容的态度，在2022年11月上线了含有广告的订阅套餐，在美国本土订阅费用为每月6.99美元，用户只需要每月支付6.99美元，就可以观看没有广告打扰的海量内容。奈飞希望通过这样的措施，在保持用户高质量内容体验的同时，建立广告+会员的可持续的付费模式，从而反哺更多优质内容。

一直坚持不在视频内容中加入广告、避免破坏观看体验的奈飞，在面临用户急速下滑的情况下还是妥协了。在视频流媒体赛道流量见顶、用户增长越来越难、各项成本不断增长的情况下，单纯依靠内容已经很难挣钱成为不争的事实，只有当平台有了更多的收入，才能创作出更多优质的内容。

2. 挖掘存量，进军游戏和动漫领域

无论是奈飞最早赖以生存的会员模式还是新开辟的广告模式，内容仍然是根本。奈飞不仅继续深耕影视内容，也开始在游戏和动漫领域进行双重布局。2021年11月奈飞大举进军游戏领域，奈飞的游戏不仅可供付费会员免费玩，并且游戏内不含广告。在动漫领域，奈飞在2015年进军日本市场，2017年在日本成立动画创意团队，2018年开始筹备"奈飞原创动画"。其游戏和动漫业务都是通过外部合作和内部自研逐步建立起自己的内容壁垒。

3. 与院线和解

面临好莱坞艺术家们的集体出走和来自院线的炮轰，奈飞选择了和北美三大院线进行和解。2022年11月，奈飞出品的电影《利刃出鞘2》先于流媒体在院线上映，则是奈飞对院线和电影人做出的让步。

五、结语

作为全球最大的流媒体平台，奈飞自1997年成立以来，始终将用户体验放在首位，坚持优质原创内容。为了应对不同时期的困境，顺应时代变化，先后进行了四次成功转型：①从在线租赁和邮寄DVD到网络流媒体播放；②从网络播放旧内容到合作外部制片公司创作新内容；③从外部合作到进军内容原创领域；④从美国本土走向世界，成为一家业务遍及全球190多个国家和地区的全球化公司。

2020—2022年，全球新冠疫情加速了流媒体的竞争进程，形成了以奈飞为首，亚马逊Prime Video、Disney+、HBOMAX、Hulu紧随其后，"一超多强"的局面。奈飞再一次站在了需要革新和颠覆的十字路口，如何持续输出优质内容，以及如何更好地营利，是奈飞需要解决的问题。虽然眼下奈飞面临着困境和竞争，但是正如马克·伦道夫在纪录片《奈飞对抗全世界》中说的："我相信在我们创业初期，保有的那种初心——'我们行业里最重要的事就是，提供大众喜爱的内容。'只要人们还在消费娱乐产品，世界就永远有奈飞一席之地。"

参考文献

［1］哈斯廷斯，迈耶. 不拘一格：网飞的自由与责任工作法［M］. 杨占，译. 北京：中信出版社，2021.

［2］投资小能手Jacky. 奈飞：永远走在时代前沿的颠覆者［DB/OL］. (2021-09-03). https://xueqiu.com/1225204713/196629314.

［3］影探. 天天提"网飞"，今天就带你看看什么是网飞［DB/OL］. (2020-06-17). https://zhuanlan.zhihu.com/p/148961507.

［4］真探. 左手广告，右手游戏，Netflix喘了口气［DB/OL］. (2022-10-19). https://36kr.com/p/1964037312883205.

（改编者：任以俊　殷亚丽）

思考题

1. 奈飞的发展历程中分别经历了哪几次颠覆性改革？
2. 奈飞的发展模式对我国流媒体发展有哪些参考意义？
3. 请你为奈飞现今遇到的问题出谋划策。

艺术产业篇

案例1 >>>

惊梦·寻梦·圆梦[*]
——从青春版《牡丹亭》看文化的创意与传承

21世纪初,世界戏剧舞台上有一朵奇葩格外耀眼,它让中国的古老昆曲艺术重焕生机,在世界舞台上绽放异彩,这就是白先勇的青春版昆曲《牡丹亭》。该剧于2004年4月完成并重新排演,之后巡演于中国内地(大陆)、香港、台湾,以及美国,已成功上演200余场,在海内外戏曲界及文化界引起了较大反响,其校园巡演活动更是场场爆满,青年学子赞誉如潮,以至于被誉为文化界"青春版《牡丹亭》现象"。

一、看戏:青春版"牡丹亭"现象

昆曲是具有六七百年历史的古老剧种。"流丽悠远,出乎三腔之上"的昆山腔,简称昆腔,它始于元代末年的昆山,是南曲的一个支派。清代以来被称为"昆曲",现又被称为"昆剧"。昆曲是我国传统戏曲中最古老的剧种之一,也是我国传统文化艺术特别是戏曲艺术中的珍品,被称为百花园中的一朵"兰花"。昆曲于2001年5月18日被联合国教科文组织授予"人类口述遗产和非物质遗产代表作"称号,2006年5月20日,经国务院批准被列入第一批国家级非物质文化遗产名录。近年来,保护和延续昆曲的呼声越来越强烈,众多昆曲剧目陆续被搬上舞台,白先勇的青春版《牡丹亭》便是其中之一。

《牡丹亭》是明朝剧作家汤显祖的代表作品,通过思春伤逝又还魂人间的杜丽娘与梦中幽会的情郎柳梦梅终成眷属的故事,寄托了作者对美的追求和对爱情的独特阐释。

2004年4月,由白先勇策划的青春版昆曲《牡丹亭》在台北首演。9000张戏票在演前几天就被抢购一空,而且几乎一半的观众都是30岁以下的青年人,

---

[*] 本案例改编自汪世瑜《文化的创意与传承》,《创意起底:文化创意产业先锋思维解码》,中国国际广播出版社2009年版。

并有美国、澳大利亚的侨民不远万里前来观赏。《联合报》也破例头版头条刊登首演消息。青春版《牡丹亭》的成功上演成为当年我国台湾的轰动性文化事件。

2004年5月，青春版《牡丹亭》在香港沙田大会堂上演，引起轰动。年轻人观后反响热烈。2004年6月，青春版《牡丹亭》在内地首演，苏州大学存菊堂内2000个票位开演前已是一票难求，开演后涌入2500多人，连过道上都挤满了人，演出结束后，一大群学生涌上前台，要求和演员们合影。这种被众粉丝前呼后拥争相寻求签名的热闹场面，通常情况下只在当红影视歌坛明星的新闻发布会上方能见到。

2006年，青春版《牡丹亭》剧组走出了国门，在美国加州连续演出了12场，创造了中国戏曲史上新的奇迹。华裔和非华裔观众都看得如痴如醉。在加州大学伯克利分校演出时，非华裔的观众占四成。新闻拍摄的照片显示，有观众在演出结束后站起来鼓掌20分钟尚不停歇。在美国圣塔芭芭拉市演出时，市长Marty Blum宣布10月3—8日为全市的"《牡丹亭》周"。

"在路培劳剧场看了50年的戏，从来没有看过这么好的演出，观众起立喝彩，长达如此之久。"① 一名美国观众在圣塔芭芭拉培劳戏院观看完青春版《牡丹亭》后这样感叹。"如果说，《十五贯》是一出戏救活了一个剧种，青春版《牡丹亭》则是一出戏普及了一个剧种。"② 评论者在文章中这样引申。

"现在世界上只有两种人，一种是看过青春版《牡丹亭》的，一种是没看过的。"北京大学学子在百年纪念堂看完青春版《牡丹亭》演出后，在网上这样诠释高校学生对青春版《牡丹亭》的喜爱和赞誉。

青春版《牡丹亭》的高校巡演活动也在大学生中产生了巨大的轰动与影响，成为媒体、学界、观众热烈讨论的话题，所谓"青春版《牡丹亭》现象"正由此而来。这一现象至少有三个特点：

（1）青春版《牡丹亭》无论是社会演出还是校园演出，都轰动一时。

（2）青春版《牡丹亭》所体现的传统美学，不仅被社会一般观众所接受，也得到了高文化素质的知识阶层特别是当代大学生的欣赏和认同。

（3）青春版《牡丹亭》的每次演出，都激起所在地文化界对复兴和弘扬中华优秀文化传统的思考和探讨。与演出连着的座谈、研究或演讲，都吸引了新闻媒体的广泛关注。既有新闻媒体的热评，又有学术的深入探讨。台北首演前，台湾"中央研究院"文哲所及台湾大学文学院共同主办了一场"汤显祖与《牡丹亭》"的国际学术研讨会。在北京大学演出前，北大举办了集境内外昆曲专家50余人的大型学术研讨会。复旦大学百年校庆当天，学校主体建筑32层的光华大楼落成启用，楼内光华大厅第一位讲演的贵宾就是白先勇，讲演的主题即是青春

---

① 吴新雷、白先勇：《中国和美国：全球化时代昆曲的发展》，载《文艺研究》2007年第3期。
② 朱栋霖：《论"青春版〈牡丹亭〉现象"》，载《文学评论》2006年第6期。

版《牡丹亭》。演出所激起的对复兴和弘扬中华优秀文化的探讨和思考，其影响比演出本身更为深远。

在当今快餐文化大行其道的氛围中，一场古典的戏剧演出，为什么能造成一种文化现象呢？此中无疑有着多种重要因素在起作用，汤显祖《牡丹亭》本身所潜藏的艺术魅力，将《牡丹亭》打造成正宗昆曲艺术精品的编、导、演、舞、美、乐，编创人员的共同努力，以及潜藏于年轻观众心中的对于民族传统美学了解的渴望，等等。对这一文化现象的精确解读，对现代化进程中的中国传统艺术走出当下传承困境应当有启示价值。

二、评戏：青春版《牡丹亭》的成功探秘

青春版《牡丹亭》在北京创造了百场演出的纪录，而且场场爆满、一票难求，至此，这部红遍海峡两岸，甚至影响直达太平洋彼岸的"全本昆曲"终于实现了它既定的目标。

（一）活态传承：现代思维使古老艺术重获青春

青春版《牡丹亭》的成功演出，为中国传统戏曲在当下发展提供了启示。坚持以传统为本位的原则，尊重古典而不因循古典，利用现代而不滥用现代，是青春版《牡丹亭》最重要的特色。它在全面占有和发掘原著艺术资源的基础上，以遵循昆曲艺术精神与表现特色为前提，有效融入现代舞台元素，创造出一条传播昆曲艺术、弘扬中华传统文化的新道路。

1. 剧本的改编

首先是主题的选择。《牡丹亭》是汤显祖的至情之作，在《作者题词》中就宣示道："情不知所起，一往而深。生者可以死，死可以生。"青春版《牡丹亭》凸显青春爱情主线，弱化原著抗金一线，体现了对作者主题思想的回归与彰显，作为全剧主线的爱情进展也符合青年观众的期待视野。爱情是青年人最为关心的一个话题，青春版《牡丹亭》关注的焦点不再是近代以来所一直强调的对封建礼教压抑人性的批判，而是对青春爱情的开掘、呈现与赞美。青春版《牡丹亭》立足于青年，在整编过程中标榜青春，以情立意，突出柳杜的爱情，同时采用青年演员扮演，塑造了中国的"罗密欧与朱丽叶"，在改编中也不同于以往重"杜"轻"柳"的形象塑造。导演汪世瑜阐述以"加强柳梦梅的戏份以与杜丽娘对应"为原则对人物进行建构，使得爱情成为两个人的事，更符合现代观众对爱情的理解，也迎合了"男子看杜，女子看柳"的审美心理。更为重要的是，青春版《牡丹亭》所表现出的柳杜二人对爱情的执着追求与守护，以及在为实现爱情理想的现实中所体现出的无畏无悔的奉献、全心全意的付出精神，使观众如同经历了一次爱的洗礼，对青年观众如何对待爱情具有积极的引导作用，实现了古典与当代的对接。

其次是情节的建构。从《牡丹亭》几十年来历演的情况来看，以《学堂》《游园惊梦》《寻梦》《拾画叫画》等折子戏为主。这些戏中，名家的声腔、身段或一个感情高潮往往成为关注的焦点，如此很难把握到《牡丹亭》的整体意韵，对于全本"情至"的三个层面——"梦中情""人鬼情""世间情"，则也只能窥其一二，全剧的"姹紫嫣红"不能尽现于人前，令人遗憾。对于不熟悉原著情节的青年观众来说，整编全剧就更为必要。青春版《牡丹亭》在表现柳杜二人爱情的同时为我们呈现了一个充满爱与真情的世界：丽娘父母的爱子之情，丽娘与春香、柳梦梅与郭驼之间名为主仆，实则姐妹、父子般的真情，以及杨婆与李全嬉笑戏谑间的爱情，热心肠的石道姑拥护爱情的温情，等等，都给观众带来了温馨与感动。近年来，快节奏的社会环境与日益发达的通信技术使得人们之间的接触越来越多，但感情交流却越来越少。感情的缺失使得情感类影视、节目纷纷出炉，然而感情却成为商业利益的产物，被商业化、奇观化。充斥在荧屏上的感情多为煽情以至滥情、奇情以至畸情，以此博得观众的关注，甚至为了达到戏剧效果，感情被刻意制造、离间。从这一点来看，《牡丹亭》中的真情带来的至纯至爱之感就更加可贵。如果说柳杜二人的爱情是不可多得的爱情神话，那么环绕在二人周围平实、真挚的感情则是我们每个人都能体会到的，它以真情换真心，让我们重新审视自己周围的世界，用自己的真情回报他人的关爱。

最后是抒情性与戏剧性的结合。一件艺术作品将对欣赏者产生怎样的影响，在很大程度上取决于作品本身与欣赏观众两个方面，这就决定了改编要从戏曲特性、文本内容以及青年观众的欣赏心理等方面对文本进行再整合。面对现代青年观众对戏剧性的偏好以及对节奏的要求，以抒情为重的古典戏曲在文本整编上需要重新整合抒情性与戏剧性之间的关系，在保持抒情性特质的基础上适度强化戏剧性。

青春版《牡丹亭》在改编中以"保留原著文采与折子戏的精华，但删掉并调换场次以利于情节推演"的原则来处理抒情性与戏剧性之间的关系。在整编中，从观众的接受心理出发安排设置文武场、冷热场，同时，采取以柳杜爱情为主线、穿插多条副线的方式共同推进情节的发展，如以杜宝抗金交代环境背景、通过李全杨婆的笑闹营造轻松谐趣的氛围等。柳杜双线并行的设置使得抒情性与戏剧性得到了充分体现，囿于闺阁的丽娘把对爱情的渴求表现为绵绵情意，而游走于外部世界的柳梦梅身上则处处是"戏"，对柳线的加强更有利于塑造富有戏剧冲突的情境。下本中表现柳梦梅与杜宝冲突的《硬拷》不仅营造了紧张冲突的氛围，也为最后高潮的结局做了很好的铺垫。同时，全剧并不满足于青年观众对戏剧性的要求，以抒情为中心，以至纯至美的真情打动观众，让青年观众潜移默化之中感受到戏曲艺术之美，以获得多方面的认同。

2. 演员的选择

青春版《牡丹亭》可谓以"偶像剧"的标准挑选演员，无论是杜丽娘的扮演者沈丰英，还是柳梦梅的扮演者俞玖林，甚至饰演春香的沈国芳，每个人的出场都让人眼前一亮。三位演员不仅正值花样年华，而且形、貌、唱、做俱佳，沈丰英的娇柔、俞玖林的俊雅、沈国芳的小巧可人都犹如从书中走出一般，与原著中人物的气质非常接近，即使没有读过《牡丹亭》原著的人也会被他们的个人魅力所征服，这就是白先勇希望昆曲走近年轻人的法宝之一。

如果要细品丽娘之美，首先应是眉目含情之美。礼教森严的杜太守百般严苛教导出的女儿，举手投足、张口闭口间须得极尽大家闺秀的风范，而丽娘情深如此，这扇心灵的窗户，挡也挡不住满眼的情。有热心观众还细细看了丽娘的剧照，丽娘在每一次和柳生的对视中，她均止不住深情。丽娘之美，其次在于声音之美。其声音柔若无骨，千回百转，恰如丝丝袅袅的烟，生生听出了几许缠绵。

3. 舞台的设计

《牡丹亭》的舞台极尽简约写意之美，舞台的颜色是中性的灰色，几级台阶和坡度延伸了舞台空间，一张巨大的背幕通过画片的变化完成空间转换，画片也都是非常抽象、淡雅的，尽量避免干扰人们的注意力，在这样一个现代舞台上，戏曲本身的生命毫无保留地焕发出来。

《牡丹亭》的舞台十分古典、写意。尤其是在《惊梦》和《离魂》两出中，花神的出场很经典。《惊梦》一出，10位花神分作两路，莲步轻移，裙裾生风，裙摆若水波般灵动，披风随之飘飘扬扬，又有激情壮美的音乐响起，不禁令人惊叹一句"神仙姐姐"。《离魂》一场戏，杜丽娘在花神的簇拥之下，身披曳地的红色大斗篷，慢慢走向舞台深处。在渐行渐远的杜丽娘手拈一枝梅花蓦然回眸之际，音乐响，黑幕之上一束亮光，摄人心魄。

4. 服饰的演绎

戏剧服饰是戏剧舞台形象塑造的重要手段。西方戏剧运用写实的手法，通过服饰的个性化差异凸显戏剧人物的独特个性；中国戏曲采用写意的方式，通过服饰的行当规制塑造类型化的舞台形象。昆曲服饰具有严格的程式性，向有"宁穿破不穿错"的守则。白先勇先生率众打造的昆曲青春版《牡丹亭》，在保持戏曲传统服饰基本面貌的同时，拓展了戏曲服饰的艺术功能，更新了戏曲服饰的设计理念，体现了戏曲服饰新的美感。该剧的成功既为戏曲服饰服务现代舞台提供了新思路，又为昆曲的现代传承提供了重要范例。

对昆曲的华服之美，在戏曲中比较常见，但在以武戏为主的剧目里，这种飘逸的长衫、缠绵的水袖终归显得少而单调了些。昆曲是一门绾结了太多江南之美的艺术，苏绣便是其中重要的色彩。无论是十几个花神身披绝无重复的霞帔，还是春香那件翠绿色的小罗裙，上面的绣花都繁复眩目；即便是柳梦梅每一套服装的冠带上都是不相同的梅花、桃花，都能一眼看出创作者处处精心的雕琢。最惊艳的当数《冥誓》一出，二人淡青浅绿的服饰配合得恰到飘逸，也恰到熨帖。还有那些巧夺天工的苏州刺绣，或浓艳或秀雅的牡丹、杜鹃、梅花、百合、墨兰等，栩栩落在柔白细软的丝质绣服上，绮丽而古雅。

(二) 大师护航：文化精英联手打造正宗昆曲艺术精品

1. 白先勇圆"文化复兴"之梦

白先勇是杰出的小说家、艺术家，也是一位怀有振兴中华传统文化使命感的中国人。他身居异国，有着强烈的文化乡愁，同时又有着强烈的民族文化自豪感。他常说，"中国要向西方学习，学习他们好的东西；但是不要忘记，我们民族有五千年的文明史，有着优秀的文化传统。优秀的文化传统要继承，要发扬，不能忽视，更不能抛弃"。1988年，白先勇访问大陆，他说："我有一种期望，到了21世纪，是不是来一次文化复兴？现在还有十多年可做准备……21世纪的文化复兴，应该是欧洲式的文艺复兴，重新发现中国古代文化的作用……"[①]

21世纪，弘扬中华民族的优秀文化传统，已经成为我们建立文化自信的基础，中国文化人从不同的学科、以各种不同的方式开始探讨、研究、阐发中国传统文化，大环境成熟了，大气候也正在形成中。这时候，准备已久的白先勇开始了大动作，开始了他所期望的文化复兴工程。青春版《牡丹亭》的制作，实际上是在这样一个宏大的目标指导下进行的。对白先勇来说，青春版《牡丹亭》的制作和演出，必须是完美的美的呈现，这是他为实现文化复兴工程目标必须坚持的原则和追求。白先勇筹集"巨额"资金，汇集海峡两岸和香港的文化精英，一出手就是大制作。这个大制作的创作群体——编、导、演、舞、乐、美的创作，成功地体现了白先勇的原则和追求，达成了"白先勇共识"。

(1) 根据呈现全貌的精神、保持剧情基本完整的要求改编剧本。白先勇亲自参与剧本改编，恰当地处理了继承与创造的问题。他们把汤显祖55折的《牡丹亭》删减并调整成27折，分上、中、下三本，3天连演，呈现了《牡丹亭》的全貌。

(2) 以青春版为号召，坚持青春传承。《牡丹亭》是一曲青春爱情的颂歌，是以爱唤回青春和生命的颂歌，所以必须要以青年演员来体现它的青春气息，以青春和爱情的美来吸引青年观众，培养新的观众。这方面，白先勇真的下了很大的功夫。他选择了苏昆的"小兰花班"，又亲自选定了年方20多岁的俞玖林和沈丰英来主演柳梦梅和杜丽娘这两个角色。他亲自出马，聘请江浙两省昆剧团的"巾生魁首"汪世瑜和"旦角祭酒"张继青以及其他师傅对他们进行打磨，从魔鬼训练开始，教他们做戏做人。沈丰英、俞玖林流汗、流泪地训练，终于得到了传承。

(3) 恰当地处理了传统与现代的关系。白先勇是处理这一关系的高手。在青春版《牡丹亭》中，他确定"传统为体，现代为用"的原则，使《牡丹亭》

[①] 白先勇：《游园惊梦——小说与戏剧》，香港华汉文化事业公司1988年版。

既保持了抽象、写意、抒情、诗化的特点，又恰当地融入现代剧场的概念，以适应现代观众特别是青年观众的视觉要求。青春版《牡丹亭》在服装、道具、舞台设计、花神的舞蹈、灯光以及导演在时空调度等方面，都不露痕迹地融进了现代意识。如《离魂》一折中，当杜丽娘诀别母亲魂归地府时，她在花神的护持下，披着长长的红披风向舞台深处走去的处理，就强化了杜丽娘"月落重生灯再红""不信青春唤不回"的象征意义，应该说这是既古典又现代的手法。

（4）注重演出效应。每一轮演出前，伴随着新闻发布会而来的就是白先勇接受新闻媒体的采访和组织他的讲演。为昭告天下人来共襄盛举，他投之以巨大的热情。同时，为了保证演出的完美，他对所演舞台的条件、演员的住宿和生活条件等都很关心。白先勇不仅筹集资金投入青春版《牡丹亭》的制作，同时他还"托钵化缘"来支撑演出。他在接受中央电视台《艺术人生》节目专访时说："我这个人很怕谈钱，说到钱舌头就打结，但是为了青春版《牡丹亭》，我托钵化缘，动用了所有的亲戚朋友的人脉资源！"

白先勇运用自己的聪明才智，投入巨大的热情，动用他所有的人脉资源来支持青春版《牡丹亭》的制作和演出，为的就是要唤回传统文化的青春，为的就是"不信青春唤不回"！

2. 中国大陆昆剧精英汇聚一堂

作为引领者，白先勇还把对昆曲乃至中国文化传承有热情的各路英豪汇聚在一起，共同完成昆曲的继承和发展。

为了保证演出质量，白先勇力邀中国大陆昆剧名家参与全剧的创作：江苏省苏州昆剧院院长蔡少华担任总制作人；浙江京昆艺术剧院原院长、著名昆剧表演艺术家、国家一级演员、第三届中国戏剧梅花奖得主汪世瑜担任总导演和艺术指导。汪世瑜享有"昆曲巾生魁首"之盛誉，俞玖林正是他门下的弟子。他还邀请江苏省昆剧院荣誉院长、著名昆剧表演艺术家、国家一级演员、第一届中国戏剧梅花奖得主张继青担任艺术指导。张继青因"惊梦""寻梦""痴梦"的出色表演而被誉为"张三梦"。

此外，还有江浙昆剧界的众多大师，比如担任导演的浙江省京剧团团长、浙江省政协艺术团副团长、国家一级演员翁国生，担任导演助理/舞蹈设计的马佩玲，担任唱腔指导的南昆资深演员、工老生的姚继焜，担任音乐总监的江苏省苏州昆剧院国家一级作曲、苏州市音乐家协会主席周友良，等等。

没有文人的参与，昆曲会枯萎。如果那些最具有文化创造力的人群远离昆曲，昆曲就很难得到传承和发展。剧组还邀请了众多文化大家，为演出融入了深厚的文化底蕴，王蒙、许倬云、余秋雨等都来苏州昆剧院给演员上过课。

大师们是演出质量的保证和标志。只有让年轻人真正有机会看到原汁原味的昆曲，才能了解这种艺术的精粹所在。有了这些大师的"护航"，看戏的大学生们才能在被艺术感动的同时也被巨星身上的巨大磁场吸引，慷慨地挥洒出自己的热情。

3. 国际水准的幕后制作团队

在幕后制作方面，白先勇青春版《牡丹亭》打造了一支拥有国际水准的梦幻团队。剧组请来了台湾著名电影导演王童担任服装和美术设计——据说花神服装上的图案都是他用画笔一笔一笔地画上去的。王童导演的影片有14部，其中《假如我是真的》《稻草人》《无言的山丘》均获得了台湾最佳影片金马奖及其他国际影展奖项。看过青春版《牡丹亭》的观众无不对剧中人的服装印象深刻。

《牡丹亭》的舞台极尽简约写意之美，在这样一个现代的舞台上，戏曲本身的生命毫无保留地焕发出来。这都归功于台湾著名舞美设计师王孟超，他的舞台设计代表作包括大名鼎鼎的云门舞集的《行草贰》《烟》《竹梦》《水月》《流浪者之歌》等作品。另外，灯光也尽显现代感。负责灯光的是来自台湾、曾参与多部跨国演出设计工作的黄祖延，其作品包括多媒体演奏会《谭盾与卧虎藏龙》、汇川剧场《飞白》《逐墨》、身声演绎剧场《光音》及韩国艺术节跨国艺术家联演 WAHYU 等。

青春版《牡丹亭》那些绚烂的图片、海报也是吸引观众的一个亮点，在北京众多高校张贴的那幅宣传海报撩动了很多人的心扉，这归功于白先勇先生专门从台湾挑选的青春版《牡丹亭》专职摄影师许培鸿。每一个细节都不放过，这正是青春版《牡丹亭》的成功所在。

过去排一出戏，是封闭的，是一个小圈子中的事，不为院团院墙外的人所知，不可能产生很大的社会影响，这就需要传统艺术创作在创作机制上放开。打破院团的局限，无论是苏州昆剧院的演员、上海昆剧团的艺术家，还是别的昆剧院团的好角儿，只要对舞台呈现有利，就与之合作。打破旧的用人机制，采取拍电影、电视剧常用的剧组制，用企业化的方式运作，根据合同明确责权，谋求双赢。苏州昆剧院与白先勇合作的青春版《牡丹亭》，在公众中影响很大。借着这股东风，青春版《牡丹亭》很快走出国门，与日本歌舞伎演员合作，推出坂东玉三郎版《牡丹亭》。昆曲创作需要开放思维，青春版《牡丹亭》的走红和坂东玉三郎版在日本的叫座，都可以说明这种理念的重要。

（三）营销创新：宣传攻势架起戏—众沟通桥梁

"酒好不怕巷子深"的时代已远去，青春版《牡丹亭》如此风靡，与策划、制作、推广班底的策略和努力分不开，它亦是一个成功的戏剧传播案例。

1. 名人/品牌效应

由名人介入产生名人/品牌效应是青春版《牡丹亭》的第一张牌。作为著名作家和国民党前高级将领白崇禧之子的白先勇先生本身就是一大亮点，不少观众就是冲他而去的。白先勇已负盛名，人们不会怀疑他借此沽名钓誉，多年来他亦自称"昆曲义工"，并为昆剧做了许多实事。大家相信这次他是为振兴昆剧和中华文化做一件大事，能参与其中对每个人来说都意义非凡。

这个效应的反应就是引来各路名家加入这一团队。昆剧名生汪世瑜、名旦张继青出马调教让表演有了保证，舞台设计师林克华、服装设计王童、舞蹈表演艺术家吴素君等台湾著名艺术家的加入使《牡丹亭》有了打造精品的底气，更多人愿意为之添砖加瓦。青春版《牡丹亭》从个人梦想演变成社会事件并走上了持续发展之路，如后来的校园巡演由何鸿毅家族基金全程赞助。

名人效应在广告界屡见不鲜，多年来媒体的发展和影响力也教会了人们辨别真伪，名人效应并不一定有积极的作用，有的还适得其反。戏曲繁荣的时代，每一代演员都有他们的"角儿"，观众有自己的偶像，名角中不难选出有一定市场号召力的，但这个时代戏曲近乎"博物馆"艺术，没有一个演员称得上有广泛的群众基础。白先勇是传统的，家学渊源使他对古典艺术不会产生隔离；他也是现代的，其小说创作大量借用西方现代主义手法。白先勇是中国的，在异乡仍然写着台北人；他也是世界的，一生颠沛流离，生活和作品都有着共通的乡愁或无根之渺茫。青春版《牡丹亭》台北首演现场，白先勇身着红色唐装谢幕，他才是青春版《牡丹亭》最大的亮点。

2. 偶像制造

"眼球经济"时代，从青春版《牡丹亭》受普通青年观众喜欢的角度而言，它与"超级女声""梦想中国"并无根本不同。后两者要的是个性，《牡丹亭》打的是亮丽。传统戏曲都讲究功底，一个好的戏苗子先要练上七八年基本功，再把行当内的剧目全部熟悉一遍，从中挑出适合自己的剧目磨炼，自然少不了做角儿的跟班、跑龙套，旦角张继青走的就是这条路，挑大梁时，艺术上确实练到上乘火候，但生理上已近青春尾声或步入中年，这样的演员固然是实力派，但少了稚拙之美。

青春版《牡丹亭》走的是偶像路线。从白先勇2002年10月香港举办昆曲讲座萌生用年轻演员演昆曲的想法，到2004年4月台北首演，两年内准备工作包括选演员、磨剧本、设计唱腔、身段以及舞美、灯光配合等。纵是"魔鬼训练"，演员的演技毕竟不够扎实，尤其扮演杜丽娘的沈丰英演技略显生疏，但观众喜欢，年轻观众虽不明唱腔板眼、身法程式，但能体味直观的视听效果。音乐上用传统笛、笙加上大量大提琴、古筝等演奏，请来芭蕾舞老师教旦角练习开胸、开肩，一定程度上改变传统昆曲含胸内敛的习惯，这些都是为了增加现代感，拉近与年轻观众的距离。由于各种原因，能领略传统戏曲精妙的年轻人太少，青春版《牡丹亭》通过戏曲内外元素的组合打动了年轻人的心，甚至有人成为俞玖林、沈丰英的粉丝，进而热心昆曲、戏曲。

对青春版《牡丹亭》及白先勇来说，制造偶像是为了打通经典之路，把握"偶像化"的度很重要，陷入媚俗对一门一直以来以高雅著称的艺术无疑是灭顶之灾。同时，戏曲演员也非营销的灵丹妙药，"注意力经济"下，奇招不容重复，至少青春版《牡丹亭》之后的青春版《桃花扇》反响就一般。

3. 国际化包装

青春版《牡丹亭》的制作班底大都有国际化背景，曾在海外留学或工作，熟悉好莱坞、百老汇。青春版《牡丹亭》正是以百老汇商业戏剧的方式包装传统戏曲，编排上采用类似好莱坞的文化策略，尽量减少与不同年龄、不同文化背景下观众之间的文化隔阂，让一门"遗产艺术"尽可能多地得到大家的喜爱。

线索明晰、情节紧凑、人物丰富——这是多数观众从青春版《牡丹亭》得出的印象，这个印象其实不是欣赏中国戏曲应该得到的。"以歌舞演故事"，歌舞是戏曲的主体，故事则早已为人耳熟能详，观众品味的是此演员在演绎这出戏时的唱腔、身法、步法，演员若能表现出独特韵味则誉为优秀。青春版《牡丹亭》向熟悉好莱坞商业电影而对戏曲极其隔膜的一代作了妥协，高潮迭起的故事才能让年轻人坐下来，因此前文所写观众得出的印象不是戏曲的，而是为满足多年来接受以新文艺西洋文艺为主的教育、深谙商业电影模式的观众的看戏期待而有意为之。青春版《牡丹亭》在华人文化圈之外也受到欢迎，更加说明了这种变化的必要性，因为这种传播方式比传统样式更能让他们直观领略戏曲之美。虽然少数人苛责青春版《牡丹亭》是"以故事演歌舞""以音乐剧方式演传统戏曲"，但在琳琅满目的娱乐选择的当下恐怕除了采取此法别无他途。

青春版《牡丹亭》在服装、舞台设计、灯光等多方面都打破了传统，努力造就视觉盛宴。如旦角服装一改宽袍大袖、中正和平的传统，突出了腰身，有了性感的意味。服装色系为淡粉、鹅黄、粉紫、淡青、浅绿、纯白、粉嫩等。演员出场，观众便意外地发现人物形象有时尚感。杜丽娘的清新淡雅，柳梦梅的书生气质，春香的青春活泼……服饰不仅漂亮，而且贴切了人物的性格。青春版《牡丹亭》的舞美灯光吸收了话剧、音乐剧的元素，布景简约但有变化。经常就只是简单的几幅字画，从高高的舞台上悬挂着，但气氛与意境却立刻显现出来了，极尽简约写意之美。画片也都是非常抽象、淡雅的，尽量不去干扰人们的注意力，在这样一个现代的舞台上，戏曲本身的生命毫无保留地焕发出来。灯光，在传统戏曲里是根本不会考虑的表现手段，但青春版《牡丹亭》采用了现代舞台的灯光美术，只照亮正在进行演出的区域，周围保持昏暗，灯光变化与布景结合制造不同的场景，场间转换不是用传统的二道幕，而是切光换场，还运用了追光、定点光等。青春版《牡丹亭》就是这样将当代、国际化的舞台艺术嫁接到古老的剧种上，使《牡丹亭》能从400年前一梦到今宵。

4. 传播渠道的多方综合运用

"传媒虽然不能决定人们怎样想，却能决定人们想什么。"① 经典传播学的议

---

① ［美］赛佛林、坦卡德：《传播理论：起源、方法与应用》，郭镇之等译，华夏出版社2001年版，第263页。

题设置理论形象地揭示了现代社会中传媒的重要性。传统的戏曲传播主要是依靠舞台演出及文本发行来实现的。而在今天这个媒介信息时代，单靠舞台演出及文本发行，已难以有效地吸引大众，唯有借助多方媒介力量，综合运用多种传播形式，拓展传播渠道，以唤起一定的注意力。青春版《牡丹亭》在传播过程中显然是深谙此理的，在传播形式和传播渠道的运用和拓展方面做了积极而有益的尝试。

（1）积极利用海报招贴宣传和营造气氛。海报招贴作为视觉传播的平面媒介，经过设计者的精心设计，其图文并茂的编排组织能够突出表现主题而达到传播信息或其他视觉美的要求，进而树立产品（节目）的良好形象，促进消费。尤其像戏曲类型的传统表演艺术，青年消费者的某些需求可能是处于潜在状态的，若不对其进行刺激，就难以使之产生消费行动。青春版《牡丹亭》在传播过程中充分利用了海报招贴的信息传播功能，在各地演出前，首先在演出场所周边和人流众多的场合密集地设置大型海报招贴，青春俊俏而又温情脉脉的生旦肖像，桃花人面，风姿绰约，以及若有若无的裙带飘动、碎步轻移，配以潇洒遒劲的"牡丹亭"字样，再附以在中国内地（大陆）、香港、台湾及海外演出大事记，亮丽的色彩映射，生动优美的造型，人群中心区的密集呈现，既易引起注意，也易于记忆而形成牢固印象，尤其是在今天这样一个追求感官化的娱乐消费时代，这些富有青春气息的宣传海报是具有较大感召力的，能够有力地吸引大众走进剧场。

（2）重视专题讲座的预热宣传和引导。专题讲座虽然使用范围非常有限，但在将《牡丹亭》的思想及艺术价值这种具有一定专业学术倾向的信息内容，从高次元向大众传播、呈现，以实现文化普及、知识交流等目的，学术讲座因其特殊的人际传播特征，具有较大的渗透性和普及性，能够使大众传播渠道难以表达的艰深的专业信息得以有效传播。青春版《牡丹亭》在各地演出前，常借助白先勇本人或各高校中文系资深教授做专题讲演，以加强公众对昆曲和《牡丹亭》的了解。例如，北京大学吴小如教授的《〈牡丹亭〉与中国戏曲》、南京大学王健教授的《人文教育与名剧进校》、北京昆曲研习社朱复先生的《谈谈昆曲〈牡丹亭〉的欣赏兼及青春版〈牡丹亭〉的得失》等，这些专题讲座一方面普及了《牡丹亭》以及相关的戏曲文化知识，另一方面也为青春版《牡丹亭》在该地的节目演出做足了预热宣传，这也足见其前期宣传策划之匠心。

（3）借助新闻发布会的组织传播功效积极造势。新闻发布会实质上就是一个信息传输的枢纽。借助新闻发布会，将昆曲特点、剧作创作理念、节目看点、主创人员情况等传达给受众。通过新闻发布会争取媒体的支持获得了大众传播工具的使用，并通过众多媒体的合力传播，构筑起一个全方位覆盖公众的传播网，这可以使青春版《牡丹亭》的相关剧目信息迅速有效地社会化，大大加强这些信息的影响力。仅以在美国演出为例，2006年9月19日剧组抵达美国南加州以后，先后在尔湾和洛杉矶等地社区举办了见面会。"这一系列活动引起了主流媒体的关注，美国三大电视网之一的哥伦比亚广播公司（CBS），特地为苏昆向全美发播了录像的电视新闻。从东海岸的《纽约时报》到西海岸的《旧金山纪事报》和《洛杉矶时报》，也都纷纷做了关于昆曲的报道，有了这三大报业集团带头，其他报刊也就跟上来了"①。可见，通过新闻发布会，青春版《牡丹亭》剧组得以便捷地借助大众传媒的力量强化和放大了剧目信息，使信息从新闻发布会迅速传播到它的最终信宿——社会公众。

（4）开展学术研讨会以提升文化品位。学术研讨会作为一种专业而且具有问题前瞻性的学术交流活动，本身具有文化品性的象征意义，既彰显所讨论话题的学术价值和社会意义，也象征着该话题具有精英文化的属性。青春版《牡丹亭》在努力走向社会大众时，又在各种学术研讨会的推波助澜中提升了文化品位。2005年7月，苏州大学联合北京大学、南京大学、南开大学、北京师范大学、复旦大学、同济大学、浙江大学七所名校以及中国戏剧家协会、中国艺术研究院戏曲研究所、中国社会科学院文学研究所、台湾"中央研究院"文哲所等学府院所的知名学者，召开了"青春版《牡丹亭》研讨会"。2006年4月，中国艺术研究院举办了"昆曲青春版《牡丹亭》文化现象专家研讨会"。9月巡演于美国西海岸时，在加州大学伯克利分校召开的"《牡丹亭》及其社会氛围：从明至今昆曲的时代内涵与文化展示研讨会"，引起了美国大众关注昆曲和中华文化的热潮。香港大学随之推出了全球首个"昆曲研究发展中心筹备计划"，欲与中国艺术研究院等单位联合举办昆曲国际研讨会等活动。显然，这些专题研讨会的举办，既表征了昆曲作为高雅文化代表的文化属性，又提升了青春版《牡丹亭》的文化价值和社会"能见度"。这场以青春版《牡丹亭》演出为发端的戏曲表演活动，逐渐扩大到学术界、理论界，并被学者提升为"21世纪中华'文艺复兴'的先兆"。②

三、观戏：传统表演艺术如何实现市场化

（一）关键词一：培育观众"非一日之功"

传统表演艺术传承和负载着传统文化，传统文化是传统表演艺术赖以生存和发展的根基。对城市居民而言，传统表演艺术（如戏曲、戏剧、曲艺、古典音乐、古典舞蹈和木偶剧等）没有太大的吸引力。半个多世纪以来，我国社会发展较快，人们的文化观念也随之发生了很大的变化。就传统的戏剧、戏曲和曲艺而言，颂扬的大多是忠君报国、行侠仗义行为，题材主要是历史名人的逸闻趣事，

---

① 吴新雷、白先勇：《中国和美国：全球化时代昆曲的发展》，载《文艺研究》2007年第3期。
② 白先勇：《圆梦——白先勇与青春版〈牡丹亭〉》，花城出版社2006年版，第3页。

这些与现代生活、当代文化潮流相去甚远，当代人尤其是青年人很难从中感受到艺术的魅力。

观众多寡、消费市场大小是衡量艺术发展程度的一个重要指标。作为我国文化事业的重要组成部分，传统表演艺术的繁荣程度可以通过观众人数和市场空间反映出来。观众/听众少、消费市场小必然会导致传统表演艺术陷入一个恶性循环的怪圈：观众/听众少、消费市场小—经费不足—技术设备落后、后备人员缺乏—剧目创新缓慢—观众/听众减少、消费市场变小。要打破这种恶性循环的怪圈，传统表演艺术需要寻找一个合适的突破口——消费市场，具体地说，就是培育潜在的消费者及通过走向市场提升竞争力。

文化艺术的需求是由文化消费者的艺术趣味品位决定的，而文化产品与服务的艺术趣味品位具有积累性。人们是否愿意付出时间和金钱去欣赏音乐、舞蹈、戏剧及其表演，取决于人们对该种艺术是否具备一定的知识与欣赏力，而这种能力只有通过培育和熏陶才能逐步建立起来。

（二）关键词二："练好"外功"更重要

在新的历史条件下，表演艺术需要练好"外功"，贴近生活，走向大众。唯其如此，方可拉近艺术与大众的距离，培养大众的艺术品位，培育潜在的消费市场，从而实现产业化。新的艺术消费群体不会自动产生，表演艺术需要抛弃计划经济时代的旧观念，树立市场观念，建立自己的营销网络，加大推销力度，改善知识普及和宣传方式，营造艺术氛围，让观众认识它、了解它、认同它和喜爱它。只有走向市场才会扩大影响，才能生存发展。

这种市场化的道路可能会很长，但它始终是一个不错的选择。如果脱离广大观众，只管生产，不管市场，只管投入，不管产出，必然不能适应市场经济发展的需要，在市场竞争的大环境中失去其存在的合理性。从事传统表演艺术的演出团体，不管其性质是营利性的还是非营利性的，在社会主义市场经济中都应该是法人实体和市场竞争的主体，都要按照产业化的运作手段，实行自主经营、独立核算。

（三）关键词三：政府扮演重要角色

在表演艺术走向市场、培育消费市场的同时，社会需要建立一个对位的市场条件下的保护机制。在文化市场上，比较古典、严肃的艺术，先天性地无法和流行文化在同一条件下相互竞争，它们的生存空间比后者要小得多，如果无政府的支持，它们就很难生存下去，这就是所谓的"市场失灵"。

传统表演艺术提供的产品具有很强的公共性，为社会提供这类产品本来就是政府的职责。许多国家并不直接提供这类产品，而是建立一个对位的市场条件下的保护机制，通过这个机制给予必要的财政支持。支持保护方式是多样的，如建立各项扶持基金、实行优惠税收政策等。我国部分传统表演项目的财政支持方式是财政拨款，以养单位为主，补贴演出为辅。面对大众娱乐文化和外来文化的巨大冲击，旧的保护措施面临日益严峻的挑战，不利于表演艺术业的进一步发展壮大。当前政府职能部门可以从"办文化"的模式里逐步走出来，变微观管理为宏观调控，通过战略规划政策和法律等手段来影响表演艺术业的结构、布局和发展方向，从而达到保护和促进发展的目的。

需要强调的是，表演艺术团体走向市场与政府的支持是相辅相成的。政府支持旨在弥补表演艺术市场竞争力的先天不足，而走向市场从事营利性的商业活动则是表演艺术扩大影响、提升发展空间的重要手段。例如，在美国，非营利组织的收入52%来自商业活动，在日本更是高达60%，而政府的资助分别只占30%和38%，它们的发展状况可以给我们一些有益的启示。

参考文献

[1] 白先勇. 姹紫嫣红开遍：青春版《牡丹亭》八大名校巡演盛况纪实 [J]. 华文文学，2005（5）.

[2] 曹树钧. 青春版《牡丹亭》的艺术成就 [J]. 戏剧文学，2006（2）.

[3] 顾礼俭. 简评昆剧青春版《牡丹亭》的音乐 [J]. 人民音乐，2006（4）.

[4] 何西来. 论白先勇青春版《牡丹亭》的成功及其意义 [J]. 华文文学，2005（6）.

[5] 李娜. 从剧本改编看"青春版《牡丹亭》"的艺术个性 [J]. 华文文学，2005（6）.

[6] 瞿华英.《牡丹亭》"至情"观 [J]. 山东教育学院学报，2006（2）.

[7] 佚名. 我为什么做昆曲：白先勇先生2004年10月13日在华东师范大学演讲摘要 [J]. 中文自修：中学版，2005（1）.

[8] 邹红. 在古典与现代之间：青春版昆曲《牡丹亭》的诠释 [J]. 文艺研究，2005（11）.

（改编者：沈 菲）

思考题

1. 从青春版《牡丹亭》的成功，浅析传统表演艺术如何实现市场化。

2. 当今社会飞速发展，各种文化娱乐项目层出不穷，如何发掘和培养传统表演艺术的观众？

案例 2 >>>

培育动漫产业　争抢原创市场[*]
——常州国家动画产业基地

常州国家动画产业基地（以下简称"常州基地"）位于江苏省常州市高新区创意产业园区内，始建于2004年，是在广电总局制定的推动国内动漫产业发展系列优惠政策下首批建立的20多个"国家动画产业基地"之一，也是在几年的发展中成效较为显著的一个。当时，常州除了两三家动漫外包公司，几乎没有任何动画产业基础。2008年12月，中共常州市委、市政府整合国家火炬计划软件产业园、国家动画产业基地和环球恐龙城三方资源，成立了常州国家高新区（新北区）创意产业园区，由龙控集团代政府投资建设产业载体，打造创意产业集聚区。常州基地以动漫研发制作、数字娱乐、网络游戏等数字娱乐产业为中心，形成了别具特色的产业园区，被文化部命名为"国家数字娱乐产业示范基地"。在政府的扶持下，基本上建立并完善了影视动漫、数字娱乐产业、动漫素材及构件、人才培养、衍生产品研发、产品和产权交易六大公共技术服务平台。

从国内的动漫产业市场状况来看，深圳、上海、北京三座城市及其周边地区是经济发展最为迅速的地区，同时也是动漫发展最为成熟的地区。那么，在全国各地建立的动画产业基地中，常州基地未来该如何发展才能在全国动画基地中脱颖而出？如何才能最大化地拉动地区经济的发展？从国际的动漫市场状况来看，美国、日本和韩国依旧走在世界动漫产业的最前端，动漫产业所创造的产值也远远高于中国。虽然我国内地的动漫产业有很大的消费市场，但是我国本土原创动漫在国内动漫内容消费市场的占比仅为11%，日本则占据了60%的份额。[①]可见，我国动漫产业受国外动漫产业的冲击还是巨大的。我国动漫产业的未来在何方？前景又将如何？本案例将对常州动画基地的现状、模式、问题及发展四个方面进行分析，以期对我国其他动漫产业集群建设有所借鉴。

一、成立背景：动漫产业振兴的大时代

（一）国内动漫市场现状

我国的动漫产业市场是巨大的，现今国内0~14岁儿童数量为2.5亿人。根据联合国人口司的统计和预测，未来我国0~14岁儿童数量将不断减少，但是

---

[*] 本案例根据常州动漫网相关数据和新闻整理。
[①] 转引自：《2022年动漫行业分析报告》，2022-03-02，https://max.book118.com/html/2022/0302/8056104143004060.shtm。

降低幅度逐步放缓，预计2025年后数量将会稳定在2亿人左右。随着我国人口老龄化时代的到来，孩子的消费逐渐成为家庭消费的核心。

目前虽然有超过2000家省市电视台开办了专业的动漫频道，但随着新媒体用户的增长，网络视频已经逐渐成为动漫产品发行、推广和消费的重要渠道。一批新媒体动漫平台迅速成长，如哔哩哔哩、腾讯动漫、樱花动漫等。新媒体动漫可以覆盖几乎全部的年轻群体，而非局限于0～14岁，大量的受众让动漫产业产生了巨大的发展潜力。

除上述所体现的巨大经济效益外，更为重要的一点是，由于动漫产品的大部分受众群为儿童（尤其现阶段在我国），动漫产品对儿童的启蒙教育起着非常重要的潜移默化的作用。启蒙教育的重要性众所周知，然而，目前我国动漫产业发展缓慢、基础薄弱，儿童所看的动漫产品大都来自国外，其思想内涵对儿童的影响力在不断加强，可能会使儿童越来越淡化对我国传统文化的认知与继承。因此，发展动漫产业，事关国民教育大事，其重要性已引起了国家相关机构的充分重视，这也成为我国动漫产业发展的一大重要背景与契机。

随着我国传统制造业的进出口贸易日益减少，我国文化贸易出口具有巨大的提升空间。动漫产业薄弱的基础与巨大的市场空间之间形成了强烈的反差，因此，应当主要采取"整合优势资源，形成产业集群，创造自主品牌以推动动漫产业优良发展"的策略。

也正基于此，广电总局鼓励动漫产业发展，并且积极推动建立了一批国家动画产业基地，同时出台的《关于鼓励和扶持创意产业发展的若干意见》也表明政府将每年投入2000万元用作扶持创意产业发展，以提升城市核心竞争力，推动产业结构优化升级。

（二）常州基地的建立背景

1. 区位分析

常州地处美丽富饶的长江三角洲，与上海、南京两大都市相望，与苏州、无锡联袂成片，构成了苏锡常都市圈。常州有着十分优越的区位条件和便捷的水陆空交通系统，市区北临长江，南濒太湖，沪宁铁路、沪宁高速公路、312国道、京杭大运河等交通干道穿境而过。全市水网纵横交织，连江通海。长江常州港作为国家一类开放口岸，年货物吞吐量超过百万吨。常州市在地理位置、交通方面占据一定的优势，同时在文化和技术方面也有一定的基础。

2. 产业发展背景及现状

2004年，当动漫产业发展在全国还没有引起重视之时，常州市委、市政府就委托华东师范大学制定动漫产业发展规划，与文化部对外交流中心共同举办了中国（常州）动漫艺术周，在全省率先拿到"国家动画产业基地"的牌子；2005年成立了市级动画产业发展领导小组，组建了主抓动漫产业的专业机构——国家动画产业基地管理中心，出台了扶持动画产业发展的优惠政策；2006年又在全国率先成立了国家动画产业基地管委会，加大了动漫产业推进力度，提出了在高新区和武进区分别推进动画基地的思路；2007年，在周边城市忙于企业集聚之际，提出了招商选资、做大做强动漫企业的要求；2008年及时提出了"重心下移，市区联动"的正确决策。

同时，为了支持中国文化企业开拓国际市场，鼓励文化企业"走出去"，商务部、文化部、广电总局、新闻出版总署与中宣部、财政部共同举行了"2009—2010年年度文化出口重点企业和重点项目授牌仪式"，其中常州基地的安利动漫、宏图动漫、卡米动漫、渔夫动漫、久通动漫5家企业成为年度国家文化出口重点企业，同时由常州出产的《炮炮兵》《小虫三宝》《小卓玛》等5个项目成为年度国家的文化出口重点项目。①

基地不仅仅有动漫企业，与其相对应的衍生产品企业、中介机构、出版机构、传媒机构以及投融资机构一应俱全，基本形成了初步的产业链的形式。

常州动漫产业的发展、国家动画产业基地的建设是我国动漫产业振兴大时代背景的必然产物，它与国家及地方政府对市场的培育、企业的引导密不可分。

二、运营：面临的问题及产业结构优化——对比与学习日本

（一）借鉴日本动漫产业的产业链

1. 中日产业模式对比

全球动漫产业获益的普遍规律是动漫产品的主要收益不是在影片的播放或者漫画的销售环节中获得，而是在衍生产品开发环节中获得。从动漫剧本的创作、影视产品的生产到衍生产品的开发都是动漫产业链中不可或缺的重要环节，只有不断延伸产业链，才能使动漫产品获得更大收益。我国大部分动漫企业没有形成产业链营运模式，仅靠动漫原创能养活自己的企业可以说凤毛麟角。有些公司制作的动漫作品虽然很卖座，却赚不到钱，企业的运转经费仍然主要依靠为国外企业加工动漫、制作广告短片等业务。

中国动漫制作企业与日本动漫制作企业相似，大多为"小作坊"式生产，不同的是中国动漫企业与动漫营销以及动漫衍生产品制造商之间关系松散，相互依存度不高，而日本动漫生产产业链各环节上的企业之间联系紧密。日本主要是以培育核心产品产业链来拓展海外市场，日本动漫生产的完善产业链把创意内容（即动漫产品本身）与渠道授权（即动漫产品及衍生产品销售的版权）两条重点营销路线进行明确划分，运作模式十分清晰。例如，日本企业在投入制作一部动

---

① 万春萍：《我市5家动漫公司成为国家文化出口重点企业》，《常州晚报》数字报纸，https://epa-per. cz001. com. cn/site1/czwb/html/2009 - 12/02/content_262483. htm。

画片前就已经做好衍生产品的开发规划，在动画片投入国际市场之际，相关产品的市场开拓工作也随之展开，围绕衍生产品产业链向市场推进，一般来说，动漫产品和衍生产品的收入比例在1∶4～1∶3之间。在衍生产品的盈利模式下，首先免费提供动漫产品给电视台播出，直到被国际市场认可以后再出售电视改编权。

我国目前的大部分动漫企业则先推出动漫作品，在看到市场反响后再着手进行衍生产品的开发。在这种运作模式下，当制作方开始开发衍生产品时，盗版已经铺天盖地，廉价的盗版产品加上消费者薄弱的版权意识，大大削减了正版产品本身应有的商业价值，最终导致盈利不理想。只有建立一个完善的"制片人制作卡通动画片—代理商销售—影视系统播放—企业购买卡通动画产品形象并开发衍生产品—商家销售产品"的产业链，才能有助于中国动漫产业的进一步发展。

2. 常州模式及成效

常州基地一方面借鉴日本动漫产业链经营模式，另一方面创造性地以"外包反哺原创"推动产业链延伸，以原创为龙头，链接起动漫产品生产制作、衍生产品研发和市场运作。

动漫产业与其他相关产业的连接能迅速形成产业优势。常州国家高新区（新北区）创意产业园形成了动画四大集聚区：内容生产集聚区、主题休闲旅游集聚区、衍生品研发集聚区、产权交易集聚区。依托常州恐龙园打通文化产业链，从内容创意、项目融资、影视制作、代工生产，到版权交易、海外发行、授权产业、文化旅游等。从恐龙园走出去的"恐龙宝贝"成为常州的动漫明星。元宇宙中的"恐龙世界"正将常州恐龙园带入另一个次元。将动漫、广告、旅游与科技结合，常州正结合数字经济逐渐形成动漫产业集聚。

动漫产业园区加快衍生产品研发中心和生产基地的建设，为园区卡通形象转变为产品搭建桥梁。在网络交易服务方面拉动常州物流的发展，在发展衍生产品的研发和生产上带动了图书出版业、印刷业、饮料、玩具产业的发展，同时为旅游产业和现代服务业的发展也做出了积极的贡献。[①]

（二）划分动漫消费者群

以动漫市场发展最为成熟的日本为例，日本有着对动漫产品消费群体的严格划分，从消费者的年龄和性别等方面都有很明确的划分界限，如漫画分为儿童漫画、少年漫画、少女漫画、青年漫画、女性漫画和成人漫画甚至是限制级漫画。每一部漫画作品从初期创作就确定了作品的市场消费群体。相比之下，中国动漫产业没有明确地对消费群体的划分，大多数动漫作品的消费群体以消费能力十分

[①] 参见欧阳友权、柏定国《2008中国文化品牌报告》，中国市场出版社2008年版，第245页。

有限的低龄儿童为主。

常州基地生产了一批面向青少年甚至成年上班族的动漫作品,极大地拓宽了动漫产品的消费者面。从2004年起每年举办的常州国际动漫艺术周来看,连续创办19年的常州国际动漫艺术周在动画作品观影周期间,安排了多部在我国颇具影响力的动漫主题艺术作品,目的即是推动在我国观众对动画欣赏和认知的年龄层上从低龄转向全龄层。动漫衍生产品展区中人气旺盛,消费的主力军是青少年和部分成年人。园区内的动漫企业安利动漫、宏图动漫、卡米动漫、卡龙、久通动漫,在动漫人物塑造方面极具多样性,例如红遍大江南北的《云彩面包》《邻妹妹》《炮炮兵》,男女老少都十分喜欢。

常州基地将动漫消费群体由儿童消费者向成年消费者的拓展,结束了我国长期以来以少儿作为动漫产品目标客户的历史。我国动漫产品的消费群体还可以继续扩大,应该形成对主要消费市场进行有针对性的动漫创作的局面。

(三)保护动漫版权及其衍生产品

2002年7月3日,日本政府的知识产权战略会议发表《知识产权战略大纲》,将"知识产权立国"列为国家战略,同年11月27日,日本国会通过了政府制定的《知识产权基本法》,为"知识产权立国"提供了法律保障。① 保护知识产权的观念已经深入人心,同时,日本知识产权法律制度的基本架构也十分完善。作为动漫制作和出口的大国,日本对违反知识产权法的企业、个人均严惩不贷。

相比之下,我国文化产业中,知识产权意识淡薄、保护不力的现象则比比皆是。我国大部分原创动漫企业都吃过动漫版权的亏,例如,北京的动漫龙头企业三辰公司创造了企业的动漫自主品牌"蓝猫",随着"蓝猫"知名度的上升,创作了《蓝猫淘气3000问》,但紧随其后的是某一家音像出版社出版的《淘气猫三千问》,假冒"蓝猫"产品所获取的利润约为正版"蓝猫"的9倍。因此,在动漫产业中,对知识产权的重视就显得尤为重要,这对遏制盗版的猖獗现象也十分有效。

将动漫产业的内容产品转化为具有经济效益的衍生消费产品,在动漫产业链中将内容文化价值转向商业价值才是最重要的一步。现在我国动漫产业中间利润流失的最大一个部分就是衍生产品及产品的版权收入。2019年第四次修订的《中华人民共和国商标法》、2020年第三次修订的《中华人民共和国著作权法》对作品、形象及商标等的保护及损失赔偿原则等均做出了规定,这将对我国动漫知识产权的保护起到重要作用。

---

① 林德明、王宇开、丁堃:《中日知识产权战略政策比较及对我国的启示》,https://www.cnipa.gov.cn/art/2018/9/4/art_1415_133034.html。

常州市政府已加强地方性法律法规建设，同时也大力宣传知识产权法，建立并完善知识产权保护体系。常州基地有国家扶持，特别建立了产品与产权交易公共技术平台，随着平台的完善，对知识产权保护意识的增强，企业几乎没有版权纠纷方面的问题。动漫衍生产品的市场空间和利润都具有很大的潜力，动漫产品的交易也是动漫产品版权的交易。

三、在竞争中求发展

（一）国内市场的竞争

以下将以北京、深圳、上海三个在国内动漫产业方面发展处于领先地位的城市为例，分析国内动漫产业之间的竞争压力，以及这些地区的产业发展优势，以资借鉴。

1. 北京

北京创意文化产业作为北京文化建设实力、文化经济实力和城市总体竞争实力的综合实力表现，在实现具有鲜明特色现代国际城市的发展目标中扮演着极其重要的角色。北京作为全国的政治文化经济中心，是全国最早提出并实施发展动漫创意产业的城市之一。

北京发展动漫产业的优势在于：

（1）政策优势明显。从2004年的《北京市国民经济和社会发展第十一个五年规划纲要》开始，北京市出台了一系列关于扶持动漫产业发展的政策。从专项资金、融资环境、政府奖励、税收政策到促进产业集聚等，北京市动漫产业的发展离不开政府的引导和大力支持。2018年以来的动漫产业重点政策主要集中在原创动漫生产、动漫版权贸易、IP发展生态及线上线下节展等方面。

（2）环境优势明显。北京聚集了全国最多、最优秀的人才精英和科研机构，人才竞争力居全国第一，在人才的质量和数量上有很明显的优势，可以为动漫产业输出大量的人才。

（3）多样化的相关产业结构产生竞争优势。由于首都功能的特殊性，北京的科学研究、综合技术服务业和教育文化艺术以及广播电视业均强于上海和广州，所以在动漫产业链的发展中起到了促进作用。

（4）具有国际水平的竞争力。北京迈向全球国际化水平虽然处于初级阶段，但国际竞争力方面已基本达到了国际水平，为我国原创动漫产品出口奠定了基础。

2. 上海

早在20世纪60年代，上海动漫产业就已经进入了辉煌的时代，上海美术电影制片厂出品的《大闹天宫》《哪吒闹海》等动画片先后在国际上获得大奖。上海的动漫产业中游戏产业已经发展得相当迅速，也基本形成了"游戏产品研发—

游戏产品运营—游戏产品营销"的产业链形式,并且建立了国家网络游戏动漫产业发展基地,吸引了众多知名的游戏企业入驻。

上海动漫产业的发展优势明显,主要表现在以下方面:

(1) 上海作为国内金融中心,商务环境优越,高新技术基础也在不断提升。上海信息化的主要指标已经达到发达国家中心城市的平均水平,特别是个性化、自主化、网络化、智能化服务水平的提升,为游戏产业集聚和发展提供了良好的条件。淘米网络、盛大网络、巨人网络、完美世界均是上海著名的网游企业,淘米开发的《摩尔庄园》《赛尔号》是非常受欢迎的儿童虚拟社区。盛大的《鬼吹灯外传》也是知名度较高的游戏产品。

(2) 上海近年来对动漫产业的重视日益加强,动漫产业中的游戏市场在互联网迅速发展的同时也随之快速发展,而上海就是游戏产业发展的重镇。动漫作品里的人物通过技术以游戏的方式呈现,玩家在游戏中更有代入感,因此,经典名著、动漫及影视作品均成为游戏开发者的宠儿。上海自主研发的动漫品牌越来越多。

(3) 上海国家动漫游戏产业振兴基地从一开始就把举办国际动漫游戏博览会作为核心产业板块,使国际游戏动漫博览会形成了一个巨大的交易平台。自2005年开始的中国国际动漫游戏博览会(China International Cartoon & Game Expo, CCG EXPO)是由文化部和上海市人民政府支持的国家级动漫游戏类展会。CCG EXPO形成了以B2B为主、B2C为辅的特色定位,逐步成为"弘扬中国游戏动漫文化的国际化、专业化平台"。

(4) 上海一直都是长三角地区乃至全国动漫产业发展的领头羊,拥有许多具有国际影响力的头部企业。从20世纪40年代上海万氏兄弟的第一部长篇动画《铁扇公主》开始,动画也有了"中国学派",到如今,哔哩哔哩与阅文集团作为全国在线动漫平台的龙头企业,拥有全国最大规模的二次元用户、大量可用于漫改的网文。2014年,上海华人文化产业投资基金牵头中方公司,与美国梦工厂合资在上海徐汇区组建东方梦工场。在长三角一体化发展的国家战略背景下,上海动漫产业的发展动向必将引导常州、杭州的动漫产业的发展。

3. 深圳

珠三角地区也是全国经济发展重地,而深圳就是珠三角地区发展中的佼佼者。2008年12月,联合国教科文组织批准深圳为全球创意城市网络的第16名会员,并授予深圳"设计之都"称号,成为我国首个获此殊荣的城市。深圳建有中国国际文化产业博览交易会、中国国际新媒体影视动漫节、文化产权交易所。一批动漫产业集聚发展,其中怡景动漫产业基地和南山动漫产业园已形成规模。改革开放的政策促进了深圳动漫产业的发展,并随着《花木兰》《狮子王》《人猿泰山》等动漫产品的出品,深圳动漫人加工制作完成的国际动画大片不断上映而逐渐成为中国动漫的领军标牌。

2006年,由深圳环球数码公司推出、创国产动画史投资之最、耗资1.3亿元打造的首部三维动画电影《魔比斯环》被称为中国动漫业里程碑式之作,实现了民族动漫产业的历史性突破。以深圳华强文化科技集团(以下简称"华强文科")为例,它是知名企业深圳华强集团旗下的创新型企业集团,2007年集团产值达6亿元。[①]《熊出没》即为华强文科下辖子公司华强数字动漫有限公司的优秀作品。华强文科将大型文化产业主题公园创意与创作、特种电影系统开发、数字娱乐电影制作、动漫产品生产、游戏软件研发、动漫产品发行以及动漫衍生产品生产等多个过去相对独立的产业整合于一身,形成一个多元化、互补性强的大型文化科技链。华强文科在动漫产业领域,改变了中国动漫产业的传统模式,充分利用企业本身在数字计算机、网络通信及软件设计等领域的优势,建立起世界上领先的全无纸化二维动画片生产线,大胆地将人工智能技术、数据库管理技术等先进方法引入二维动画片生产线,极大地提高了二维动画片制作的质量和效率,推动了传统动画生产方式的革新。同时,华强文科通过学习美国迪士尼、环球影城等国际大型文化企业集团的发展经验,提出了将动漫、电影、游戏、文化产业衍生品等与文化主题公园实施捆绑式的发展。2007年,中国第一个第四代高科技文化主题公园——方特主题公园也由该集团建立于安徽芜湖。

(二) 国外市场的压力

1. 日韩

日本被称为"动漫王国",是世界最大的动漫制作和输出国。动漫产业是日本的第三大产业,占日本GDP的10%以上。1995年,日本政府提出"文化立国"方针,大力推行动漫外交,提升国家软实力。日本动漫产业早已形成了从漫画连载到单行本发行,再到动画片制作、动画电影制作、游戏、手办等衍生品开发、主题景点打造等完整的产业链条。通过产业链的打造,既进行了动漫产品市场试水,又促进了优秀动漫产品迭代,进一步创造了新的利润空间。

韩国在1997年亚洲金融危机后积极调整本国的产业结构。1998年,韩国总统金大中提出"文化立国",将文化产业列入国家支柱性产业,对从事动漫游戏产业的企业实行优惠税收政策,大力发展原创动漫及游戏产业。韩国政府为促进文化创意产业国际化,制定了"瞄准国际市场,以中国和日本为重点的东亚地区作为登陆世界舞台的台阶"的发展战略,通过设立文化创意产业海外办事处,分析各地区市场情况,促进韩国文化企业针对不同的区域差别,针对性地进行动漫

[①] 参见彭立勋《改革开放城市文化发展——2009深圳文化蓝皮书》,《深圳华强文化科技集团创新文化产业发展模式调研报告》,第277页。

产品开发。①

2. 欧美

美国的动漫产业开始于1907年的第一部黑白动画片《一张滑稽面孔的幽默姿态》。随着历史的发展，美国动漫产业逐渐形成了以强大科技为基础、大型传媒集团一统天下的发展态势。为降低成本和实现利润最大化，美国利用自己的技术优势，在将大量的中低档次的动漫制作和衍生产品设计生产打包给其他国家的同时，几乎包揽了世界上包括三维动漫等在内的高技术、高附加值产品的服务外包。② 美国是全球版权产业最为发达的国家，版权产业在美国即为文化创意产业，已经成为美国最大、最富有活力并带来巨大经济效益的产业。在知识产权保护策略下，从1996年开始，版权产品已经超过汽车、农业与航天等其他传统产业，成为美国最大宗的出口产品。提到美国动漫产业，多数人会想到迪士尼，它是使用版权创造商业价值的典范。迪士尼创造出的米老鼠、白雪公主、艾莎公主等各种动画形象深入人心，这为它的授权产业奠定了坚实的基础。此外，动漫版权"大户"漫威通过将自己的数千名英雄角色搬上银幕，其构建的漫威电影宇宙更是俘获了全球观众的心。美国动画片以故事情节取胜，加以技术上的不断创新，很快就以知识产权战略拓展了海外市场。

在美国和日本强大的动画产业面前，欧洲的动画产业也如同雨后春笋般蓬勃发展。而英国在文化产业出口方面有自己独特的一套方针，"创意产业特别加工小组"的成立以及"创意产业输出推广顾问团"政策的实施，对创意出口企业给予帮助，使得英国创意产业出口规模迅速扩大。英国动漫产业在欧洲快速发展，很大一部分原因是它在发展中形成了自己特有的模式：学院中教学与制作的互动，各种基金支持，欧洲和英国本土各类动画奖项的鼓励以及电视广告起到的独特推动作用。曾经在票房上取得卓越成绩的《酷狗宝贝：人兔的诅咒》《小鸡快跑》等优秀动画电影正是这种发展模式的印证。③ 目前许多国家正在努力开拓自己的动画产业，英国的这一成功经验确实值得这些国家借鉴。

法国动漫的风生水起也日渐受到关注。法国文化部作为官方的文化导向机构，对文化产业的发展起到至关重要的作用，它针对动漫产业出台的政策使得法国文化产业发展被提上了官方议事日程。例如，法国国内的媒体每年必须支配一定数额的预算来支持原创动漫产品的开发，确保原创动画制作不会因为资金的问题而陷入停滞，独特的政府主导模式有力地促进了法国动画产业发展。在此模式下，政府和媒体成为最主要的出资方，私募资金在其中所占的份额比较少，这一

---

① 参见叶取源等《日本内容产业的现状分析及其国家政策》，《中国文化产业评论》（第四卷），上海人民出版社2006年版，第370页。
② 王晓雯：《美日韩动漫产业链盈利模式比较及对中国的启发》，广西大学硕士学位论文，2016年。
③ 谢黎，《流行之争——谁是流行文化的下一个主导者》，《环球》2010年第10期，http://news.sohu.com/20100511/n272046130_3.shtml。

方面减轻了开发者的经济压力，另一方面也在一定程度上确保了开发成果不会由于资金的不足而被其他机构或个人占有。这样，法国动漫艺术家们就无须担心资金问题，可以专注于产品创作，从而不断提高作品的质量。①

（三）常州动画产业基地的出口

1. 参照国内

（1）常州动漫产业的自身完善——参照北京。

1）技术与人才。动漫产业是智力和技术密集型的高科技产业，对资本有较高的要求。北京作为首都，动漫制作的技术在全国处于领先地位；同时，北京是全国拥有高校最多的城市，众多高等学府每年都在不断输出动漫专业人才。从技术和人才资源建设两方面看，北京有着得天独厚的"硬件"和"软件"条件。常州基地在技术方面也快速提升。《西游记之大圣归来》《龙之谷：破晓奇兵》《捉妖记》等热门影视的后期特效制作就是由常州基地的赞奇科技发展有限公司提供技术支持的，他们运用国内领先的"渲云"计算平台，大大缩短了动漫影视作品在后期过程中的渲染制作周期。

2）传播的媒体渠道。北京拥有自己的省市级的动漫频道，而常州所能做的就是推广自己的动漫作品进入国内外电视台、网络等传播媒介以获取更大的市场，但这个过程需要相应的发行和服务代理企业的建立与完善。

（2）创设政策大环境——参照上海。在对外贸易和文化交流上，常州基地远远赶不上上海的动漫产业，不过，在政策方面，在常州，发展动漫产业的企业都享有与上海基本同等的优惠。

1）政策扶持。常州和上海动漫产业政策支持方面区别较大。上海动漫基地主要是设立专项资金吸引国内外人才和企业。常州除吸引国内外资金外，还对园区内的企业有一系列的鼓励政策。例如，常州市政府在 3 年内筹措 5000 万元，建立了"动漫专项资金"；在中央电视台播出的二维动画片按 1500 元/分钟奖励，省级台按 800 元/分钟奖励，三维在二维基础上给予加倍奖励；市政府出面进行公开招标，与常州卡龙影视动画公司共同出资 2000 万元建设公共平台；对知名动漫企业实行"一企一策"；对为动漫产业招商引资的单位和个人参照相关政策予以奖励；对原创动漫企业认证成为高新技术企业的单位进行相关奖励，用这些政策对园区内优秀人才和企业进行鼓励，促进了园区内部的竞争。

2）对外交流广泛开展。从 2004 年开始，中国常州国际动漫艺术周（以下简称"动漫艺术周"）作为江苏省唯一的国家级动漫会展，也是全国最早的动漫主题节展之一，每年举办一次，旨在打造集创意征集、发布、展示为一体的动漫影

---

① 吴杰：《全球化背景下中国动漫产业发展现状评价及其地域分布特征》，重庆师范大学硕士学位论文，2016 年。

视平台，为项目、创意、资本、市场之间的深度互动提供服务。充分利用动漫艺术周带来的市场效应和经济效益，推广常州动漫文化的发展，提高常州动漫产业的知名度，并通过动漫艺术周吸引外资。2009年动漫艺术周开始转型，重视动漫产品的产权交易和动漫产业链的建立完善。同时，常州基地还参与国际活动，例如，与韩国江原情报影像振兴院合作，并且组织参加每年一次的世界最大动画节——法国昂西国际动画节、每年一次的全球最重要的动画片交易盛会——法国戛纳电视节等一系列活动，与国际接轨。

（3）龙头企业带动产业群——参照深圳。深圳的人均消费水平、GDP以及人均收入水平都居于全国各大城市前列，具有很大的消费潜力。深圳华强集团作为深圳动漫产业发展的龙头代表，已初步形成了一个较为完整的产业集团，并对其他相关企业的发展起到了带动作用。而常州基地暂时还缺乏文化产业的领军企业，但是相对而言，常州的动漫企业都是已经发展得比较成熟的企业，刚刚入驻就获得不错的利润。深圳大部分动漫企业与常州的相似，以动漫产品的加工为主，都是以承接外包制作业务积累经验和原始基金。常州可以学习深圳，以龙头动漫企业带动产业群，促进整个常州动漫产业的发展。

2. 参照国外

美、日、韩等国家的动漫产业的方针政策有几个显著特点，首先，市场均定位于国际市场，在生产链的各个环节上政府都给予支持与帮助；其次，版权意识均十分强烈；最后，动漫产业发展的核心就是原创，技术是基础，只有两者相结合，才能做出被消费市场所接受的动漫产品及衍生产品。

鉴于美、日、韩等国家挤占中国动漫市场的现状，常州动漫产业应在与国内动漫企业加强合作的同时，加大自身产品的出口量。在竞争与合作的时代，竞争与合作在动漫产业中是并存的。在动漫产业链方面，常州基地并不十分完善，尤其是衍生产品价值的开发没有得到充分利用。在动漫制作与发行前没有进行完备的市场调查是我国动漫产业的通病。常州动漫产业在这方面需要加以改进。

我国动漫产业的权威媒体所展示的理想动漫产业模式，是在遵循动漫产业的产业链：从创意的目标观众参与（包括形象设计、故事设计），到低端链条市场摸底（漫画连载），再到国际交易平台（包括动漫立项、内容及衍生产品的国内外预售），最后到制作、播出（如图1所示）。回归创意创作这一过程中，也要注重遵循三条循环参考思路：①吸纳观众意见；②吸纳国内外播出平台意见，完善形象和故事；③不断深入开发音像产品和衍生品市场。

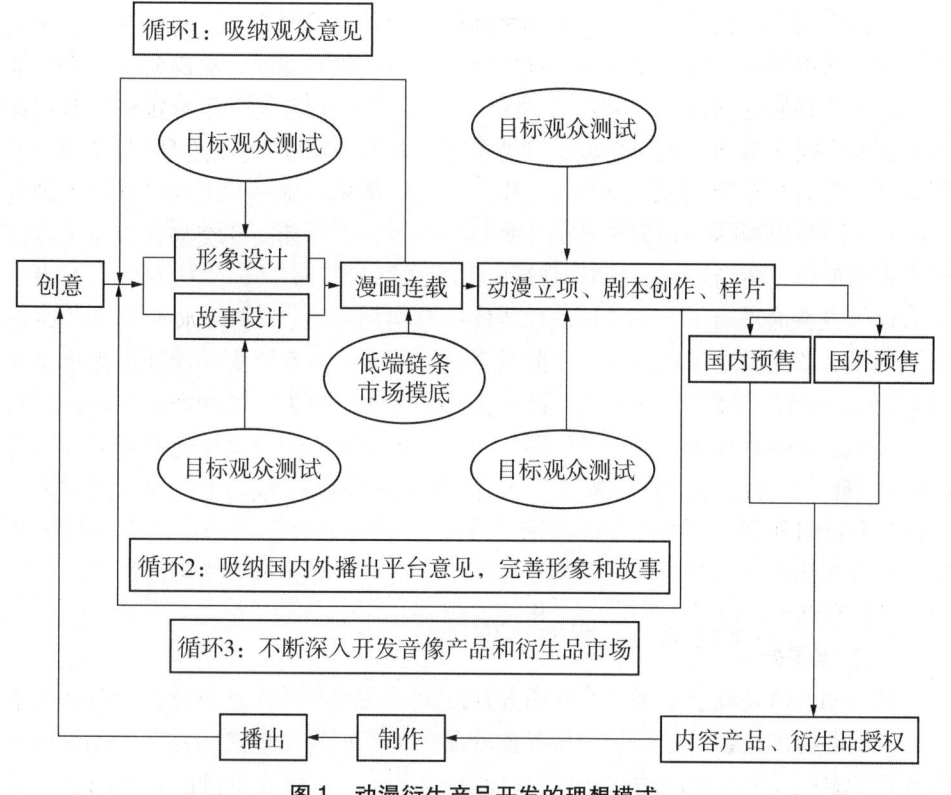

图 1　动漫衍生产品开发的理想模式

资料来源：动画产业年报课题组《中国动漫产业年报 2005—2006》，载《中国动画产业年报》2006 年第 1 期，第 188 页。

四、明晰发展之路

（一）挖掘传统文化，讲好中国故事

我国有上下五千年的历史，深厚的文化底蕴使我们有太多内容可以作为动漫产业的原材料。党的十八大以来，习近平总书记反复强调文化自信。近些年，我国在动漫领域出现了一系列依托中华优秀传统文化制作的成功作品，《西游记之大圣归来》《哪吒之魔童降世》《姜子牙》《凤凰》《中国奇谭》等均是代表。同时，我们也看到，美国动画片《功夫熊猫》融合了多种中国元素并将其发挥得淋漓尽致，让中国人看了都觉得新鲜和惊奇。花木兰的故事在中国家喻户晓千年有余，却被美国的迪士尼拿去拍成动画片，赚了足足 6 亿美元。中国的知识产权和本土文化历史保护利用意识不足所带来的经济和文化的双重损失令人遗憾，但可喜的是，我们同时也看到了《马兰花》这样的将民族传统文化和创新力量相结合的成功案例，从故事到视听的艺术处理都没有脱离中国元素。《马兰花》注重青少年市场，坚持民族动画之路，坚持有中国特色的动漫产品开发，其成功应

更广泛地激发起动漫创作对我国传统文化资源的充分重视。

常州基地中具有代表性的作品之一《奇奇颗颗历险记》就是宏梦卡通有限公司（以下简称"宏梦"）利用常州本土资源、结合常州恐龙园等景点而创作的。该片在中央电视台少儿频道一经播出，就获得不错的反响。宏梦与常州动漫产业真诚合作，最终促成了宏梦入驻常州动画基地，公司制作的52集动画片《小卓玛》在2008年4月获第四届中国国际动漫节最高奖"美猴奖"后，7月便在中央电视台等76家电视台同期播出，几乎在同一时间出版的6万套共50万册图书也已基本销售完毕，该片目前已进入欧洲市场。《小卓玛》正是利用了中国本土资源讲述藏族人民保护藏羚羊的故事。近年来，常州原创动漫作品相继获得"星光奖""白玉兰奖""美猴奖"。2016年，《我们的节日》入选文化部弘扬社会主义核心价值观动漫扶持计划，2017年，《邻妹妹》获第五届亚洲微电影艺术节金海棠奖好作品奖，《钟馗传奇》入选2018年"原动力"中国原创动漫出版扶持计划项目。我国动漫产业的原创力不足不再是本土创意不足，而更多地在于未能充分利用本土资源并深入挖掘文化的本质内涵，做出吸引人的动漫作品。

（二）完善市场机制，明确市场结构

我国动漫产业缺乏的是一个完善的产业链，理想的动漫产业链的形成还需要相当一段时间的建设，同时，我国动漫产品的推广更需要成熟的动漫产品发行和服务代理机构。常州的动漫产业还处于起步阶段，在形成企业的集聚之后，代理、发行等业务完善的产业链的形成将成为必然的发展趋势。

我国的动漫产业消费市场的潜力是巨大的。但我国动漫产业所生产出来的动漫产品的消费者主要为儿童，年龄在4～12岁，这一年龄段的儿童自身的消费能力往往非常有限，而家长对孩子的此类消费支持度也不高。因此，我国完全可以借鉴日本对消费市场的划分，针对不同年龄的人做出不同的动漫产品，以迎合不同消费者的口味，以获得更大的消费市场。

例如，《喜羊羊与灰太狼》是由广东原创动力文化传播有限公司出品的动画片，自2005年6月推出后，陆续在全国近50家电视台热播，十几年来长盛不衰。在北京、上海、杭州、南京、广州、福州等城市，《喜羊羊与灰太狼》最高收视率达17.3%，大大超过了同时段播出的境外动画片。此外，该片在中国香港、台湾地区和东南亚国家也风靡一时。然而，从另外一个角度分析，《喜羊羊与灰太狼》消费对象主要定位于低龄儿童，成年人甚至部分青少年观众缺乏对它的消费热情。这种情况不只体现在《喜羊羊与灰太狼》这部较为成功的国产动漫产品上，我国生产的几乎所有动漫产品都存在消费低龄化、教育功能明显、故事题材受限、不乐于讲故事而乐于说教的不足。因此，教育功能的定位，产品形象的模糊，内容平淡，目的直接，使得国产动画成人不看，孩子也不愿意看。青少年、成人作为一个巨大的消费市场，动漫企业更应该重点关注，动漫产品的市场定位全面化势在必行。

常州基地目前还没有完全走出低龄化的圈子，具有代表性的几部动漫作品市场定位也主要在儿童，但成人市场也已为一些企业所关注。近年，在网络上风靡一时的QQ表情"炮炮兵"形象被大众所认知并喜爱。

（三）借鉴国外经验，构建中外联盟

我国的动漫产业缺乏国际视野，缺乏文化创造和商业运作的能力。动漫产业的国际化首先就是借鉴国外动漫发展的经验，通过国际合作推动文化产业国际化，而跨国公司就是企业间为合作开发而广泛采取的一种战略联盟。大型的跨国动漫企业在国际市场的竞争中占有绝对的优势，我国动漫产业与国际合作更有利于本国动漫产品的出口。国际化已经成为所有产业的发展趋势，国际化带来的巨大市场空间能够推动产业迅速发展，增强本土企业的竞争力。

现在文化产业也正在由单一的产品输出向资本、品牌、管理等各方面的输出转变，大型跨国企业在资本的扩展和品牌的推广方面逐渐完善，使得盈利主体不再是单一的产品。美国迪士尼公司进行了全球4000多家企业的品牌授权，每年5家迪士尼主题公园的收入占了迪士尼总销售额的27%，利润达27亿元，占企业利润的一半。[1] 由此可见，仅仅局限于动漫产品的输出不能使企业获得最大的利润，只有多元的营销才能使利润最大化。

因此，学习迪士尼、环球影城等国际大型文化企业集团的发展经验，创建大型的文化主题乐园，对产业链的衍生发展和实现企业的最大利润有着积极的促进作用。例如，国内动漫企业的佼佼者深圳华强文化科技集团就利用企业优势建立了三个方特主题乐园，其中安徽芜湖方特乐园开园仅两年游客就超过360万人次，门票收入达到4.5亿元。同时，方特的文化产品也通过实体店和网上销售两种方式，获取了巨大的利润。

常州在西太湖基地也以恐龙为主题，努力把常州中华恐龙园打造成中国的迪士尼。同时，在太湖湾再现著名网络游戏情景，建设国内首家数字游戏主题文化乐园；5万平方米的动画衍生产品研发集聚区已经启动，在不久的将来也必将会成为常州重要的经济增长亮点。

（四）优化补贴政策，引导鼓励出口

政府提供了很多十分吸引人的政策，但都局限于招商引资、吸引人才或者是鼓励企业自主创作，在产业链中下游环节没有过多的政策帮助。例如，以动画在不同等级播放平台上的播出时长进行补贴，往往容易导致产品以量为主而不求质的所谓"产能过剩"的问题。我国动漫产业链的断裂主要在于动漫产品和衍生

---

[1] 参见张玉龙《东京迪士尼乐园的情感营销》，载《成功营销》2003年第8期。

产品的营销,政府的优惠鼓励政策在这方面基本是空白的。如何鼓励产品出口及动漫授权产业的发展,应是政府制定优惠政策时考量的重点。企业的集聚效应也是动漫产业基地壮大的原因,但是,在基地不断壮大的同时,动漫产品发行和营销企业并没有形成一定的规模。与其坐等专门从事动漫产品发行和衍生产品营销的企业出现,不如鼓励由发展较为成熟的企业自主建立,慢慢形成集团化的企业,以动漫产品的创作—动漫产品的销售、动漫衍生产品的开发—动漫衍生产品的营销这两条产业链条的结合形成一体化的动漫产业链,以达到动漫资源的最优化配置。

参考文献

[1] 何增强,花建. 创意都市:上海创意产业的发展之路 [M].上海:上海文艺出版社,百家出版社,2007.

[2] 刘牧雨. 北京文化创意产业发展理论与实践探索 [M].北京:中国经济出版社,2007.

[3] 欧阳友权,柏定国. 2008 中国文化品牌报告 [M].北京:中国市场出版社,2008.

[4] 彭立勋. 改革开放与城市文化发展(2009 年深圳文化蓝皮书)[M].北京:中国社会科学出版社,2009.

[5] 叶取源. 中国文化产业评论:第四卷 [M].上海:上海人民出版社,2006.

(改编者:殷亚丽 杨慧芬)

思考题

1. 常州动画产业基地面临的主要困难是什么?如何解决?
2. 谈谈我国动画产业化发展需要注意哪些问题。
3. 在动漫作品的内容创作中,如何处理迎合商业市场与保持人文精神内涵的关系?
4. 如何将一个动漫作品以及动漫形象打造成一个品牌并扩大其影响力?

案例 3 >>>

日本动漫业的精华　全球动漫迷的天堂*
——日本东京秋叶原

日本动漫对日本社会的影响非常深远，这种影响不仅体现在经济上，也深刻地体现在日本人的人格和性格上。如同 20 世纪 50—80 年代的连环画（小人书）对中国人的影响一样，当代几乎所有日本人都或多或少地受到漫画的影响。随着社会和时代的发展进步，日本动漫发生了日新月异的变化，持续影响着一代又一代人。

在日本动漫产业蓬勃发展的过程中，秋叶原这片神奇的土地成了最璀璨耀眼的一颗星星。它作为全世界动漫迷们心驰神往的圣地，每年都吸引着大量的动漫人才、动漫迷和世界各地的游客们，人们都想一窥这片神圣的土地，都想体验它所带来的快乐、激情和创造力。大批的动漫企业在秋叶原集聚，带来了更多的欢乐，也创造了更多的财富。本案例将在概述日本动漫产业的基础上，以秋叶原为案例详述其动漫产业的成长历程。

一、日本动漫产业概述

（一）日本动漫产业的特点

日本动漫产业主要由两大部分组成：动画和漫画，简单地说，它是指围绕动漫这个价值中心，由各个产业部门本身以及产业部门的各个经济活动形成的经济领域。这个词组由三个关键词组成：日本、动漫和产业。

1. 合作机制明确

简单来说即"合作互赢"。几乎没有一家日本动漫企业能在整条产业链上实现"通吃"，在以产品形象为基础、版权管理为核心、各得利益为动力的前提下，产业链各环节间有明确的分工合作模式。漫画工作室、动画工作室、版权代理事务所、印刷出版企业、图书发行企业、电视台、杂志社、动漫衍生品生产销售渠道等机构间界限清晰，有各自范围内的工作目标，也有完善的合作机制。

2. 创作队伍成熟

日本动漫产品的创作者和消费者之间有良好的互动，一部新的动漫作品大多会经过漫画试刊的检验过程。如果在试刊检验的过程中，市场反应良好，那么它以后的"命运"就可能是发展成为动画片、真人电影、动漫电影、舞台剧、音乐剧及各种游戏平台等，与它相关的衍生品如玩偶或相关名词和音乐等也将声名

---

* 本案例改编自铃木纱里奈著《秋叶原 Akiba walker》，日本角川书店出版社 2006 年版。

大噪。如果市场反应不好，就会修改甚至最终放弃。因此，创作者很清楚产品推出和市场认可二者之间的风险关系，形象可爱、贴近人性、成为偶像、深入人心是多数动漫创作者追求的目标。由此可见，一部优秀的动漫作品所带来的良好的连锁效应，更能体现日本动漫产业链的完善和创作队伍的成熟。

3. 动漫市场细分明确

日本动漫作品大致分为两类：面向青少年的和面向成年人的。面向青少年的作品内容分类极细，如分为科幻、侦探、童话、校园、励志、运动、规劝、搞笑、幽默、探险、女生等主题；面向成年人的作品主要包括搞笑、幽默、调侃、惊险、家庭等内容，其中色情类漫画有扩大蔓延的趋势，在日本路边的书店随时可以买到印有18岁以下禁读标志的色情漫画。

4. 用心培养动漫受众

日本动漫策划人员非常注意抓住青少年的心理，用动漫作品反映和引导青少年的生活，并强调"跟踪读者、服务一生"的创作意识，给人一种"动漫产业要从娃娃抓起"的感觉。这些听起来有些理想化，但并非完全不具备操作性。

当代日本人，从孩提时代步入成年甚至老年，其周围无处不充斥着动漫。日本动漫节目的播放频率堪比新闻联播和天气预报，在8点左右的动漫黄金时间打开电视，观众随处可见与动漫相关的影迹。另外，日本的广告和知名产品会用正在热播的动画片或经典动漫人物形象做广告宣传和包装。例如，日本的知名服装品牌UNIQLO（优衣库）会经常在其推出的各种服装上印上当红的深受人们喜爱的动漫形象，以增加服装销量和人气。2010年的UNIQLO上海店就因店内摆放的巨型EVA模型而引起许多动漫爱好者的围观和讨论。每届东京动漫展上会有许多有关动漫书、动画电视剧的预告和预订启事，还有一些类似歌迷会的读者俱乐部成立。这一切无不体现日本动漫在培养受众方面的良苦用心。

5. 动漫销售渠道畅通

日本各种动漫产品的销售渠道非常广泛，除了随处可见的动漫书店、衍生品专卖店外，便利店、超市和大型商场也有专门划分出来用于销售漫画书、动漫游戏光盘、玩具、模型等的大片区域。尤其值得称道的是，日本各类衍生品的销售渠道十分正规，或是专卖，或是和连锁企业捆绑销售，均有利于品牌的培养和知识产权的保护。作为世界上著名的"无盗版"国家，日本对知识产权的保护和品牌意识的培养是中国应该加强和学习的。

6. 动漫主题公园管理到位

日本不仅有迪士尼乐园、环球影视城，还有十几家有影响力的动漫主题公园。在动漫主题公园的管理上，日本可谓淋漓尽致地体现了"目的地消费"的理念，全方位的关怀和细致的服务使"快乐消费"在迪士尼乐园里变成了现实。

7. 对外交流中占强势地位

日本动漫已经成为本国文化出口的主要产品，尤其是在亚洲国家和美国占据了大部分市场份额，并且对世界其他国家也起到了榜样作用。据调查，韩国对引进的日方动漫创作人员给予每人每月30万日元补贴；美国在和日本动漫企业的合作中，80%的资金投入由美方补贴。① 这些做法无疑是希望通过引进日本动漫，促进本国动漫业的发展。

日本动漫除了在对外交流中占有强势地位，在国内也早已成为国民经济的支柱产业，对日本经济有着重要的推动作用。经典漫画《七龙珠》的作者鸟山明大师，从出生起就一直住在日本爱知县西春日景镇。这个小小的县每年将近一半的税收都依靠鸟山明的漫画，鸟山明可谓这个小县城的"财神爷"。随着年纪增长，为了省却经常往返于东京各出版社、漫画社等路上的时间和麻烦，鸟山明准备举家搬到东京。此消息一传出，当地政府当机立断，动用地方财政修了一条路，以便鸟山明更便捷地到达东京，此路被当地人命名为"鸟山明路"。这件事情生动地反映了日本动漫业对日本经济的重要推动作用，也折射出日本漫画大师在日本备受重视和尊敬。

（二）日本动漫产业的问题

虽然动漫在日本的经济文化生活等领域发挥了十分重要的积极作用，但日本动漫产业也存在一些问题，如，政策支持力度有限；漫画向色情化、低俗化的方向发展；二维动画向三维动画转化过程中的成本增加；本国动漫市场需求趋于饱和；周边国家动漫产业发展带来压力；以美国为首的大制作趋势造成市场被挤占；等等。

1. 资金不足，造成日本国内动漫人才流失

一般来说，一部普通制作的30分钟动画片，其制作成本在1000万日元左右。制片商通常无法依靠动画片的发行回收成本并盈利，因此，它们通常会通过产品内容的二次利用，如影碟出售、动画形象授权等解决该问题。由于资金不足，许多中小动漫公司没有足够的资金购买计算机，劳动者只能长期超时工作，高效利用现有计算机资源以弥补计算机数量不足所带来的缺失，而他们最后获得的报酬也极低。另外，许多小企业采取计件工资制，老员工平均每月能够绘制图画600张左右，新员工在400张左右，一张图画的价格在150～160日元，员工工资极低，同时缺乏稳定收入，导致人才大量流失。有数据显示，日本动画业离职率高达80%，动画制作的高级人才流向游戏产品制作业。

2. 缺乏精通国际市场业务的专业人士

同好莱坞大制作的动画相比，日本动画在国际市场运作方面还存在很大的差距。在合资项目上，日本大部分动漫公司缺乏同美国对手讨价还价的能力，这些公司认为能够获得与美国公司进行合作的机会就已经是一种成功，因而不惜做出

---

① http://baike.baidu.com/view/1526919.htm.

某种妥协和让步。由于缺乏精通相关国际规则的专家,日本动漫产品在国际市场的收益较低。日本最成功的动漫电影之一《千与千寻》在美国的全部销售收入为1000万美元,美国动画片《怪物史莱克2》仅票房收入就达到4.37亿美元。日本动漫版权所有者只有依靠强有力的谈判专家,才能够在国际市场上与对手针锋相对,获得平等的权利,保证签订合理的收益分配合同,有效地审核销售收入。如果日本公司拥有高水平策划能力和谈判能力的专业人士,在国际市场上就能得到远高于现有水平的收益,并获取更大的成功。

3. 动漫作品质量良莠不齐

日本著名动漫大师宫崎骏的作品以人道主义精神和丰富的感受力在国际上获得了极高的声誉,但日本其他许多作品在国际上被批评为过于暴力和色情。例如,1980年《魔神Z》（*Mazinger Z*）在西班牙电视台（TVE）上播放,仅播完前26集,电视台就取消了播放计划,主要原因就在于这部动画被西班牙人认为太过暴力。一些低质量的电视动画和电影动画在日本同样遭到批评,认为这样的影片剥夺了孩子们体会自然的美丽和人与人之间良好人际关系的机会。杰出的动漫作品来源于能够培养感受力和创造力的环境,但这种环境已经在一定程度上被动漫产业自身破坏了。

4. 来自国外日益激烈的竞争

在日本动漫产业开始出现越来越多问题的同时,国外的竞争对手正茁壮成长,日本动漫企业来自海外的竞争压力越来越大。例如,韩国原本是日本动漫制作的转包方,韩国自1998年提出"文化立国"方针以来,开始大力推进本国动漫产业发展,政府制定了相应的产业政策,每年拿出1000万美元用于支持本国小型动画制作公司的发展,韩国本土动画产业开始繁荣。另外,中国、新加坡、法国等国家的动漫企业也在政府的扶持和引导下快速发展,这对正走向空壳化的日本动漫产业造成了空前的威胁。

二、秋叶原——世界动漫迷的天堂

当人们提起动漫时总不免提到日本动漫,而提起日本动漫时又总会提到秋叶原这个地方。

（一）秋叶原简介

动漫产业发达的日本为世界培养了最大、最专业的动漫种群,它们以动漫知识为前提,以爱好者的热情为基础,依靠发达的科技水平,建立了属于自己的艺术体系——秋叶原。

秋叶原（Akihabara,あきはばら）俗称 Akiba,地处老东京东城门外,"二战"后这里形成了售卖稀罕的高品质电子产品的黑市,现在它已是与时代尖端产业同步的电器大街,也是世界动漫爱好者梦中的天堂。20世纪50—80年代,秋叶原的商店先大量供应电视、冰箱，随后是录像机和游戏机。如今，电子产品店、模型玩具店、动漫产品店和主题咖啡馆在这里并肩共存，新的办公楼及零售卖场综合楼鳞次栉比，秋叶原中的商业店铺已达到上千家。

1. ACG 语言

ACG 是在动漫界中使用率颇高的一个名词，它代表了"第三娱乐世界"[①] 消费时代的来临。ACG 为英文 animation comic game 的首字母缩写，是动画、漫画、游戏（通常指电玩游戏或 galgame）的总称。从 ACG 界传播开来的语言现今已渗透到了人们的日常生活中，尤其是在当代青少年群体中十分流行。

（1）二次元。在传统上，以平面的媒体所表现的虚拟角色，如漫画或动画中的人物，因其二维空间的本质，而常被称为"二次元角色"，以有别于现实（三维空间）的人物。但是，以三维电脑图像所制作的角色，因其处于虚拟世界，又具有立体性的概念，因而被称为"2.5 次元角色"。

（2）腹黑。从字面上理解即"肚子里都是黑的"。这是一句日文，原意为"心地坏的""黑心的""黑心肝""表里不一"，却常常将这些恶性方面演技般地加以伪装和掩盖，这种人表面上看起来总是笑意充沛、人畜无害、亲切有加，但却在几秒钟内的打量中就能精确地计算出以怎样的步骤让人自愿掉进 3 米外的粪池。

（3）BL/GL。BL 全名为 boy's love，指男人与男人之间的爱慕，亦可代表为男同性恋（动漫专用）；GL 全名为 girl's love，指女人与女人之间的爱慕，亦可代表为女同性恋（动漫专用）。

（4）罗莉/正太（名词、形容词）。罗莉意指"幼女"，即 12 岁以下之少女，后因各人见解不同，现只指外貌像小孩的女孩，其明确之定义为"依据个人观点而认知的小妹妹"。正太和罗莉属相反性别同义词，是指生理年龄为 3~15 岁的男孩。但因各人理解不同，现将其明确地定义为"依据个人观点而认知的小弟弟"。

（5）怪蜀黍（怪叔叔）（名词、形容词）。怪蜀黍一般出现在和罗莉有关的"邪恶"论坛，指那些喜欢罗莉、带有拐带和占有罗莉倾向的男人。

（6）脑残（名词、形容词）。脑残简称 NC，其有以下几种意思：①指不用脑袋思考便可以完成的事情；②火星人的想法、做法；③非正常、非主流（诸如常人看来很傻的话题，某些人却很乐意讨论它）；④傻了。

2. 一切从 Otaku（御宅族）说起

Otaku 的日文写法是おたく，字面直译为"你的家"，也就是我们通常所说

[①] "第一娱乐"是游戏的"纯现实版"。"第二娱乐"是游戏的"纯虚拟版"。"第三娱乐"是对动漫或游戏中的角色进行真人演绎，既有角色本身的规定性，又融入了扮演者自身的人格特征，是对熟悉角色的再创造，亦是实现自我超常理想的捷径。cosplay 是"第三娱乐"的创始者。

的"御宅族"（这是比较尊敬的称呼）或"宅人"。之所以这么称呼他们，主要是因为此"种族"对动漫及其相关衍生品的痴迷达到了疯狂程度，他们能一口气背出《五星物语》①编年史和《机动战士高达》②百科资料。换句话说，Otaku的责任就是最大限度地发挥自己的潜力，将自己对动漫的兴趣爱好完全展现出来，如此投入必然造就一大批无视现实、陶醉于二维与三维世界的"家里蹲"，"御宅"（守家的人）因此而得名。

Otaku不注重外表，穿着邋遢。除了对动漫里的二维人物和模型有兴趣外，当他们看到真实中的人时却变得不知所措、害羞、古怪。但随着动漫作品的日益普及，越来越多的人加入了Otaku行列，他们执着于自己的观点且决不让步，专心ACG研究直到癫狂，甚至为抢夺限量游戏聚众打斗，极端时还产生了骇人听闻的恐怖犯罪。至此，Otaku族被社会扣以冷漠的帽子，他们缺乏交流、不懂人情的电子游牧民族的形象渐渐根植于人们心中。Otaku开始被人警惕，他们的名声因动漫陷入谷底。

花落自有花开日。2005年夏，震惊ACG的"电车男③"事件吸引了全世界的目光：平庸的"御宅"拯救了危难中的大家闺秀，两人从此坠入爱河。但沉迷动漫过久的Otaku青年因为没有恋爱经历，对突如其来的爱情措手不及，不得已他在Otaku论坛上发帖请求帮助。于是，全国Otaku集体动员，采用群策群力的办法协助这位青年走进了婚姻殿堂。最后，那篇富有传奇色彩的长帖被新潮社编辑出版，Otaku通过一场纯爱革命终于走出了阴霾。

（二）漫话秋叶原动漫产业集聚历程

作为日本乃至世界最著名的动漫产品贩卖地，经常出没于此的Otaku自然充当了消费主力军，市场以Otaku的偏好为导向不断调整，直到建设成我们今天看到的动漫天堂。

其实，秋叶原在创立之初并不是一个游戏、动漫商品的集聚市场。在江户时代，秋叶原电器街一带曾是下级武士的居住地。明治以后，日本进入电气化时代，不仅开始使用电灯，而且1926年NHK的电台广播也正式开始了。作为了解消息以及娱乐活动的一种手段，收音机得以迅速普及，出售电线、配电器、开关、收音机器件的批发商人也随之多起来。太平洋战争爆发后，因用于军事，电机材料变得稀有，连电灯泡也采取配给制，此类商业买卖因而陷入了困境。1945

---

① 《五星物语》是日本漫画家永野护的科幻漫画，日本漫画界经典力作。
② 《机动战士高达》：日本真实系机器人动漫的元祖，自1979年至今不断有新作推出。
③ 《电车男》改编自一个真实的故事：一个网名为"电车男"的青年男子在日本最大的综合性论坛2ch（http://www.2ch.net）上发表了一个帖子，在这个帖子里，"电车男"真实地记录了自己和"爱玛仕小姐"偶然相遇并解救危难中的"爱玛仕"到认识交往过程中的点点滴滴，而在这期间，有很多热心网友为这个不通世故的御宅族出谋划策，"电车男"的经历于是在日本网络上成为人们津津乐道的话题。

年东京遭遇大空袭后，处于近乎全面毁灭的状态，秋叶原一带也几乎变成了焦土。

太平洋战争结束后，骏河台、小川町一带的黑市电器店渐渐开始专门出售收音机器件。根据1951年的摊贩整理条令，这些店被集中收容到秋叶原车站的高架桥下，据说这就是秋叶原电器街的起源，自此，秋叶原正式出售家电。20世纪80年代中期（秋叶原早期阶段），秋叶原以电器零售闻名遐迩，充足的货源、无所不有的最新产品充斥着这里的每个角落，巨大的现金流曾在日本市场占比10%，每逢节假日大型活动，整个秋叶原都挤满了抢购的人群，其中不乏全家齐动员的盛况。

伴随着家电商品饱和，秋叶原把目光投向电脑行业，转型速度之快令人诧异，仅仅几年时间，秋叶原成为日本最大的电脑爱好者集散地，光顾这里的人不再是一家之主，而是乐于接受新鲜事物的年轻人，他们交换游戏软件，相互交流，美妙的原创梦想使他们走到了一起，于是一个个同人①社团诞生了。虽然那时的社团无论规模还是技术都无法同现在相比，但他们的合作方式如今却为Otaku所沿袭。当时，同人社团参与者的水平还远远达不到Otaku的要求，秋叶原也尚未成为动漫迷们的朝圣地。不久之后，促进Otaku发展并在日后带动秋叶原繁荣的重要力量——网络出现了，足不出户便能资源共享的网络造就了一批狂热的"御宅族"，他们利用网络实现了心中所想——小到改编人气动漫作品，大到发布真正的原创动画供人浏览。拥有良好氛围并具有一定知名度的秋叶原抓住了机会，开展了多项针对同人社团的大型联谊会、招商会，许多有潜力的动漫新人和有价值的原创脚本、软件等都在此地金石闪光。

有了网络这片沃土，加上秋叶原作为媒介，苦于无处沟通的Otaku俨然找到了属于自己的组织。比起一般游戏商店，他们更钟情在秋叶原的专卖店选择商品，而且，不断强大的同人力量和日新月异的同人专卖店点燃了许多热血青年的斗志，秋叶原的名声在动漫圈子悄悄扩散，逐渐吸引了大厂商的加盟。1997年ACG专营店Gamers②落户秋叶原，1998年K-BOOKS及海洋堂③杀将而来，1999年被称为Dejiko的Gamers大楼建造完毕……秋叶原翻开了崭新的历史篇章！

2000年后，徜徉于秋叶原的每个人都会发现，这里动漫无处不在：月台上的大幅美少女广告牌，超大荧幕电视滚动播放的最新同人游戏、动画，人街上免费派

---

① 同人一词来自日语"どうじん"（doujin），也有人认为来自中国。原指有着相同志向的人们、同好。作为ACG文化的用词，指的是由漫画、动画、游戏、小说、影视等作品甚至现实中已知的人物、设定衍生出来的文章及其他如图片、影音、游戏等，或"自主"的创作。同人在各个地方的意思不太一样，字典里的意思与"同仁"类似。

② Gamers是一家在全国拥有19家连锁的ACG相关专门店，由日本株式会社ブロッコリー（Broccoli）经营。

③ 海洋堂成立于1964年4月1日，是总部设在日本大阪的一家知名玩具制造公司，也是日本知名的家族企业。

发宣传品的 cosplayer①，针对某作品建立的主题餐馆。当然，秋叶原最富有特色的还是女仆咖啡和执事红茶，前者是男性动漫迷的向往，后者是女性动漫迷的期望。凡是到过那里的人都感觉自己是生活在虚拟世界的王子或公主。

2000 年便风行 ACG 的秋叶原体系直到 2004 年才风靡中国台湾，2006 年才登陆中国大陆，究其原因还是媒体的宣传力度使然。以前提起 Otaku，即使土生土长的日本人也无法对他们完全理解，自然不会花大力气进行宣传。幸亏有了"电车男"，将 Otaku 的热血、正直公诸天下，把他们善良、纯洁的本性展示出来，否则秋叶原这个动漫朝圣地大概还在沉睡中。

（三）秋叶原特色动漫产业

经过 10 年的发展，秋叶原体系日渐完善，不但有男性消费者热衷的机械模型和罗莉手办②，还形成了专为女性消费者服务的"女人街"。

1. 综合商店

综合商店是销售所有 ACG 商品的地方，也就是游戏、动漫专营超市，每一层都有不同的分类和分区，从 CD、DVD 到书籍、游戏，应有尽有。广大玩家来到这里除了选购以上商品之外，还有另一个目的，就是淘到自己钟情的衍生品。一般大型综合店都会有打折或限量版衍生品发售，运气好的话，会碰到自己心仪已久的东西在大降价。此外，综合商店也设立了专门柜台销售同人动漫，如果某同人社团的商品打入综合商店，意味着在一定程度上证明了自己的实力。

2. 同人志专卖店

同人作为不受商业影响的自我创作或自主的创作，它比商业创作拥有更大的创作自由度：想创作什么，便创作什么。同人志则是这种创作的自制纸质出版物，这个界别则称为"同人界"。虽然所谓的同人志原本并没有特别限定创作的目标事物，但对一般人来说，此名词多指漫画或与漫画相关的周边创作。

同人志商品是秋叶原一大招牌，很多当今动漫界发烧级动漫迷都有制作同人志的背景。它寄业于原创作品，主要是为照顾个人兴趣而开发的，这类微妙的创作题材注定了其核心观念必须是不以营利为目的，没有过分复杂的商业化框架，宣传手段亦灵活多样，适合极端 Otaku 或热爱原创的动漫迷们。假如你不认同《名侦探柯南》动画中"新兰恋"的格调，可以去找找"柯哀命"同人团体创作的同人动画。

3. 二手市场交易店

这里可谓真正的珍宝屋，只要有足够的耐心和不怕吃苦的毅力，封藏版、限

---

① cosplayer：比较狭义的解释是模仿、装扮虚拟世界的角色，也被称为"角色扮演"。由此在网络上衍生出了新的含义，往往被用来形容"假扮某类人的人"。

② 手办：GK, garage kit 的缩写，字面意思就是套装模件。很多人误解其为所有树脂材质的人型作品，但其特指的就是未涂装的模件，是动漫周边创作的一种。

量版、绝密版的 DVD 都能找到。如果同店长很熟的话，他还会为你预留精品。但是，此地也有"恐怖宠物店"和"炼金术士屋"的称号，倘若你没有同等价值的东西拿来交换，一心想靠现金买卖，结果只能是流出大额现金。

4. 模型、cosplay 专卖店

20 世纪 80 年代以前的模型主要是军事、车辆等模型，科幻模型只满足低龄玩家的需要，制作很简单，因此，定价很低，价格一般都在 300 日元左右。而由于机动战士高达的成功，在成年人市场的需求下，原本只有 300 日元价位的高达模型紧接着便发行了定价高达 1000 日元甚至 3000 日元的面向成人的高达模型。也可以说，科幻模型是借助高达动画的巨大成功才发展到今天和军事模型分庭抗礼甚至略胜一筹的局面。

模型店专门出售上述各类动漫角色的模型、手办及其相关工具配件。cosplay 专卖店主要为动漫迷量身定制各种服装，因面料不同，价格也高低不等。不过，相比漫迷们在漫展上穿的衣服，秋叶原的缝纫水平相对专业很多。

5. 女仆咖啡与执事红茶

根据动漫、游戏虚拟场景予以现实化的咖啡馆和红茶坊，其服务人员均要接受纯动漫化训练，对每位客人进行无微不至的服务。女仆咖啡厅是一项新兴的行业，是以 1998 年 8 月东京角色展中的游戏《欢迎来到 Pia Carrot!!》为蓝本经营的咖啡厅，其后在日本成为一种风潮。餐点内容类似咖啡店，但服务人员穿着的却是 19 世纪维多利亚女王时期的服装。这也是一种次文化①，早期由日本东京秋叶原电气街开始兴起，之后扩展到日本各地。

女仆咖啡厅大多仿照 ACG 当中女仆的角色，由女店员担任女仆，并制作各种餐点，供到店的客人食用。店中的女仆会亲切地问候客人并称呼其为"主人"（日语：御主人样），客户群以男性为主，其中不乏 Otaku、ACG 爱好者及单身男性。由于"电车男"风潮的关系，这里也开始有情侣或女性前往女仆咖啡厅消费。

女仆咖啡厅与一般餐饮业最大的不同在于其提供消费者独特的体验，多半是为了体验旧贵族或资产阶级享受仆役服侍的快感。因此，女仆咖啡厅内女仆的服务方式被视为一种演出，而消费者也可以参与这种演出，以便更深入享受女仆吃茶的独特体验。

至于执事红茶，一位到过这里的中国女漫迷的感触是：墙壁和地面的质地完全不同于现实，执事个个风度翩翩，年龄从 20～60 岁不等。客人们离开的时候，服务人员会说："公主，白马准备好了，一路顺风！"

---

① 次文化：subculture。在社会学中，它是指在某个较大的母文化中，拥有不同行为和较少信仰的文化或一群人，亦称亚文化。次文化和其他社会团体之间的差别，在于它们意识到自己的服装、音乐或其他兴趣是与众不同的。

女仆咖啡厅、执事红茶店并非白领消费场所，它们的定价都很低，草根阶层也能承受。

三、秋叶原发展中的问题和未来展望

近年来，动漫正逐渐暴力化、色情化。而日本是一个生活节奏快的国家，越来越多的上班族饱受压力，却无处发泄，暴力的动漫恰好成为一些人的宣泄口，甚至有人直接将其付诸实践。而秋叶原是动漫圣地，也存在不少问题，不能不引起人们的思考。

（一）秋叶原存在的问题

1. 秋叶原高度繁华的御宅商业文化背后所隐藏的危机——秋叶原杀人事件

2008年6月8日在秋叶原发生了一起恶性伤害事件，一名男子在驾车撞伤路人后又下车用双刃刀刺向路人及警察，造成7人死亡、10人受伤。凶手名叫加藤智大，时年25岁，住在静冈县。加藤对自己的罪行供认不讳，称自己已厌倦社会，来秋叶原就是为了杀人。这次震惊日本的"无差别杀人事件"（意指无缘无故残杀无辜）恰恰发生在秋叶原，这无论对秋叶原经久不衰的商业还是对它所代表的"御宅族"文化都是一次重创。而罪犯把他的犯罪场所选择在秋叶原，也从一个较深的层面将社会心理及社会形态变迁紧紧联系在一起。

2. 政府政策重心由动漫业转向电器业

在秋叶原，早先的优势行业一直是电器业，但由于种种原因，秋叶原的动漫产业现今成为该地区的支柱产业，并且发展得相当完善。很多电器店铺已被电脑游戏、网络游戏、动漫店等商店所取代或挤占，整个秋叶原外貌发生了质变，以至于现在当人们提起秋叶原时，第一反应就是把它和动漫产业联系起来，而原先的核心产业电器产业的发展却停滞不前，失去了原有的优势和活力，这对以电器发家的秋叶原来说有点本末倒置。此外，随着20世纪90年代末互联网的兴起，实体同人志市场一度受到强烈冲击，2000年后，一大批同人相关杂志停刊倒闭。[1] 所以，日本政府近几年已经开始将经济政策重心转移到电器业上，大力扶植培养电器产业，动漫产业逐渐失去了政府的扶持，这无疑是对秋叶原动漫产业的打击，在一定程度上影响了秋叶原的动漫产业的发展和市场格局。

3. Otaku 逐渐减少

Otaku 是与社会脱节的人群，他们自我封闭，逃避现实，与外界缺乏沟通，对现实社会有抵触和不满，致使外界对他们多有不解并给其施加压力。宫崎勤1988—2006年连续拐杀幼女事件，直接导致御宅族减少甚至给日本整个ACG界

---

[1] 東園子：《紙の手ごたえ：女性たちの同人活動におけるメディアの機能分化（〈特集〉女性による表現文化の現在とメディア）》，《マス・コミュニケーション研究》2013年第83期，第31～45页。

带来了毁灭性打击。由于当时日本儿童性犯罪非常少见，该事件的发生引起了大多数日本人的震惊和愤怒，也使许多人尤其是教育家深刻反思。很多人开始抵制御宅族，还发起了类似"抵制有害书籍"的激烈活动，御宅族的数量因社会的压力开始减少，案件结束后的很长一段时间，日本市场才意识到御宅族是消费大军中不可缺少的主力军，御宅族渐渐又被人接纳。但因为御宅族自身的封闭性中以及社会舆论对其的压力，加上如日本动漫市场饱和、动漫作品质量下降、现今御宅族不再重视动漫学术的研究而是转变成消费宅族等原因，御宅族出现了逐渐减少的趋势。

4. 动漫游戏产品供过于求

其实大名鼎鼎的秋叶原并不是很大，但就是在这个东西宽 400 米、南北长 800 米的小地盘，却云集了逾千家专销店。（如果走进主干道"中央通"大街，你会发现整个秋叶原塞满了各式各样的流行用品。）在大大小小的店面中，有超大型连锁百货商场，也有二手旧货店甚至路边摊，从电脑组装零件、各种软硬件到家电、音响乃至最新的科技产品，甚至过时的科技古董，应有尽有。走进秋叶原，这里与其他地方一样弥漫着日本文化气息，大街小巷随处可见的自动售货机，让人见识到日本人追求便利的一面。近年来，由于个人电脑达到饱和状态，电子产品尤其是电脑的销量开始下降。随着时代的变迁，社会迅速发展，上班族增加，御宅族逐渐减少，加之秋叶原店面数量多，动漫游戏产品的大量贩卖，形成了一种供过于求的局面，一些销售动漫游戏产品的商店被迫关门。

（二）秋叶原的未来走向

未来，秋叶原不仅要巩固其世界一流动漫交流场所的地位，还要成为国际性的 IT 和资讯服务中心，那时就会有越来越多的 Otaku 进驻，为秋叶原文化贡献力量。

1. 保持发烧友及"御宅族"心灵归宿圣地的地位

发烧友的圣地，Otaku 的天堂，对技术和文化有着极端追求的两种人居然在同一个地方聚集，这就是秋叶原的神奇之处。各种非主流的文化汇成洪流。虽然 Otaku 由于自己的喜好，对秋叶原投入了 200% 的热情，但大多数 Otaku 仍然尊重主流社会。在秋叶原，可以发现很多发烧友对生活抱有热情和希望，并认为秋叶原是他们心灵的归宿圣地，下面就列举 NHK 2006 年的《秋叶原年末物语》里的一些例子。

《寒蝉鸣泣之时》[①]的作者，小时候因为父亲不让他玩游戏，受到小伙伴排斥。如今他是著名的同人游戏作家，一家人都在帮助他。如今《寒蝉鸣泣之时》

---

① 《寒蝉鸣泣之时》是日本同人社团 07th Expansion 所制作的同人游戏以及以此改编的广播剧、漫画、电视动画及电影。

已是一个了不起的自主发售游戏系列。

出生在一个基督教家庭的本原（大学生），小时候因为父母不和，搬入教会宿舍。17岁受到开除处分，走投无路的他想过自杀，但一个名为"蓝天使"的美少女使他得到了救赎，于是他成了美少女御宅族。一个月生活费7000日元，但在秋叶原，一上午他就花掉了5万日元。他也打算成为同人游戏作家，像他遇到的蓝天使一样，给不幸的人带来安慰。

衣知香在一所著名的大学攻读法律，打算将来当一名律师。她周末在一家女仆咖啡店当女仆服务员，并不是因为生活所迫，而是因为害羞而交不到朋友所致。《樱花大战》①这个有真人语音的游戏使她感动。她偶然来到女仆咖啡店里，发现这里人与人之间相处融洽，感到和他人接触很不错，并为这里的女仆服务员的工作感到骄傲。

世界超频纪录保持者大箸先生，四处挑选电脑配件。同一型号的产品，不同批号，性能是完全不同的。为什么要去超频呢？大箸先生回答："那和为什么山在那里一样。"

由于父亲早逝，继承了自己家那小得可怜的电子元件铺的岛山先生，因为孩子们的笑容，找到了工作的乐趣。

在秋叶原淘了一天小配件的松泽（12岁），回家和朋友制作了一个二极管霓虹灯（比我们做单片机实验还难）。他拿起一个二极管说："宇宙空间站也是由这些小零件组成的。"

沿着不同轨迹成长的人，必定有不同的心境和价值观，基于自己的价值观去嘲笑和批评他人的价值观与审美取向是毫无意义且可耻的。秋叶原已经在很多人心中奠定了地位，日后也会继续成为很多人心目中不可替代的一部分。

2. 延续交通枢纽一责，国际化加强并得以延续

秋叶原位于东京市区东北部千代田地区，处于环绕东京市中心的高速电车山手线上，山手线是JR东日本公司一条环绕整个东京市区的电车干线（日本的电车线路规模是超乎想象的，乘坐电车可以到达日本的任意地点，即使是北海道或者冲绳）。游客可以从东京站、上野站或者其他山手线上任意一站转车过来，交通非常方便。位于JR秋叶原车站东口的Yodobashi Camera"多媒体AKIBA"店已开张营业，店铺面积达27000平方米，是日本最大规模的家电产品量贩店，吸引了许多顾客。不仅如此，乘坐高速列车的乘客有许多人对科技情报感知度较高，秋叶原也与之相呼应，发展成为IT中心。各个店铺的店员拥有丰富的专业

---

① 《樱花大战》是日本世嘉公司发行的著名系列游戏作品。

知识，能对顾客做出详细的解答，而且不少店员能用中文、英语、韩语来接待顾客。

秋叶原西口商店街振兴会于 2004 年 11 月成立了观光部，在东京都内以宾馆为主的 120 个场所发放了标有中英韩三国语言的地图。来日本旅游、出差的外国人开始光顾秋叶原，并购买日本的家电产品（收音机、随身听、音响组合、游戏机等）作为礼物带回去。面向这些外国顾客的免税店以及拥有免税柜台的商店逐渐增多，可以说秋叶原已成为一个国际化的奇妙场所，名声已传播开来。

参考文献

［1］陈磊. 日本动漫产业优势分析［J］. 传媒，2008（3）.

［2］山田一人. Akihabara as magical space［J］. 法政大学大学院，2014（72）.

［3］姚林青. 繁荣与威胁：日本动漫产业现状分析［J］. 艺术生活，2007（5）.

（改编者：陈骁琦　勾延君　殷亚丽）

思考题

1. 你怎样看待 Otaku？如何使 Otaku 的形象在人们的心中更加正面？
2. 日本动漫市场由于逐渐饱和而出现衰退迹象，你如何看待这个问题？
3. 结合日本动漫产业及秋叶原的发展模式，分析我国动漫产业存在的问题以及发展趋势。

文化旅游产业篇

案例1

从水乡古镇到文化小镇：文化乌镇的转型模式

江南古镇很多，比较有名的有同里、周庄、西塘、南浔、甪直和乌镇，称为江南六镇，其中3个在浙江，3个在江苏。小桥、流水、人家是古镇三味，但每个古镇各具特色。

同里位于太湖之畔古运河之东，五湖环抱，镇内河道纵横，建筑依水而立，众多建于各个年代的古桥密集于此，因而以"水乡古桥"著称。最为出名的桥——"同里三桥"即太平桥、吉利桥和长庆桥。

周庄是典型的水乡，被海外报刊称为"中国第一水乡"。周庄的特点则为纯秀、古典，民族味儿很浓。

西塘因为原汁原味未经开发而为游人所津津乐道，也就是说它还保持着一种原生态。不过古西塘在清末就被焚毁，现在的西塘是从清末到民初建造的，而且这里大多数的房子过去是比较贫穷人家居住的，所以，西塘其实并不是典型江南古镇的代表。

南浔是古代江南六镇之首，其繁华和显要是周庄、同里无法比拟的。南浔的卖点在于有众多的江南名园，中西合璧是南浔建筑风格的最大特点，也是南浔迥异于一般江南古镇之所在。其中，最著名的是江南名园小莲庄和嘉业藏书楼。

甪直，其地理位置优越，水陆交通极为便利。古镇居民保留了几百年前古老生活的意韵、淳朴、宁静和幽雅。甪直古镇有很多有名的风味小吃，水乡独有的吴东妇女服饰是古镇最亮丽的一道风景线。甪直的另一大特色是水多桥多，桥多而密，但这也是同里、周庄作为江南水乡的特色，因而甪直在这一点上不具有强大的竞争优势。

乌镇是中国江南的"封面"，以其"千年积淀的文化"和"原汁原味的水乡"成为中国十大历史文化名镇之一。毫无疑问，乌镇是目前江南古镇中保护性开发最好的一座。乌镇虽历经沧桑，但仍完整地保存着原有的水乡古镇的风貌和格局，是典型的江南水乡古镇，素有"鱼米之乡，丝绸之府"之称。

一、梦里水乡——乌镇

乌镇是世人梦里的水乡，这里没有名声带来的喧嚣，没有急功近利的躁动，有的只是宁静、安详和让人感动的沧桑。

乌镇位于浙江省北部丰饶的杭嘉湖平原，地处上海、杭州、苏州三大城市构成的金三角中心位置，分别有三条高速公路和国道相连，交通便捷。古老的京杭大运河穿镇而过，镇区由十字形的水系划分为东栅、西栅、南栅、北栅四个区域。从公元872年建镇以来，乌镇的镇名、镇址及生活方式都没有改变，传统建筑依旧保存完好。

（一）历史渊源："乌戍"——"乌镇"①

对谭家湾古文化遗址的考证表明，大约7000年前，乌镇的先民就在这一带繁衍生息，那一时期属于新石器时代的马家浜文化。

春秋时期，乌镇是吴越边境，吴国在此驻兵以防备越国，"乌戍"一名就由此而来。

秦时，乌镇属会稽郡，以车溪（即今市河）为界，西为乌墩，属乌程县，东为青墩，属由拳县，乌镇分而治之的局面由此开始。以后，乌镇或属浙江的湖州、嘉兴管辖，或属江苏的苏州治理，一直到1950年。至于青墩之"青"的来由，王雨舟在《二溪编》中指"恐与乌接壤故以青为别"。

唐时，乌镇隶属苏州府。唐咸通十三年（872）的《索靖明王庙碑》（朱洪撰并书，吴晔篆额）首次出现"乌镇"的称呼，此前无据，这一时期的另一块碑《光福教寺碑》中则有"乌青镇"的称呼。乌镇称"镇"的历史可能从此开始，当时，镇地设置有镇遏使的官职。

元丰初年（1078）已有对乌墩镇、青墩镇的记载，后为避光宗讳，改称乌镇、青镇。（南宋宋光宗登基，名惇，念"敦"，于是天下念"敦"的字全不能用，自此之后乌墩就定称为乌镇。）

但何以称"乌"呢？有很多种说法。一说是"越王诸子争君长海上分封于此，遂为乌余氏，故曰乌墩"；一说是"因土地神乌将军而名乌"；一说"乌有乌陀古迹，青有昭明青锁"，故有乌、青之名。此数说前人都提出异议，以为或无证，或附会，或缺乏历史常识，卢学博编修《乌青镇志》时已详加批驳。同时，他提出一个较为合理的说法，这个说法是清康熙二十七年（1688）乡贤在《乌青文献》中提出的："乌墩、青墩之名，其从来远矣……大都江山自开辟以来，何有其名字？皆世谛流布相承耳，如'齐鲁青未了'，'澄江静如练'，是为山水传神写照语也。乌青之义盖类此。"

---

① 《乌镇渊源》，http://www.wuzhen.com.cn/web/introduction? id=2。

民国元年（1912），乌、青两镇依旧分治。

1950 年 5 月，乌、青两镇合并，称乌镇，属桐乡县，隶嘉兴，直到今天。

（二）发展现状：传统文化传播者与中外文化交流使者

乌镇是河流冲积平原，沼多淤积土，故地脉隆起高于四旷，色深而肥沃，是典型的江南水乡。如今的乌镇地处桐乡市北端，西临湖州市，北界江苏吴江市，为两省三市交界之处。一条河流贯穿全镇，两岸房屋建筑全部面向河水，形成了水乡迷人的风光。

乌镇的河网在镇内担当一条主要的纽带，它与主干道重合，连桥成路，流水行船，使乌镇的平面格局行成亦路亦水的形式。这个水网体系联结京杭运河、太湖和乌镇的池塘、水井，理想地解决了农作、饮用、排水、观赏、运输等水问题。同时，十字形的内河水系将全镇划分为东南西北四个区块，分别称为东栅、南栅、西栅、北栅。从 2001 年东栅景区正式开放到 2007 年开放西栅景区，首创了"乌镇模式"，整体上实现了保护面积的不断增加、保护深度的不断延伸。从"修旧如故，以存取真"到"实现历史街区的再利用"，种种保护开发理念均处于国内领先水平。尤其对乌镇西栅的保护，除了强调保护对象的遗产价值外，更重视其本身的实用功能，在考虑历史古镇旅游价值的同时，进一步考虑了古镇发展与人类生活如何和谐统一等问题，使古镇不再是一个单纯的观光博物馆，而成为一个功能完备、现代与古朴完美结合的生活社区。

乌镇以得天独厚的旅游资源，于 1991 年被评为省级历史文化名城。

1999 年，开始古镇保护和旅游开发工程。

2000 年，推向市场，获得巨大成功，当年游客总数约 55 万人，其中外国游客就有 5 万人。

2009 年，在全球金融危机的大背景下，乌镇旅游接待游客 324 万人次，实现收入 3.03 亿元，净利润 9065 万元。

2010 年，乌镇成为在上海世博会上国内唯一介绍"历史遗产保护和再利用"经验的江南古镇。

2012 年，乌镇景区游客接待量就突破 600 万人次，超过黄山，一举名列全国第一。

2013 年，开始举办"乌镇戏剧节"。

2014 年，乌镇成为"世界互联网大会"的永久会址。

2015 年，木心故居、乌镇互联网医院等陆续登场亮相。

2016 年，北栅丝厂的"乌镇国际当代艺术邀请展"开展。

2022 年，乌镇被确定为第二批国家级夜间文化和旅游消费集聚区。

....

乌镇景区已不是单纯的"观光游"景区，而是一个集休闲度假、养生养老、文化创意于一体的国际休闲文化小镇。如今，乌镇模式①不仅走出了乌镇，在北京密云开发古镇，而且还走向了海外。从桐乡到长三角，从国内到国际，从东南亚市场到欧美市场，每一次开拓似乎都有着跨越式的发展。凭着"江南水乡"这一张牌，现在的乌镇想象空间变得更大了。

从充裕的接待能力、便捷的交通状况以及乌镇旅游在景区周边近千亩的土地储备情况看，乌镇旅游同时兼具打造旅游综合体的能力和收入持续快速增长的条件，而作为历史文化名镇，乌镇在展示我国古老文化的非凡魅力和东方生活的传统精髓的同时，也成为传统文化的传播者和中外文化的交流使者。

二、乌镇的古镇转型发展

（一）乌镇古镇转型发展的策划团队

1999 年，桐乡市政府发文成立乌镇古镇保护与旅游开发管理委员会，并由市政府牵头，由市财政局、建设局、国土局等 13 家共同出资 1300 万元，组建"乌镇古镇保护与旅游开发有限公司"，再由公司进行融资。乌镇古镇保护与旅游开发管委会主任、乌镇旅游开发公司董事长陈向宏，被乌镇人称为"总规划师""包工头"。生于乌镇的他，在上海同济城市规划设计研究院的协助下，1999 年开始白手起家，对乌镇进行保护与开发，是乌镇保护的创始人、规划设计师及组织实施者。他独创性地在全国率先提出"历史街区再利用"的保护思路。在实施对乌镇历史建筑风貌的系统保护的同时，致力于文化传承与发扬光大，历时十余年的亲力亲为，将一个默默无闻濒临消亡的江南小镇打造成为世界著名的江南古镇典范，并获得了"2003 年亚太地区遗产保护杰出成就奖"。

中青旅控股股份公司（简称"中青旅"）于 2006 年 12 月 24 日正式公告，宣布以 3.55 亿元对乌镇旅游开发公司实施增资控股，这使得中青旅在走向国际化大型旅游运营商的道路上迈出一大步。如今的乌镇旅游股份有限公司（以下简称"乌镇旅游"）是中青旅和桐乡市政府共同持股的大型旅游集团，主营景区、酒店、房产、旅游纪念品和旅行社等。

在乌镇发展中，政府与市场全方位运作，政府经营平台、企业经营市场、民众经营文化。

（1）政府经营平台。乌镇旅游开发由桐乡市政府直接领导。1999 年，桐乡市决定实施乌镇古镇保护与旅游开发工程，组建了乌镇古镇保护与旅游开发管理委员会，确立了政府主导、市场运作、企业经营的运作机制，市政府在组织领

---

① 乌镇将先进的管理理念实践于对古镇的保护中，对古镇保护开发方式做了有效的探索，积累了成功的经验。如管线地埋、河道清淤、修旧如故、控制过度商业化等工作，都是在全国古镇保护开发中首创或成功运作的典范，受到了专家和同行的肯定，被联合国专家考察小组誉为古镇保护之"乌镇模式"。

导、人员调配、资金投入等方面发挥了积极作用。乌镇古镇保护与旅游开发有限公司①组建后,国资与管委会合二为一,注资从无到有,建立开发平台,并买断西栅景区内的所有房子。

(2) 企业经营市场。中青旅的入主,不仅直接为乌镇引来了大量游客,更是将中青旅先进的管理理念、开发理念带给了乌镇;IDG 的加盟,推动了乌镇资源变资本、资本变资金,为乌镇旅游上市做文章。有了中青旅、IDG 的资源、资本、资金,乌镇才能长线开发、持续投入。一个典型例子就是乌镇旅游花 4 亿元把西栅所有电线蛛网污水等全部地埋,保护了古镇的原生风貌。

(3) 民众经营文化。乌镇重视展示和挖掘古镇完整的生活形态与深厚的地域文化,将"名人文化""民情民俗文化"发挥得淋漓尽致。景区内本地的夫妻民宿经营者、作为旅游志愿者的老居民、戏剧节及文化演艺的参与者、童玩节的儿童家庭……民众将乌镇文化体现得淋漓尽致。

(二) 乌镇古镇转型的发展阶段

1. 旅游观光古镇 (1999—2006)

一期东栅景区定位为旅游观光,历史与民俗文化有机结合。

1998 年,乌镇委托上海同济城市规划设计研究院编制《乌镇古镇保护规划》,规划明确了乌镇古镇保护和旅游开发的整体发展方向,并将整个古镇划分为绝对保护区、重点保护区、一般保护区和区域控制区四个不同等级的保护区域,提出不同等级的保护措施,保护范围和缓冲面积达 198 公顷。

1999 年,乌镇东栅景区块保护开发工程经过周密调查,制定了《乌镇古镇首期整治保护总体规划》和详细的修复与整治方案,开始实施乌镇古镇保护与开发的东栅工程,简称"东栅景区"。在规划的全面实施过程中,乌镇为了达到"四个最"(即保护最彻底、环境最优美、功能最齐全、管理最科学)的目标,具体实施了遗迹保护工程、文化保护工程、环境保护工程等"三大工程",在全国古镇、古城保护中,首创了和成功运作了"管线地埋""改厕工程""清淤工程""泛光工程""智能化管理"等保护模式,昔日的江南明珠拂去了它的灰尘,重新焕发出动人的光彩。

2001 年,乌镇保护开发东栅工程东栅景区正式对外开放,一期景区面积约 0.46 平方公里,保护建筑面积近 6 万平方米,以其原汁原味的水乡风貌和深厚的文化底蕴,一跃成为中国著名的古镇旅游胜地。开放以来,乌镇每年吸引 200 多万海内外游客前来观光游览,成为浙江省年接待外宾数量最多的单个景点。先后成功接待了江泽民、吴邦国、温家宝、钱其琛、李岚清、乔石、李瑞环、李鹏等

---

① 陈亚萍:《探寻高质量发展的乌镇模式全域旅游发展的"桐乡样本"》,《钱江晚报》2018 年 12 月 4 日。

众多党和国家领导人,以及亚太经济合作组织(APEC)会议嘉宾。2002年被评为国家首批4A级景区之一,并获得联合国颁发的"2003年亚太地区遗产保护杰出成就奖",更是连续三年进入"全国重点旅游景区旅游信息定点播报单位"系统。《似水年华》电视剧的播出,更使得乌镇"观光小镇"的名声大噪。

截至2003年,累计上缴税收2700万元,2004年的税后利润3550万元,改造工程所借贷款全部还清。

2. 休闲度假小镇(2007—2012)

二期西栅景区:商务会议及国际休闲度假,是目前国内最完美地融合了观光体验与休闲度假功能的古镇景区。

乌镇古镇保护一期工程的成功,保护了乌镇宝贵的历史风貌和遗产,同时也给乌镇的地方经济带来了蓬勃生机。但由于其面积占乌镇总面积不足1/4,还有大量的经典明清建筑群尚待保护修复,另外,受地理环境的限制,无法为游客提供更完善的服务。因此,乌镇从2003年开始启动省级重点项目——乌镇古镇保护二期工程(西栅景区),投入10亿元巨资对乌镇西栅实施保护开发。2007年西栅景区正式对外营业。

西栅景区占地面积3平方公里,毗邻古老的京杭大运河畔,由12个碧水环绕的岛屿组成,需坐渡船进入,真正呈现了原汁原味的江南水乡古镇历史风貌。相对一期东栅景区的保护开发工程,二期西栅景区的保护开发更加完善彻底,人和环境、自然、建筑更为和谐。一、二期景区最大的区别在于,一期是与其他古镇类似的"观光型"景区,而二期街区内具有名胜古迹、手工作坊、经典展馆、宗教建筑、民俗风情、休闲场所,还设置了各类风格的民居特色客房和各种档次的度假酒店、设施齐全的会议中心和商务会馆,可供800余人住宿;游客服务中心、观光车、观光船、水上巴士、直饮水、天然气、宽带网络、卫星电视、电子巡更、泛光照明、星级厕所和智能化旅游停车场等配套设施一应俱全,以及独具江南风情的民宿、配备完善的星级度假酒店、奢华高雅的高档会所等,拥有客房2000多间,可同时供3000余人入住。西栅景区内共有大小会议室100余个,其中包括大型多功能会议厅、小型会议室、贵宾接待厅,设施齐全,拥有设备先进的同声翻译系统。餐会形式也是多种多样,西餐、中餐、自助餐、露天酒会、长街宴……乌镇景区培训出一支专业的商务会议接待团队,承办各种大小商务会议及拓展培训。乌镇整体上创建了一个食宿游购逐渐完备的新型古镇社区,使古镇不再仅仅是一个"活化石""博物馆",而是完美地融合了观光与度假功能的"观光加休闲体验型"古镇景区。历史、文化、自然、环境、人文有机融合,先进完善的服务设施配套,乌镇真正成为观光、休闲、度假、商务活动的最佳旅游目的地。① 2010年,乌镇旅游荣膺嘉兴市首个国家5A旅游景区称号。

---

① 《中国乌镇 保护开发》,http://www.wuzhen.com.cn/web/introduction?id=2。

3. 文化地标小镇（2013年至今）

三期转型：文化旅游和智慧旅游，将传统古镇与文化创意产业、"互联网+"完美结合。

2013年，投资4亿元的乌镇大剧院正式竣工，成为乌镇最具特色的文化地标。同年，乌镇戏剧节举办，虚实结合，从做平台向做内容升级，从开发思维向运营思维、服务思维转型，推动乌镇向文化小镇的全面转型。乌镇戏剧节总投资5亿元，由华语戏剧界极具影响力的赖声川、黄磊、孟京辉等共同发起，共邀全球戏剧爱好者和生活梦想家来到乌镇体验心灵的狂欢。首届乌镇戏剧节于2013年5月9—19日举办，6个剧院/剧场，"国际邀请、青年竞演、古镇嘉年华"三大单元，逾120组艺术表演团体，500余场精彩演出，乌镇朝着文化小镇迈出了重要一步。

文化乌镇继乌镇戏剧节之后又推出"乌镇戏剧孵化基地"这一造梦项目。"文化乌镇"将会与众多知名艺术家展开合作，邀请知名艺术家落地乌镇，并提供一定条件供艺术家驻地创作与排练，创作作品将于乌镇首演，这种引凤筑巢的演出邀请方式旨在复兴本土文化，活跃、培育、丰富文化创意产业。同时，为了扶持和鼓励青年艺术家的创作，乌镇戏剧孵化基地还特别设置青年艺术家驻地创作项目，重点邀请青年艺术家带现有作品前来乌镇演出，同时提供一定的条件供青年艺术家在乌镇演出期间孵化创作一部全新作品，并于乌镇首演，这种"1+1"的演出邀请方式在国内尚属首创。

除了乌镇戏剧节和乌镇戏剧孵化基地，在文艺复兴的道路上，"文化乌镇"正在开展国际艺术双年展、木心美术馆开馆、演员村打造等一系列的文化盛事，并将陆续推出高水准的艺术表演和文化交流项目，让乌镇成为国际表演艺术的一流殿堂、艺术教育普及的实践者、中外文化交流的活跃平台以及文化创意产业的重要基地。"北栅"将打造"创意民俗"，以艺术工坊、民俗手工作坊、动漫展演为特色的创意集聚区，含艺术工作室、服装创意园、艺术展览馆、艺术酒店等主力业态。

随着2014年世界互联网大会永久落户乌镇，这个传奇的江南小镇魔术般地发生着变化。跨越千年的古镇文化与引领未来的网络文明，在这里融会贯通、交相辉映。通过乌镇的"互联网医院"，人们可以找全国的医生看病。在乌镇公共自行车服务点，外地游客不需要办卡，只需微信扫描二维码就可以直接借车。乌镇智慧养老综合服务平台以乌镇居家养老服务照料中心为载体，惠及1.5万乌镇老年人，既能为老年人提供集中照料与居家服务，也借助老年人家中的智能居家照护、SOS呼叫跌倒与报警定位等设备，将服务延伸到老年人家中。2015年9月，浙江省政府批复同意设立乌镇互联网创新发展综合试验区，将以乌镇为核心，辐射周边，打造浙江省信息经济发展的示范区、全国"互联网+"发展的先行区。同时，通过打造云游古镇、智慧安居、智慧养生、智慧会展、智能开发和保护、智慧环境等工程，进一步让智慧乌镇更智慧。

现代文化引入古镇，反而让古镇魅力四射。旅游加文化的驱动，才能带动整个镇的商业和产业，所以，越是做一些与古镇旅游看似不着边的事情，乌镇反而越办越好。乌镇是平台，是一个能承接现代艺术、科技、文化的平台，通过乌镇的平台，向周边地区的产业链和经济发展辐射。如何以文化带动旅游，促进创意产业发展，复兴文化乌镇？任重道远。

（三）乌镇古镇转型的发展模式

全面考察乌镇模式，其核心经验在于形成一套将景区公司、古镇居民和外来游客都包含在内的系统解决方案，在形成共赢的基础上对古镇这一同质化程度极高的产品进行脱胎换骨式的系统改造，形成一个崭新的古镇旅游产品，从而赢得市场。分析乌镇模式，可以从发展模式的四个要素展开解析。①

1. 产权方面

一般而言，古镇开发旅游，大多采取租赁经营或者集体经营方式。因为古镇既是旅游景区，又是居民区，各处房产归属不同居民，产权很难统一。乌镇在其西栅景区开发中采取整体产权开发模式，这是全国古镇开发中独一无二的模式。乌镇西栅景区在开发中采取先投资、后开发的方式，即先以全资买断西栅所有原商铺和住家的房屋产权，此举投入资金达 3.5 亿元之巨，在此基础上实现整个景区开发的主体一元化，规避了开发中主体多元化带来的诸多弊病。

目前很多古镇开发走的都是边规划、边建设、边经营的路子，这样的开发模式大多为古镇开发的初始阶段所采用，这样做的好处是投资少，见效快，能迅速启动古镇经济突破性发展，但是古镇的深度开发却变得困难重重，这也是我国古镇发展中遇到的共性难题。古镇房屋的产权大多属于居民，他们是业主，纵有规划，也无权强制其改变用途。旅游开发起步时，居民还不知利益所在。一旦人气旺起来后，房租飙升，小小店面一个月收入几千元租金已很平常。在巨大的利益驱动下，业主纷纷装修改造，要么自己经营，要么出租经营，古镇整体风貌被"肢解"，成了低档、重复和杂乱无章的店铺麇集。房屋产权分散在各家各户手中，很难实现整体布局，更别说行业管理。因此，产权是古镇开发的诸多问题的根源。

基于获得整体产权的前提，乌镇西栅景区在开发中规避与居民之间的矛盾，实现统一规划、统一设计、统一改造和统一经营，打造成为旅游精品。从经济学上讲，乌镇模式是将交易成本内部化，通过产权整体买断，乌镇就不必和各个房屋的所有者进行谈判和交易，使得开发中的阻力降至最低。

---

① 参见郑世卿、王大悟《乌镇旅游发展模式解析》，载《地理研究与开发》2012 年第 5 期，第 85～88 页。

2. 产品方面

产品方面，乌镇在定位、基建改造和资源挖掘三方面都很有自身特色，从而打造出一个与众不同的古镇旅游产品，形成对市场的吸引力。

（1）定位：乌镇一期定位观光市场，人均消费一直在100元左右。乌镇二期的市场定位是一线城市的高端客源，包括高端休闲散客和商务客人，极大地提升了人均消费，人均消费达到1000元，已经成为营收的主力。古镇旅游大多定位在观光市场，容量有限，往往只有半天的游程；同质竞争激烈，价格战呈常态化；观赏内容有限，景区营收以门票为主，这样的开发模式对古镇资源的破坏比较大，同时游客在熙熙攘攘中获得体验不足。正是开拓海内外高端商务和休闲市场，西栅景区的经济效益实现突破性提升，无论是来西栅开会还是住宿，都需要支付门票（120元），这无疑提升了游客进入的门槛。同时，乌镇戏剧节、乌镇国际当代艺术邀请展、世界互联网大会等，确立高端市场的定位，使景区保持较低的游客密度，从而精心营造迎合高端客源的环境氛围。

（2）基建：脱胎换骨式系统改造。大凡古镇，谈及保护必言整旧如旧，保护亦多以浅层保护为主，即主要对古建筑的表面进行协调性修复，以达到原貌修复的目的。但是这种保护措施仅仅是"穿衣戴帽"，对古建筑而言没有实质性作用。而古镇的水电、卫生等条件难以满足现代消费者的居住需求，因此，一般来说，古镇的住宿产品往往是低端的，即使投入大力气进行部分改造，也往往受制于水电煤卫和电视、电信等系统。

乌镇在保护开发中采用创新理念，实施的是"脱胎换骨"式的系统改造，使得古镇重新焕发生机，处处显示出活力。乌镇"脱胎换骨"式系统改造可以分解为五个方面：①基建改造。乌镇实现了管线埋放、河道清淤、给排水系统、水电煤系统的全面改造，这种改造在古镇开发中是全国首例。②外部整治。整治的对象还是建筑立面和空间、周边环境，但是出发点不再是整旧如旧的单体修复，而是基于街区风貌的整体打造。在整治方法上，不仅对建筑外立面进行协调性修复，更要对建筑外围环境进行系统整治，营造适合人居的大环境。③内部改造。改造就是对历史建筑内部空间进行重构，包括对室内空间重新分隔、安装现代厨卫设备、提升人均居住面积。改造好的古建筑，有现代化的厨卫设施，有布局合理的电路，有更舒适的居住空间，有更好的采光，更适合居住。④功能注入。乌镇将新增功能注入古建筑中，如古镇水上消防队、公共厕所、监控中心等都是依托古建筑的内部改造，实现功能的有效注入。如此做法保证了古镇整体风貌的统一，又实现了新增功能的注入。⑤社区配套。社区配套主要是按照现代居住社区的标准，配套包括公共场所、社区休闲活动空间、人文活动设施及旅游配套设施。乌镇专门建立居民晨练场所，修复戏院、书场、露天电影场，服务社区，更让游客体验到真实的古镇生活。乌镇将保护与再利用结合起来，投入数以亿计的资金对古镇进行立体式、全方位的深度改造，实现了开发与保护的兼顾，可以说是重塑了一个新古镇。经过改造，乌镇的客房都具有三星级以上的硬件标准，部分会所达到了五星级标准，更有享誉全球的小型豪华酒店组织授权经营的乌镇会所。这样的改造不仅使得古镇有目标客源所期望的优美景致，更有高端游客所期望的居住条件，留住了客人。

（3）资源：激活生活文化。乌镇的旅游开发依据当代旅游市场的现实需求，激活历史文化，古为今用，洋为中用，凸显文化创意大众化、动态化、生活化、趣味化的特点，从而赋予了古镇旅游文化的生命活力。古镇居民的生活内容和生活方式与普通游客很贴近。如蓝花印布已经成为当代城市的酒店、餐馆和家居中很有民间气息的装饰点缀，乌镇就办起了染坊。再如当铺和茶馆，当铺是这个地区市场经济发达、资金急需流转的标志。历史上，乌镇有很多茶馆，茶馆旁边有卖烟丝的小店，老百姓常常来早市、喝早茶、抽旱烟。这些非常生动的社会生活场景，乌镇在旅游开发中将之一一激活。

在动态化方面，一是延续历史文脉，举办大型节庆活动，如具有浓郁乌镇特色的香市节，就相当于当地的"狂欢节"，移植过来与旅游结合，敛聚了人气。二是将评弹、皮影戏等一些文艺节目按旅游需求重新编排，在夜间露天表演或公开表演，丰富旅游夜生活的内容。三是重视传统手工艺市场机制的建立和历史街区传统老店的恢复。乌镇恢复传统产品作坊的生产，如酱坊与茶馆，补贴传统特色老字号商店的营业运转，同时，将历史物化闲置公共建筑注入新的功能，如恒益药店和乌镇邮局。激活文化，还原生活，乌镇为游客准备的不仅仅是凝固的建筑，更是生动的古镇生活，这也是游客最希望体验的内容。

3. 经营方面

乌镇经过一期、二期的努力和实践，取得了优秀的经营绩效，综合营收已经超越丽江，直逼黄山。复合经营、统一经营和专业管理是乌镇取得成功的根本原因。

（1）复合经营。古镇旅游开发基本上靠门票经济，除此之外就是一些购物与餐饮，经营的业态比较单一。而对乌镇来说，门票只是进入门槛，景区内的多业态复合经营才是营收的主力。乌镇一期和二期开发出住宿、会议、餐饮、娱乐等多元化产品，实现复合式经营，景区内酒店餐饮消费较多，因此，游客组成及旅游消费的结构变化使得收入增长幅度远大于游客量增速。这也是日渐清晰的乌镇经营模式所应该带来的效应。尤其值得一提的是会议市场，乌镇二期内共有大小会议室100余个，其中包括大型多功能会议厅、小型会议室、贵宾接待厅等，设施齐全，已成功接待大小会议千余场，如中科院院士会议、中法文化遗产保护论坛、IBM全球总裁高峰论坛、拜耳医药和飞利浦电器等国际高规格会议都曾在此举办，而近些年的世界互联网大会更是将乌镇推到了世界人民的面前。

（2）统一经营。在业态上实施复合经营，在管理上却实施统一，乌镇成功破解古镇过度商业化和业态同质化两大难题。在整个景区内，游客绝对不会遇到强买强卖，更不会听到吆喝叫卖声。乌镇所有商铺的承租户由公司来发工资，卖茶的就只能卖茶，捏面人的店铺只能出售面人，亏的钱由公司补贴。二期也对外出租餐饮店面，但是承租并不是价高者得，而是要求承租户给出经营的内容和装修的效果图，符合二期整体经营需要的承租户才有机会获得这个店面。乌镇二期除大型餐馆之外，原住户可以租赁原有住宅开展餐饮，但是每户只能同时接待两桌客人，并且菜品和菜肴价格由公司统一制定，这也有效预防了经营中拉客宰客行为的发生。

（3）专业管理。在高层管理者中，包括中青旅在内的战略投资者虽然在出资中比例占据较高，但是并不参与日常管理。一期开发时，政府成立相应的旅游开发项目公司，相关资产以政府财政划拨的形式注入项目公司（或者以资产作价形式出资，资产所有者拥有项目公司相应的股权），项目公司以政府组织注入的资产为抵押，向银行借款，获得的资金用于古镇旅游项目的开发，政府不参与管理。二期在开发中，与政府、外部集团三者之间达成和谐的共识，即开发只由当地公司独家全权运作，政府与外部集团不予干预，仅按股份获得相应利润。二期的运营仍由以陈向宏为首的专业团队负责，这是难能可贵的。

古镇旅游开发需要专业人才，日常运营也需要专业人才，不因资本而改变治理结构，而以专业确立高端人才的管理岗位，是乌镇模式的一大亮点。很多古镇的从业人员来自居民，缺乏专业素质，这也导致服务水准不够。乌镇二期引进和聘用不少外部人才，也加大了对从业居民的培训力度，从而保证了景区的服务水平。

4. 社区参与方面

（1）社区重构。与其他古镇开发不同，乌镇将全部居民迁出，景区内的居民主体是游客，除此之外都是工作人员，这样的社区重构使得一般古镇开发中的居民与游客的矛盾不复存在。即使是居民租赁自己原有房屋经营餐饮，与游客之间也是服务关系，并且需要在公司统一的规范下进行经营，矛盾基本被消除。整个乌镇在一期、二期的改造下，有各种现代生活设施，为游客在景区内的生活提供诸多便利。而这样的现代生活设施却存在于古镇的形态下，使得游客可以深度体验古镇生活。可以说乌镇改变了一般古镇开发的社区关系：对于一般古镇而言是作为外来者的游客在乌镇却是真正的"镇民"；原有居民却成为进入景区务工的外来者；景区开发公司不再是居民房屋经营权的承租者，而是居民承租开发公司的房屋开展经营。正是这种颠覆式的社区重构，给游客以新鲜的古镇深度体验，也赢得了市场的支持。

（2）改善民生。乌镇旅游开发在民生方面做了三件事：①再造新镇。从生活质量来讲，历史建筑早已不能满足现代人生活质量的要求。在一期改造的基础上，二期购地30多公顷，在开发之初就对古镇居民进行彻底搬迁，为此，公司补贴了不少资金。居民以较低的成本拥有宽敞的住所，享受现代生活，可以说此举大大改善了民生。②解决居民就业。整体搬迁导致居民就业成为问题,而景区运营也有较大的劳动力需求。因此,开发公司整体规划,精心布局,设置多个就业岗位,解决了不少居民就业问题。乌镇将古建筑返租给原来的住户,让他们处理日常的客房清洁,更可以在原来自家的餐厅经营餐饮。③延续古镇生活方式。原住户可以凭证件自由进出古镇,延续其原有生活方式,也弥补了古镇生活气息的缺失,这样的安排使得古镇原来的居民不仅实现安居,更实现了乐业。居民在旅游开发中获得了实惠,更获得了稳定的收入来源,因此,对古镇旅游开发持配合与支持的态度。在走访的多个古镇中,乌镇是居民与开发商关系最为和谐的一个景区。

三、乌镇文化保护、传承的创新

随着社会的进步,文化以产业形势发展,并能更好地促进文化的普及和传承,它使文化自身得以整合和积淀,促使文化成为大多数人都能分享的精神和物质成果,从而促进整体人群的文化素质的提高。在传承之上,文化的保护成为发展文化产业的基础。为了使乌镇的产业化开发不至于过度商业化,乌镇管理者设置了专项的保护工程,综观乌镇自开发的十几年,这种保护工程及开发方式已在全国古镇的开发变革中处于遥遥领先的地位,逐渐引领其他古镇按照这种模式发展,将古镇开发的创新理念发扬光大。

(一) 文化产业各要素之间交差相融,产业链条逐渐完善

1. 文化和旅游的结合

文化是人类所创造的精神财富和物质财富的总和,在文化的定义当中,人属于文化的主体,人类通过劳动将那些精神生产中所创造的价值观念、思维方式、行为方式等转化成为物质的形式,从而使人类能够不断地享受文化,改造文化。因此,文化具有一定的地理性、物质性、历史性、传承性。文化的物化形式逐渐形成文化产业发展过程中所生产的文化产品。旅游业指的是利用名胜古迹、自然风光和人造景点等旅游资源进行产业化运作并获取利润的事业,同样旅游也具有这样的性质。不可否认,旅游和文化是相辅相成的,旅游是实现文化传承和发展的载体,而文化和旅游的结合生成了一种当今流行的旅游形式——将人文旅游、社会旅游和自然资源旅游相结合的旅游形式,在人们产生身心愉悦的美感的同时使表现出历史文化内涵。

乌镇旅游即是如此,就景色而言,有着悠久历史的乌镇具有典型的江南水乡的特征,景区内保存有精美的明清建筑 25 万平方米,横贯景区东西的西栅老街长度达 1.8 公里,两岸临河水阁绵延 1.8 余公里。内有纵横交叉的河道近万米,形态各异的古石桥 72 座,河流密度和石桥数量在全国古镇都很罕见,景区北部区域则是 5 万多平方米的天然湿地。小桥流水,街桥相连,水镇一体,为游客带

来一幅如烟如梦的诗意画卷。就社会人文而言，街区内设置的名胜古迹、手工作坊、经典展馆、宗教建筑、民俗风情、传统饮食文化数不胜数，这种将历史、文化、自然、环境、人文有机结合的旅游方式，更生动、形象地将乌镇文化展示在世人面前，使得乌镇文化得到基本性的传承。

乌镇在向文化小镇转型的发展中，一系列大手笔引起国内外广泛的关注。以当代文化名人为主推，举办国际戏剧节，吸引了世界范围内的艺术青年；以世界互联网大会为契机，乌镇又刷新了世人对古镇的传统认知，世界互联网的精英大咖云集乌镇，尤其是2015年第二届世界互联网大会召开时国家主席习近平亲临大会现场，更是极大地提高了会议的关注度；2016年乌镇国际当代艺术展再一次将乌镇推到了文化时尚的新高度。2021年开始的乌镇生活节融入了更多的互动玩法及消费场景，较好地诠释了乌镇的体验游和夜经济。

2. 旅游与媒体的结合

作为"后工业时代"中具有代表性的产业模式，文化产业中各部分之间具有强烈的互融互助性，媒体的发展也促进了旅游业、广告业、演艺业等相关产业的进步，使得各要素紧密联合，共同提高整个社会经济水平。在乌镇的开发和后期管理经营过程中，通过媒体，着力打造形象，创建品牌意识，引起品牌效益，力争在传播乌镇文化的同时获得一定的经济收益。乌镇经营中和媒体的结合主要体现在以下两种方式：

（1）通过显性广告直接打造乌镇品牌形象。显性广告通过艺术性的创作手法，与之气质相符的形象代言人，创意的表现内容直接将品牌文化气息展示在观众面前。乌镇以影视明星刘若英为形象代言人，通过平面广告及立体广告的形式将乌镇的文化内涵传输给受众。乌镇温馨的广告词"生活在这里，是宁静与开心的"给观众一种别样的感受的同时，乌镇的形象也深入其中。

（2）植入式广告进入电视产品，形成隐形广告。首先，在与影视剧合作中，乌镇成为人文电视剧《似水年华》的主要拍摄地，乌镇的柔美正好与该剧的浪漫剧情、唯美画面相符相称。该剧在央视播出，获得较高的收视率，为此乌镇在开发过程中专门开设了一个旅游景点，将电视剧的场景定格以供游客参观，使得乌镇及《似水年华》都达到了宣传效果的最大化。其次，隐性广告同样植入电视节目的创作过程中。随着当今电视节目的多态化和娱乐化，各种具有创新性、互动性的节目不断涌现，无论是新奇多变的娱乐节目，还是关注民生的新闻节目，这种互动性同样给乌镇带来了机会。乌镇曾是湖南电视台的节目《我是冠军》的第二站驻扎地，举办过第七届茅盾文学奖颁奖典礼，等等。这种间接性的广告通过给观众间接的心理暗示，使电视剧的受众获得一种内在体验，从而唤起其认同感，使乌镇的形象深入受众心理当中。

3. 媒体与营销的结合

在一般情况下，企业与市场的关系要靠产品作为媒介来连接。营销是产品运营过程不可分割的一部分。从一定意义上说，乌镇也是乌镇旅游开发有限公司的一种产品形式，乌镇的营销主要采取人员促销和广告宣传相结合的方式。乌镇旅游开发有限公司与各旅行社合作，由相关人员以宣传单或在网络、电视、报纸、电台等媒体中散发旅线信息，并以单条旅线或者和其他旅游景点结合成多景点旅线的方式进行促销。

同时，乌镇还运用广告宣传，创品牌、建信誉，进行拉式促销。媒体作为信息传输过程中不可或缺的媒介，在营销上做出了巨大的贡献，广告的产出不仅促进整个媒介产业在策划、宣传、生产、销售媒介产品等一系列的价值链得以正常运行，同时也使旅游开发公司、旅行社等与之相关的产业在经济上得到发展，使得整个文化产业链条趋于完善。

（二）社会效益与经济效益相辅相成

民俗文化作为民俗地居民生活系统的一部分，对创造和传承它的群体与个体具有实际的影响和价值，文化旅游产业中，经营方将旅游地点推销给大众，使得旅游者支付一定的资金消费旅游产业中的商品或服务以满足其心理需要。这种社会价值和经济效益在文化旅游产业的形成中不断凸显，处理好两者的关系是任何一个文化旅游产业管理者所面对的问题。

1. 乌镇文化旅游产业的社会价值

（1）文化交流。乌镇文化是当地人在长期适应环境的历史中不断积累并共同享用的创造成果，具有独特性、新奇性的特点，这些具有特色的文化资源都是各地在旅游文化产业中的主打产品，能够吸引来自各地的游客。通过旅游开发者对文化产品的策划、生产、规划，以及旅游者的参观游览这两种互动方式，文化信息将传播给受众并获得反馈，文化交流便由此产生，乌镇乃至整个桐乡的旅游经济也会因为这种文化交流而得到发展。

（2）文化教育。首先，文化具有传承品格，显然也具有社会教育功能。乌镇在开发中尤其注重这一点，致力于将乌镇文化以某种方式展示给游客。教育首先来自乌镇本身的历史文化，乌镇是一个具有千年历史文化的古镇，在悠久的历史进程中，乌镇名人辈出，从1000多年前我国最早的诗文总集编选者梁昭明太子，到我国最早的镇志编撰者沈平，著名理学家张杨园，著名藏书家鲍廷博，晚清翰林严辰、夏同善。乌镇自宋至清出贡生160人、举人161人、进士及第64人，另有荫功袭封者136人，如此深厚的文化底蕴给予了乌镇教育的资本。

其次，乌镇在开发中，鉴于专题民俗博物馆具有专一、深入且详尽等特点，开发者们在东栅景区开设了汇源当铺、茅盾故居、余榴梁钱币馆、木雕馆、蓝印花布染坊、公生糟坊、乌镇民俗风情馆、江南百床馆、传统作坊区等一系列专题性的展览馆，这些博物馆展出的都是围绕着专题某一方面，在全国或某一区域范围内所征集、收藏展示的文物，传播了乌镇文化，起到了一定的教化作用。

（3）审美娱乐。随着当今经济的发展，生活节奏不断加快，人们休闲娱乐的时间越来越少，看惯了高楼汽车，人们会想去一些能够舒缓情绪、缓解心理负荷、能从休闲中得到轻松体验的地方，乌镇恰恰能给予人们这样的感受。乌镇的小河流水、石桥人家从视觉上给予人们美的体验的同时，也会使人消除劳累、压抑的状态。除此之外，乌镇开发时还注重娱乐项目的开发，这种娱乐项目与主题公园式的利用科技手段来获取心理和生理刺激的娱乐方式不同，而是利用当今乌镇已有资源，并以乌镇文化为特色来开办活动，例如，西栅的水上戏台及评书场，东栅的拳船表演、皮影戏、花鼓戏，以及具有乌镇风情的茶馆小调，这种雅致的娱乐方式与乌镇"家"的温馨情调相符，不仅能够调剂人们的心情，而且能够传播传统特色文化。

2. 乌镇文化旅游产业的经济效益

从旅游产业的角度看，从规划、策划、投资、生产到营销，旅游业向大众提供的是可以消费的文化产品，这就决定了乌镇文化旅游产业的经济属性，民俗旅游是旅游业在多种权利和资本博弈的情况下生产出来的一种文化符号，表达了消费时代权利与资本的想象。① 垄断性的特点决定了乌镇文化旅游产业要表现出一种特殊的经济交换关系。

对旅游区的居民而言，乌镇的发展可以增加他们的就业机会，摆脱贫困，尤其在大量需求传统产品的情况下，乌镇的小吃大多采用直销的方式，自产自销，这种方式使乌镇小吃文化显得更加本土、传统，也使乌镇居民获得了一定的经济效益。

对乌镇旅游管理方而言，乌镇旅游业的发展可以丰富旅游产品和商品的种类，强化旅游吸引力，扩大市场份额，使整个产业链更加完整。目前，中青旅对已开发的景区享有独家经营权，对尚未开发的古镇区享有优先开发权。但桐乡市仍保持"乌镇旅游"品牌的独立性和完整性，乌镇在整个建设过程中通过资产和运营权的剥离，实现了资产的增值和运营收入共赢的局面。

对乌镇当地政府部门而言，乌镇的发展带动了城市整体形象的提升，也因此吸引了各地商家前来投资，使乌镇的开发产生"聚宝盆"效应，也使自身的"造血"机能大为提升，可持续发展的动力变得更强劲。

对江南其他古镇而言，在一定程度上，效仿乌镇的开发和管理方式，逐渐形成"乌镇模式"的古镇开发系统，其主要特点在于投资商精心布置古镇原真性的场景，政府大力推销，多家旅游公司共同持股管理。虽然模式有所雷同，但是在具体实施的某些方面，各个古镇也找到了具有自己特色的文化资源。

---

① 参见邱扶东《民俗旅游学》，立信会计出版社2006年版，第11页。

(三）保护民俗旅游资源，传承和发展民俗文化，使经济效益和社会效益达到平衡

乌镇在文化遗产保护方面取得了较大成绩，乌镇居民的原真性明显高于周庄，文化比较原汁原味。自1999年以来，乌镇所获得的一系列奖项都表明乌镇在民俗旅游文化资源的保护上下了一番功夫，总结起来，乌镇资源的保护主要集中在以下几个方面。

1. 合理开发，科学规划

全镇划分为东南西北四个区块，一期东栅街区着重于民俗文化的宣传教育，设置了多个文化遗产展览馆以供旅客参观学习。二期西栅街区秉承"保护利用历史建筑，重塑历史街区功能"的理念，创建一个国内罕见的"观光加休闲体验型"古镇景区。在全国古镇、古城保护中，乌镇首创并成功运作了一系列的保护模式，为其他古镇的保护和开发做出了表率。

2. 整体保护，提升古镇旅游价值

在保护开发中，乌镇不仅注重东栅西栅的合理布局规划以及周边环境的改良，在其他方面也实施了保护。在二期西栅的开发中，乌镇具体实施了遗迹保护工程、文化保护工程、环境保护工程等三大工程，采用各种科学技术挖掘民俗文化，保护物化形式的民俗产品，做到避免文化趋同化以及虚假化，将乌镇原汁原味展现出来。正如一些研究专家所言，乌镇在其整体规划中，以"以旧修旧，以存其真"为主要构想进行整体规划，乌镇吸引人的不仅是古镇的"形"，更是乌镇的"神"。

使乌镇旅游文化产业中的社会效益和经济效益达到平衡意味着乌镇文化在不流失、不同化的基础上得到有效的传承，谋求产业性和乌镇文化发展和谐并存，保护民族文化，并合理经营，是旅游业可持续发展的前提，从而能够推进旅游地社会的和谐发展。

四、乌镇可持续发展的隐忧和探索

将乌镇文化旅游加以产业化管理，必然可以提高乌镇文化旅游产业的社会效益和经济效益，但是，在整个发展当中依然存在一些问题，如果这些问题不解决，将会影响乌镇各方面的可持续发展。①

---

① 参见周玲强、朱海伦《江南水乡古镇旅游开发经营模式与案例研究——以乌镇为例》，载《浙江统计》2004年第5期。

（一）乌镇可持续发展的隐忧

1. 人流量过大影响古镇人文环境和安全环境

随着乌镇知名度的提高，来乌镇旅游的人数不断增加，而休假期间的短期集中化促使文化遗产旅游地客流量飙升，增加了乌镇的短时游客压力，高峰人群固然可以给乌镇及当地居民带来很好的经济效益，但也严重影响了乌镇整体的人文环境和安全环境。针对这样的人流量，需要一个严密的监督管理机构来做好安全工作，避免游客在旅游时精神和物质安全受到侵犯，以及一些游客的不卫生行为对乌镇环境的影响。

2. 旅游商品过于雷同，定价混乱

旅游商品是旅游者在旅游活动中购买的、以物质形态存在的实物，在文化产业当中，乌镇当属于文化产品，而旅游商品则属于附加产品的范畴。无论怎样定义，这些产品都具有商品的属性特征，但在乌镇整个旅游商品市场产生了一些混乱。

（1）某些旅游商品非本地化，且雷同。在乌镇商业化气息越来越浓的同时，也有一些外来商品占据当地旅游商品市场，这些商品等属于民族手工艺品，但是并不具有一定的地理垄断性。由于进货渠道相似，有的商品在其他地方的民俗风情街也存在，并且价格相同，这在一定程度上影响了乌镇商品市场。旅游产品具有宣传和纪念功能，如果乌镇旅游商品不具备乌镇特色，那么无论是对消费者还是对乌镇市场来说，都将失去最重要的意义。

（2）乌镇产品市场混乱。乌镇有许多商铺经营乌镇特有的商品，例如乌镇定胜糕、乌镇臭豆干、杭白菊、姑嫂饼、三白酒、手工酱、布鞋、篦梳、木雕竹刻、蓝印花布等，但由于我国迄今为止还缺乏良好的旅游商品市场管理体制，乌镇的旅游商品市场比较混乱，市场管理薄弱，造成一些假冒伪劣、低质量商品充斥市场，个体摊贩泛滥，造成恶性竞争、定价混乱，从而损害了游客的利益，影响游客的心情。

（3）旅游商品销售分散，难以形成销售体系。由于乌镇旅游商品的销售方式主要为私营人员承包租店，形成各种小型商铺和摊点，各个销售点之间缺乏纵向管理和横向联合，缺少售后服务，难以形成健全的销售体系。

3. 分开捆绑式门票定价过于商业化

2018年经全国人大常委会第二次修正的《中华人民共和国旅游法》，强调游览参观点门票定价原则，要求保持价格合理稳定，维护正常的价格秩序。

尽管文化旅游地具有一定的社会属性，但是许多地方还是以门票作为主要的经济来源，尤其是类似乌镇这些具有资源稀缺性的古镇，门票成为其最直接的经济收入和地方财政收入。这些古镇在一定程度上存在着垄断竞争的关系，例如，乌镇东栅联票100元、西栅联票120元，而周庄日游联票100元，夜游联票80

元。西塘古镇则是整体联票100元。这些古镇都采用景点联票的方式，尽管票价的制定受到市场关系、旅游产品价格弹性、旅游者收入、旅游容量、旅游资源特性、景点固定支出等因素的影响，但采用类似于乌镇的东西栅分开捆绑式门票的做法确实为乌镇提高了利润，并增加了政府税收、财政收入总量，但是这种售票方式直接影响了消费者的结构、旅游时间和旅游范围。同时，旅行社的竞争也加剧了餐馆之间的竞争，由于市场规制环境缺失，部分非法经营漏税，加剧了人均税收贡献的下降。

4. 以古仿古，破坏原生态文化

现在多数古镇为了留住古镇的名号而不惜采取人为手段制造"仿古镇"，以至于使古镇处于为了迎合游客而存在的"仿古镇主题公园"的尴尬境地。乌镇作为千年古镇，虽然历史文化底蕴深厚，但不难发现其在开发的同时存在人为仿古的痕迹，甚至拆古毁古的也时有发生。

（1）买桥移桥。镇区的大多数桥是从周边农村迁来的，不是原有的桥，如此一来，周围农村经常发生一夜之间古桥消失的事情。

（2）水泥构造。乌镇的房子跟一般古镇的房子的确不同，它比较大，分布也比较整齐。其实这是造出来的，并且为了取悦外地游客而不让老百姓居住，影响了老百姓的生活。

（3）木板贴墙。针对房屋的水泥墙面这一问题，乌镇采用木板贴墙来解决，以营造一种古色古香的效果，即将普通的木板固定在墙面，继而喷墨曝晒，使其看起来像是年代比较久远。

但人为制造毕竟不是长久之计，乌镇作为历史文化古镇，人文气息浓厚，探访者的来意是体验其原汁原味的古韵，而并非用现代手段制造而成的"伪古镇"。

（二）乌镇可持续发展的理性探索

1. 健全环境监督体系，强化旅游环境管理

就民俗旅游地来说，旅游地的自然环境和安全环境至关重要，它的好坏甚至直接影响游客的旅游意愿，自然环境的破坏以及社会治安的混乱都会给整个旅游地的文化色彩涂上一笔黑墨，这会从根本上影响前来消费文化商品的文化消费者。

要强化乌镇这方面的管理水平，需做好以下的工作：首先，加强制定乌镇安全环境保护规划，政府介入对环境及人身安全的科学管理，并严格执行。其次，提高乌镇旅游者、经营管理者的自身安全和环境保护意识。最后，制定相关的法律法规以规范整个环境，并健全环境监督体系；制订环境发展计划，计划可涉及保护区和生态区的规划、旅游容量和路线的规划以及督察人员的分配计划等。

2. 加强旅游商品的质量管理，建立规范的价格体系

旅游商品一般具有实用性、审美性以及纪念性的特点，蕴含旅游地的文化特

征，而加强对旅游商品的管理，不仅可以满足消费者的购物需要，宣传旅游地的文化，还可以使旅游业获得很大的经济效益和社会效益。

桐乡地方政府应提高对旅游商品的重视程度，合理地开发和管理旅游商品。

（1）强化旅游商品的质量。优质是合格的商品应具备的属性，良好的质量不仅可以使商品获得实用价值，还可以获得一定的美誉度。在乌镇商品的开发中，应充分利用当地民俗旅游资源和传统工艺，设计出具有创新型的、整合传统文化和现代思想的旅游商品，满足旅游者的需要。同时，做好旅游商品的质量监督工作，使其摆脱仿制、粗糙，优化商品的实用、审美、纪念价值。

（2）建立合适的旅游商品价格体系。乌镇私人小型商铺的经营产生了商铺竞争关系，价格大战也由此而生。各个商铺由于缺乏规范的纵向管理，价格的竞争使得各商铺管理混乱，商贩们疯狂叫卖，破坏旅游者的兴致，也影响了古镇形象。建立规范的价格体系，要求改变这种竞争关系，创建新的销售方式。例如，乌镇可以设置专门的乌镇商品专卖店，只销售当地特有的商品，并且各家专卖店中商品的价格一致，也可以将乌镇商品升级为商业品牌，在互联网或各地销售点中按统一规定的价格销售。当然，价格的制定要依据商品的类型、用途、特点，消费者的年龄、学历、喜好，以及整个商品市场环境的运作程度等因素，争取使整个旅游商品市场规范化、合理化。

3. 加强对原有文化遗产的保护，增强自身的原真性

在旅游学研究中，存在主义原真性的主要观点为：游客在个体内容以及个体之间寻找原真的感受。① 为了提高游客对乌镇的原真性感知程度，乌镇不仅要限制制造仿制文化产品，利用具有乌镇文化特色的旅游点吸引游客，并且还要对原有的文化资源进行保护。对民俗旅游资源，乌镇应保护当地居民的生活方式，使其不受商业化的干扰，将民俗文化展现给旅游者。对物质遗产，乌镇管理者可以利用一定的科技手段进行修复、加固、防护，使其保持审美、教育价值。另外，乌镇还应该保护文化遗产的自然和社会环境，使得乌镇整体上给予游客的原真程度不断提高，以提升自身的形象。

4. 加强品牌建设，实现多元化、多层次经营

美国品牌专家琼斯指出，品牌是能为客户提供其认为值得购买的功能利益及附加价值的产品。② 当今社会，市场的竞争很大程度上就是品牌的竞争，文化产业亦如此。文化产品的品牌是文化产品整体观念中的重要组成要素，实施正确的品牌策略，可以提升文化主体的市场形象，促进文化企业的市场营销。

乌镇通过广告宣传的手段打造自身的品牌，已取得了一定的效果。鉴于许多

---

① 参见张韩枝《旅游与遗产保护：基于案例的理论研究》，南开大学出版社2008年版，第61页。

② ［美］约翰·菲利普·琼斯：《强势品牌的背后——从广告战略到广告攻势》，范秀成等译，机械工业出版社2002年版。

地方极力开发古镇的竞争形势，乌镇应着力进行长期性的品牌建设，通过多元化及多层次的开发，使得乌镇以"迪士尼式"的品牌形象深入人心，这样才能提高自身的品牌价值。

（1）利用乌镇古镇效应和游客资源，扩大周边地区的旅游业发展，形成以乌镇为中心的大范围的民族文化园，加大对其他具有创新性的活动的策划力度。

（2）创建自己的品牌形象，并开发具有民族特色的衍生品，创作大量的文化艺术精品，使乌镇形象上升为品牌，实现品牌建设、旅游和衍生品销售系列的循环市场营销模式。

（3）继续加强与媒体的结合，实现持续而稳定的品牌效应，使其能够更多地占领人们精神文化旅游消费市场，在获得更好的社会经济效益的同时，获得比一般旅游产品更多的经济效益。

在文化品牌的建设中还要注意品牌保护的问题，防止假冒品牌获取非法暴利，损害乌镇的形象。通过监督商户及时依法登记注册、设置专门机构或者专职人员从事企业品牌保护工作等措施，有效地维护自身的品牌形象和合法权益。

5. 各古镇同类垄断竞争，乌镇应不断发掘自身优势

由于历史文化和地理位置等因素的影响，在江苏南部及浙江北部一带存在许多已被开发或正在开发的具有独特水乡环境和吴越文化的古镇，如江苏的周庄、同里、甪直、木渎、锦溪等，浙江的南浔、西塘、乌镇、练市、新市、柯岩鲁镇、横店等。各类古镇由于自身都具有以古镇为主的资源稀缺性的特点，因此存在一种垄断竞争的关系，都运用各式的开发和营销手段在竞争中获取应有的利益。当然，共性和个性普遍存在于这些古镇之中，为了便于比较，这里选取了两个在资源开发和保护方面较具有典型性的古镇周庄和西塘与乌镇对比，以发掘乌镇自身的优势。

乌镇与周庄相比，首先是在旅游产品的保护上具有一定的优势。周庄在建设当中以"国际周庄"的构想为主要思路，着重对旅游配套设施进行投入，争取把周庄建设成为国际休闲度假基地。上海大都会集团投资开发的爱渡风情小镇就位于周庄古镇入口处，并且它还是周庄镇政府打造大周庄旅游产业的重要组成部分，这也证明了周庄在发展过程中的商业化定位，相对而言，其传统文化的展示和保护略为逊色。其次，专家调查显示，乌镇与周庄之间在街道总体布局、小桥流水场景、房屋建筑风格、商铺经营方式、纪念品的特色及当地居民的生活方式等关于原真感知差异的比较中，乌镇的居民原真性感知比周庄的明显要高，这也说明了乌镇在资源保护上比周庄进了一步。[①]

相对于西塘，乌镇的保护程度仍有不足，但是政府开发的确促进了当地经济

---

① 参见张朝枝、马凌等《符号化的"原真"与遗产地商业化——基于乌镇、周庄的案例研究》，载《旅游科学》2008年第5期。

发展。西塘是在近十几年开发出来的古镇，由于相对于乌镇、周庄，开发较晚，游客并不是很多，总长近千米的廊棚、狭窄幽长的石皮弄、与当地人一起上船捕鱼的乐趣，使得西塘的原生态文化保存尚好。但是西塘在发展过程中不可避免地有对环境、人文历史等方面的影响。如何使这种影响降低到最低，这是正在发展中的古镇所需要考虑的问题。

总体来说，乌镇在旅游产品的开发和保护两个临界点中处于偏中的位置，即相对于上述两个古镇而言，乌镇能达到旅游产品的保护和开发的相对平衡。当然，至于一些不足之处，还需进一步调查研究及合理规划。

6. 加强江南古镇的资源整合

乌镇在自身的发展当中的确存在以上优势。但是，随着江南古镇的逐渐增加和快速发展，这些古镇在"乌镇模式"或"周庄模式"中相互模仿，最终造成一种古镇趋同的现象，而这种现象又极大地影响了各个古镇的发展。从地图上看，它们分布在以上海、杭州、苏州为三点构成的三角形区域内，各古镇分布距离较近，在地理、资源、文化上具有一定的相似性，因此，江南各古镇具有一定的资源整合基础。如果将各个古镇资源进行整合，各个古镇在整合中发挥自身优势，将会形成一种互利互惠的新局面。[①]

（1）信息资源整合。对能够传递古镇信息的一些元素进行整合，例如品牌整合、旅游线路信息以及宣传的统一整合。在品牌整合方面，可以树立江南古镇的品牌，在打造特色古镇中求得总的品牌效应。在线路整合方面，可以将每个古镇设置成具有水乡特色的站点，以避重复建设，使整个古镇既能观光、考察研究、休闲，又能拥有以体验为主的线路。在宣传整合方面，运用广告、媒体、市场关系等传播要素加强对外宣传力度，这样既有利于促进区域旅游市场持续扩大，又可以降低各自的广告费用。

（2）旅游资源的整合。在整体旅游资源和江南古镇品牌匹配并相辅相成的前提下，整合还需要各个古镇在自身的旅游商品、节庆活动上独具特色。各镇的商品种类应依据当地文化历史来推广，以购买本镇的特产为主，兼营其他古镇的特产，而整个商品出售机构也应该整合成为一家主营古镇商品的企业。古镇应挖掘有自身特色的节庆活动，以满足旅游者对不同商品的需求。在票价方面也可以设置出售古镇联票、买票送赠品等方式来减少游客的费用成本，使游客在旅游中放心、安心、舒心的同时，扩大江南古镇在全国乃至全世界的宣传力和影响力，以吸引各地的游客。

---

① 参见陆建伟、沈晓艳《略论江南水乡古镇旅游市场中的整合营销》，载《市场周刊》2004年第7期。

参考文献

[1] 看他乡如何建设小城镇. 乌镇篇·古镇, 在保护与开发间突围 [DB/OL]. http://www.wuzhen.com.cn/web/origin?id=10.

[2] 光大证券研究所. 业绩爆发尚需时日, 关注长期投资价值——中青旅调研纪要 [R], 2010-09-17.

[3] 邱扶东. 民俗旅游学 [M]. 上海: 立信会计出版社, 2006.

[4] 乌镇概况 [DB/OL]. http://www.wuzhen.com.cn/web/introduction?id=2.

[5] 阮仪三, 邵甬, 林林. 江南水乡城镇的特色、价值及保护 [J]. 城市规划汇刊, 2002 (1).

[6] 中国乌镇保护开发 [DB/OL]. http://www.wuzhen.com.cn/wzgk/wzgk_bhkf.asp.

[7] 郑世卿, 王大悟. 乌镇旅游发展模式解析 [J]. 地理研究与开发, 2012, 10 (5).

[8] 中青旅. 业绩爆发尚需时日, 关注长期投资价值 [DB/OL]. (2010-09-21). http://money.163.com/10/0921/15/6H47EG7200251LK0.html.

[9] 周玲强, 朱海伦. 江南水乡古镇旅游开发经营模式与案例研究: 以乌镇为例 [J]. 浙江统计, 2004 (5).

[10] 张韩枝. 旅游与遗产保护 基于案例的理论研究 [M]. 天津: 南开大学出版社, 2008.

[11] 张朝枝, 马凌, 等. 符号化的"原真"与遗产地商业化: 基于乌镇、周庄的案例研究 [J]. 旅游科学, 2008 (5).

(撰稿人: 仲燕楠　朱慕蓉　刘金晶; 指导老师: 范黎丽)

思考题

1. 比较其他江南水乡古镇在保护、传承、开发中与乌镇的区别。
2. 讨论并比较不同地区古镇、古村落开发模式的差异。
3. 假设你参与了乌镇旅游开发建设, 请写出一份规划报告, 内容包括你对乌镇开发的建议以及你做决定时所考虑的因素。

案例 2

现代化国家文化公园建设中的文旅融合发展
——扬州中国大运河博物馆

一、大运河国家文化公园建设背景概述

大运河，即京杭大运河，始建于公元前5世纪的春秋时期，南起杭州，北至北京，流经北京、天津、河北、山东、河南、江苏、安徽、浙江八个省市，全长约3200公里，是世界上唯一由国家开凿管理、规模最大的运河工程体系。作为调度南北资源的重要水道，大运河促进了地域之间的沟通交流，哺育了沿岸经济和文化，在中华文明发展的历史中发挥了重要的支撑作用。2014年大运河申遗成功，2017年大运河文化带的战略构想首次提出，伴随着《大运河文化保护传承利用规划纲要》（2019年）、《大运河文化和旅游融合发展规划》（2020年）等一系列规划条例的出台，我国对高质量推动大运河文化传承保护进行了全面部署。在新的时代，流淌千年的运河文化中蕴藏的宝贵物质财富和丰富的精神内涵正通过多种多样的方式展现出全新的活力。

大运河国家文化公园的发展是传承好运河文化的一项重要课题。国家文化公园指的是由国家主导建设、以国家文化资源为核心的具有民族代表性和国际影响力的空间性文化产品。2019年中共中央办公厅、国务院办公厅印发《长城、大运河、长征国家文化公园建设方案》，将大运河列为国家文化公园建设的重点主题。建设好大运河主题国家文化公园，不仅能够全面整合运河文化资源，保护、传承、再利用大运河文化品牌，而且能够打造标志性旅游产品，推动沿岸文旅经济发展。扬州中国大运河博物馆（以下简称"运博"）是大运河国家文化公园建设的阶段性代表成果，是我国首家全流域、全时段、全方位展示大运河历史文化的博物馆。运博的建设路径具有现代化国家文化公园发展的重要特征，为深入推动大运河文旅融合发展提供了宝贵的"江苏样板"和"江苏经验"。

二、扬州中国大运河博物馆及其现代化功能介绍

扬州是大运河申遗保护的牵头城市，2018年运博（筹）选址扬州三湾，2021年6月正式落成并与公众见面。运博占地约200亩，总建筑面积超过7.9万平方米，主体由四层博物馆（含夹层）展馆、内庭院、馆前广场、大运塔和今月桥五部分组成，总体建筑风格以新唐风为基调。传统和现代的展览手段交相辉映，为受众展现出了恢宏飘逸的审美体验和开放包容的时代精神。运博以"运河带来的美好生活"为总体定位，共设有11个常态化展厅和2个临时展厅，充分

展现了大运河的历史、文化、生态和科技等方方面面,被誉为中国大运河的"百科全书"。

(一)主题化展厅展品征集

运博整体以时间、空间为线索,以运河相关的船运、文物、历史、文化、科技、生态等为元素整合形成主题性展览空间。通过一定的心理动线设置,运博引导参观者由点到面、由表及里深入了解大运河文化全貌,丰富的主题和多样化的表现形式带给受众动静结合的游览体验。运博共设13个主题化展览,展厅信息及主题概述整理见表1。

表1 运博展厅信息及主题

展览地点	展览编号	展览名称	展览主题概述
一楼	1号馆	大运河——中国的世界文化遗产	全景展示中国大运河历史面貌与文化价值的通史展
	2号馆	运河上的舟楫	是关于中国大运河舟楫主题的多媒体互动体验展,以实体体验结合数字多媒体虚拟体验的方式,讲述大运河舟楫的演变、类型等相关知识与故事
	3号馆	因运而生——大运河街肆印象	复原搭建出不同历史时期大运河沿线的城镇景观,反映运河沿线人民的勤劳智慧与美好生活
夹层	4号馆	世界知名运河与运河城市	探索世界运河的渊源。展厅中包括6条世界遗产运河在内的15条代表性运河,阐述了世界运河的遗产价值
二楼	5号馆	《中国大运河史诗图卷》展	《中国大运河史诗图卷》总长135米,高3米,以江苏省书画家为主创成员,大运河沿线8省(直辖市)的15位书画家共同参与,历时一年半、数易其稿而成,呈现了运河沿线的四季自然风物与繁华景象

续表1

展览地点	展览编号	展览名称	展览主题概述
二楼	6号馆	运河湿地寻趣	在互动体验中呈现运河两千年的生态涵养，探寻运河湿地的奥秘
	7号馆	大运河非物质文化遗产	通过静态的展品、动态的展示、展演突出乐器、工艺品等大运河非遗项目的观赏性
	8号馆	河之恋	是中国大运河博物馆的数字化专题展厅，展览以"水""运""诗""画"四个篇章阐释中国大运河文化，采用"科技 + 艺术 + 文化"的裸眼技术理念，突出声、光、电、形、色等方面的流动效果，营造出富有创意、极具新意的沉浸式体验环境
	9号馆	紫禁城与大运河	阐释了紫禁城营建与大运河的密切关系，并以北上宫廷的瓷器、漆器、玉器等文物将清代宫廷生活片段一一呈现在观众眼前
	10号馆	隋炀帝与大运河	以文物为主，配合场景再现、文字展板，通过明暗两条线，叙述了隋炀帝与扬州及大运河之间千丝万缕的关联
	11号馆	临时展厅	形影——运河主题多媒介艺术展
负一楼	12号馆	临时展厅	展示江都王等主题
	13号馆	大明都水监之运河迷踪	展览以"密室逃脱"的游戏方式，让青少年体验探索大运河的乐趣。通过引人入胜的剧情，打造了一个以解谜为线索的沉浸式空间

在展览主题的设置上，运博做到了定位明确、主题丰富。

首先，运博定位于"全流域、全时段、全方位"展现大运河历史文化。从"全流域、全时段"来看，1号馆"大运河——中国的世界文化遗产"从宏观的角度展现了大运河的历史文化变迁，通过地理呈现和历史叙事相结合的方式，在展览中设置以历史发展为基准的时间动线，运用包含地图、沙盘、文物模型墙等在内的地理空间展示，从大运河的历史面貌、科技成就、社会管理、经济文化和保护传承等五个议题设置概述了大运河文化背景。2号馆"运河上的舟楫"用舟楫模型架起了伴随时间发展的装置长廊，使参观者在游览其中的同时身临其境地感受运河上船只形态、功能和历史的变迁。常设展览奠定了运博的基调主题，将运河沿岸的时间和空间融为一体，极为巧妙地展现在大运河博物馆的缩影之中，让参观者在进入的同时就能够充分了解大运河的千年底蕴、时代价值、当代形象。

其次，从"全方位"而言，运博不仅充分展现了大运河的历史概况，而且将大运河文化中的一个个闪光点浓缩成富有特色的展厅主题。3号馆复原了运河沿岸城市古时候的风貌；夹层的4号馆以运河与世界文化的关联为线索，通过世界运河资料的展示，表达出了中国和西方运河文化之间的羁绊；5号馆以江苏画家合作的方式书画长卷，既表现了运河沿岸作者之间的合作连接，也展现了艺术与运河文化之间的关联性，拓展了艺术与文化的表达边界（5号馆艺术展厅会适时更换主题及展品）；7号馆通过静态展品，包含乐器、丝织品、工艺品等，以及动态展演，包含临时表演、互动屏幕、互动装置等，突出了大运河中留存的宝贵非物质文化遗产。同时，运博中还有科技、文化、新媒体等更多功能主题的展览空间，鲜明的主题和丰富的馆藏展品，为人们良好地展现出了大运河方方面面的风貌。

（二）数字技术运用

除了传统模式及功能外，运博在以数字技术赋能博物馆方面也做出了有益的尝试。通过增强现实（augmented reality，AR）、虚拟现实（virtual reality，VR）、全息投影等技术，运博以实景化、互动化、情感化、故事化的方式为受众创造了更丰富的沉浸式体验。

其中2号馆和8号馆作为数字化沉浸式展厅，综合地运用数字技术。在2号馆"运河上的舟楫"中，第一部分，舟楫长廊以光影投影和实体模型相结合的方式展现了运河舟楫的形态变化和历史发展，并通过电子屏、互动屏对展览的舟楫进行了文字、图像介绍，第二部分，通过闸口控流参观，等比例还原了康熙时期的沙飞船，设置了虚实结合的游览过程，既通过船体内部装置设置完美地还原了舟上生活，又在甲板外围设置了环形巨幕，播放具有三维立体感的运河景象。8号馆"河之恋"作为数字多媒体效果性艺术展览，以中间的亭台装置为核心，设置了包含地面和环形幕布在内540度的全景式影院。除了多台投影设备及声音环绕系统打造出的"水""运""诗""画"章节的视听体验，该展厅还通过红外采集等技术手段监测受众位置进行实时渲染，地面屏幕上的水波和游鱼与受众形成互动，增强了进入展厅后的互动体验效果，并进一步加强了博物馆中数字技术的运用效果。

其他展厅中也不乏数字技术添彩。在3号厅中，酒肆、工坊、彩灯带领游览者瞬间回到不同历史时期运河两岸的街道，LED天幕技术和立体环绕声给场景带来了天气、季节和时间变换的效果，街道、河流上接天幕光影，下以青石板和受众相连，将虚实结合的景象带给受众。6号馆"运河湿地寻趣"、7号馆"大运河非物质文化遗产"等展厅中也运用了机械装置、图像识别、大数据、定向扬声等技术，为博物馆的静态注入动态。湿地微缩景观和仿真环境让人身临其境，互动屏幕、有声展览、电子沙盘、机械装置让参观者从触觉、听觉、视觉等多方面感受运河非遗的魅力。

（三）新业态融合

在国家文化公园的建设过程中，只有赋予空间更多的使用价值，才能拓宽文化传播边界，影响更多的受众群体。13号馆大明都水监之运河迷踪（以下简称"运河迷踪"）是一个沉浸式游戏展览空间，运用了"剧本杀""密室逃脱"等受到年轻群体欢迎的新型文化娱乐元素，是创新业态与博物馆结合的有机尝试。运河迷踪中数字化技术与实景装置相互交融，形成线上线下互通连接的解谜体验，在不知不觉中向受众传递了运河文化知识，达到了寓教于乐的效果。

在线上，运河迷踪推出了H5平台。平台的功能有：首先，展览预约。每天仅开放7个时间段各30个名额，玩家在预约了同时间段大运河博物馆的门票后，可进入系统，在三个人物角色中选择其一，并带入其剧情展开游戏。线上预约有效保证了场景的管理和受众的满意度。其次，线上平台通过短视频、H5卷轴页面等提供故事背景、人物身份码等，丰富了运河迷踪的内容。最后，在游戏过程中，通过道具扫码打卡，玩家还能与H5平台实现数据连通，在游戏过程中实时查看排行榜，增强了玩家在游戏中的互动性和社交属性。线下，参观者可以在538平方米古风二次元的展厅内体验50多处的解谜打卡互动，通过模型、展板、道具、电子屏等多种方式的游戏设置，在游览路径中体验水运仓储、船只驾驶、水利知识等。

运河迷踪自推出以来，已受到受众的广泛认可，预约场场爆满，在小红书、微博等社交媒体引发广泛讨论，受众对运河迷踪的游览体验和文化审美都有良好的反馈。新奇的形式加强了年轻群体对大运河文化的感知度和认同度，同时，运博通过社交平台又进一步扩大了其讨论度和影响力。

（四）公共文化服务功能

运博作为国家文化公园，是收藏、保护、研究运河文化的重要场所，作为服务大众的文化机构，运博承担着重要的教育功能和宣传功能。因此，运博积极开展了多种公共文化服务，这些服务项目包括：①学术交流活动。例如，2021年6月16日上午，"大运河文化发展论坛暨扬州中国大运河博物馆建成开放活动"及"大运河文化发展论坛"分论坛分别在运博水韵剧场和多功能厅举行，相关专家学者和运河沿线省市的40家博物馆馆长围绕着"运河文化概述""大运河文化与中华文明"和"文旅融合背景下大运河博物馆的运营管理"等主题进行了讨论。②学术出版活动及图书信息建设。例如，2021 年中运博共出版图书 4 种、杂志（专刊）1 种、《大运河博物馆联盟通讯》6 种，运博组织了相关图书资料及数字资料的留存和信息化平台搭建的工作。③全力开展对外开放工作，履行博物馆文教功能，开展了中小学思政研学课、2022 运博国庆社教活动、运博课程开发与实践工坊活动。与扬州育才实验学校等签订了馆校合作协议，积极开展馆校合作、研学旅游、馆企合作等。

（五）其他功能和服务

除了常态化展厅以外，运博还提供了其他相关功能和便民服务设施。线上建设了以运博官网、公众号、小程序为主的平台矩阵，提供线上预约、信息导览、虚拟展厅、信息反馈等数字化服务。线下便民服务包括行李寄存、语音导览租赁、定时讲解、轮椅等无障碍设施租赁、母婴室等。运博休闲服务设施包括庭院咖啡、食芳餐厅、饮翠茶社。文创也是赋能运博的重要部分，运博在一楼大厅游览结束区域开设了运博堂，出售大运河相关文创产品。除此之外，还在二楼 11、12 号馆临时展厅旁设置临展艺术品商店，根据不同临展主题同步推出特色文创产品。

三、现代化国家文化公园建设的价值

国家公园的建设具有"整合重大文化资源""建设公园文化旅游空间""保护传承中华文明""实现多方面的文教功能""形成特定开放空间的公共文化载体""打造中华文化重要标志"等方面的价值。① 现代化国家文化公园的建设是指在新时代背景下，紧跟飞速发展的技术，顺应文化数字化的需求、产业升级状态中的文旅融合转型趋势、竞争加剧中的国际视野需求，以更加数字化、产业化、国际化的方式，建设出具有不竭创新力、旺盛生命力、广泛影响力的国家"文化名片"，它的建设对文化自身的发展、文化赋能全产业、文化助力综合国力提升都有着重要价值。

（一）数字技术助力文化资源保护

大运河等文化带是我国历史发展中留给我们的宝贵财富，其外显为自然生态、城镇村落、文物遗产、艺术工艺等物质资源，内含文化教育、审美体验、民族情感等精神内涵。国家文化公园的建设能够有效整合一系列主题明确、内涵清晰、影响突出的外在文物和内在文化资源，促进科学保护、世代传承、合理

---

① 参见中共中央办公厅、国务院办公厅《长城、大运河、长征国家文化公园建设方案》，https://www.gov.cn/xinwen/2019-12/05/content_5458839.htm。

利用。

数字手段的运用助力了国家文化公园的建设效果，在助力文化遗产和文化资源保护传承中已展现出显著的作用，主要体现在文化遗产的挖掘保护、数据库信息建设管理、数字化建模复原、云端存储、全息留影等方面的运用上。从运博的建设过程中可以看到，馆内设置有文物保护实验室和考古实验室，重点对大运河沿岸物质及非物质文物进行监测、修复等工作，展览中，通过电子屏幕、互动屏幕、电子沙盘等对大运河相关文物资料进行了图像、声音、文字资料展示，留存了大运河珍贵的历史文脉，对大运河的前世今生进行了梳理。其中多个展馆复原保存了舟楫、历史街区、文物等难以再现的运河物质文化遗产，让今人也能见到古时的运河风貌。"大运河文化数字资源库"被运用于5G大运河沉浸式体验区，以《中国运河志》等与运河相关的出版资料为基础，用知识星图模式架构了一种包括集成文献、音视频、地理、资讯、监测数据等资源在内的知识信息服务。①

运博数字展厅的建设也初具成效，运河小镇、运河园林、乾隆南巡以及3D还原的大运河博物馆等线上数字展厅，一方面，将文化资源线上化、云端化，运河文化得以被更多受众共享，进一步扩大了文化影响力；另一方面，历史资料及临时展览得以在线上存储，突破了时间和空间的限制，避免了珍稀文物保护管理不善等问题，节约了线下运营管理成本，让文化资源得以更长久地留存。

（二）奇观体验赋能文旅产业融合

运博场馆的建设以理论建设为基础，以丰富的手段提供了运博游览体验，从"三湾抵一坝"的水利风景环境，到整体建筑风格，均饱含对运河文化和时代精神的阐述，再至馆内文物陈设从0展品起步，以购买、捐赠、制作等方式征集了运河沿线省市的代表性文物和展品共计1万余件（套），最后是丰富的声光电技术手段助力，这些共同构筑了运博的奇观体验，让运河文化具象化、实体化、产品化，构筑了兼具文化教育、公共服务、旅游观光、休闲娱乐、科学研究功能的现代化国家文化公园空间。

运博丰富的空间功能使得受众能广泛参与运博提供的文旅服务。少年群体在运博中体验运河文化之趣，接受其寓教于乐的科教功能，在"运河湿地寻趣"中感受湿地生态文化、动植物知识，在"大明都水监之运河迷踪"里沉浸式体验探索解谜。成年群体能够在其中深入探究运河，了解运河背后的科技、文化、经济，引发关于运河的集体记忆共鸣。同时，运博也能给学校、家庭、科研机构等不同的文化消费群体提供细分的文化服务。2021年以来，运博承办多次学术交流、学术论坛活动。在社交媒体进行的相关调研显示，运博已经成为家庭旅客

---

① 参见孙兰兰、刘静妍《大运河知识图谱亮相，2500年记忆点"一网打尽"》，载《现代快报》2021年6月16日。

尤其是扬州旅客重要的周末休闲空间。因此，运博不仅是一座建筑物，而且，其作为国家文化公园建设的一步，是一个以"博物馆+"模式多维地丰富产业形式的公共文化载体，是促进文旅融合进一步发展、促进文化产业升级提速的新模式。

（三）文化品牌助力民族文化自信

文化软实力已经日渐成为衡量综合国力的核心标准之一，在国际竞争中发挥着至关重要的作用。中华民族的伟大复兴，要依靠具有悠久历史、优秀传统和革命精神的民族文化作为内驱力。我国拥有幅员辽阔的土地和56个民族，在五千年的发展历程中，创造出了世界上独一无二、绵延至今的多元一体文化体系，既百花齐放，又博大精深。一方面，我们能挖掘出取之不尽的文化元素和文化资源，但另一方面，中华文化的深刻性、复杂性也给我们在开发利用过程中保持统一性和整体性带来了挑战。文化产业的竞争已进入了第三代"品牌"的竞争，鲜明的文化主题、统一的文化认同感，是打造明确文化品牌符号、应对现当代竞争重要的一步。

因此，国家文化公园建设的基本任务，就是通过对国家文化形象基因的提取，打造更具影响力的民族文化品牌，唤醒受众对民族文化的认同感和自豪感。建设好国家文化公园这张文化名片，能生动展现我国国家文化形象中所包含的优秀传统文化、正确的价值观念、坚定的理想信念等，提升我国的国际影响力和话语权，扩大文化朋友圈。

运博的建设已产生了初步的影响力，获得全国博物馆十大陈列展精品奖等多个荣誉，在国内外线上线下受众群体中取得了一定的反响，对运河名片的打造起到了示范作用。运博正高质量提炼运河文化元素，创新性地开发与运用运河元素，打造高质量文化品牌。着力活化运河文化，让运河文化深度融入现代生活场景，让"水韵江苏"品牌得到充分展现，是文旅融合背景下运博工作的重中之重。

四、运博现代化发展的存在问题及反思

从数字化进程、场馆建设、品牌运营来看，运博已走在了现代化国家文化公园建设的前列，获得了广泛的认可和良好的口碑。但面对着数字化、国际化、现代化之下竞争加剧带来的挑战，运博在基础建设、数字化进一步改革、产业融合、文化品牌的打造几个方面仍有一段路要走。

（一）理论和基础建设尚待加强

大运河文化的发展和大运河国家文化公园的发展有赖于运河文化扎实的理论基础建设和制度建设。首先，运河文化博大精深，涉及五大水系、八个省市的区

域，拥有两千多年灿烂辉煌的历史，其挖掘保护工作任重道远，需要不断进行探究，将文化理论建设作为文化发展的根基。其次，不同流域、不同城市与运河之间的联系是有差异的，拥有的资源和条件也是不一样的，因此，需要协同区域发展，在建设过程中充分调动不同地方的特色文化资源，使之和大运河主题交相呼应，发挥区域之间的竞争优势和主观能动性。只有在这个基础上，才能用好运河元素，不断深入挖掘大运河内涵，明确运河文化精神，统一运河发展主题基调，找到运河元素新的增长点，激发运河文化的生命力。

运博已对运河文化进行了初步的梳理，提取了运河文化的历史、运河河道、闸口、舟楫等文化元素，也对运河沿岸城市、运河的艺术与非物质文化遗产、运河的生态科技等内容进行了整理与展览，但运博仍需以运河文化底蕴为基础，对文化内容进行深入研究，不断加强运河文化的理论研究，对信息进行研判更新，在运博的文物收集、展览建设、基础设施保障等方面不断满足现代化博物馆的建设要求，加强运博的科研、文物保护、文化枢纽功能，不断推动大运河文化向深层次、高质量发展。

（二）数字化进程亟待提速

运博在数字化发展道路上走在了前列，让人们看到了一个有创意、有吸引力的现代化场馆，但面对高速发展的技术环境和不断进步的高质量受众群体，受众对场馆数字化、智能化的要求也在不断变高。

在数字化转型道路上，运博现在面临的问题主要有：一是现有技术无法达到不断更新的技术要求。技术处于飞速变革中，包括全息呈现、AR、VR等，数据传输中的5G+、数据库、云端等，还有智能语音、数字孪生、物联网等在内的更多新兴技术，正被运用于现代化的建设中，现有的博物馆而数字化人才、技术及设备很难跟上高速发展的技术需要，亟须培养意识，制定培养机制。二是技术在展览中运用不足，例如，"河之恋"全景展厅在展示之初引起了共鸣，动态互动效果的也让人耳目一新，但总体来说，展示方式仍然依靠已经做好的画面和部分特效配合，按照时间周期进行重复，而内容并未做改变。互动过程也有一定的局限，受众在多次游览后容易产生审美疲劳。在后续的开发之中，如何更好地利用技术，持续"活化"运河文化，使得运河创作不断更新，是其需要解决的问题之一。三是技术运用的成本风险问题。新兴数字技术的建设和运用具有较为高昂的成本，并且新技术的运用也存在不确定性，要防止数字技术滥用给游客观览体验、游览安全和场馆管理等造成负担。现有的大运河传播空间也存在一定风险性。例如，"运河上的舟楫"展厅虽然有控制人流数量的闸口，但船体内部环境复杂，主要靠人来提醒，缺少提示和安全防护措施。同时，部分展厅大面积的光影渲染，也给部分游客带来了视觉疲劳和不适感。因此，在数字化产品的设计中，既要考虑效果，也要进一步完善管理制度，适度、合理地运用。综上所述，运博所需的数字化是全面、系统、可持续的数字化，需要引起有关方面的重视。

（三）产业融合要进一步加深

运博现在主要的模式仍是博物馆展览，一定程度上提供餐饮、图书馆、商店等公共服务，以及顶楼花园、三湾湿地公园和大运塔的观光旅游，主要由南京博物院负责布展和运营，与文旅、教育部门合作提供科教和社会服务。就现有的产品服务而言，运营模式相对来说还较为单一，商业化程度较低，产业融合模式还有较大的发展空间。

在产业融合的道路上，首先，运博作为国家文化公园，要持续发展文化旅游功能和科教基地功能。2019年以来，运博先后被评为"江苏省爱国主义教育基地""江苏省首批省级水情教育基地""江苏省生态环境科教宣传基地"等。除此之外，运博需持续探索线上线下协同更多产业发展的新思路。在线下，运博可以联合相关主题展览及大运河沿岸其他城市，以临时展馆等形式拓宽和深化大运河展览项目。除了和其他博物馆等进行传统方式合作外，运博还应跨界与美术馆、音乐会和创意策展机构合作，激发博物馆的新形式、新美学展现。运博还可以向商品品牌寻求合作，将运河文化运用到餐饮、服饰、文创等方方面面，使得运河文化进一步延展，促发运河文化的实用性，使得其真正融入现代人的生活。面对数字化趋势，运河博物馆也需持续推动线上转型，广泛参与到网络综艺、电子竞技、社交媒体等多种新蓝海领域中，不断推陈出新线上博物馆文化产品和线上服务，促使运河文化通过互联网进一步迸发出生命力。

（四）文化品牌打造势在必行

要想打造出具有影响力的文化产品，让运博作为亮眼的文化名片，博物馆的运河品牌建设必不可少。就品牌识别而言，近年来，伴随着大运河文化政策的相继出台和运博等地标性国家文化公园的建成，受众对大运河文化的认同感和喜爱度已逐渐提高。接下来，运博需要做的就是，首先，不断推动品牌识别符号的确立，加强吉祥物、商标等视听觉符号的创作意识和版权保护意识，使得运博的品牌认知度不断提高，以获得国内外受众更广泛的认可。其次，就品牌维护而言，品牌的良性发展有赖于不断巩固品牌的形象和价值。大运河博物馆而言，要以受众为中心进行品牌建设，重视受众意见及受众反馈，搭建与受众之间顺畅的沟通渠道。在线下，博物馆要合理设置服务点，为受众提供即时的服务。在线上，也要即时维护运博相关信息，并利用线上客服、线上信箱等形式，确保受众的声音能及时传达，使运博能更好地应对突发状况，做好文化服务。就品牌传播而言，运博必须搭建全媒体平台，以丰富的数字化营销手段助力品牌发展，加大品牌在新媒体时代纷繁的信息中获得更高关注度的可能性。运博现在的宣传主要还集中于报纸等传统媒体以及扬州本土化的传播，虽然在小红书、微博等新媒体平台上,运博已经有了受众自发产生的关注度,但其自身的媒介矩阵搭建还不够完善,活跃度不高,互动性不强,仍需要通过互动传播和营销手段进一步打通融媒体平台,多重运用H5、流媒体等形式加强运博在移动屏幕端的传播力。最后,创新是文化不竭的源泉,运河文化的边界可以通过品牌延伸不断拓宽,因此,运博也需要联动更多领域深入进行文旅融合改革,创新文化产品类型和应用场景,让运河文化在数字文旅、线上教育、网络文艺等新蓝海领域进一步融合发展,促进大运河符号在全球文化竞争中熠熠生辉。

结 语

现代化大运河国家文化公园的建设是一项承古出新的工程。它事关优秀文化历史的传承,将中华文明中闪光的文化集合成册展现在世界的面前,既面对今天,作为综合功能性的空间悄然融入了人们的社会生活,承担科教、文旅、城市服务等多项功能;也向朝着未来,与科技紧密相连。现代化的国家文化公园发展离不开数字技术的加持,只有融会贯通地将现代化技术手段运用到文化表达当中,才能丰富文化的展现形式,提升文旅产品的质量;还是国家化的,现代化国家文化公园的建设应以开放的心态拥抱世界,以创新进取的精神不断向前,让中国文化品牌为中国文化自信发声。

参考文献

[1] 秦宗财. 大运河国家文化公园系统性建设的五个维度 [J]. 南京社会科学,2022(3).

[2] 中国大运河博物馆2021年鉴 [R]. https://canalmuseum.net/about/.

[3] 中国名城编辑部. 新时代大运河文化的保护、传承、利用:大运河文化发展论坛综述 [J]. 中国名城,2021(35).

[4] 郑晶. 国家文化公园建设中博物馆的文旅融合发展:基于扬州中国大运河博物馆的实践 [J]. 中国博物馆,2022(5).

(改编者:徐思齐)

思考题

1. 大运河国家文化公园的建设对文旅融合发展具有怎样的意义和价值?
2. 面向现代化的国家文化公园建设应具备什么特征?
3. 运博建设中存在哪些问题?可以从哪些方面加以改善?

案例 3

《印象·刘三姐》成功引领旅游演艺市场[*]

大型桂林山水实景演出《印象·刘三姐》是中国·漓江山水剧场的核心工程，由桂林广维文华旅游文化产业有限公司投资建设，我国著名导演张艺谋、王潮歌、樊跃出任总导演，国家一级编剧梅帅元任总策划、制作人、艺术总监，历时5年零5个月努力制作完成。它集漓江山水、广西少数民族文化及中国精英艺术家创作之大成，是全国第一部全新概念的"山水实景演出"，演出集唯一性、艺术性、震撼性、民族性、视觉性于一身，是一次演出的革命、一次视觉的革命。

《印象·刘三姐》是全球最大的山水实景剧场，1.654平方公里水域，12座著名山峰，67位中外著名艺术家参与创作，109次修改演出方案，600多名演职人员参加演出，于2004年3月20日正式公演。《印象·刘三姐》山水实景演出于2003年入选文化部编纂的《全国文化产业典型案例》；2004年入选全国首批"国家文化产业示范基地"；2005年获文化部"创新奖"、中国演出家协会"中国十大演出盛事奖"；2008年入选首届"全国文化企业30强"；2010年入选文化部和国家旅游局联合评选的"首批全国文化旅游重点项目名录——旅游演出类"；2011年5月《印象·刘三姐》商标被国家商标局认定为中国驰名商标；2012年7月，获"广西十大创意"奖；2013年1月获中国旅游风云榜高端旅游品牌"TOP 10"；2014年7月被国家文化部和中国文化产业协会联合评选为"2013年度十大最具影响力国家文化产业示范基地"；2015年1月被评为"桂林市最具影响力品牌——功勋企业"。

一、视觉革命：《印象·刘三姐》

（一）缘起：做一个广西民族文化与广西旅游结合的项目

刘三姐是广西壮族民间传说中的歌仙。1961年，电影《刘三姐》诞生了，影片是在桂林拍摄的。影片中美丽的桂林山水、美丽的刘三姐、美丽的山歌迅速风靡全国及东南亚，从此，前来游览桂林山水、寻访刘三姐和广西山歌成了一代又一代人的梦想，刘三姐集团、刘三姐香烟、刘三姐景观园……有关刘三姐的企业、产品、项目不断出现，而桂林山水实景演出《印象·刘三姐》无疑是刘三

---

[*] 本案例改编自：《旅游目的地演艺项目开发模式探讨》，http://focus.lwcj.com/focus_41/tour_perform_1.asp；徐世丕《旅游演艺的历史、形态、格局与类别》，http://news.idoican.com.cn/zgwenhuab/html/2009-05/15/content_34984810.htm。

姐品牌利用的极致。

任何一个项目，起初都只是一个概念。中国·漓江山水剧场的运作是从1997年开始的，当时广西壮族自治区文化厅有一个指示，利用广西原有的文化蕴涵（刘三姐），做一个把广西的民族文化与广西旅游结合起来的好项目。文化厅把这件事情交给了梅帅元负责，并为此特别成立了广西文华艺术有限责任公司。策划方案出来后，梅帅元去找著名导演张艺谋，张艺谋对此很感兴趣，并于1998年底带班子前来桂林选点，最终在阳朔选择了漓江与田家河的交汇处作为剧场，而此处正是当年电影《刘三姐》的主要拍摄之地。

接下来是寻找资金。一开始，该项目对外进行招商引资，把眼光投向海外，但没有成功。几经周折后，这个项目于2001年5月被介绍到广西维尼纶集团有限公司（以下简称"广维"）是广西河池的一家化工、化纤企业，也是广西最大的化工、化纤企业，全国512家大中型企业之一。广维董事会仅用了一个月时间便做出了投资决定，并于2001年6月下旬就将3000万元资金打入了该项目账户，之后，广维派出代表人员前去阳朔具体洽谈项目合作事项。

广维为何如此垂青中国·漓江山水剧场这一项目？主要有三个方面的原因：一是在贯彻落实广西壮族自治区党委、政府关于唱响漓江山水、拉动广西旅游特别是桂北经济旅游区的号召，按照"三个代表"重要思想的要求从事先进文化工作，而刘三姐的形象正是广西的先进文化。二是从企业利益出发。广维介入旅游文化这一新的领域，既充分考虑到了这个项目所能产生的巨大社会效益，也相信这个项目能给公司带来良好的经济回报，同时，也是在为集团公司从事第三产业探索一条路子。三是广西企业对树立和推广刘三姐品牌的家乡情感因素的作用。

桂林广维文华旅游文化产业有限责任公司（以下简称"广维文化"）成立于2000年，由广维和广西文华艺术有限责任公司共同组建，是广西文化产业的旗舰企业。2001—2004年，公司投资3.2亿元，分期建设了全世界独一无二的"漓江山水剧场""阳朔东街""风雨桥""鼓楼""刘三姐民俗风情"等文化项目；制作了全球第一部山水实景演出《印象·刘三姐》，开创了中国山水实景演出的全新形式，被誉为最具创新精神的文化企业。①

2003年国庆期间，大型桂林山水实景演出《印象·刘三姐》试演；2004年3月20日正式公演；2004年7月1日，《印象·刘三姐》百场纪念演出。5年磨一剑，项目建设奠定了重要的里程碑，并由此引发了国内一股旅游文化实景演出的热潮。

---

① 《印象·刘三姐》，http://www.yxlsj.com。

（二）《印象·刘三姐》：山水与艺术融合的杰作

刘三姐是壮族民间传说中一位美丽的歌仙，围绕她产生了许多优美动人、富于传奇色彩的故事。《印象·刘三姐》是一次与真相无关的艺术呈现，它以山水圣地桂林山水美丽的阳朔风光实景作为舞台和观众席，以经典传说《刘三姐》为素材，是桂林山水的美再一次地与艺术相结合的升华。

在方圆两公里的阳朔风光美丽的漓江水域上，以12座山峰为背景，广袤无际的天穹构成了迄今为止世界上最大的山水剧场。传统演出是在剧院有限的空间里进行，这场演出则以自然造化为实景舞台，放眼望去，漓江的水、桂林的山、化为中心舞台，给人宽广的视野和别致的感受，让人完全沉醉在这美丽的阳朔风光中。传统的舞台演出，是人的创作，而山水实景演出是人与上帝的共同创作。山峰的隐现、水镜的倒影、烟雨的点缀、竹林的轻吟、月光的泼洒随时都会加入演出，成为最美妙的插曲。晴天的漓江，清风倒影特别迷人；烟雨漓江赐给人们的是另一种美的享受：细雨如纱，飘飘沥沥；云雾缭绕，似在仙宫，如入梦境⋯⋯演出正是利用晴、烟、雨、雾、春、夏、秋、冬不同的自然气候，创造出无穷的神奇魅力，使那里的演出每场都是新的。演出以《印象·刘三姐》为总题，在红色、白色、银色、黄色四个"主题色彩的系列"里，大写意地将刘三姐的经典山歌、民族风情、漓江渔火等元素创新组合，不着痕迹地融入山水，还原于自然，成功诠释了人与自然的和谐关系，创造出天人合一的境界。尤其是"洗浴"一场，身着白色纱巾的少女翩然起舞。水镜晨妆，风解罗衫，山水与少女彼此呼应，似乎在告诉每一位注视者，灵性就在大自然的深邃处，少女所有的美丽来自山水的赐予。演出将广西举世闻名的两个旅游文化资源——桂林山水和刘三姐的传说进行巧妙的嫁接和有机的融合，让阳朔风光与人文景观交相辉映；演出立足于广西，与广西的音乐资源、自然风光、民俗风情完美地结合，看演出的同时，也看漓江人的生活。

由于是山水实景演出，支撑这个超级实景舞台的最直观的是灯光。《印象·刘三姐》同样体现了一种淋漓尽致的豪华气派，利用当时国内最大规模的环境艺术灯光工程及独特的烟雾效果工程，创造出如诗如梦的视觉效果。自古以来，桂林山水头一回让人领略到华灯之下的优美、柔和、娇美、艳美和神秘的美。《印象·刘三姐》在很大程度上说是一次真正的豪华灯会，构建了一个空前壮观的舞台灯光艺术圣堂，从一个新的角度升华了桂林山水。

刘三姐歌圩坐落在漓江与田家河交汇处，与闻名遐迩的书童山隔水相望。现在，歌圩几乎全部被绿色覆盖，里面种植茶树、凤尾竹等，加上所植草皮，绿化率达到了90%以上。其中，《印象·刘三姐》的灯光、音响系统均采用隐蔽式设计，与环境融为一体，水上舞台全部采用竹排搭建，不演出时可以全部拆散、隐蔽，对漓江水体及河床不造成影响。观众席依地势而建，梯田造型，与环境相协调,同时也考虑到了行洪的安全。另外,在100多亩建设用地上,鼓楼、风雨桥以及贵宾观众席等建筑散发着浓郁的民族特色,据建设单位介绍,整个工程不用一颗铁钉,令人叹为观止。

《印象·刘三姐》的观众席由绿色梯田造型构成,180度全景视觉,可观赏江上两公里范围的景物及演出。观众席设位2200个,其中普通席2000个,贵宾席180个,总统席20个;演员阵容强大,由600多名经过特殊训练的演员构成;演出服装多姿多彩,根据各不同的场景选用了壮族、瑶族、苗族等不同的少数民族服装;整个演出时间约60分钟。

(三) 成功要素

《印象·刘三姐》一上演便取得成功,并一度成为我国新兴旅游演艺的标志,其成功要素主要包含以下几个方面。

1. 大品牌

《印象·刘三姐》能够取得如此大的轰动效应,主要取决于三大品牌:大桂林旅游品牌、阳朔旅游品牌和张艺谋品牌。《印象·刘三姐》在营销策划时打出了"桂林山水甲天下、阳朔山水甲桂林、实景演出甲中国"的形象宣传口号,极大地提升了产品的知名度和品牌化,大多数游客都是慕名前来观看的。

2. 低成本

《印象·刘三姐》作为全球最大的山水实景演出,有67位中外著名艺术家参与创作、109次修改演出方案、600多名演职人员参加演出。参加表演的都是当地渔民、学生等业余演员,工资低廉,竹筏等道具也具有原生态性和民族特色,运作成本很低。

3. 有效投资运作

有效运作是旅游演艺成功的重要保障。《印象·刘三姐》的投资商对旅游感兴趣,投入了几千万元进行旅游开发,由于前期的市场分析不足,走了一些弯路。之后,在桂林旅游协会的推广宣传下,快速发展起来,形成了享誉全国的知名品牌。《印象·刘三姐》已成为阳朔旅游发展的代名词,更是展示阳朔城市形象的新名片。

4. 创新

像《印象·刘三姐》这样的文化项目能在如此短的时间内获得巨大成功,非常罕见,它的成功得益于创新。回顾《印象·刘三姐》的发展历程,处处能感受到创新的作用:表演形式的创新、经营体制的创新、投资方式的创新、运作方式的创新……创新,使这个项目成为一个世界瞩目的奇迹。《印象·刘三姐》实现了中国"实景演出"这样一个从未有过的创举,这本身就是一个创新;同时还创新了机制,探索出一种政府扶植、市场引导、企业运作、多元投入的文化产业经营新模式。

《印象·刘三姐》是新兴旅游演艺的开山之作，其成功所带来的巨大市场吸引力和竞争力，开启了国内旅游演艺市场快速发展的先河，一些具备条件的旅游胜地迅速加入打造实景旅游演艺产品的行列，创造了空前繁荣的旅游演艺市场，全国各地涌现出众多旅游演艺品牌。将演艺融入旅游，盘活了旅游市场，拓展了旅游发展空间，也为演艺业提供了新的展示舞台，两者相辅相成，共同促进了旅游演艺的快速发展。

二、演艺与旅游的完美联姻

我国旅游业经过多年发展，已步入巅峰时代，各著名旅游景区也逐步踏入稳定时期。据巴特勒旅游地生命周期理论分析，旅游目的地在达到稳定阶段后必将出现停滞或衰退趋势，如何抑制这种衰退趋势，实现旅游景区的复苏，并恢复空前繁荣，是各方不断探讨的问题，旅游演艺正是在这种趋势下诞生的一种新的旅游方式。"旅游+演艺"融合了旅游风景的柔美与歌艺表演的刺激、兴奋，形成一种如梦似幻的唯美画面，给人以无限遐想，被称为新时代的精神桑拿。目前"旅游演出，阳光娱乐"已成为我国群众文化生活的重要内容之一，国内旅游演艺消费需求日益旺盛，但有限的旅游接待能力无法满足巨大的市场需求，旅游演艺发展空间巨大。

（一）旅游与演艺的关系

1. 演艺，跳动的旅游音符

演艺，是指通过人的演唱、演奏或肢体动作、面部表情等来塑造形象、传达情感从而表现生活的一门艺术。旅游演艺则是从旅游者的角度出发，依托著名旅游景区景点，表现地域文化背景、注重休验性和参与性的形式多样的主题商业表演活动。将演艺融入旅游，仿佛为旅游市场注入了催化剂，促进了旅游市场的快速发展与繁荣。演艺，如同旅游市场中跳动的音符，拨动市场的琴弦，便会奏出优美的音乐。

2. 旅游——超级商业文艺秀

就旅游与演艺的关系，绿维创景规划设计院院长林峰博士形象地介绍说：旅游景区实际上就是一个"超级大秀场"，是文化艺术最佳的表演舞台，只有将旅游与演艺有效结合，才能碰撞出灿烂的火花，演艺实际上就是跳动着的旅游音符。在我国，把旅游景区作为"秀场"由来已久，古代的皇帝登泰山祭天，就是一场最壮观的"山水实景剧"，但那时仅仅是"政治秀"，不是"文艺秀"，更不是"商业秀"，而现时的旅游演艺则更注重文化的体现，是一种"商业秀"。[①]

总而言之，演艺拓展了旅游空间，是旅游发展的助推器，而旅游又为演艺发

---

① 参见《绿维文旅》，http://www.lwcj.com。

展创造了条件和环境，是演艺市场繁荣的重要动力，旅游与演艺携手带来的旅游演艺市场的蓬勃发展，已成为国内文化产业引人瞩目的新景观，旅游演艺的诞生，拓展了旅游发展的新天地，有利于旅游业的健康可持续发展。

（二）旅游演艺对旅游业发展的意义

1. 深化地方文化主题，使旅游文化的概念得到升华

旅游是文化的载体，文化是旅游的灵魂，二者相互依存。现代旅游行为学研究表明，旅游本质上是旅游者寻找与感悟文化差异的行为和过程。而很多景区特别是主题公园失败的一个主要原因就是缺少文化底蕴以及文化的深度挖掘和包装。而通过演艺活动则可以使景区的文化得以凸显，使之更立体化、形象化和艺术化，从而能够深化景区主题，使游客在艺术享受中加深对旅游地及景区文化的认知，成为深度挖掘和开发历史文化资源的一种生动创新的发展模式。

2. 为旅游业增添旅游吸引物，拓展旅游发展空间

对旅游地零散的文化资源，必须进行有效的产业化组合，建立大旅游产业结构体系，才能够发挥其独特的旅游吸引功能。旅游与文化的交融提升了旅游产品的品位，增加了旅游产品的竞争力，为旅游业的发展增添了新的活力。文化产业的发展与旅游产品的创新互为促进，从而增强旅游产品的吸引力。

3. 完善旅游产品结构，延长游客停留时间

游客在旅游地和景区的停留时间直接决定着旅游地的综合收入，它一直是判断旅游地旅游发展水平高低的一个重要指标，也是地方政府和有关部门非常重视的一个问题。但是，一些旅游地产品结构不尽合理，尤其是缺乏夜间文化娱乐项目，无法满足旅游者日益多元化的休闲娱乐需求，因而难以留住游客。因此，完善旅游产品结构，开发符合市场需求的旅游演艺产品，是丰富旅游产品结构、发展旅游业的有效手段。

4. 丰富旅游产品的营销方式，提升旅游地及景区的形象和知名度

旅游景区营销的主要目的是在潜在旅游者中宣传景区，以激发他们的旅游欲望。研究表明，旅游者一般会考虑具有强烈鲜明形象的旅游景区。而旅游演艺项目的成功举办，具有极大的轰动效应和持久的社会影响力，能快速提升城市的知名度和综合竞争力，从而迅速发展成为城市代言的新名片。众多著名旅游城市也以旅游演艺的迅猛发展为契机，大力宣传城市整体旅游形象，以促进旅游业快速健康发展。如《印象·刘三姐》等"印象"系列，已经成为当地一项特色鲜明的王牌旅游产品，大大地提升了该旅游地的知名度和影响力。

（三）旅游演艺发展历程

我国以游客为观众的旅游演艺活动，最早可以上溯到20世纪80年代，它是

一种满足旅游消费者求乐、求美、求新、求知欲望的文化创新。80年代中期，深圳华侨城集团为开发文化旅游主题园区、增加文化魅力，在旅游园区内推出了大型驻场演艺节目，其观众主要是购票入园的游客。这一创新模式获得了游客的热烈欢迎，演艺节目的高水平艺术质量，则成为华侨城文化旅游产品的竞争力要素。

其后，以雄厚的文物资源称雄文化旅游市场的陕西省，为了改变游客"白天看庙，晚上睡觉"的旅游市场资源"浪费"的局面，也开始发展旅游演艺。他们的观众面更广，不仅包括国内游客，还包括大批外国旅游者。陕西省当时创作生产这类演艺产品的主力是国有剧院团，其演出场地也是在自己的剧院。因此，他们在吸引来西安旅游的团体游客的同时，也面向社会零散观众。陕西省歌舞剧院为此精心打造了《仿唐乐舞》《唐·长安乐舞》等一批旅游演艺产品，成为我国最早的文化遗产演绎型旅游演艺品牌。而在北京，西城区恢复了湖广馆京剧老戏台，由北京京剧院驻场演出，前门饭店首创的"梨园剧场"茶座欣赏模式，东城区雅宝路北京歌舞团常年演出的旅游歌舞《北京之夜》，等等，都是以游客为夜间演出的目标观众的旅游演艺产品，它们为开拓旅游市场做出了积极贡献。

进入21世纪之后，国内旅游景区大型演艺活动风起云涌，各地陆续推出的品牌项目如广西的《印象·刘三姐》、杭州的《宋城千古情》和《印象·西湖》、河南的《禅宗少林·音乐大典》、云南的《印象·丽江》等，均成为旅游业发展的亮点和时尚产品。

旅游演艺业的出现和勃兴，是旅游业界为了适应消费者希望改善过去"白天看庙，晚上睡觉""去过一次，少有回头"的消费体验旧模式的市场需求，通过以自然景观和人文景观相结合的多元化的审美感受形式，来营造"山水不可易，人文日日新"的新的感官体验消费新模式与文化艺术氛围的积极探索。它的出现，不但是演艺观念创新思维、高新科技发展导致舞台声光电技术的整体性提升的结果，而且是社会资本介入扩大了演艺机构的融资能力，并由此产生演艺效果和演出效益的颠覆式增强、增长的结果。许多过去依靠旅游者在白天活动、以单一展示自然和历史人文景观为内容的山水游览、庙寺拜谒、名胜瞻仰、园林徜徉的旅游产品已逐步向文化旅游产品转化，而以展示本地区人文历史特色为主体的旅游演艺产品，包括民族特色类、非物质文化遗产演示类、山水实景类的旅游演艺产品的相继出现正是适应市场需要的结果。

旅游演艺改变并丰富了传统旅游产品的内涵，旅游产业亦因此开辟了保持可持续发展动力的一条新途径，获得了更大的社会与经济效益，这正是其中一批著名旅游演艺产品受到热捧、旅游演艺在旅游业投资者和经营者中备受青睐的主要原因。（见表1）

表1 中国旅游演艺发展大事记

时间	项目名称	地位和意义
1982年9月	西安《仿唐乐舞》	中国第一个旅游演艺项目，开始了让历史文化"动起来"的探索。《仿唐乐舞》在满足了旅游者心理需求的同时，也产生了一定的经济效益，初步树立了旅游业经营"文化"的理念
1993年11月	吴桥杂技大世界旅游景区	一个植根于本土文化、以旅游演艺项目为旅游资源与核心吸引物的景区横空出世，并且形成了旅游（杂技大世界景区）、教育（杂技学校）、村镇建设（杂技民俗村）的黄金产业链，打造了一块旅游演艺精品品牌
1995年7—12月	深圳华侨城集团《中华百艺盛会》《欧洲之夜》	成功运作旅游演艺的典范。资本雄厚的旅游集团通过延揽优秀艺术人才组建自己的特色演艺团队，创作自己的旅游演艺品牌节目，使之成为旅游者完成日间游览后的另一精神享受与文化观摩，增加了旅游产品的人文内涵与吸引力，是演艺业与旅游业有效合作的典型模式
2005年9月	上海《ERA——时空之旅》	使旅游演艺项目完全独立地成为一个旅游吸引物，且衍生出了无数的主题活动与产品，其目标直指纽约的百老汇、伦敦西区的音乐剧、巴黎的红磨坊，成为上海的"城市文化名片"，"秀一个上海给世界看"
2015年12月	杭州《宋城千古情》	创造了世界演艺史上的奇迹：2015年演出1300余场，荣获"五个一工程"等我国文化领域最高级别的奖项，并于2010年12月成功上市，成为"中国旅游演艺第一股"，开启了旅游文化行业民营资本上市的先河；与拉斯维加斯的"O"秀、巴黎红磨坊并称为"世界三大名秀"

资料来源：《旅游目的地演艺项目开发模式探讨》，http://focus.lwcj.com/focus_41/tour_perform_1.asp。

（四）旅游演艺的格局与类别[①]

我国旅游演艺产品市场已经形成了民族风情、山水实景、文化遗产三分天下的格局。这一格局的形成和发展，让朝阳产业旅游业和传统文化产业演艺业携手

---

① 参见徐世丕《旅游演艺的历史、形态、格局与类别》，2009-05-15，http://news.idoican.com.cn/zgwenhuab/html/2009-05/15/content_34984810.htm。

并进，打造出一个双赢的前景。除了对旅游业的助推作用，它对于中国的演艺业在新时期的发展和创新更具有重要意义。

（1）旅游演艺市场的出现，直接刺激了旅游演艺产品的创作生产，成为演艺行业新的发展动力。

（2）大批具有强大经济实力的旅游企业进入演艺产品投资领域，为演艺产业的投资开辟了新的渠道。

（3）旅游演艺产品的生产营销模式，成为推动中国演艺业发展的有效范例，对深化我国传统演艺业机制的变革正产生巨大的作用。

（4）旅游演艺产品的创作实践及其效果、方法、手段，对于我国传统和现代表演艺术水平的提升具有重要启示作用。

（5）旅游演艺产品市场的日益扩大与完善，对于弘扬民族文化精神，传承优秀文化传统，增强中华文化的凝聚力和感召力，具有积极作用。

综观旅游演艺产品的文化内容、文化生态、艺术特色，从旅游演艺产品的内容与形式特征来划分，其基本包括三类，即民族风情展示型、山水实景演出型、文化遗产演绎型。

之所以如此划分，是因为其形成一定与所在地区的旅游文化资源特色相关，与本地区的表演艺术传统相关，与当地的自然人文优势相关，与本地区旅游产品市场的构成相关。这是由旅游演艺产品必须追求独一无二、有我无他的品牌特色，否则就难以生存的规律决定的。旅游演艺产品这种"依山傍水""土生土长"的特性，揭示出演艺业适者生存的本质。近十多年来，伴随着经济发展水平的持续提升而大步前进的旅游业的蓬勃发展，旅游演艺应运而生，各具特色、异彩纷呈的旅游演艺品牌如雨后春笋，在各地都获得了发展机遇，取得了良好效益，结出了丰硕的果实。

三、旅游演艺产品

随着近年来我国文化体制改革深化、民营资本进军演出市场、旅游市场进入文化生态产业开发层次等环境因素的改善，中国旅游演艺业异军突起，短短数年之内已经发展成为当代中国文化一道自然人文新"景观"，成为旅游业、演艺业可持续发展的强劲助力。一批优秀的旅游演艺产品品牌剧目，以其清新独特的艺术魅力，以一种新的艺术表现形态与营销方式，成为受旅游者欢迎的文化精品，在我国演艺业市场的传统格局中拓展出一片新天地。旅游演艺，作为既传统又新颖的表演艺术行业类别，正在成为当代中国演艺业重新崛起、文化旅游产业扩大发展的重要路径。

（一）旅游演艺产品的形态特征

从文化产业发展的实践和文化产品的特征来看，旅游演艺是一种新的演艺形态，旅游演艺产品也是一种新的演艺产品，它的本质仍然是演艺，不过已经与传统演艺有了较大的区别。作为一种大众化的表演艺术产品，旅游演艺的表演形式仍以舞台演出居于主流地位，但它在诸多方面对传统演艺又有新的突破和发展，主要表现为：

旅游演艺的"舞台"演出空间，由于演出规模和表演内容的需要，特别是某些特殊的依托于自然山水的实景演出，已突破或不得不突破传统剧场的"四面墙"以及由此带来的对观众人数的限制，有些实际上已经实现了对传统演出观念与实践的彻底颠覆。

在表现特点上，旅游演艺产品也十分重视对艺术的表现，但它对观赏性、时尚性、商业性演出目标的追求，与传统表演艺术产品以演员个人艺术创造作为第一追求已有较大区别，因而同一产品驻场演出和外出巡演时，会表现出更多的"克隆性"。

在观赏方式上，有些实景演出已经改变了传统的被动观赏方式，而是更多地让观众置身演出环境之中，去寻求某种体验式感觉。

在艺术表现形式方面，旅游演艺产品大多采用诗歌类、章节型的大型歌舞综合表演方式，当然也有时装表演式、剧目式、音乐会式等。

在营销上，旅游演艺往往与旅游产品本身捆绑在一起，共同打造品牌效应，其目的是改变旅游消费者"白天看庙，晚上睡觉"的被动状态和单调感觉，使自然山水与人文风情在旅游过程中相得益彰，增加旅游活动的魅力，也使之成为吸引旅游消费"回头客"的重要因素。

总而言之，综合各类旅游演艺的特色，其基本特征大体上可以概括为编演阵容庞大、艺术叙事宏观、音乐舞蹈原创、舞美声光时尚、服装道具华美、演出场地自由、观众层次广泛、观赏效果逼真、市场需求稳定、经济效益明显十大特点。

（二）旅游演艺产品市场竞争力的构成特征

从《印象·刘三姐》等旅游演艺产品的成功可以看出，依托于旅游胜地山水或人文名胜、面向相对稳定旅游者观众群体的旅游实景演艺产品，一般具有以下特点。

1. 自然与人文有机结合

旅游演艺产品可以涉及表演艺术的各个门类品种，表演形式亦可不拘一格，但其主题、艺术形象应该与该地的自然或人文景观或历史文化密不可分、水乳交融，力求做到还原自然、天人合一。我国第一部大型山水实景演出《印象·刘三姐》将广西桂林的民间传说、经典山歌、民族风情、漓江山水渔火等自然和人文元素创新组合，创造了我国演艺产品的奇观，被誉为"与上帝合作之杰作"。云南丽江先是发掘传统文化资源，塑造了闻名遐迩的"纳西古乐"品牌，后又依靠注入民营资本800万元，实行市场化经营，成功推出了丽江旅游演艺标志性项目——大型民族风情舞蹈《丽水金沙》。

2. 精品化与规模化和谐统一

大型山水实景旅游演艺产品与一般剧场演艺产品的迥异之处，在于它必须实现精品化与规模化的高度统一，成为不可复制、难以替代的旅游演艺精品，这是它的核心竞争力之所在。《印象·刘三姐》总投资3.2亿元，制作历时5年，经过特殊培训、可不断更新的600名农民演员成为不可缺少的演出参与者；专门建造的刘三姐实景歌圩，分为长两公里的山水剧场和占地4000多平方米的风雨古楼两部分，创造了演艺舞台的吉尼斯世界纪录。凭借着这些，2004年3月20日《印象·刘三姐》在广西阳朔正式公演时，其观赏性前所未有，市场反响超乎寻常，海内外好评如潮，世界各地游客纷至沓来。

3. 驻场式与巡演式相互依存

旅游演艺作为一种常年性的主打产品模式，观众来源得到基本保证，只要产品出色，就可以通过驻场式演出稳获收益。广西桂林在通过固定剧院吸引文化观光旅客方面可谓不遗余力，由桂林市歌舞团和漓江剧院合作推出的大型演出项目《梦幻漓江》，每天为国内外游客演出两场，场场爆满。《云南映象》自2003年公演以来业绩不菲。为了充分发挥驻场式演出的长处，云南映像文化产业发展有限公司决定在昆明市北市区投资建盖"云南映像专业定点演出剧场"，以形成依托专有剧场实行常年主场演出同时兼顾巡演的新的运营模式。

4. 节目创新性和演员年轻化互为表里

如何保持旅游演艺产品特别是歌舞类节目的创新特点与演员阵容的青春朝气，是相对单一和容易僵化的旅游演艺产品生产者必须注意的问题。如全长150分钟的《云南映象》，以模拟的原生态环境为背景，7场由"云""日""月""林""火""山""羽"命名的歌舞，70%均由来自滇山村寨的近百名民间舞蹈演员表演。由于巡演条件的诸多限制，难以充分展现其令人震撼、摄人心魄的视听效果，于是编创人员完成了《云南映象》驻场和巡演的双版本，目标之一就是以新的面貌向旅游云南的客人们常年呈现完整的大型原生态歌舞原创产品。

5. 投资多元与利益风险共担

大型旅游演艺产品前期投资大多很高，因此，实行市场化运作是必然选择。1999年民营企业家杨刚年筹资7000多万元在湖南张家界兴建了大型民族民俗文化景点——张家界土家风情园，2002年开始每日定时在园中举办千人茅古斯舞表演；2003年该园以其鲜明的特色被列入国家4A级景点名单和张家界旅游精品线名目，先后接待了朱镕基等党和国家领导人；2004年11月，土家风情园与湖南省民族歌舞团达成协议，联手推出大型民俗旅游歌舞《土风苗韵》，从而真正实现了张家界旅游"山上看自然风光，山下观民俗风情"的目标。自2011年以来，云南丽江在打造《丽水金沙》的同时，还引导和鼓励民营资本，创办了民族歌舞晚宴、彝族毕摩文化展演、动感丽江露天广场演唱等各类大小不等的旅游演艺项目，同时还引进省内外多家演艺公司进入丽江旅游文化市场，保持了丽江文化旅游的持续发展势头。

旅游演艺产品及其市场的发展，不但扩大了演艺产品市场，也大大增加了旅游产品的精神内涵和生动的文化魅力，成为有效吸引国内新老游客和海外文化观光客、保持我国文化旅游业的可持续发展模式。①

（三）旅游演艺市场运营模式

近十多年来，国内演艺市场的亮点，是国内旅游演艺精品吸引眼球、新兴旅游演艺市场异军突起，其标志是与著名山水旅游景点紧密结合的这种山水实景演出活动日渐火暴。

从国内旅游演艺市场发展情况来看，主要有以下三种运营模式。

1. 以旅游地山水实景为依托打造实景演艺产品

代表作是广西桂林实景山水歌舞剧《印象·刘三姐》，这是一个以我国著名山水旅游胜地广西桂林山水和民间传说刘三姐故事为背景，以政府投入为主、多元参与合作，由张艺谋、王潮歌、樊越"铁三角"编导组主导创排而成的国内首个山水实景演艺产品，也是世界演艺舞台首个以自然山水为大舞台、以超常规模化表演为特征、以专业与民间相结合为特点的旅游演艺精品佳作。这一创意其实来自多年前在北京紫禁城太庙进行实景演出大获成功的世界著名歌剧《图兰朵》，以及后来在埃及金字塔与狮身人面像实景场地演出的另一著名歌剧《阿依达》。

《印象·刘三姐》作为国内新兴旅游演艺市场的开山炮一鸣惊人，它所带来的强大市场吸引力和竞争力，促使一些具备条件的旅游胜地也迅速加入打造自己实景旅游演艺产品的行列。2005年10月11日，杭州启动了以西湖的岳湖景区山水为背景、由张艺谋"铁三角"导演班子创排的《印象·西湖》大型山水实景演艺项目，总投资达1亿多元，于2006年杭州世界休闲博览会举办期间正式上演。作为杭州市夜间旅游文化的世纪新名片，《印象·西湖》已被列入杭州文化标志性项目。

2. 以著名旅游中心区为依托打造旅游"特色演出"精品

资本雄厚的旅游集团通过延揽"高、精、尖"艺术人才组建自己的特色演艺团队，创排自己的旅游演艺品牌节目，使之成为旅游消费者完成日间游览后的

---

① http://www.zjwh.gov.cn/www/dtxx/whrd/2007-06-12/53431.htm。

另一种精神享受和文化观摩，以增加旅游产品的人文内涵和吸引力，是近年来演艺业与旅游业有效合作的典型模式。

我国最早采用这一模式的是深圳华侨城集团，他们率先在"世界之窗""中华民俗文化村"组建了名闻遐迩的特色演艺团队。其后，杭州宋城集团集中精兵强将打造出了充满南宋文化韵味的《宋城千古情》，成为游览仿古宋城的游客们印象深刻的特色艺术精品。广西南宁则连续用7年的不懈努力，挖掘广西民歌资源，延揽全国民歌人才，全力塑造中国独一无二的国际民歌节，成功地打造出一个赢得2005年度全球节庆协会（IFEA）节庆行业国际大奖的《大地飞歌》演艺品牌。云南昆明市支持以云南籍著名舞蹈家杨丽萍担任主创和领衔主演，以民营企业投资演艺的方式，打造了蜚声中外的大型歌舞《云南映象》，成为赴昆明旅游者必选的精神大餐和云南演艺的标志性艺术精品。湖南张家界采用土家风情园与湖南省民族歌舞团联合投资的新机制，集中优秀人才，精心打造出大型民俗旅游歌舞《土风苗韵》。2005年4月26日，《土风苗韵》在土家风情园"毕兹卡圣火堂"首演。风姿绰约的土家族、苗族青年男女，把湘西绚丽的民俗风情演绎得动人心弦，成为张家界旅游的新亮点。2010年4月27日《中华泰山·封禅大典》成功首演，在短短的80分钟内穿越中国5000年的历史时空，500名演员，5000套服装，演绎了中华民族兴衰更替的历史故事，真实地再现了古代五朝的政治生活特征、社会文化特征和帝王封禅场景，呈现了华夏文明发展在各个朝代所达到的高度，是对民族人文精神的深度思考，是对华夏古老文明的崇高礼赞，是世界上迄今为止第一个将中国五朝帝王集中在一个舞台上加以展示的文化产品。

3. 优势互补、共同打造复合型旅游演艺项目

2004年改制后的北京歌剧舞剧院（以下简称"北歌"）为再现中国宫廷表演艺术，与故宫博物院、北京华韵国乐文化发展有限公司合作，以联合创建、共同投入、比例分红的方式成立了旅游演艺项目公司，把特色艺术与旅游文化相结合，推出一批高附加值复合型旅游演艺产品，使改革前演出活动一直不多的北歌民乐团全面进入旅游演出市场。北歌所属的曲艺团，也与北京前门广德楼戏园、江苏演艺集团合作，成立项目公司，南北合璧，联手开拓新的曲艺旅游演出市场，使沉寂多年的北京老字号戏园广德楼和北京鼓曲焕发出新的活力。①

（四）旅游演艺经典——"印象"系列

1.《印象·丽江》

《印象·丽江》是继《印象·刘三姐》之后推出的又一部大型实景演出，总

---

① http://www.sdci.sdu.edu.cn/detail.php?id=6994。

投资达2.5亿元,上篇为《雪山印象》,下篇为《古城印象》,主创人员由《印象·刘三姐》的原班人马组成。《印象·丽江》雪山篇以雪山为背景,汲天地之灵气,取自然之大成,以民俗文化为载体,用大手笔的写意,在海拔3100米的世界上最高的演出场地——云南丽江玉龙雪山甘海子蓝月谷剧场,让生命的真实与震撼贴近每一个人。来自10个少数民族16个乡村的普通农民——500多位皮肤黝黑的非专业演员,用他们最原生的动作、最质朴的歌声,与天地共舞,与自然同声,带给人心灵的绝对震撼。《印象·丽江》雪山篇大型实景演出克服了白天演出的诸多弊端,在经过近百次的修改之后,终于将白天的劣势转为优势,让每一个身临其境的观者都能无比真实地感受到一种从未体验过的情感。演出全长1个小时,通过启用最先进的造水工程和烟雾效果工程,与自然交相辉映,营造出了令人赞叹的视觉效果。

2006年7月23日,大型实景演出《印象·丽江》雪山篇终于在玉龙雪山的甘海子蓝月谷剧场正式公演。当日,实景演出的总导演张艺谋、王潮歌、樊跃及导演组全体成员,云南省、丽江市的领导及全球100多家媒体齐聚这里,共同见证《印象·丽江》雪山篇正式公演的壮丽景象。在首演仪式上,张艺谋、王潮歌、樊跃三大导演向演员代表颁发了演员聘请书,并和他们签订了公演确认书。

《印象·丽江》雪山篇分《古道马帮》《对酒雪山》《天上人间》《打跳组歌》《鼓舞祭天》和《祈福仪式》共六大部分。

《印象·丽江》雪山篇是一场真正意义上的荡涤灵魂的盛宴。在《印象·丽江》的系列实景演出中,并没有所谓的主题和具体的故事,而是表达三个导演对丽江的个性体验。第一部分"雪山篇"是与山的对话,表现的是人们从四面八方来到丽江,体验生命与自然的紧密关系;第二部分是通过人们攀登玉龙雪山,游历丽江古城,从而与生活对话;第三部分"古城篇"是与祖先的对话,在对话中发现古往今来在人们的内心深处始终存在一个神圣的王国。

《印象·丽江》是在白天演出。在夜晚的灯光下,可以掩饰、隐藏并突出一些东西,白天演出则完全无法使用这些艺术手段,但可以让观众在日光下真切感受到那种扑面而来的粗犷、自然的气息。

丽江以世外桃源般的巨大诱惑,吸引着千千万万的游客,成为人们探寻古朴神秘的民族文化的一方圣土。《印象·丽江》和《印象·刘三姐》完全没有相同之处,它是以讲故事为主,同时还融入大量的纳西族和摩梭人等的民族元素,服装和音乐都以民族为主。纳西古乐以其独特的师徒传承方式流传至今,是民族文化保存和交流的历史见证,是我国古代音乐的宝贵遗产,为丽江古城增色不少。

2. 《印象·西湖》

《印象·西湖》是"铁三角"继《印象·刘三姐》和《印象·丽江》后执导的又一部"印象"系列实景演出,音乐由日本音乐家喜多郎担纲,张靓颖主唱。《印象·西湖》是由杭州市委市政府、浙江广播电视集团及浙江凯恩集团共同组建的印象西湖文化发展有限公司打造，由著名导演张艺谋、王潮歌、樊跃"铁三角"导演团队联手的山水实景演出。2007年3月30日，《印象·西湖》如期公演。

《印象·西湖》以西湖浓厚的历史人文和秀丽的自然风光为创作源泉，深入挖掘杭州的古老民间传说、神话，使西湖人文历史的代表性元素得以重现，同时借助高科技手法再造"西湖雨"，从一个侧面反映雨中西湖和西湖之雨的自然神韵。整场山水实景演出，通过动态演绎、实景再现，将杭州的城市内涵和自然山水浓缩成一场高水准的艺术盛宴，向世人推出。日本世界级的作曲家喜多郎先生受邀出任音乐主创，其空灵悠远的乐章与西湖的神韵相得益彰。张靓颖友情演唱主题歌，她那天籁般的声音为整场演出增色不少。因此，游客不仅能看到一场高艺术水准的山水实景演出，同时还能享受到一场世界级的音乐会。

全剧以各种虚幻的西湖景色片段构成，从小船载着"许仙"登上"水中阁楼"开始，所有的表演都没有故事，而是一种意象的表演。其中最令人感到震撼的一幕是从湖面升起的三角形雨帘，两只大鸟在雨中翱翔，伴着张靓颖演唱《印象·西湖雨》的歌声，观众还能看到白娘子与许仙互诉衷情的情景。

3.《禅宗少林·音乐大典》

《禅宗少林·音乐大典》是由郑州市天人文化旅游有限公司投资打造的大型文化演出项目，项目一期投资达1.15亿元人民币。

禅宗，是佛教与中国传统文化交融的瑰宝，是一种生活的境界。禅的智慧，就是要关注与善待我们的心灵，领略人生的美和愉悦。著名作曲家谭盾潜心于禅宗音乐的发掘、整理与再创作，通过对文化圣山嵩山的长期采风，以及和禅宗祖庭少林寺多次全面的接触和智慧的碰撞，创作了这曲被世人称为"佛教激情之乐"的有机音乐——《禅宗少林·音乐大典》，以引领我们重新认识自己，回到自己的精神家园。

《禅宗少林·音乐大典》按音乐结构排列，分为《水乐》《木乐》《风乐》《光乐》《石乐》五个乐章。整个演出以禅宗的理念引领奥妙的少林功夫，使其得到一种精神品质上的提升，揭示人们生活中要直面生命本体，觉悟人性。另外，演出所蕴含的宽怀、慈悲、和平、圆满的精神境界，超越了国家与种族的界线，对当今世界的浮躁有着抚慰作用，是中国文化在其发祥地向世界文化的一次召唤。《禅宗少林·音乐大典》因其内涵的深厚和广阔，价值远远超出了一般演出的范畴，它以禅宗与少林武术为载体，展示和演绎出的是一种博大精深的中国文化境界。

《禅宗少林·音乐大典》的实景演出地点设在嵩山峡谷之中，180度的全景视觉，美轮美奂的山林清泉，若隐若现的古刹禅院，构成了演出的真实背景。实景流动立体声音与现场的水声、风声、虫鸣等自然声音构成全景式立体声场，结合宏大的艺术灯光工程，使沉睡万年的中岳重放异彩，映照人间。大气魄、大阵容、大气场，绝对的风致震撼、荡涤心灵。

4.《宋城千古情》

《宋城千古情》是由宋城集团投资的大型歌舞，分为《良渚之光》《宋宫宴舞》《金戈铁马》《美丽的西子，美丽的传说》以及《世界在这里相聚》五场，《宋城千古情》采用一张一弛的演艺方式，整场演出跌宕起伏，使观众常常在各种不同的感情旋涡里回味不已。

在表现形式上，《宋城千古情》借鉴了国外最优秀的歌舞形式来进行包装，集舞蹈、杂技、时装表演等多种表演艺术元素为一体，并采用了当今世界最先进的灯光、音响、舞美、服装等表现手段。例如在服装设计上，《宋城千古情》旨在突出中华民族源远流长的服饰文化。同时，通过融入国际上最新的设计理念，大胆想象，夸张表现，古典的美丽与现代的风韵在每一件演出服饰里完美融合，别具一格。如在粉红的荷花演出服饰上配以三朵同色调争奇斗艳的荷花装饰灯，既和谐自然，又凸显江南水乡的清新脱俗，令人耳目一新。

《宋城千古情》现已成为杭州宋城景区的灵魂，与拉斯维加斯的"O"秀、巴黎红磨坊并称"世界三大名秀"。用先进的声、光、电科技手段和舞台机械，以出其不意的呈现方式演绎了良渚古人的艰辛、宋皇宫的辉煌、岳家军的惨烈、梁祝和白蛇许仙的千古绝唱，把丝绸、茶叶和烟雨江南表现得淋漓尽致，极具视觉体验和心灵震撼。

5.《大宋·东京梦华》

《大宋·东京梦华》是河南省开封市投资1.35亿元打造的大型水上实景演出，于2008年4月5日在大型宋代文化主题公园开封清明上河园内演出。豪华的场景，经典的宋词，高科技的舞美，生动、真实地再现了北宋京都汴梁的盛世繁荣，带给广大游客的是强烈的视听震撼。

这场演出是一幅关于北宋王朝鼎盛时期的印象画卷，是《清明上河图》和《东京梦华录》的历史再现。它通过运用《虞美人》《醉东风》《蝶恋花》《满江红》等八首耳熟能详的经典宋词及其意境，勾勒出北宋都城东京的历史画面。

《大宋·东京梦华》分为六幕四场，演出时间为70分钟。实景演出剧场选择在清明上河园皇家园林区的景龙湖上，充分利用了其亭台楼榭、水系桥廊等布景，构成了宋代都城的完整概念。

《大宋·东京梦华》演出的六幕四场分别为：序《虞美人》，展现一个旧王朝的衰落与宋王朝的兴起；第一场《醉东风》，展现北宋的繁荣与市井风情；第二场《蝶恋花》，铺排出如梦似幻的场景，表现了北宋东京的浪漫与活力；第三场《齐天乐》，表现了万国来朝的盛景和皇家的奢华；第四场《满江红》，把演出推向了高潮，炮火的轰鸣和满江的红色昭示壮怀激烈的豪情；尾声《水调歌头》，表现了经历繁荣、浮华和战争之后，对如梦年代的思索与对美好未来的期盼与祝愿。

四、旅游演艺发展前景及策略

（一）旅游演艺发展前景

随着人们生活水平的提高，文化消费品的需求越来越大，旅游成为人们寻求精神文化生活的新方式，旅游演艺市场也因此应运而生了。早在2002年，文化部就修订了《营业性演出管理条例实施细则》，取消了演出单位主体资格的所有限制。只要符合国家规定的单位和个人均可依法投资兴办演出单位、举办演出活动，这一举措极大地促进了我国旅游演艺行业的发展。党的十八大就强调要实现融合发展，推动旅游业与其他产业的不断融合，创新文化旅游产品，鼓励专业艺术院团与重点旅游目的地合作，打造特色鲜明、艺术水准高的专场剧目。在这样的大背景下，旅游演艺行业必将以更积极的态势驶入发展的快车道。作为一个具有丰富资源的文化大国，旅游演艺市场的发展前景可观。

1. 节目内容

旅游演艺在作品的创作上都有一个深刻的主题，主创者在创作的过程中更是紧紧围绕主题而发展故事。如今，这些旅游演艺秀或是在展现祖国的大好河山，或是在讲述悠久的历史，或是在传递我国丰富多彩的少数民族文化，让游客在享受表演所带来的美感和震撼时，也上了一堂绘声绘色的文化课。例如，1998年由深圳世界之窗推出的大型音乐舞蹈史诗《创世纪》，以世界文化为主题，再现了世界文明发展史上古中国、古埃及、古巴比伦、古印度、古希腊最辉煌的篇章，展示了人类文明发展的壮阔历程。九寨沟的歌舞宴《藏王宴舞》以吐蕃藏王松赞干布迎娶唐朝文成公主的藏汉联姻为故事背景，融入了男女声独唱、舞蹈、民族弹唱等具有典型藏族特色的表演，在讲述历史的同时向游客们展现了地方民族文化的精髓。

2. 演出场地

旅游演艺在舞台上的大胆创新引发了演艺市场对表演舞台的探索，无论是景区的经营者还是演艺秀的主创者，都开始注重舞台本身带给演出的效果与收益。别具一格的舞台设计也是演出的卖点之一，如展现中国山水的实景舞台，可以观看到全景的旋转舞台，能让观众零距离感受演出实况的伸缩、升降舞台，这些独具匠心的舞台更体现了我国文化演艺市场的一个飞跃性的发展。

深圳世界之窗的大型音乐舞蹈史诗《创世纪》和《千古风流》的成功，其独特的环球升降舞台在其中起到了画龙点睛的作用。这座当时被誉为亚洲规模最大、功能最全的全景式舞台采用了国内外最先进的舞台设备和技术，舞台主体造型为世界版图，银灰色椭圆形球体合拢是一个精美的景点，打开则是恢宏的舞台。环球舞台可横向和纵向打开，使广场形成360度全景式表演区域，并具有多板块升降、平移、旋转、倾斜等功能，使表演更具层次感。中心区观众席移动打开后，可从地下升起花道，连接主舞台和广场喷泉舞台，使表演空间得到延伸，如此巧妙设计的舞台带给游客的是前所未有的视觉享受和感官上的巨大冲击力。

《印象·刘三姐》《印象·西湖》《印象·丽江》《禅宗少林·音乐大典》更是将山水实景作为演出舞台，这一大胆的创新使整个演出天人合一，不仅极大地宣传了秀美的自然景观，也打破了传统的演出模式，带给了游客耳目一新的艺术体验。

3. 制作水平

旅游演艺之所以可以在短时间内迅速发展成为备受游客热捧的精神大餐，其强强联手的制作班底、具有国际级别的制作水平起到了关键性的作用。像这样将几十位各方专家汇集一起取众家之长的佳作，相信也只有旅游演艺才能做到，对观众来说这无疑是一次难得的艺术体验。

由华侨城集团投资近2亿元打造的大型舞台精品秀《金面王朝》拥有不俗的制作班底：总导演林树森是国家一级舞蹈编导，曾获得十余次市级、省级、国家级舞蹈编创奖；灯光、舞美总设计师鞠毅为中国歌剧舞剧院舞美灯光设计师、一级舞美设计师、中国戏剧家协会会员、中国舞台美术学会理事，曾荣获文化部优秀专家称号，素有"中国舞台第一灯"之称；音乐则由多次参加"中央电视台春节联欢晚会""中央电视台春节歌舞晚会"及各种重大节日电视晚会的国家一级作曲家刘钢宝创作。

4. 社会效益

党中央、国务院提出要解放和发展文化生产力，要大力发展文化事业和文化产业，旅游演艺的出现正是积极响应国家号召的举措。

（1）制作精良的演艺秀打开了夜间娱乐市场，丰富了人们获取精神文化生活的方式，让人们在白天创造物质文明的同时可以在夜晚享受精神文明。

（2）以山水实景打造的演艺秀在打出自我品牌的同时，也让该地得天独厚的旅游资源为世界所了解，带动了经济的繁荣与增长。

（3）旅游演艺展现了我国悠久的历史文化、丰富多彩的民族风情和秀美的大好河山，这要比任何广告宣传来得更有效果。优秀的旅游演艺秀更是一个城市最好的宣传方式和手段，在吸引游客的同时也能引起外界对城市的关注，从而招揽到更多的商机。

5. 传播效果

旅游演艺的传播首先展示了我国在文化演艺市场的进步与发展，也反映了我国艺术市场的开放。旅游演艺的传播大量引进了国外在舞台、灯光、舞美等方面的先进技术和顶级设备，极大地丰富了我国在演艺市场上的硬件设备，根据我国的国情和自身文化特点，走出了一条具有本国特色的文化演艺之路。

随着经济的发展，文化市场的开放，演艺市场政策上的放宽，旅游演艺将带动文化产业的发展进程。

(二) 中国旅游演艺市场的发展策略

1. 因地制宜，突出特色

旅游演艺产品要因地制宜，实景演出剧场应通过改造与自然山水、演出内容融为一体，以营造出天人合一的境界；实景演出及剧场演出在灯光舞美方面需运用现代声、光、电技术手段，灵活地展示出亦真亦幻的艺术情景，使观众物我两忘。

旅游演艺产品，必须有独树一帜的特色。这种特色包括民族特色、地域特色、人文特色、品牌特色等，必须是其他地方难以简单抄袭或复制的。此外，同一个地方的多台演艺节目也要各具特色，这些各具特色的旅游演艺节目能够形成协同效应，创建旅游区的品牌，推动旅游和经济的发展。

2. 打造精品，创建品牌

精品战略是旅游文化产品、旅游文化演出成功的关键。企业要精心打造精品，要提供制作精良、演艺精湛、能够代表当地的文化、特别是能深度反映当地的历史文化内涵的文化产品。而且，对于精品战略，在一个目的地最好只打造一台，走精品战略，这样才会形成强有力的旅游吸引力，形成自己的品牌。特别是以历史文化资源为基础的旅游地区，旅游文化演出要通过演出元素和各种符号充分地展现用解说、实物无法展现的当地历史和深厚的文化，因为表演艺术是最容易展现的，它可能成为当地历史文化的表现形式。

3. 政府主导，市场运作，多元融资

政府主导，就是在项目的制作前、中、后期，政府始终都发挥着至关重要的作用。例如，政府拨款作为前期启动经费；批准创办民营性质的责任公司；提供良好政策环境和优质服务推动项目发展；项目公演后，大力向国内外媒体推介，扩大项目的知名度；等等。

在此基础上，要树立市场化运作意识。在投资主体上，既有国有企业，也有民营企业或个人。在投入形态上，既有资金、土地等有形资本的投入，又有创意、品牌、作品等无形资本的投入。在资金来源上，既有国家政策性扶持资金、民营企业投入股份资金、银行贷款，也有品牌的无形资产投资。

4. 培养人才，机制灵活，管理高效

通过各种办法、采取多种措施培养人才、吸引人才、用好人才，这是旅游演

艺市场发展的关键所在。通常山水实景演出团队以当地原住居民为主，剧场演出对演员的要求则更专、更精、更尖，因此，一方面，要加大艺术人才培养力度，另一方面，要大力培养和引进经营型人才。要采取编写教材、联合办学、集中培训、示范引导等方式，培养一批既懂艺术又懂经营管理的复合型人才。

各演艺项目应为公司化运作，根据项目需求，按需设岗、以岗择人、以岗定薪，推行合约管理。以必要的人才投资、有效的激励机制、包容的文化环境，汇集创作和管理骨干，形成精英演出团队，建立一整套以较好的待遇吸引人、以有效的方法管理人、以良好的前景留住人、以和谐的团队精神凝聚人的人力资源管理机制。

参考文献

余琪.国内大型主题性旅游演艺产品开发初探[D].上海：华东师范大学硕士学位论文，2009.

（改编者：温 芳）

思考题

1. 《印象·刘三姐》一上演便取得成功，并成为我国新兴旅游演艺的标志，这给其他地区旅游演艺产品的开发带来了哪些启示？

2. 从《印象·刘三姐》到《印象·丽江》，再到《印象·西湖》《印象·武隆》，"印象"系列山水实景演出引发破坏生态环境、对景区发展有弊端、利用名人炒作等诸多争议，你是如何看待"印象"系列实景演出的？

案例 4

以戏带建　以建兴旅*
——无锡影视基地的影视旅游共生模式

中央电视台（以下简称"央视"）无锡影视基地坐落于江苏省无锡市美丽的太湖之滨，是我国首创的大型影视拍摄基地和文化旅游胜地，是影视文化与旅游文化完美结合的主题景区，也是国家首批 5A 级旅游景区。无锡影视基地始建于 1987 年，占地面积近 100 公顷，可使用太湖水面 200 公顷，依山傍湖而建，尽享太湖之灵气、秀气。太湖是我国第三大淡水湖，面积 2250 平方公里，水面浩瀚如海，雄奇壮阔。央视按照"以戏带建"的方针，为拍摄电视连续剧《唐明皇》《三国演义》和《水浒传》，相继建成了唐城、三国城和水浒城三大景区。无锡影视基地以其富有特色的文化旅游产品、良好的知名度和美誉度、热情周到的服务和科学严谨的管理，每年接待 200 万名游客和 20 多个影视摄制剧组。然而，随着近十多年来影视旅游的兴起，各地大肆兴建各种影视城，给无锡影视基地的健康运营带来了一定挑战。下一步该如何发展？我国的影视旅游业路在何方？本案例将从现状、模式、竞争及发展四个角度透视无锡影视基地的往昔、今朝及未来发展构想。

一、筹建缘起：电视剧制作取景之便[①]

20 世纪 80 年代，拍摄电视剧取景问题令很多剧组颇为头疼，为拍一部电视剧四处奔波，"走遍祖国大好河山"，费时费力，制作成本高昂。广电部希望选择一处清静场所，集中一批优秀剧作家专心创作影视作品。如果能够依托影视基地拍摄，批量快速生产，从制作周期、成本上来说都是明智的选择，也能更好地满足当时人民群众日益增长的文化生活需求，特别是对电视剧节目的需求。建设外景基地的想法呼之欲出，其主要功能就是为电视剧制作提供外景取材。顺应时势，根据广电部"以戏带建"的方针，以景促游、以游助建，央视在江浙两省进行广泛考察和认真研究之后，希望通过为剧组提供拍摄场景服务，带动景区的旅游发展，建设外景基地，最终确定在无锡筹建外景基地，以适应当时电视剧生产基地化的需求。

---

* 本案例改编自：郭文、王丽《影视型主题公园旅游开发共生模式研究及其产业聚落诉求——以央视无锡影视基地为例》，载《旅游学刊》2008 年第 4 期，刘滨谊、刘琴《中国影视旅游发展的现状及趋势》，载《旅游学刊》2004 年第 6 期，郑泽国《一条古战船载动 39 万游客——央视无锡影视基地市场营销案例》，2004－06－18，http://www.emkt.com.cn/artice/163/16393_3html。

① 本节内容主要选自郭文、王丽：《影视型主题公园旅游开发共生模式研究及其产业聚落诉求——以央视无锡影视基地为例》，载《旅游学刊》2008 年第 4 期。有改动。

20世纪80年代末,为了收集整理电视连续剧《西游记》拍摄遗留的布景道具,基地投资40万元,建造了我国第一个人造景观——西游记艺术宫。限于当时的条件,艺术宫十分简陋,但是,以8角钱的低廉门票对外开放后,居然万人空巷,游客爆棚,一天收入上万元,让人们看到了发展影视旅游的前景。① 由此偶然发现,"影视旅游"这一影视副产品市场巨大,效益惊人。

1991年10月,基地正式挂牌不久,央视决定拍摄《唐明皇》,唐城随即又在大浮山麓苍翠清幽的群峰环抱中破土动工。之后有《杨贵妃》《武则天》等名噪一时的影视剧在此取景。受影视剧热播的影响,当时游客最多时一天达5万人,无心插柳的影视旅游热现象令原本专为创作而设计的场所变成了新型旅游业态,出人意料的成功使本来旅游资源并不丰富的无锡找到了一条捷径。②

1992年,央视为拍摄84集电视连续剧《三国演义》兴建大型影视文化景区,三国城开始建设。三国城面积比唐城大三倍,"刘备招亲""火烧赤壁""横槊赋诗""草船借箭""借东风""诸葛吊孝""舌战群儒"等十多集重场戏均在此拍摄。三国景点内建造了影视文化特色和具有浓郁汉代风格的"吴王宫""甘露寺""曹营水旱寨""吴营""七星坛""跑马场""点将台"等几十处大型景点,建筑面积达8.5万平方米。后因发展需要,又陆续添置了"桃园""九宫八卦阵""火烧赤壁特技场""竞技场""赤壁古栈道"等景点,丰富、充实了景区文化内容。

1995年,为拍摄大型电视连续剧《水浒传》,基地利用唐城、三国城的回收资金,启动建设水浒城,并于1997年建成。1996年3月《水浒传》剧组进驻开拍,1997年3月8日正式开放。水浒城南面与三国城相邻,西濒太湖,依山傍水,占地580亩,可供拍摄的水上面积1500亩。水浒城主体景观可分为州县区、京城区、梁山区三大部分。我国古典园林构筑讲究"咫尺山林",影视城则是"咫尺天涯"。如果说三国城将吴王宫、甘露寺、赤壁等相距数百千里的地域凑集在数百千米之间,水浒城则将梁山泊搬到了宋王城的边上。城内建筑风格统一而形式多样,有由皇宫、御街、高俅府、大相国寺、汴河两岸、艮山寿岳等组成的宋朝京城,有由"狮子楼""西门庆药店""武大郎饼店""王婆茶馆"等店铺组成的紫石街,有由忠义堂、水寨等组成的梁山泊……上自皇宫相府,下至民宅草屋,衙门监牢,寺院宗庙、街市店铺、酒楼客栈以及水泊梁山大寨,从各个不同的阶层,充分再现了宋代独特的历史背景和浓郁的风土人情。③

唐城、三国城、水浒城收纳了中国古典人文景观,而欧洲城则将多个国家的

---

① 参见郑泽国《一条古战船载动39万游客——央视无锡影视基地市场营销案例》,2004-06-18, http://www.emkt.com.cn/artice/163/16393_3html。

② 参见邵培仁、杨丽萍《金钱的声音:中国影视基地的运作、盈利模式及其困境与对策》,载《文化产业导刊》2010年第9期。

③ 根据中视传媒无锡影视基地官方网站资料收集整理。

建筑比邻而建，由太湖影视城与澳门怡联有限公司合资兴建，占地200亩，投资1亿元，其规划着眼于文化特色，融汇、设计了多种使用功能，既能制景拍摄、又能为游人提供充满异国情调的游乐审美新享受。欧洲各地的著名建筑、景点仿建其中，有法国的凯旋门、古希腊的宙斯神坛、葡萄牙的贝伦塔、意大利"水庭院"、挪威的乡村教堂、英国"史前石阵"、雅典的卫城、荷兰的风车……这些建筑都由专家们精心考证设计，真实地再现了当时历史背景下的建筑风貌。

影视基地的建设带动了无锡旅游业的突破，历经多年的徘徊后终于跨上了一个台阶。影视城经常有电影、电视剧在其中拍摄，游人们有时会遇上拍摄场面，并能见到一些影视明星。影视城为了吸引游人，还组织了演出团，每天演出人们熟知的历史故事片断。丰富多彩的演出节目是无锡影视基地的旅游亮点。其中，有气势磅礴、扣人心弦的"三英战吕布"，有展现影视特技拍摄奥秘的"铁血丹心"，有古典华丽的"华夏古韵"，有身怀绝技的"武功集锦"，还有"燕青打擂""连环计""杨志卖刀""唐风流韵"，等等。这些节目运用影视表现的手法，集中展示了《三国演义》《水浒传》等历史名著中家喻户晓、脍炙人口的经典故事。节目中强烈的视听冲击效果令观众如临其境，回味无穷。影视基地还推出"乘古船游太湖"项目，可让游客乘船泛舟湖心，饱览太湖的美景神韵，体味江南的水乡雅致。古船上的江南地方戏曲演出深得游客喜爱。

央视在基地拍摄了上百部影视剧和各种影视节目，而随着在无锡影视基地拍摄的《唐明皇》《三国演义》的播出，无锡影视基地迅速发展为当时我国规模最大、游客最多、效益最好的影视拍摄基地和旅游景点，无锡特别是当时无锡旅游业在全国名声大噪。

二、共生模式：影视文化与旅游文化的完美融合

影视文化作为一种大众喜闻乐见的通俗娱乐形式，以文化资源的形式进入旅游资源开发行列，这一独具魅力的旅游形态使得以影视作品为主题的特殊主题公园随即成为现代旅游业的重要组成部分。影视旅游是一种新型的专项旅游形式，是旅游发展到一定阶段与影视产业相结合的产物。综观国内外影视城，影视旅游已经成为影视城不可缺少的一部分，借用影视城的影视拍摄资源发展旅游业逐渐盛行。

影视型主题公园是主题公园发展到一定阶段细分化的产物，是现代旅游产业的一种重要类型和补充，它作为一种新型旅游产品，带给旅客的是高强度、全方位、综合性的休闲娱乐感受和全新的生活体验。它的产生和发展经历了一个漫长的积累、转化和提升的过程。

在这一过程中，影视城作为影视产业发展的必然产物，逐渐为人们所熟知，并且随着影视旅游的发展而成为一类特殊的旅游活动场所。归结起来，无锡影视基地的成功主要是依托管理主体的特殊性、区位选址的优越性、影视旅游的融合

性以及文化共生的运营模式。

(一)"集团+基地"的管理共生

集团与基地双重管理,采用股份制上市公司的市场化运营方式,增强了影视基地规避风险的能力,双方成为资金和产业链条上相互的支持者,保证了旅游开发成功地由单一型向多元方向发展。无锡影视基地是国有制事业单位,1996年10月,经中国证监会批准,影视基地作为5家发起人之一的大股东,与央视下属的其他4家共同筹建了无锡中视央视基地股份有限公司,于1997年6月在上海成功上市,其中,央视控股67%的股份。无锡影视基地旅游开发管理带有股份制上市公司经营模式的特性,影视基地受央视管理机构的委托,成为景区经营旅游业务的常务机构,主要管理央视在无锡的资产,负责央视对无锡当地政府部门及企事业机构的联系协调工作;景区管理机构承担景区旅游开发等职能。上市公司依靠巨大的资本优势、有效的经营机制、强大的专业优势和人才优势,可以保证对景区影视拍摄设施、旅游项目进行深层次开发。这一模式是采取了所有权与经营权分离、旅游资源保护与开发权不完全分离的经营模式。

这种所有权与经营权分离的模式从根本上保证了无锡影视基地的设立与管理符合现代企业管理的基本规律,同时,旅游资源保护与开发不完全分离又使得基地在后期资源整合利用中具有较大的灵活性与自主性。

首先,在集团运作战略中,公司上市在极短的时间内可以募集到大量资金,并能把资金投入旅游开发建设和景区维护中,这样可以保证有足够的资金投入景区开发建设中,解决了影视型主题公园建设"规模大、投资大"的难题。同时,社会参股使社会更加关心无锡影视基地的旅游开发,对景区开发以及资源的保护、维修十分有利,而且在某种程度上打破了长期利益分配的平均主义,极大地调动了各方的积极性,也吸引了大批剧组前往,在相当长的一段时间,优势资源与资本市场、企业机制结合下,效益优势凸显。

20世纪90年代,《三国演义》《水浒传》的热播,使无锡影视基地一炮而红,在把影视城推向巅峰状态的同时,无锡也一跃成为华东旅游线上的明星城市。无锡影视基地利用了央视极好的营销平台,在全国媒体展开极大的宣传攻势。1998年元旦之际,影视城又利用央视黄金时段播出《水浒传》之际,推出"相聚水浒城元旦晚会",利用影视基地与央视"联姻"的便利优势,依托大众化、娱乐化的电视栏目进行宣传,市场反响强烈。

(二)"地理+经济"的区域共生

无论是影视基地,还是主题公园,其区位选址尤其关键。无锡影视基地所占据的太湖水面原生态环境保存完好,这是一笔天然资源。凭借地理空间上得天独厚的区位优势及区域产品差异化经营,利用集聚优势,保证了客源及消费能力;

利用太湖优势，因地制宜，占得发展先机。

长三角是全国有名的鱼米之乡，我国第一个无障碍旅游区及我国三大经济圈之一，交通优势特别明显，人口众多，人民生活水平较高，经济发达。长期以来，无锡周边城市主要依托园林、古村镇等传统旅游资源吸引游客，无锡影视基地的存在为华东线增加了新的旅游形态，以差异化旅游资源开发为取向，既利用了聚集效应，又为吸引游客上了"双保险"。

影视基地积极开拓太湖水上产品，给"亲水情结"较浓的游客以旅游体验的满足感。虽然国内水上游览项目众多，但是，用拍摄大型电视连续剧《三国演义》《水浒传》保存下来的古代战船运载游客却独此一家。2001年，开发古战船游览太湖水上线路，是"景点+表演、再现影视拍摄场景"这一影视文化旅游概念的自然延伸。央视基地+古代战船+太湖美景，三大概念组合，既有知名度，又有新鲜感，满足了外地游客对"江南水乡"心驰神往的潜在心理需求，取得了其他景点无可比拟的竞争优势，而这种优势恰恰是与得天独厚的区位优势和精心选址并存的。

（三）"影视+旅游"的产业共生

影视旅游是指把影视文化与旅游活动结合起来，以与影视拍摄、制作、宣传等有关的一切事物为客体，融观赏性、知识性、参与性于一体的专项旅游活动。

例如，随着《阿凡达》的热播，其取景地张家界向游客推出"阿凡达之旅"，迎来一波又一波旅游热潮；无独有偶，一部经典电影《罗马假日》把罗马的旅游带旺得多年未见退热；《冬季恋歌》中韩国济州岛浪漫的飘雪令人向往，使得游客对济州岛的极致美景充满无限憧憬；《勇敢的心》中，忧伤的苏格兰风笛让全世界影迷为之陶醉；2001年《指环王》在全球的热映，使得新西兰美景家喻户晓，新西兰旅游业更是飞速发展，每年接待的游客数目是以前的10倍；《十面埋伏》在蜀南竹海景区取景，每年至少为景区带来了10%的游客量增长率。毫不夸张地说，影视剧对旅游业尤其是旅游目的地、影视基地的带动效应是相当明显的。

无锡影视基地同样借助"影视+旅游"的产业融合，最大限度地发挥影视旅游的无穷吸引力；同时，还利用基地的相关资源，再现历史上大型活动、大规模军事战争场景，如"三英战吕布""智取高唐州"等，各种表演使得景区游览高潮迭起。影视拍摄能让游客通过亲眼看见、亲身体验，最大限度地实现与影视作品所描述场景的融合，很好地满足了游客的心理诉求。另外，在主题展演中，还利用如古战船、水车等道具及演播厅，让游客参与、感受影视特技表演，除观看表演外，还可以与明星派对、邀明星合影、请明星签名，参与影视特技表演，骑马信使、燃放古炮，体验惊险场面；唐城"皇帝上朝"节目也组织游客参与表演，改变了只有建筑道具和历史故事改编、传统的以"静态"为主的"中国式游园",实现了游客对影视的"印证"和"寻梦",充分体现了活动功能的动静结合,增加了游客的兴趣(如图1所示)。

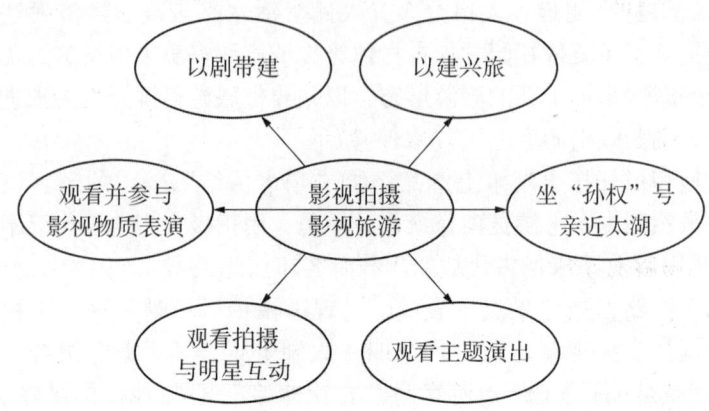

图1　无锡影视基地"影视+旅游"的产业融合

央视股份还实施影视业与旅游业实效组合机制,例如,在影视城内举行大型旅游活动"玫瑰婚典""江南影视旅游文化研讨会"等卓有成效的宣传组织活动,促进了旅游与影视的巧妙组合,和谐互动。

(四)"吴文化+古文化"的文化共生

无锡影视基地旅游开发的成功,还在于依托吴文化,以吴国的建筑、饮食、歌舞、蚕桑、纺织、水利、舟桥等传统地方文化为吸引力元素,不断挖掘地方特色。凭借吴地文化的沉积,以影视博物馆的形式展示吴方言地域内仿真建筑、饮食、歌舞、纺织、舟船的传统文化,挖掘和维系了地缘文化;以家喻户晓的三大古典名著为蓝本,通过对非自然景观的时空物化,为游客填补了一项空白。

《三国演义》《水浒传》《唐明皇》均属我国历史题材的经典著作,几百年来脍炙人口,在世界许多国家都有极高的知名度。尤其是作为我国四大名著的《三国演义》《水浒传》,妇孺皆知,影响深远。与之相对应的三大城区有各自的古典文化氛围,三大主题"大唐盛世""三国演义""水浒传奇"都堪称影视历史文化博物馆,在主题的牵引下,真实地反映了中国历史发展过程中东周列国、汉、唐、宋的政治、经济、文化、社会生活现象,让游客置身于古典名著描述的背景中,将时间、空间进行切割、糅合,模糊了古代、现代的时空界限,满足了游客求新求异的需求,使游客感受到吴文化与古文化的极好融合。

无锡影视基地成功的意义在于对我国同类产品开发的引领和示范作用,其成功经验虽然无法被其他影视基地完全移植或复制,但不乏可借鉴因素。

三、腹背受敌：市场跟进者风生水起

无锡影视基地的成功崛起，在国内旅游市场激起巨大波澜，"羊群效应"随之出现。1995年以后，在无锡影视基地所处的这个28平方公里的半岛上，继唐城、三国城、水浒城之后，又建了中华民俗风情园、镜花缘、太湖欢乐世界等人造景观，规模和投入一个比一个大。追求数量和规模的经济发展思路使全国人造景观到处开花，影视基地也纷纷落成。影视旅游开始在国内盛行，影视城建设项目也纷纷上马，掀起一股"造城"的热潮。其中规模较大的影视基地有以下几座，它们是无锡影视城强有力的竞争者。

（一）浙江东阳横店影视基地

横店影视城是位于浙江东阳市横店镇的影视主题公园，是我国四大影视基地之一，2004年初，被广电总局确定为我国国家级首个影视产业实验区，2012年，成为首批"全国旅游标准化示范单位"之一，2016年由横店影视城主导制定的《影视拍摄基地服务标准》上升为国家标准，在全国推广，从而确立了影视拍摄基地的标杆地位。

1996年，著名导演谢晋为香港回归拍摄献礼片《鸦片战争》，但找不到场地，横店集团为影片投巨资兴建了19世纪南粤广州街。景区在横店镇岩前村一片荒山上建成后，当地村民尝到了前所未有的甜头，大量的劳动就业机会由此而来。道具、布景、搭景等都需要就近请劳力，还需要大量的群众演员，当年，为扮演清兵，仅剃光头的就有4000人。1997年，为拍摄历史巨片《荆轲刺秦王》，横店建起第二个拍摄基地——秦王宫。现已建成8座大型仿制拍摄基地〔广州街香港街拍摄基地、明清宫苑拍摄基地（仿故宫）、秦王宫拍摄基地、清明上河图拍摄基地、江南水乡拍摄基地、屏岩洞府拍摄基地、大智禅寺拍摄基地、横店老街拍摄基地〕以及6座在建基地（上海滩、唐宫唐街、华夏文化园、九龙大峡谷、情人谷、电影梦幻世界）这14个跨越几千年历史时空、汇聚南北地域特色的影视拍摄基地和超大型现代化摄影棚，横店已成为我国影视旅游业界的一座丰碑，被美国《好莱坞报道》（*Hollywood Reporter*）称为"中国好莱坞"。

从2002年开始，横店影视城就借助影视文化的积淀，积极实施从"看影视城建筑群"到"影视文化体验"的转型升级，陆续开发了《英雄比剑》《怒海争锋》《汴梁一梦》等几十个影视场景再现节目，让游客在游玩中体验影视真实场景。影视产业转型升级，向其他领域拓展，横店集团2004年新建38个高科技摄影棚，全部免费供剧组使用，同时进军全国院线领域，占领终端发行市场。

论影视剧组的接待量，横店影视城在全国众多影视拍摄基地中一枝独秀。横店影视城通过打造高科技影视表演《梦幻太极》等，成功地把"影视文化体验"作为卖点推介，实现产业升级，开辟了影视发展的"蓝海"。横店影视城提出

"影视为表,旅游为里,文化为魂"的发展目标,利用影视文化元素,把"影视文化体验"作为卖点,并且借助剧组多、明星多、演艺元素多等优势,推出了影视旅游的核心产品——演艺类旅游产品。"影视旅游"这一全新的旅游概念,也因横店影视城的丰富实践而受到业界的广泛关注,被称为"横店传奇"。

(二) 镇北堡西部影城

宁夏镇北堡西部影城原址为明清时代的边防城堡,过去只是一个边防戍塞。1961年,当代著名作家张贤亮发现了它,并在20世纪80年代初期将它介绍给电影界。这里先后拍摄了获得国际国内大奖的《牧马人》《红高粱》《黄河谣》《黄河绝恋》《老人与狗》,以及《大话西游》《新龙门客栈》《绝地苍狼》《嘎达梅林》《书剑恩仇录》等影视剧。镇北堡西部影城以古朴、原始、粗犷、荒凉、民间化为特色,是我国三大影视城之一,也是我国西部唯一的影视城,在此摄制影片之多,升起明星之多,获得国际、国内影视大奖之多,皆为我国影视城之冠,故被誉为"中国一绝"。因对我国电影事业的特殊贡献,享有"中国电影从这里走向世界"的美称,现在这里已成为我国西部题材的电影电视最佳外景基地。

镇北堡西部影城是集观光、娱乐、休闲于一体的4A级旅游景点,它保留和复制了在此拍摄过的电影电视的场景。主要景点为电影资料陈列馆、古代家具陈列室、艺术摄影展示厅,另有放映厅、餐厅茶座、陶艺坊、旅游纪念品商店、古装摄影、骑射等多项娱乐设施,配有免费全程导游服务,并有现代科技设备可为游客提供场景、道具制作MTV、影视短片,表演"模仿秀",以及随团拍摄旅游录像片,录制成VCD光盘,在个人的家庭影院中欣赏。"来时是游客,走时是明星",这在世界各地的影视城中是独一无二的。

(三) 上海影视乐园

上海影视乐园是一个集影视拍摄、文化传播、旅游观光为一体的主题乐园,由上海电影电视集团公司暨上海电视制片厂建造。乐园规划占地面积1200亩,总投资逾15亿元人民币,首期工程已于1998年10月竣工。上海影视乐园现已建成的全布景式的"南方街道"和实景式场地景"30年代南京路""上海里弄民居",为影视创作提供了理想的拍摄场景,也为人们重睹旧上海五光十色的风情开辟了全新的途径。乐园接受了国内外著名导演的多部作品:《新上海滩》《功夫》《木乃伊Ⅲ》《色·戒》《神话》《如果·爱》等。

上海影视乐园还将建设四座大型和三座小型的摄影棚,以及"上海老城厢""大世界游乐场""城隍庙""卡通世界""明星广场""博览中心""银幕天地""特技场""码头港区""狩猎射击场"等景点。这些千姿百态的景点,通过电影艺术特有的表现手段和现代高科技、新工艺,真实而艺术地展现了上海的历史风貌和人文景观,使这里成为休憩娱乐场所,也成为了解和熟悉上海发展衍变轨迹的画廊。南京路、先施百货、马勒别墅、宋子文旧居、徐家汇天主教堂、电车、电话亭等充满旧上海风情的建筑把人带回到那个纸醉金迷的年代。乐园中随处是电影元素。从周璇、阮玲玉、上官云珠、巩俐等著名影星的蜡像，到电影服装展示，还有《日出》《非常大总统》等影片的经典场景，无不勾起人们对经典影片的记忆。①

上述影视基地与无锡影视基地相比，或者区位比较接近，或者在运作方式比较相似。另外，就在全国各地影视基地四起、影视城旅游方兴未艾的同时，一些传统旅游地由于影视作品的带动也重新焕发了活力，成为影视外景地，加入影视旅游的竞争大战中，其中包括四川的九寨沟、蜀南竹海、云南的丽江、香格里拉、陆良彩色沙林、湖北的神农架林区、浙江的雁荡山、象山、桃花岛、仙居、乌镇、陕西的秦兵马俑、壶口瀑布、北京的故宫、太庙，等等。和这些影视外景地相比，就观光旅游来说，影视城具有明显的劣势，即影视城中的景点往往是人造的，对旅游者的吸引力不够大。如果当地没有将影视城纳入旅游线路，影视城的生存将仍然十分困难，因为里面很多的东西都是仿造的、应急的、粗糙的，毕竟和历史上真砖实瓦建造的建筑不一样。"人造景观热"于是受到全国媒体的"围剿"。在这种大气候下，无锡影视基地的旅游业务开始下滑。②

四、理性反思：影视旅游路在何方

盲目追求扩张、粗放经营的发展思路最终会受到市场规律的无情惩罚。尽管影视城数量不少，但真正成功的影视城却屈指可数。一个基本事实就是，我国绝大多数影视城处于亏本经营的状态，只有少数知名影视城处于温饱和盈利状态，尤其是"一部戏留下一座城"，景点局限性更大，很难吸引更多剧组。③ 无锡影视基地的其余项目也未能再创辉煌。就中视股份而言，激烈的市场竞争也使三大景区中面积最大、投资最多的水浒城，没能再超越唐城和三国城的辉煌。但是在全国众多的人造景观中，水浒城毕竟还成为在几年中收回投资的少数范例之一。因此，不少影视城最后被迫转向旅游，变成主题公园。但由于影视城景点都是新造的，对旅游者吸引力并不大。而剧组拍摄期间又希望不受游人干扰，这使得影视城左右为难。尤其是近年来荧屏上古装剧大幅降温，剧组对布满仿古建筑的影视城需求急剧减少，更使处于困境的众多影视基地雪上加霜。

由繁荣到衰退，反思无锡影视基地的昨天与当下，不难发现，我国影视开发中主要存在以下问题：

---

① 根据上海影视乐园官方网站首页简介相关资料整理。
② 参见郑泽国《一条古战船载动39万游客——央视无锡影视基地市场营销案例》，2004-06-18，http://www.emkt.com.cn/artice/163/16393_3html。
③ 参见佚名《国际旅游管理协会，影视旅游需要升级与转化》，2009-09-28，http://travel.yidaba.com/。

（1）产品单一。主要是观赏型的旅游活动，即提供影视拍摄场景、服装、道具等供游客参观，参与型、体验型的旅游产品较少，难以满足游客的需要，旅游吸引力不足。

（2）影视城重复建设。在经济利益的驱使下，各种影视城旅游项目盲目上马，缺乏必要的科学论证，各地的影视城风格雷同，特色不突出，建设缺乏合理规划，忽略旅游发展的特点和规律，产生了诸如景区布局不合理、景区环境差、旅游配套服务设施不完善、接待能力较弱等问题。

（3）影视作品质量低，旅游促进作用不强。

（4）影视城缺乏规划，旅游功能薄弱。

以上一系列问题亟待解决，并且需要第三方力量加以引导。

政府不仅要为完善影视旅游产业链创造良好的硬件环境，更要营造影视旅游产业升级换代的协调能力和制度环境，出台相关政策，加强对影视产业区的支撑服务体系建设。

影视旅游共生的模式已经经过了十几年的市场洗礼，这一新的旅游形态到底如何继续发展，仍需结合自身特点和发展状况，在风雨中探索前行。

参考文献

[1] 崔屹平. 发挥影视特色，拓展两个市场 [J]. 电视研究，2000（1）.

[2] 佚名. 中国影视基地之旅，寻找中国好莱坞 [DB/OL]. http://www.tvtour.com.cn.

（改编者：蒋昀洁）

思考题

1. 无锡影视基地影视旅游共生模式的主要不足是什么？如何克服？
2. 在具体的运作方面，可以采取哪些措施应对跟风的竞争者？
3. 从竞争战略视角谈谈影视基地的产业化发展需要注意哪些问题。

案例 5 >>>

横店影视城：从山区小镇到"中国好莱坞"*

横店影视城位于浙江省东阳市横店镇，是我国首个国家级影视产业实验区和国家 5A 级旅游景区。横店影视城隶属于横店集团，从 1996 年为拍摄《鸦片战争》而建设广州街起步，已建成秦王宫、清明上河图、明清宫苑、梦幻谷、梦外滩、梦泉谷、圆明新园等 20 多个跨越几千年历史时空的影视拍摄基地（景点），拥有从五星级到商务经济型的酒店 40 余家、1 万多间客房，以及涉及体育、文创、会务、商贸、客运、娱乐、研学等多产业的十多个专业子公司。横店影视城多年来发展迅猛，被称为"中国好莱坞"，现已成为全球规模最大、产业要素最集聚的影视基地和国内规模最大的影视旅游主题公园群。横店影视城殊荣不断，曾获"中国十大影视拍摄基地""中国最具特色影视拍摄基地""全国旅游系统先进集体""浙江省文化产业示范基地"等荣誉。创立以来，共有《鸦片战争》《英雄》《雍正王朝》《甄嬛传》《步步惊心》等千余部影视作品在此拍摄。

当前，横店影视城已从影视拍摄基地转变为影视旅游主题公园，正向着中国超大型影视旅游主题公园和独具魅力的梦幻之城、快乐之都的目标努力。然而，多年前，横店还只是一个籍籍无名的贫穷山区小镇，它是如何十年磨一剑、铸成今日的规模的呢？本案例将以时间为主线，从发展历程、创新营销、科学管理、产业集群、经验和对策五个方面对横店影视城进行介绍和剖析。

一、横店影视城的发展历程

横店原先只是一个交通闭塞的山村，曾被戏称为"人均只有 7 分田"，绝大部分土地都是丘陵和荒山。当地流传着一首歌谣："抬头望见八面山，薄粥三餐度饥荒，有女不嫁横店郎……"而今这个小镇成为名震中华、驰名海外的高科技工业走廊和文化重镇。作为国内影视城中的后起之秀，横店影视城有几个重要的发展阶段，即起步阶段、突围阶段和崛起阶段。

（一）缘起：集团探索，毅然起步

1. 集团探索

横店影视城是横店集团旗下企业，其缘起与横店集团的发展有着密切的联系。横店集团的起步缘起于一次危机：国营丝厂的停工停产，造成了横店蚕茧的积压。1975 年，徐文荣先生领头创办了横店的第一家企业：横店丝厂。这种逆境中逼出来的创业机会，在当时的计划经济体制下非常难得，从此珍视机会成为

---

* 本案例改编自曾毓琳：《横店传奇——横店影视城发展的探索》，北京大学出版社 2008 年版。

横店的传统。此后企业不断发展，敏锐地关注市场变化的需要，发掘潜在的机会，走上了发展的道路，在多年发展过程中形成了磁性材料、机电产品、医药化工、轻纺针织、建筑材料等主导产业，并逐步壮大为浙江省著名的乡镇企业集团。

20世纪八九十年代，横店随着乡镇企业的兴起而富裕起来，但还只是一个山区小镇，既没有城市的文化设施，更没有城市的文化氛围，很多优秀人才不愿来，更不愿留在横店，于是，徐文荣萌发了发展文化产业的想法。1995年，横店集团尝试着创建文化村、娱乐村、度假村等文化娱乐设施，这为后来集团发展文化旅游产业打下了一定的基础。当时，横店没有火车、飞机，交通不便，许多人都认为横店的条件不适合发展文化产业，但是徐文荣和横店集团没有放弃，他们执着地等待机会。

2. 毅然起步

1996—1999年是横店影视城的起步阶段。1995年底，机会降临横店集团。著名导演谢晋筹拍历史巨片《鸦片战争》，却因拍摄基地无着落而焦虑不安。横店集团创始人、董事长兼总裁徐文荣闻讯，立即派人赶往上海与谢晋取得联系，并带回了拍摄基地的设计图纸和模型照片，徐文荣当即决定由横店集团全额投资建设拍摄基地的外景，并保证在半年内全部完成。

1996年1月24日，谢晋与徐文荣在横店签约。经过集团上下努力，4个月后，横店建成了"19世纪南粤广州街"，确保了《鸦片战争》的顺利拍摄，横店影视城也因此得名。而后几年，横店集团相继建成"香港街""清明上河图""江南水乡"等景区。

1999年9月，美国影视界权威杂志《好莱坞报道》的记者到横店采访，后刊发长文并配发6张照片，称横店这个江南小镇为"中国好莱坞"。也是在这一年，横店承办了首届"中国农民旅游节"，开始在旅游业上施展拳脚。从1999年之后，横店影视城名声大噪，走上了发展影视文化产业的道路。

（二）突围：痛定思变，脱颖而出

2000—2003年是横店影视城的突围发展阶段。为吸引更多的剧组前来横店拍摄，2000年开始，影视城所有场景对影视拍摄免收场租，并为其提供从场景搭建、道具制作、演员中介到餐饮、住宿等系列配套服务。于是，海内外剧组纷至沓来，横店影视城人气骤升，最多时一天18个剧组同时拍摄，与国内许多影视基地的冷清形成鲜明对照。剧组的增多，游客的蜂拥，人气的骤升，带动了横店相关行业的快速发展，影视城逐步实现了产业化经营。2000年，横店影视城被国家旅游局授予首批国家4A级旅游区称号，但在表象繁荣的背后却隐藏着深深的危机。

1. 痛定思变

2001年秋天，《江南游报》曾进行过一次针对横店影视旅游的特别调查。调查是秘密进行的,他们暗中选定具有代表性的杭州20余家旅行社,内容主要分为两大块,一是考察组团横店情况,二是对横店景质评定。调查结果大大出乎意料,因被调查的旅行社有50%一年中没有组过一次去横店的团,20%组团社中一年中只组过一次,横店旅游日接待旅游量最多的不超过500人,最少的寥寥几人。旅行社的老总们几乎一致认为横店景点很差,只是建了一大群不值得"旅游"的空房子;横店营销观念落后,缺少一支懂旅游的营销队伍。[①]

这个调查的结果对横店的打击是沉重的,之后横店集团自己又进行了市场调研,发现横店影视城在浙江省内旅游市场的占有率很低,在上海、苏州等长三角旅游消费力旺盛的城市的占有率更是不容乐观。受访者认为横店是一个偏远的影视拍摄基地,旅行社找不到横店旅游的定位和亮点。

痛定思变,横店开始大刀阔斧地改革。然而面对改革,横店却有着许多困惑,客观地说,横店没有区位优势,唯一的特色就是影视特色,面对这样复杂的情况,既没有可以参照的先例,更没有成功的模范,确实难以下手。开发影视旅游市场的时机是否成熟了呢?突破口在哪里?对这些重要的问题,横店都没有明确的答案。

2. 脱颖而出

为了成为众多竞争对手中的佼佼者,横店做出了一系列的努力和尝试。2002年横店影视城相继建成了12个影视拍摄基地和2座超大型的现代化摄影棚,统一管理运营制景、道具、服装、化妆、车辆、设备租赁、演员队伍等配套服务,开发了杭州超山、磐安花溪、浦江神丽峡等自然风景区。2002年,横店集团开始全力抓营销,探索建立了全新的营销体制,组建了全国第一家专业的旅游营销公司,采取统分结合的营销方式对市场进行深入的拓展,采取"一城一策"的手法,按照各级市场进行产品的调整、定价和包装。在营销的过程中,横店影视城注重维护合作伙伴的利益,强调"义利并重、和谐共赢"的理念,创新市场定位和营销理念,最终脱颖而出。

(三)崛起:产业升级,激流勇进

2004年之后是横店影视城的崛起阶段。任何产业发展的成功,一定要形成相当的规模,才能在激烈的竞争中立于不败之地。横店集团前期发展文化产业所做出的努力,为其影视产业走集群发展的道路奠定了坚实的基础,文化产业的集聚效应也逐渐凸显出来。

1. 产业升级

横店集团定下了自己的发展目标:把横店建设成为影视要素最集中、影视制作成本最低和影视产业最发达的地方,打造出一个立足浙江、面向全国、辐射世

---

① 参见曾毓琳《横店传奇——横店影视城发展的探索》,北京大学出版社2008年版,第34页。

界、高起点、全方位、多品种,并在世界上都有很大影响力的国家级的影视产业基地,让横店成为迈克尔·波特(Michael Porter)提出的影视产业"集群"(clusters)区,形成强有力的竞争优势。为了实现这个目标,横店集团在前期发展文化产业的基础上,在2003年提出了建立影视产业试验区的设想,立即得到了浙江省政府和国家广电总局的支持。2004年4月,中国唯一的国家级影视产业实验区——浙江横店影视产业实验区在杭州授牌,这标志着横店影视产业正式迈出集群式发展的第一步,也标志着横店影视城进入了产业升级阶段。

2. 激流勇进

创立至今,横店影视城持续探索影视旅游发展之路,旅游人次逐年提升。横店影视城不断开发影视文化特色演艺产品,打造旅游休闲项目和品牌节庆活动,坚持不懈地提升营销宣传能力和管理服务质量,最终扩大了品牌的知名度和美誉度,成为国内游客接待量多年保持连续增长的大型主题公园类景区之一。

横店的发展并不是一帆风顺的,几乎每年都会遇到各种困难和挑战:周边新一轮主题公园投资热的逐步兴起,后起旅游企业的发展加快,影视旅游主题公园同质化竞争加剧,全球经济增速放缓,国民旅游消费动力不足,横店影视城面临重重考验。横店为此采取多种举措,如加大宣传力度,完善内部激励机制,调动员工的积极性,加大旅行社返利力度,推出多种优惠措施,维护深化销售渠道与信息渠道,等等,在逆境中生存转型中发展。如果说横店早期的迅速崛起是借了长三角经济发展的东风,那么,在不利形势下仍能够保持持续发展的势头,则证明了横店集团确实具有成为一家大型影视文化产业集团的资质。

二、创新营销:影视为表,旅游为里,文化为魂

营销是一个企业的生命线,如何能保持企业盈利的逐年大幅增长?横店影视城在营销上有着独到之处。

(一) 创新营销战略

市场营销战略,即指企业为适应环境和市场的变化,站在战略的高度,以长远的观点,从全局出发来研究市场营销问题,策划新的整体市场营销活动。

1. 市场营销观念

市场营销观念是指企业进行经营决策,组织管理市场营销活动的基本指导思想,也就是企业的经营哲学。横店影视城一直坚持"三赢理念",重视并兼顾代理商、公司及游客三者共赢的市场开发思路。

为了保证代理商的利益,横店影视城根据代理商的盈利要求设计价格的毛利空间,举行返利大会及活动奖励,达成与代理商的稳定合作;为了保证游客的利益,横店影视城要求营业员根据游客的潜在需求和愿望来设计线路、推出活动;另外,横店影视城还为不同的省市制定出不同的保护低价,确保各地的影视旅游

的价格统一性，使各合作旅行社有利润可赚，控制市场，避免旅行社之间的恶性竞争，很好地维护了公司、代理商及顾客的利益。

2. 目标市场战略

目标市场营销是现代战略营销的核心，包括市场细分、选择目标市场和定位三个环节。

（1）市场细分。由于地区经济发展水平的差异，不同客源地的人有着不尽相同的旅游意识、旅游习惯，不可能制定出一个放之四海而皆准的市场战略，为此横店影视城的经营者提出了"一城一策"的市场细分战略。所谓"一城一策"，就是指根据不同客源地的人的经济水平、旅游意识、旅游习惯，提出不同的旅游概念，进行不同的旅游策划，组合不同的旅游线路，制定不同的旅游价格，提高市场对横店影视城的认知，吸引人们到横店去旅游。"一城一策"具有很高的市场灵活性和可操作性，有效地保证了市场的扩展。

（2）选择目标市场。横店影视城深入挖掘省内客源，在继续加大上海、杭州、江苏等战略市场的精细化营销的同时，整合设立省内以浙江、上海、江苏6小时交通圈为主的第一市场和福建、江西、安徽等其他省市的第二市场。横店影视城在巩固苏、浙、沪老客源市场的同时，已在江西、福建、安徽、广东市场取得了不俗的业绩，并把市场触角延伸到湖北、重庆、山东等地。横店影视城将这些目标市场分为培育期市场、成长期市场、成熟型市场三类市场，对不同的市场实施不同的品牌传播策略和手段。

（3）市场定位。横店影视城首先要明确的是，自己是做影视还是做旅游，只有处理好这二者的关系，才能在经营和发展的过程中准确地定位自身的服务和市场营销策略。横店影视城在分析了自身的优势劣势和资源特色后，果断地提出对横店影视城影响深远的经营理念，也就是"影视为表，旅游为里，文化为魂"。这个经营理念很好地定位了影视和旅游，并引入了文化的概念，影视、旅游、文化三位一体、互相融合，解放了经营者的思想，为横店影视旅游的发展奠定了理论和实践基础。

（二）创新营销策略

横店影视城的市场营销策略灵活多变，下文将会从市场营销学的经典4P理论入手对它进行分析。4P理论是美国营销学学者杰瑞·麦卡锡（Jerry Mccarthy）在20世纪60年代提出的，在市场营销组合观念中，4P分别是产品（product）、价格（price）、渠道（place）、促销（promotion），是企业进行市场营销活动的主要手段。

1. 产品策略

横店影视城自建立以来，每个季度都会推出不同的产品，对不同的人群制定不同的线路与产品，因此，横店影视城的形象在游客眼中永远都是新颖的，其宣传方式、游客参与度都很好。横店影视城不断创新,构建了智慧旅游体系,建立了电子商务平台、旅游管理平台、影视管理平台(影视管理系统)、管理服务平台、微信平台,为剧组和游客提供贴心的产品和高效的服务。

(1)影视拍摄服务。横店影视城不断提升服务质量,为剧组提供优质影视拍摄服务,截至 2015 年,累计在横店影视城拍摄的剧组数量已达到 1600 多个。横店影视城为世界各地的拍摄剧组提供了从拍摄、住宿到设备器材全流程的服务,主要有场景搭建、宾馆住宿、专业技术人员和杂工、群众演员和特约演员、各种摄影器材设施和陈设道具、各类车辆等。

(2)影视旅游演艺产品。虽然是从影视基地起步,但今天的横店影视城最让游客青睐的却是其自主开发的一系列影视文化旅游产品,目前累计推出的大大小小的节目达到数百个,集中于梦幻谷景区、明清宫苑景区、秦王宫景区、广州街香港街、清明上河图、明清民居博览城、华夏文化园,其中代表性的产品主要有《梦幻太极》《暴雨山洪》《梦回秦汉》《汴梁一梦》等。

(3)特色主题旅游产品。针对不同游客群体,横店影视城陆续开发了多种特色游产品。例如,推出定时、定地的"明星见面会",使各旅行社团队互动参与,创造游客与明星偶像面对面的机会,形成了具有影视人文特色的旅游产品。推出"体验影视魅力,参与影视创作"的影视拍摄活动,为游客提供专业的摄影、服装和后期制作。推出年味十足的春节大庙会,让游客一次感受中华大地、贯穿南北的九大民俗。

(4)文化创意产品。2016 年新年伊始,横店影视城文化创意发展有限公司成立,定位于"衍生品一站式运营商",致力于景区旅游及影视衍生品的研发、生产、营销。横店的文化创意产品体系大致由四个方面构成:一是以影视剧、明星等为核心的系列文创衍生品;二是以横店各大景区为元素的系列文创产品;三是以横店周边的特色土特产为主的产品;四是以景区各大人气演艺秀为灵感设计的系列周边产品。①

在产品开发与创新方面,横店影视城一直不断求索推陈出新。横店影视城坚持对各景区演艺节目进行升级改版,满足游客不断提高的文化欣赏需求。目前,新的旅游演艺产品的开发正在有条不紊地进行之中,各项服务产品也在不断升级,未来横店影视城将向中外游客奉献出更高品质的服务和产品。

2. 价格策略

价格是消费者获得产品而支付的现金数量。横店影视城以游客需求为导向进行定价,定价合理,以实实在在的优惠吸引游客。横店影视城官网上可以查阅各景点的门市价和售价,其中单个景点的价格在百元左右,套餐价格(多景点门票和住宿)的销售价在数百元,这对大部分游客来说是比较容易接受的。多年来,

---

① 参见《横店影视城试水文创产业》,http://www.hengdianworld.com/NewsDetail.aspx?id=3370。

游客数量一直持续递增,这也反映出游客对价格的接受度很高。

此外,横店影视城还经常根据外界环境的变化调整价格并推出各种活动套餐,提高游客人均消费比重。例如,为应对金融危机的影响,横店影视城在"五彩缤纷水世界"期间,果断推出"买联票送住宿"、周六住宿价格下调和自驾车卡的举措。同时推出了一日游团队(周日至周五)、"体验游""亲子游""学生夏令营"等相关优惠游活动,价格上的优惠吸引了众多游客。横店影视城还定期推出旅游消费优惠活动,质优价廉的旅游产品契合了游客的消费心理,极大地提高了游客数量。

3. 渠道策略

渠道包括公司为使目标顾客能接近和得到产品而进行的各种活动。2002年成立的横店影视城旅游营销有限公司,现已在全国各地设立了40多个市场部,全国各省市与横店影视城有良好合作关系的旅行社数量达到了3000余家。横店影视城精心编织且用心维护的市场网络,在横店近年来的发展中起到了关键作用。

营销公司自成立后的几年中,旅行社是主体销售渠道。横店影视城从2008年开始着手"渠道创新",加大力度开掘商会、工会、汽车协会、会务公司、4S店及车友俱乐部等第二渠道,以此带动散客市场。另外,横店影视城通过电视购物平台,让产品直接面向散客终端,也取得了非常好的效果。

为整合资源,拓宽横店影视旅游的销售渠道,横店影视城于2010年1月初成立了网络运营中心。该中心自成立以来,以把横店影视城网站打造成操作方便、实用、信息量广的大型旅游门户网站为目标,除了负责公司的网站维护、网络宣传外,把工作侧重点放在散客营销上。散客营销工作从两方面着手:一是代理商的铺点工作。在与旅游互联、上海携程、艺龙等十多家网站代理商合作的基础上,增加铺设专业旅游网站(途牛网、芒果网等),让散客在任何一家知名的旅游网站上都可以看到横店影视城的产品。二是建立横店影视城自己的专业销售网络,畅通电子商务直销渠道。横店影视城构建了电子商务系统,游客登录官网、微信和App预订门票和酒店,购买时可以看到出行线路提示和注意事宜,操作简单方便,服务细致周到。横店影视城还在淘宝开设了官方旗舰店,提供更多的购买渠道。

4. 促销策略

促销则包括公司传播其产品的优点并说服目标客户购买而进行的各种活动。横店影视城一年到头活动不断,精彩纷呈,吸引了越来越多的游客前来实现体验游、休闲游、购物游。

横店影视城以节庆活动带动横店特色旅游,结合景区实际开展特色主题活动。例如,春节期间举办"红红火火过大年"活动,元宵节举办灯会、闹元宵等活动,端午节在广州街、香港街景区举办"五彩缤纷水世界"活动启动仪式暨龙舟赛活动，推出"端午民俗游"的文化大餐；盛夏，在横店五大景区分别开展"冰镇啤酒节""冰爽西瓜节""泼水狂欢节""秦宫凉茶节"活动；秋季举办中秋系列活动；冬季，在梦幻谷推出"圣诞嬉雪"活动，元旦前夕在大智禅寺举办鸣钟祈福迎新年活动。

横店影视城网络运营中心将"红红火火过大年"等景区活动搬上官网，辅以优惠政策，实现了不俗的销售业绩。中心还与学乐中国网合作开展"全国中小学生征文比赛"，利用其独特的网络资源推广横店影视城的亲子游政策，将亲子游政策以"电子优惠券的形式"有形呈现，拉动自驾游群体，宣传效应十分明显。

横店集团把旅游和影视结合起来，积极创建富有民族特色的影视主题公园，通过著名影视作品在全国和全球的影响开发旅游主题，吸引国内外游客，带动旅游业的发展。横店集团充分利用市场营销策略开发和利用当地旅游资源，使人文景观与自然景观相互融合、完美结合，丰富了旅游文化内涵，创出了横店的旅游品牌。

三、科学管理：人性化、制度化、规范化

横店影视城坚持以管理强基固本，用科学的管理理念推动企业管理，从规范制度入手提升企业人力资源管理水平，同时加大企业品牌文化建设，用人性化、制度化、规范化的管理促进企业健康稳定地向前发展。

（一）人力资源管理：以人为本、规范制度

在十多年的实践摸索中，横店影视城建立起了科学的人力资源管理制度，以灵活的企业人才任用、奖励和激励机制培养和吸引了无数优秀员工。

1. 人才任用提升机制

横店影视城推行"优胜劣汰"的竞争机制。横店影视城对所有的导游组组长实行公开竞聘；对下属公司中层干部和文员进行综合考评，将考核结果作为决定员工晋升或降职的依据；对所属演员进行职称评定，并根据职称制定有级别的薪酬标准，以此鼓励员工积极工作，争取提高自己。这样的人才任用机制给了员工奋斗的目标，为横店影视城的发展注入了生机。

横店影视城将"台阶提升"与"破格提升"二者并用。正常情况下，公司内部员工一般是一步步地"台阶提升"，这种逐级提拔的方式，使得员工能够脚踏实地，扎扎实实地积累经验，锻炼能力，有利于员工和公司的健康成长，也能够保证各级领导岗位的工作质量。对出类拔萃、作出了杰出贡献的员工，则破格提拔，将他们直接放到更高层的岗位，加以重用。事实上，正是"破格提拔"这种不拘一格的人才晋升机制，使横店影视城在近年来培养了一大批年轻的营销精英和管理骨干。

2. 员工绩效考核与激励

横店影视城以管理岗位为起点，建立"公平、公开、合理"的考核淘汰、考核定级机制，把定量与定性、定期与临时、财务性与综合性相结合，重点考核一线工作岗位、探索技术岗位。影视城建立了两个考核体系，一是可以量化考核的部门和岗位的考核体系，以经济指标为主体进行定量考核；二是不能量化的考核的部门和岗位的考核体系，以工作绩效、综合能力、工作态度作为考核的内容。影视城将绩效考核的结果作为奖励和激励员工的依据，采取多种方式对工作绩效高的员工进行激励，包括物质激励、精神激励、荣誉激励和工作激励，根据不同员工的不同需求，采取多样化的激励手段，使员工的积极性和创造性得到了空前的提高。

3. 员工培训

作为一个正在高速发展的影视旅游企业，要保证长期健康地发展，就必须依靠创新型人才获得可持续的竞争优势。创新型人才不能一味地依赖于从外部重金聘请，更应当通过企业的内部资源进行培训。

横店影视城建立了培训管理制度，提倡全体员工终身学习，旨在形成学习型企业的氛围。培训主要从价值观的认同、影视旅游服务意识和技能等方面入手，实行"短期效用与长期战略"相结合、"管理思想与技能培训"相结合、"现场培训与远程监控"相结合、"培训人才与人才选拔"相结合等四大原则，分级培训。在培训中，横店影视城特别注重培训员工成熟健康的心态，其具体内容是：

（1）创新进取，开拓向上。许多工作有着固定的模式，往往只需要按部就班地执行，难免会让员工形成不求创新的心态。横店影视城要求员工时刻保持旺盛的进取精神，带着积极的情绪去创造性地工作。

（2）挑战困难，坦言失败。"有工作，就会有困难"，在"顾客就是上帝"的旅游业更是如此。影视旅游业市场波动性较强，人际关系较为复杂，人员流动也颇为频繁，这一切时刻考验着横店影视城员工面对困难的心态。横店影视城的培训注重让员工学会用积极的心态去对待困难，并且冷静理智地解决问题。

（3）注入感情，快乐事业。横店影视城的培训向员工传递着积极向上的理念，使员工将工作当作一件快乐的事情，视工作为人生很重要的一个部分，学会用满足和感激的心态去待人接物，用眷念和忠诚的心态去回报横店，用愉快和积极的心态去服务顾客。

4. 职业经理人队伍建设

职业经理人需要极强的综合能力，不只要德才兼备，而且要德才突出，才能在企业管理中发挥出核心作用。正因如此，为了形成更加科学有效的管理机制，获得更好的发展，当今的许多企业都选择聘用高素质的职业经理人来负责企业的管理工作，并将建设一支自上而下的优秀的职业经理人队伍作为人才队伍建设工作的重中之重。

（1）职业经理人的模范作用。殷旭是横店影视城有限公司的董事长兼总经理，自任职以来，他始终倡导企业文化建设，并十分注重从中国传统历史文化中吸取营养，在个人修身与企业管理上发挥一个职业经理人的模范作用。

例如，在2006年年度工作会上，殷旭做了题为《解读〈论语〉，学做职业经理人》的讲话，论述了企业管理的要义与职业经理人的职业操守等。在2007年工作会上，横店管理层则探讨了企业文化建设问题，殷旭做了题为《吸取儒家理学的精华 做好职业经理人》的讲话，把儒家理学思想引入横店影视城的职业经理人队伍建设中。在2008年工作会上，殷旭阐述了职业经理人的历史使命，对公司职业经理人提出了"破惰戒满，提升管理，知难而上，再立新功"的要求。在2009年工作会上，殷旭做了题为《古"法"今用 儒法互补》的讲话，将法家思想导入公司的制度化管理中，强调德治与法治相结合，管理制度、管理权威与管理技巧相结合。

这四次年会对横店有着重要意义，在殷旭的大力倡导和公司全体职业经理人的合力推动下，企业文化建设在横店影视城蓬蓬勃勃地开展起来。公司办起了企业内部报刊、图书馆，并多次举办职工运动会、谷雨诗会、大合唱比赛、卡拉OK大赛、演讲比赛、征文活动、摄影比赛、迎新春千人长跑活动、职业经理人读书会等；制定了企业管理制度和员工守则，并不断完善；有明确的企业徽标（logo）、口号和品牌价值观。

（2）建设廉洁职业经理人队伍。多年来，横店影视城致力于建设廉洁的职业经理人队伍，从思想道德教育入手，以严格的管理制度和纪律约束为保障，强化监督，打造出了一支廉洁高效的职业经理人队伍，创造了良好业绩。

在严格遵守横店集团《管理手册》的同时，影视城结合企业实际制定了严密完善的《管理制度汇编》，并强制执行，用制度规范和管理广大员工尤其是职业经理人的行为。适时地出台了《关于明确企业常用物品统购范围及操作流程的通知》《关于规范剧组费用结算的通知》《关于禁止上班时间炒股的通知》《关于严禁倒卖门票的通知》等一系列相关管理文件。严格的财务审计制度和完善的监督机制，最大限度地遏制了相关人员假公济私、私拿回扣等不正之风。

（二）品牌建设：打造中国特色影视文化产业品牌

在产品同质化程度越来越高的今天，任何企业只有打造出独具特色的品牌，才能高速持续地发展。公司要打造怎样的品牌，就要塑造怎样的品牌。

1. 横店影视城品牌塑造

横店影视城是一个提供服务和体验类产品的影视旅游企业，与迪士尼有着许多的共同之处，要想在竞争中立于不败之地，只有建立起自己独特的企业文化，将影视城的品牌烙印在游客的心中。事实上，在企业文化建设和影视旅游文化品牌塑造方面，影视城一直在不懈努力。殷旭说过："光靠建筑是无法吸引人的，做影视和旅游最终都是做文化。景区要有生命力，跻身中国一流景区，就必须完成文化的突围，横店原本没有文化底蕴，全是白手起家创造的，我们搞影视旅游，就是要做到人无我有，人有我优，要打造具有中国特色的民族文化品牌。"

（1）品牌定位和理念。2002年，横店集团整合影视拍摄基地、景区旅游、宾馆饭店等业务，完成对横店影视城公司的组建，为创造横店品牌奠定了基础。随后，确立了横店影视城的发展方向为"影视旅游主题公园"，同时将横店品牌战略列入《浙江横店影视城有限公司管理制度汇编》首篇。

横店影视城的品牌定位是中国版"好莱坞"；客源市场是大众游客与摄制组；投资内容是高科技娱乐项目、娱乐表演；品牌理念是"集中国影视旅游文化之精义，打造国际化的观光与休闲的梦幻之城、快乐之都"。横店影视城策划的所有活动和项目均围绕该品牌理念展开，充分体现了品牌个性。

（2）品牌价值观。横店影视城的品牌价值观是"修己安人，义利并重，和谐共赢"，影视和旅游都是文化行业，从事这一行业既能修炼个人素养，提高自身技能，又能给别人营造舒适和快乐。品牌价值观提倡对企业忠诚，对工作敬业，对同事诚恳，对客人守信，勤勉负责，讲究以义为主的职业道德；同时，企业给员工的忠诚工作以合理的利益回报，体现个人的创造价值，最终实现企业与个人、企业与合作者、企业与顾客的和谐双赢。

（3）品牌使命和责任。横店影视城对游客的承诺是以高品质的产品满足游客体验梦幻和快乐的需求；对员工的承诺是让员工在公司这座大学里不断地取得进步，同时获得合理的收入；对合作伙伴的承诺是相融相容，互补互利；对投资者的承诺是以合理的成本，创造最佳的效益；对社会的承诺是营造一方健康有益、传承中国文化的乐土。

2. 横店影视城品牌建设措施

品牌文化建设必须付诸行动，成为企业经营、员工工作的指南和自觉行动。为了建立一个完整的品牌管理体系，横店影视城采取了一系列措施，实践证明这些措施行之有效。

（1）体系建构品牌。横店影视城的管理体系包括五个部分：一是严谨的组织机构、严密的培训体系、严格的监督检查；二是强化培训，提高员工的服务技能和服务素质；三是将"以打造横店品牌为己任"的意识传递给每一位员工；四是用品牌理念指导市场开拓，在国内外建立了一批市场部，立足国内市场，准备打入国际；五是策划组织大型活动，以提升横店的品牌形象。

（2）创新充实品牌。随着我国城市建设的迅速发展，主题公园的竞争日益激烈，横店影视城在"未来世界"的失败中看到了"更新太慢—客源锐减—亏损严重—无力更新"的恶性循环，于是坚定了信念，要将创新进行到底。横店的每个景区都围绕自己的特色定位设计相应的表演项目，经过不断创新和改进，其中许多项目成为经典，凝聚成"主题公园型"所应当具备的"快乐、互动"等要素，融入了横店的品牌个性当中。

（3）市场检验品牌。横店影视城是全球最大的影视拍摄基地，占地广大，空房众多，都是它作为影视拍摄基地的优势，但这却是发展旅游的劣势。为了变劣势为优势，横店影视城从品牌建设的需要出发，组建了"产品开发中心""制景公司""策划部"和"横店影视城艺术团"等机构，大力开发景区产品，策划演艺节目。《梦回秦汉》《汴梁一梦》《梦幻太极》等横店自主创新的产品，"还不去横店玩儿""你来了，所以你快乐"等系列创品牌互动，都得到了良好的市场反响，证明了横店影视城的品牌吸引力。

四、产业集群：横店影视产业集群的构建与发展

产业集群是指在产业发展过程中，特定领域内相互关联的企业与机构在一定地域内的集中所构成的产业群。这些产业群同处一个产业链，呈现横向或纵向延伸的专业化分工格局，彼此具有共性与互补性，使得技术、信息、人才、政策及相关产业要素等资源能够得到充分共享，知识传播与创新的速度通过产业链迅速推广，集群内企业因此而获得规模经济效益，并大大提高了整个产业集群的竞争力。[①]

2004年4月，国家级影视产业实验区在浙江横店影视产业实验区（以下简称"实验区"）正式挂牌。实验区并不局限在横店本地，它还包括周边的湖溪镇、马宅镇、南马镇、南市街道、城东街道的部分行政村，规划总面积达365平方公里，包括"一城三带四区"。"一城"指影视城；"三带"为城南影视文化景观带、城北影视文化景观带、诸永高速影视文化景观带；"四区"系城镇行政功能区、生态休闲发展区、城镇工业发展区和水源涵养发展区。

实验区制订了以构建产业集群、打造影视产业链为主要内容的发展思路，并以建设"五大体系"和"十大中心"（影视投资中心、行政服务中心、影视剧本创作中心、高科技后期制作中心、影视人才教育培训中心、影视后产品研发中心、影视终端发行中心、高科技特色影视娱乐中心、影视生产服务中心、影视产业信息研究中心）为重点。下文将从实验区五大体系的整体构建入手对实验区进行介绍。

（一）体系构建

实验区产业集群由五大体系组成：要素构建体系，策划、制作体系，展示交易体系，影视后期产品开发体系，综合服务体系。这五大体系互相联结、互相作用，融合成横店影视产业集群。

1. 要素构建体系

（1）影视拍摄基地。目前，坐落于实验区的横店影视城拥有广州街、香港

[①] 参见钱志新《产业集群的理论与实践：基于中国区域经济发展的实证研究》，中国财政经济出版社2004年版，第39页。

街、清明上河图、秦王宫、江南水乡、横店老街、明清宫苑、明清民居博览城、古战场、武打片、枪战片等实景基地和高科技摄影棚，基地建设规模为亚洲之最。此外，横店影视城和省内30多个拍摄基地、景区组成了浙江省影视拍摄基地联合会，建成了首个影视拍摄基地协作体，以为影视拍摄资源提供共享之利。

（2）影视学院。由横店集团和浙江传媒学院联合创办的影视科技学院，能为影视业提供源源不断的影视专业人才。

（3）演员公会和演员经纪。演员公会是由横店影视城牵头、群众演员和职业演员自发组织的自治性机构，为各剧组提供所需的各类群众演员和特约演员，规范了演员市场，并同时承担着中介服务的功能。

（4）设备租赁。横店影视产业实验区能为剧组提供各种拍摄所需的租赁服务。

2. 策划、制作体系

（1）影视剧制作。横店集团旗下的影视娱乐公司已获《摄制电影许可证》和《电视剧制作许可证（甲种）》，已先后摄制《江山美人》等多部影视剧；横店集团和香港上市公司"东方娱乐控股"合资建起了最先进的高科技影视胶片洗印中心及影视制作中心。

（2）栏目运营。横店集团旗下的影视公司拥有《捕娱网》等一系列精品电视节目，还将全力打造《明星见面会》《群众明星》等栏目。

（3）动漫制作。横店集团正与多所国内外高校商议在实验区内注册成立中国动漫创作研发中心，形成专业的动漫创作基地。

（4）剧本创作。横店影视产业实验区将建设影视剧本创作中心，吸引国内外爱好影视剧创作的年轻人和知名编剧及相关单位，成立创作基地，形成独特的剧本集散中心。

3. 展示交易体系及影视后期产品开发体系

（1）影视博览。实验区拥有先进齐全的影视博览中心，其中，室内展厅面积为77626平方米，室外展场面积为13020平方米。

（2）电影节。横店影视产业实验区根据现有影视特点，创办风格独特的高品位电影节。实验区内早在2004年5月26日至6月1日就已成功举办了横店第八届中国国际儿童电影节及第十二届中国电影童牛奖颁奖典礼，为承办大型影视节等会展项目积累了经验。

（3）院线建设。实验区将搭建起完善的影视产品终端市场体系，进行院线和台线的建设，力争覆盖全国市场。目前，院线建设已初具规模，横店集团已分别在浙江、广东、江苏等地控股和参股了多家院线并投资建设新型影城。

（4）后期衍生产品。实验区将投资建设包括影视主题乐园、音像图书制品和玩具、电子游戏等在内的衍生产品，完善产业链中的后期环节。

4. 综合服务体系

（1）政策咨询服务。实验区服务中心将为入驻实验区投资开发影视产业的各影视机构提供各类与政策相关的咨询服务，包括工商、税务与金融政策的相关解释。

（2）行政审批服务。落户在实验区的浙江省广电局电影审查中心、浙江省电视剧审查委员会工作站提供相应的审批服务。

（3）网络通信服务。"数字横店"项目建设基本完成，电信、移动、联通全面提供固话、移动服务。

（4）宾馆餐饮服务。实验区目前已拥有一星到四星级宾馆9家，一般宾馆若干，具有8000张床位的日接待能力，每个宾馆都设有大型餐厅。

（5）娱乐文体服务。实验区现已建有游泳馆、网球场、体育馆、影剧院、健身房、保龄球馆、大中小型娱乐城等设施；正在规划设计的八面山主题公园，拟建设包括高尔夫球场、国际标准垂钓鱼塘、休闲渔村、动物园等十多个项目。

通过上述五大体系集聚相关资金与企业，从而使得一条完整的影视产业链条得到发展，并带动相关产业发展。横店影视产业集聚模式如图4所示。

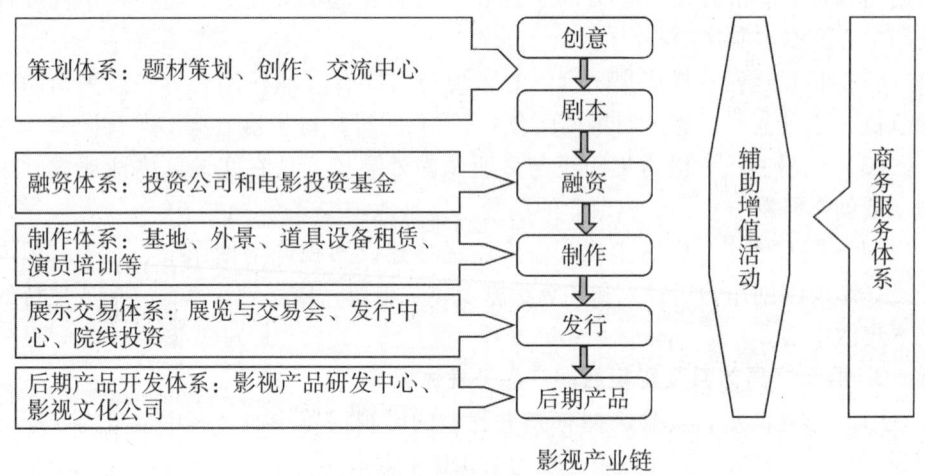

图4 横店影视产业集聚模式

资料来源：林梅华、石兆阳《中外影视文化产业拉动模式研究》，载《视听界》2009年第3期。

（二）发展概况

由政府部门主管、横店集团主办的实验区充分发挥横店丰富的影视资源优势和灵活的机制优势，通过完善影视产业要素体系和提供优质高效的行政服务，吸引大批海内外影视机构落户横店，目前横店影视产业集群各种要素汇聚融合，影视产业集聚效应逐渐显现。影视产业的发展不仅带动了外围产业和边缘产业的发展，也充分发挥了其巨大的经济效应和社会效应。

1. 发展现状

实验区是集影视创作、拍摄、制作、发行、交易于一体的国家级影视产业区，在基地化、专业化、产业化、社会化的进程中，横店影视产业实验区着力推进我国影视剧制作生产方式变革，拥有几十个大型实景拍摄基地和高科技摄影棚，已成为当之无愧的全球最大影视实景拍摄基地。

实验区不仅拥有包揽历史千年、地方特色的拍摄基地，更有完善的产业链、优惠政策和系统的专业服务。近年来，实验区积极构建企业经营、拍摄制作、发行放映三大服务平台，初步形成了从剧本创作、发行、后期产品开发一条龙的较为完整的影视产业链。横店影视产业实验区吸引了华谊兄弟、保利博纳、光线传媒等数百家中外影视公司在实验区相继落户。经营项目涵盖了影视制作、器材租赁、广告、动漫及出版等多个行业，形成了从剧本创作到影视制作、发行、后期产品等一条龙产业。实验区内有影视服务中心、演员公会、行政服务中心、电影审查中心、电视剧审查工作站等，为入区企业提供各种配套服务。影视作品的申报平台进一步完善，大大方便了企业作品立项、审查、备案等程序化工作。如今在横店拍戏，从剧本创作到后期制作乃至审片等全部环节，都可以就地完成。横店影视城实现更大的产业腾飞将指日可待。

2. 发展规划

2009年底，徐永安提出一个崭新的目标：5～10年内在影视产业投资30亿～60亿元，其中新建高档影院300～500家，使横店院线跻身全国院线前三强。根据徐永安的设想，横店将进一步扩大影视基地的建设规模，借助横店影视产业实验区这一平台，争取成立影视创新基金，激励影视创作；积极探索建立"中国影视发展指数"，让横店成为中国影视产业发展的风向标。未来5～10年，横店影视产业实验区将着力打造"规模最宏大、要素最集聚、技术最先进、成本最低廉"的全球知名影视产业发展基地。

实验区的发展目标中明确了各发展阶段的时间和任务。至2010年，实验区框架基本形成，实验区要素构建体系、策划制作体系、展示交易体系、影视后产品开发体系、服务体系构架初步搭建，影视产业各项功能较为齐备，逐步成为主导产业，国内、国际的影响力逐步增加，建成国内外一流的"影视拍摄中心"；至2015年，影视产业六大基地建设基本完成，较为完整的影视产业链基本形成，影视产业成为实验区的主导产业，建成"影视产业中心"和"影视文化中心"；至2020年，"中国好莱坞"基本形成。

五、横店影视城的成功经验和发展对策

（一）成功经验

横店影视城的发展对我国影视文化产业有着诸多的启示。除在上文中介绍的

创新营销、科学管理、产业集群等成功的主要因素之外，横店影视城成功的重要原因还有以下几点。

1. 因地制宜，扬长避短

横店不适合发展农业，但是横店的地理位置和人文环境却适合发展影视文化产业。横店镇位于浙江中部的南江盆地，距杭州180公里，距东阳市市区18公里，四面环山，为熔岩形地质，半山半坡，搞种植业成本高，得不偿失。不同的资源都具有自身的禀赋优势，把这些不适宜耕种的荒山坡加以改造，建成适合拍摄各种影视剧的影视基地、宾馆以及各种工业建筑物，则具有天然的成本价格优势。

在人文环境方面，横店则有其他影视基地无可比拟的优势。横店所在的东阳市是著名的"百工之乡"和"建筑之乡"，唐宋时，建筑业就已经初具规模，明清时期则形成了融合了东阳木雕艺术和传统木构建筑技艺的独特建筑风格。因此，横店具有建造人工影视基地的人工、建筑材料、施工设计制作等先天优势，建造质量高、速度快、费用低，十分利于影视文化产业的发展。横店的例子表明，发展过程中的优势劣势不是绝对的，只要找准思路，扬长避短和因地制宜，往往可以变劣势为优势。

2. 遵循市场化和产业化原则

作为一家在市场中逐渐发展起来的大型民营企业，横店集团有着很强的市场观念和产业意识。从一开始，横店集团就将影视文化从文化事业上升到文化产业的层面上来认识，因此，能够以市场为导向，把握时机正确决策。而且，横店集团在发展影视文化产业的过程中，始终按照现代企业的标准运作，实行科学的企业管理制度，重视品牌建设。在人力资源配置上，横店集团机制灵活，较有效率地开发了人力资源，物尽其用，避免了人才浪费和效率低下的状况，充分发挥了员工的创造性、主动性和积极性。

影视文化产业有投资大、成本高、回收周期长等特点，而且具有一些和其他产业不同的特殊性，参与影视文化产业往往要面对很大的市场风险，但是这些并没有妨碍横店的发展。横店集团是一家大型的企业集团，拥有许多产业，具有强大的经济实力，能够在变化莫测的市场环境中抵御各种风险，因此，虽然横店影视城曾遇到巨额亏损的情况，但最终能够依赖集团的财力坚持到最后。

3. 树立良好的企业形象

横店集团坚持社会效益与经济效益相统一的原则，在发展影视文化产业的同时注意发挥企业的社会影响力和经济影响力。

一方面，集团充分利用影视拍摄基地以及配套设施，建起了一大批弘扬中国优秀传统文化的艺术展览馆，用于对员工和游客进行民族文化教育，此外，集团还以科学健康积极向上的形式和内容为文化消费者服务。另一方面，集团提出了"共创、共有、共富、共享"的"社团经济模式"，在这一思想的指导下，集团出资办学校，建医院，盖体育馆，修路造桥，通过各种市政建设、社会公益事业、文化设施建设，与所有横店人共享横店的发展成果。集团的举措造福了一方百姓，得到广大老百姓的支持。

横店影视城非常热心公益活动的举办，多次在金华、义乌等地义演，汶川特大地震发生后，影视城艺术团还到周边省市各市场赈灾义演，并将现场所收民众捐款转交灾区，这些活动都树立了横店影视城良好的企业形象。

4. 借力教育产业，培养影视人才

目前，我国的影视专业人才比较稀缺，横店为了克服影视产业发展面临的人才瓶颈问题，大力发展影视教育，通过多种渠道开办与影视相关的专业，培养影视人才与管理人才。

横店已构建起从幼教到高教乃至博士后科研工作站的相对完整的教育体系。由横店集团创办的横店大学已成为浙江横店科技专修学院，设有市场营销、商务英语、影视艺术等多个专业。同时还开办了业余国际贸易硕士研究生进修班，与浙江传媒学院联办影视表演及播音主持（综艺主持）大专班、与广东亚视演艺学院合作开办影视表演培训班，另外，横店集团还建有党校、团校和职工培训中心，每年培训员工在3000人以上。

（二）发展对策

如今，横店影视城的规模正在不断扩大，吸引了许多影视文化人才到横店就业打拼，对很多年轻人而言，横店是一个能够在实现就业的同时追逐影视梦想的地方，无愧于"中国好莱坞"的美誉。但是我们也必须看到，横店影视城和国际同行相比还有一定的差距。在全球经济一体化的背景下，如何保持可持续发展的良好状态，这是值得影视城认真思考的问题。能否在当前激烈市场竞争中稳定发展，取决于影视城是否能得到政府的强力支持；能否在未来走向国际市场，取决于影视城是否把握市场动向、立足中国本土文化特色；能否在国际市场做大做强，取决于影视城是否打造出完整的产业链条，实现高水平的产业化。

1. 坚持政府积极引导

自2004年建立以来，实验区得到了国家相关部门的肯定和支持。横店发展影视产业，不仅能够享受国务院支持文化产业发展的有关优惠措施，还能享受浙江省人民政府和东阳市人民政府的多项优惠措施。东阳市委、市政府极力优化发展环境，在巩固原有政策基础上，2009年出台了《关于建立政府特别奖促进经济发展的补充意见》，特设影视贡献奖；同时，继续修订完善了影视文化产业发展专项基金奖励办法，加大对影视企业的扶持力度。

产业集群发展具有的系统缺陷和市场失灵问题，要求政府在相应的领域发挥引导作用。无论是20世纪上半叶美国好莱坞的扩张还是20世纪末韩国文化产业的迅猛发展，政府政策的导向和扶持在其中都起着极其重要的作用。今后，政府可以把保护知识产权机构的建设作为产业集群发展的一个重要方面，设立相应的知识产权鉴定机构、知识产权的交易机构乃至保护知识产权的司法机构，营造良好的发展产业的环境。另外，在我国影视文化产业集群发展过程中，需要在国家金融管制政策上进行突破性尝试，建立多元化的投融资体系，打造有中国特色的影视金融业。

2. 立足中国文化特色

文化无国界，越是民族的、中国的，就越是世界的。文化是影视的灵魂，也是旅游的灵魂，文化是影视旅游的内核。横店影视城自初创以来，就始终坚持以打造民族文化品牌为己任，通过文化把影视和旅游结合起来，走有中国特色的发展之路。

来自迪士尼乐园和环球影城等国际旅游界知名企业的竞争日趋迫近，使得国内主题公园整体面临前所未有的挑战。无论是东京、巴黎和香港的迪士尼乐园还是环球影城，推出的都是以西方文化为主导的旅游产品。横店影视城则立足于中国本土，以中国传统历史文化为核心，让中外游客体验到原汁原味的中国影视旅游文化。以本民族的文化为根，注重以文化的差异性吸引游客，横店影视城过去撬动了一个又一个市场，创造了一个又一个奇迹，必将在中国文化的引领下走向前景更为广阔的未来。

3. 打造国际化产业链

如何进一步将影视产业做大做强并与国际影视产业发展趋势接轨，是横店集团面对的主要课题。为此，横店集团邀请美国著名的 XWHO 公司（艾斯弧设计公司）中国机构对横店影视产业区进行总体设计，实验区目前已经形成了集影视创作、投资、融资、拍摄、后期制作、审片发行、产品开发、影视展览与贸易、人才培养、影视旅游、配套服务等为一体的动态的、可持续的影视产业链。同时，横店集团还注重将影视和旅游之外的相关业务，如休闲、娱乐以及报刊、出版乃至频道、网站等业务融入产业链，建立较为完整的产业链条，为横店影视城的可持续发展奠定了坚实的基础。

横店集团还采取了多种措施不断拉长影视产业链，如完善影视基地建设、整合电影院线、拓宽发行销售渠道等。横店影视城的未来将是产业链大整合的未来。横店集团需要继续通过投资、并购、合作等方式，在所涉及的行业领域中、在合理的市场和区域布局下，形成强大的国际化产业链。未来的横店影视文化产业将拥有更加完善的产业链条，成为一个真正对国内外都具有强大辐射力的"中国好莱坞"。

参考文献

[1] 科特勒, 等. 市场营销原理：亚洲版 [M]. 何志毅, 等, 译. 北京：机械工业出版社, 2006.

[2] 林梅华, 石兆阳. 中外影视文化产业拉动模式研究 [J]. 视听界, 2009 (3).

[3] 钱志新. 产业集群的理论与实践：基于中国区域经济发展的实证研究 [M]. 北京：中国财政经济出版社，2004.

[4] 曾毓琳. 横店传奇：横店影视城发展的探索 [M]. 北京：北京大学出版社，2008.

[5] 张胜冰，等. 文化产业经营管理案例 [M]. 青岛：中国海洋大学出版社，2007.

（改编者：任　丹　陈　晶）

思考题

1. 横店影视城的成功经验对国内其他影视城的发展有何借鉴作用？
2. 试比较横店影视城与好莱坞的异同。
3. 影响横店影视城走向国际市场的主要制约因素有哪些？

国际文化产业篇

案例1 >>>

全球娱乐王国——迪士尼[*]

他用画笔画出无数个百年经典,构造了一个个神奇的动画世界;他把童话里的城堡变成了生活中的乐园,唤醒了无数人的想象力和灵感;他缔造了一个庞大的迪士尼王国,开创了一个令人热血沸腾的娱乐时代;他名满天下富可敌国,却从未停止奋斗,他就是迪士尼的创始人华特·迪士尼。

一、娱乐王国崛起

(一) 华特·迪士尼和他的娱乐王国

华特·迪士尼是美国著名的动画片制作家、演出主持人和电视片制作人。他以创造米老鼠和唐老鸭等卡通人物闻名,又通过迪士尼乐园和迪士尼公司享誉全球。

"一战"前的美国,电影还处在黑白和无声的时代,动画片是电影放映前的娱乐节目,只有短短十几分钟而已,而华特·迪士尼改变了这一局面,他的成功史至今仍是好莱坞的一段佳话。

1923年,华特·迪士尼与哥哥罗伊·迪士尼一起创办了"迪士尼兄弟动画制作公司"。1926年,公司改名为"华特·迪士尼制作公司"。1928年,华特·迪士尼制作了世界上第一部有声动画片《蒸汽船威利》,有声动画片和米老鼠从此走进人们的生活,此后,公司引领了动画片的创意潮流和形式革命。

经典的动画电影并没有表现出华特·迪士尼所有的想象力,他在生活中寻找灵感,酝酿多年,终于将一个大胆而浪漫的幻想国度变成了真实存在的迪士尼乐园,在那里,无数人实现了自己童话般的梦想。1955年,洛杉矶迪士尼乐园的开放开启了主题公园的时代和迪士尼的崛起之路。

公司在动画电影上一直是世界的引领者,但是它没有局限于动画电影的世

---

[*] 本案例改编自倪宁《迪斯尼娱乐攻略》,南方日报出版社2005年版。

界，其战略眼光十分独到，总是能够把握住时代发展的趋势，找到恰当的时机涉足其他的产业。但是，迪士尼兄弟相继去世后，公司却迷失了方向。

在华特·迪士尼去世后的近20年里，公司经历了一段长期的困境，但是它经受住了考验，并且最终在第三代掌门迈克·艾斯纳的带领下破茧重生。1986年2月6日，公司正式更名为"华特·迪士尼公司"（以下简称"迪士尼"），此后的3年，迪士尼开始了它的第二次黄金发展时期。今天的迪士尼已经成为一家成功的大型跨国集团，在世界500强中名列前茅。可以说，经过大半个世纪的发展，华特·迪士尼和他的迪士尼都取得了辉煌的成就。

（二）迪士尼三大主要业务

迪士尼是仅次于时代华纳的世界第三大娱乐公司，是全球500强的大型跨国集团。公司经营的业务类多而面广，涉及电影、主题公园、房地产、娱乐业、零售业等诸多领域，几乎占据了所有经济行业的半壁江山。其众多的业务分为三个主要业务板块：娱乐制作（电影发行、家庭娱乐、演出和音乐），主题乐园度假区及迪士尼相关消费品（迪士尼授权、出版、游戏、零售、直销），传媒网络（无线网络、有线媒体、互联网络）。

迪士尼的这三项主要业务中，有无数的子项目需要管理，这对集团的运营模式和经营能力有很高的要求，而迪士尼确实找到了高效的运行方法。它通过运用现代企业的管理手段，将所有业务编织成一个庞大的有机网络，并在这个网络中充分发挥领导者宏观统摄全局的作用，使其庞大的娱乐王国能够高效地运转。

迪士尼的基本运营分工如下。

1. 影视娱乐

迪士尼是世界影视娱乐产业的领袖，整个迪士尼都是在影视娱乐业务的基础上建立的，这部分业务的核心是世界著名的动画长片和真人电影业务。迪士尼旗下有皮克斯动画工作室、米拉麦克斯影业公司（Miramax）、美国广播公司、娱乐与体育电视网（Entertainment and Sports Programs Network，ESPN）、试金石电影公司等一大批知名公司，它们负责生产各种影片、动画片、电视节目，同时也负责音乐剧、冰上世界等舞台剧的制作发行以及迪士尼多品牌唱片的发行。

迪士尼下属的这些电影制片厂和各种影视机构的制作能力强大，每年可以生产50部左右的故事片，是美国四大电视网的主要节目供应商。此外，迪士尼还创作了大批含有角色形象的电视节目，并且购买其他厂商的影视片向影院、电视台和家庭录影带市场销售。迪士尼名下的各个发行公司、录像公司和国际公司负责代理迪士尼生产或拥有使用权的电影、电视、音像节目在美国和世界各国的发行。

2. 媒体网络

迪士尼媒体网络部门负责运营迪士尼的各种媒体网络资产，其中包括迪士尼

1996年完成收购的 ABC 集团业务，具体职能是负责电视节目的制作和电视台的运营。该部门同样负责广播的制作和广播台的运营，其中包括 Radio Disney。我们所熟知和喜爱的 ESPN 频道、国际运动频道、ESPN 网也是迪士尼控股的，并逐渐成为迪士尼核心业务之一。公司的有线网络部分掌控全球的迪士尼频道（The Disney Channel）以及其他一些拥有股份的频道，而迪士尼互联网集团负责运营迪士尼互联网资产。

3. 主题乐园体验及消费产品

主题乐园体验及消费产品部门负责全球迪士尼主题乐园的设计、建造以及运营。除了全球 6 个迪士尼度假区、12 个主题乐园之外，该部门还负责运营迪士尼海上巡航线的两艘巨型邮轮。另外，迪士尼区域娱乐负责运营 ESPN Zone 主题餐馆。

迪士尼主题乐园业务是迪士尼品牌的关键组成部分，也是迪士尼的重要支柱。为了保持迪士尼乐园的品牌，吸引来自世界各地的游客，迪士尼度假区在美国本土市场和国际市场上，利用各种广告与促销活动对世界上 6 个迪士尼度假区的各种游乐项目进行市场营销。此外，每个迪士尼度假区都会通过长期协议形式与迪士尼集团的其他公司建立起业务关系。

主题乐园体验及消费产品部门在 1929 年开始对其周边的消费品授权，利用在全球拥有无与伦比的娱乐品牌和新闻品牌优势，迪士尼已经成为全球最大的品牌消费品授权商，麾下拥有千百家遍布全球的零售商店，与成千上万家制造和零售商建立了买卖和特许关系。该部门和全球广泛的授权商合作推出服饰、玩具、食品等各种消费品。另外，迪士尼全球出版部门也在该部门旗下，该部门负责在世界范围内进行迪士尼公司创造的各种形象的知识产权交易。

（1）迪士尼旗下的出版社负责出版发行与迪士尼有关的图书和杂志，如《趣味家庭》《迪士尼历险》和科普杂志《发现》等，对与迪士尼相关的连环画、艺术图画书和杂志发放出版许可证。

（2）迪士尼对与之有关的玩具、礼品、家具、文具、体育用品发放生产销售许可证。

（3）迪士尼下属的软件商迪士尼互动公司，主要从事开发和营销家庭、学校使用的计算机教育与娱乐软件以及游戏软件，迪士尼旗下的 BVG 博伟游戏公司负责迪士尼互动软件的开发和发行。

（4）公司生产教育用的视听产品，包括录影带、电影、招贴画和其他教具。

（5）迪士尼的直销业务包括直销网站和迪士尼专卖店。

迪士尼一直在积极开发拥有自主知识产权的商品，不断寻求可以用于许可证产品的新的角色形象，并且参与具有许可证意义的出版物的写作和插图的创意工作。此外，公司还通过迪士尼专卖店向市场直接推出与迪士尼有关的产品。可以说，迪士尼正在成为一个全球消费品的最终制造公司。

二、世界的乐园

(一) 迪士尼快乐地图

华特·迪士尼缔造了迪士尼乐园。迪士尼乐园是世界上第一个现代意义上的主题公园,是它开启了主题公园的时代。

主题公园是园中的环境布置和娱乐设施等都集中表现一个或数个特定的主题的公园,这种公园形式是20世纪人类最伟大的文化创造之一,它不仅丰富了人类的想象世界,还形成了一个成熟的娱乐产业。

华特·迪士尼建造迪士尼乐园的一个原因是他认为乐园的生命周期比电影长,他说过:"电影一旦完成就无法更改,而乐园则有永恒的生命,它可以不断地发展下去,可以改变,可以扩建等,这一切令人多么的激动。"① 所以,他不仅要做动画拍电影,还要建造迪士尼乐园,要用立体的想象给人们以快乐,用乐园的空间保存永恒的经典。

迪士尼乐园是一个"梦境和魔幻的王国",乐园里的一砖一瓦、一景一物都是充满想象力的艺术设计作品,乐园内活动精彩丰富,给无数的游客带来了欢乐,不论是大人还是孩子都很喜欢那里。6家迪士尼乐园每年能吸引上亿游客,这充分说明了迪士尼乐园的巨大魅力。②

(二) 世界六大迪士尼乐园③

通过执行全球战略,迪士尼除了在本土开设了洛杉矶迪士尼乐园和奥兰多迪士尼世界,还借助全球化浪潮积极拓展海外市场。从20世纪80年代开始,迪士尼公司相继打造了东京、巴黎和香港的3家迪士尼乐园,并且在上海开设了它的第四家海外迪士尼乐园,这对迪士尼的发展又是一次大力的推动,毫无疑问,迪士尼乐园正在逐渐成为世界性的娱乐形式。

为了研究迪士尼乐园,我们首先来了解各国迪士尼乐园的概况(见表1)。

表1 各国迪士尼乐园概况

国 家	城 市	开业时间	占地面积	每年游客人次
美 国	洛杉矶	1955年7月17日	207公顷	2000万
美 国	奥兰多	1971年10月	12228公顷	1600万
日 本	东 京	1983年	201公顷	1730万

---

① 倪宁:《迪斯尼娱乐攻略》,南方日报出版社2005年版,第54页。
② 同上。
③ 参见《迪士尼乐园》,http://baike.baidu.com/view/74923.htm。

续表1

国　家	城　市	开业时间	占地面积	每年游客人次
法　国	巴　黎	1992年初	1951公顷	1200万
中　国	香　港	2005年	126公顷	450万
中　国	上　海	2016年	400公顷	560万

1. 洛杉矶迪士尼乐园

迪士尼将动画片所运用的色彩、刺激、魔幻等表现手法与游乐园的功能相结合，推出了洛杉矶迪士尼乐园。它是世界上第一座现代化游乐园，也是世界上第一个现代意义上的主题公园。它分为8个主题区，分别是美国大街、边界地带、梦幻王国、冒险世界、米奇卡通城、动物天地、纽奥良广场、明日世界。

2. 奥兰多迪士尼世界

佛罗里达州奥兰多迪士尼世界由7个风格迥异的主题公园、6个主题酒店、6个高尔夫俱乐部组成，乐园内设有中央大街、小世界、海底两万里、明天的世界、拓荒之地和自由广场等。奥兰多迪士尼世界从建立时起，就储备了大面积的用地作为未来发展的空间，此举保证了其后来持续进行的发展规划能够顺利实施。

3. 东京迪士尼乐园

东京迪士尼乐园位于东京千叶县，于1982年建成，次年开业，被誉为"亚洲第一游乐园"。东京迪士尼乐园依照美国迪士尼修建，主要分为世界市集、探险乐园、西部乐园、动物乐园、新生物区、梦幻乐园、卡通城等7个主题区。东京迪士尼乐园建成后，在日本引发了"迪士尼热"，迪士尼乐园和迪士尼的服装等各种产品都流行起来，这使得美国迪士尼公司的实力大大提高，也使迪士尼公司对国际市场的拓展充满信心和憧憬。

4. 巴黎迪士尼乐园

继东京迪士尼乐园之后，迪士尼公司耗资440亿美元，在法国巴黎兴建了欧洲大陆上的第一个迪士尼乐园。巴黎迪士尼乐园位于巴黎市郊马恩河谷镇，面积1951公顷，于1992年初开张。

巴黎迪士尼乐园不仅保留了迪士尼乐园的特色，还融入了本土的新元素，如将巴黎特有的城堡风貌添加到迪士尼动画城中。巴黎迪士尼乐园分为五大部分：美国小镇大街，让人重温牛仔时代的小镇风光；加勒比海海盗屋、炮火连天的战争场面、海盗的豪夺强抢，造型栩栩如生；探险世界里，风靡世界的大轮船以及大峡谷的峻峭山冈，尽显美国风情；独具匠心的夜间娱乐场地迪士尼村、新英格兰式的码头村，搭配形状各异的建筑物，流露出无限的创意美。

5. 香港迪士尼乐园

香港迪士尼乐园度假区位于香港新界大屿山，目前占地总面积126公顷，它是第一个以洛杉矶迪士尼乐园为蓝本建立的主题公园,由一个主题公园、一个主题酒店和一个水上活动中心构成,乐园中的代表娱乐地点有美国小镇大街、探险世界、明日世界、睡公主城堡等。

香港迪士尼乐园度假区由香港政府和迪士尼合作组成的香港国际主题公园有限公司建设、管理及运营,由华特·迪士尼幻想工程师团队负责设计。香港政府持有57%的股权,而迪士尼公司持有43%的股权。香港迪士尼乐园一方面促进了香港特区旅游业的发展,另一方面使迪士尼公司的全球战略得到进一步的实施。

6. 上海迪士尼乐园

上海迪士尼乐园位于上海浦东新区,是全球第六家迪士尼乐园,占地400公顷,总投资约340亿。该项目由中美合资运营,项目则由上海申迪(集团)有限公司与华特迪士尼公司合作建设,中美双方分别设立子公司合资建立三家公司,负责上海迪士尼的项目实施。上海迪士尼乐园包含6个主题园区:米奇大街、奇想花园、探险岛、宝藏湾、明日世界、梦幻世界,并拥有全球迪士尼主题乐园中最大的奇幻童话城堡,每一个园区都有自己特色,为游客创造无限可能。

(三)迪士尼乐园的运营

迪士尼乐园能够成功,有许多方面的原因:①高科技的娱乐硬件,并且对硬件采取了科学的管理;②准确的营销策略和品牌战略,树立了强大的品牌形象;③有自己系统而完善的运营模式,内部管理科学高效;④注重培训优秀的员工,拥有高质量服务的经验和先进的服务文化,而这是最重要的原因。

1. "三三制"原则

迪士尼经过多年调查发现,尽管迪士尼乐园占地广阔,娱乐内容丰富,并且设施齐全,但是总有1/3左右的项目是游客不太喜欢的,如果乐园一成不变,终有被游客厌倦的一天。为了使乐园保持对游客的吸引力,迪士尼提出"永远建不完的迪士尼"这个口号,坚持"三三制"原则。

所谓的"三三制"原则,是指迪士尼乐园每年都要淘汰1/3的硬件设备,新建1/3的新概念项目,保留1/3的经典娱乐项目。迪士尼乐园通过每年补充更新娱乐内容和设施,不断给游客创造惊喜,带来新鲜感,因此,迪士尼乐园才拥有高达70%的游客回头率,长盛不衰。

2. 经营理念与质量管理

迪士尼乐园一直致力于为游客提供高质量的服务。在长期的经营当中,整个迪士尼乐园积累了丰富且高质量服务的经验,形成了先进的服务文化,这二者的核心是迪士尼乐园的经营理念和质量管理模式,具体包括:①带给游客欢乐;②营造欢乐氛围;③把握游客需要;④提高员工素质;⑤完善服务系统。

例如,在香港迪士尼乐园,有一项类似期权的绿色通道(fast pass)服务,利用该通道，不用排队就可以快速进入乐园，为游客节约了许多时间，也提高了乐园的运营效率。迪士尼乐园独特的内部管理方法还有很多，这些管理方法常常通过一些奇特的现象表现出来。

（1）迪士尼乐园中没有制服保安，因为在迪士尼的游客当中，带孩子的家庭居多，为了不吓到孩子，配枪的保安隐藏在人群中，既保障了游客的安全，又不影响游客游玩。

（2）白天，在迪士尼乐园，除了零星的"点清洁"之外，看不到清洁工，所有大范围的清洁工作都在午夜所有游客离开后才进行。

（3）在迪士尼乐园里，游客看不到机动车辆，甚至连必不可少的送货车和巡逻车都无法找到它们的踪影。其实，每一家迪士尼乐园都有一个完善的地下送货系统，迪士尼就是利用游客游玩的时间和夜间，在地下空间里将数量庞大的货物输送到迪士尼乐园的每个地方。[①]

3. 严格的服务标准

华特·迪士尼说过一句话："我只想让游客高高兴兴地走进乐园，痛痛快快地玩，快快乐乐地离开。因为乐园就是为他们而建的。"

迪士尼一直以此为理念，并为实现这个目标制定了一系列严格的服务标准，这些标准全部被列入迪士尼的员工手册。这些服务标准十分详细，大致可将其概括为以下几个方面：

（1）座右铭：所有来访者都是我们的客人。

（2）SCSE 服务理念：安全性、礼貌性、表演性、效率性。

（3）员工四要素：殷勤有礼、善于沟通、能力胜任、反应敏捷。

（4）迪士尼员工 15 条基本守则。

1）迪士尼乐园的核心宗旨是让每一位来到乐园的人感觉到快乐，每位员工都应该理解这点并且懂得执行。

2）我们的座右铭是：所有来访者都是我们的客人。给每位游客贵宾般的礼遇是我们的天职。

3）谨记服务的四个要点：安全性、礼貌性、表演性、效率性。

4）所有员工都要在迪士尼大学接受培训，培训内容是殷勤有礼、善于沟通、能力胜任、反应敏捷。

5）为游客提供最好的个性化服务和专业化服务，使服务超出游客的心理预期。

6）每位员工无论处于什么岗位，都要善于发现游客的需要，并主动及时地满足游客。

7）努力发挥团队合作精神，打造优秀工作团队，这对于每位员工都相当

[①] 参见倪宁《迪斯尼娱乐攻略》，南方日报出版社 2005 年版，第 64 页。

重要。

8）每位员工都有责任提出与自己的工作岗位相关的建议和意见，应该积极参与，畅所欲言。

9）应该给员工充分的权利去解决突发事件，保证随时满足游客的需求。

10）谨记"乐园就是舞台"，员工要做一名称职的演员。

11）注重自己的仪表着装，给游客以良好的外在形象。

12）对待游客彬彬有礼，注意使用文明用语。

13）注重与游客互动体验，增强游客参与表演的体验，每位员工都要了解并记录游客的喜好。

14）无论游客提出的问题是否正确，都要谨记"游客永远是对的"。

15）每位员工都要随时注意发现乐园内部的问题和缺点，并尽快地改进或向相关部门报告。①

4. 迪士尼大学与员工培训

员工培训是一个成熟的企业必须做好的工作，迪士尼也是如此。迪士尼不仅将培训作为提高新人素质和水平的方法，更将培训作为企业价值观和企业精神教育的手段。

迪士尼为了做好员工培训工作，专门成立了迪士尼大学，迪士尼的每个员工都要在入职前进入迪士尼大学进行培训，无论是高层决策管理者还是一般的清洁员工。迪士尼大学负责研究迪士尼公司对员工的需求，然后制订出训练计划来满足这些需求。对前往迪士尼应聘的人，迪士尼首先要求他们做一个自我评估，找到适合自己的位置，之后，迪士尼大学会放一段影片给应聘者看，详细地介绍工作纪律、训练过程及服饰，然后进入面谈环节。经过评选选中的人才能进入受训阶段。参与培训的人可以体验到迪士尼大学的各种课程，他们要做的包括最基本的发言、90分钟的演讲和参加为期几天的研讨会。

迪士尼大学的课程之一是8小时的新人指导课，目的是让新人了解公司的历史、哲学和对顾客的服务标准。课程之二是让他们了解自己所要担任的角色，并且学会如何扮演。接下来就是老员工引领新员工的"配对训练"，时间在16～48小时之间。只有完成了这三个部分的学习，并且熟练掌握训练单上所列的项目，新手才能单独接待游客。

进入工作岗位后，每个员工的角色也不是完全固定的。迪士尼每年都会进行为期一周的角色交叉互补活动，在这个星期里，公司的管理人员要换上各种道具服装，在乐园的第一线为游客服务，去售票，卖爆米花，递冰激凌，或者帮助游客摆弄游戏装置，而一线员工和他们的亲属则可以在乐园里接受服务。在这样的人人平等的制度和氛围中，员工能感觉到自己受到公司和管理者的尊重，从而极

---

① 参见莫少昆、陈静华《迪士尼乐园：贩卖快乐》，对外经济贸易大学出版社2007年版，第156页。

大地提高归属感和忠诚度。

虽然如此，人人平等并不意味着人人相同，迪士尼对每个员工的角色定位还是十分明确的，乐园内的演员们对台前和幕后做了明确的区分，无论什么时候，只要在公园内的公众区域内或者游客的面前，每个员工都必须严格地扮演自己的角色，用迪士尼的语言进行交流，每一个细节都必须符合迪士尼的准则和规范。这里所说基本理念和行为规范并不是含糊的概念，在迪士尼的员工培训过程中，这些是必修的课程。①

迪士尼大学的核心课程包括以下几方面②：

（1）卓越领导——提供通过有效领导提高团队绩效的战略和方法。

（2）忠诚度——探究保留终身客户的技巧，确认通过更好的客户和员工忠诚度产生最优结果的战略。

（3）人员管理——挖掘如何选择、培训、激励员工，如何与员工沟通交流，同时展现维护迪士尼独特服务文化的系统。

（4）质量服务——学习如何将注意力放在细节上，创造世界一流的服务文化，能够持续、始终如一地超过顾客的预期。

（5）企业创新——研究领导人如何统一组织的定位、结构系统和协作文化，并结合员工的全部潜力来制定一个稳定的思维流程，最终形成创新的产品、服务和系统。

三、传媒帝国时代

迪士尼兄弟相继去世之后的十几年时间里，迪士尼在电视业取得了还算不错的成绩，但是电影在公司里的地位却随着为数不少的失败之作而日益下降。那时的迪士尼在传媒界既不能与新闻集团和时代华纳媲美，又不能与好莱坞的大公司抗衡，处于十分被动的地位。

迈克·艾斯纳的出现改变了迪士尼的窘境，娱乐界把艾斯纳尊称为"迪士尼的拯救者"，他的上任成为迪士尼传媒帝国真正建立的起点。

迪士尼在传媒业的发展和迪士尼的动画片一样充满想象。从电影到电视，从一个电视节目到一个电视频道，从一个电视频道到一个电视网，从电视到网络，迪士尼通过多年的发展和并购，已经成长为一个深刻影响全世界的传媒帝国。

（一）动画和电影

20世纪三四十年代是好莱坞的黄金时代，当时迪士尼并不是一家大公司，直到1937年，华特·迪士尼推出第一部动画长片《白雪公主与七个小矮人》

---

① 参见倪宁《迪斯尼娱乐攻略》，南方日报出版社2005年版，第7页。
② 参见《迪士尼大学》，http://www.mbalib.com/。

（也称《白雪公主》）。《白雪公主与七个小矮人》是一部具有时代开创性的影片，在它之后，迪士尼几乎每年都要拍摄一部动画长片，包括《匹诺曹》《幻想曲》《小飞象》和《小鹿斑比》。

20世纪40年代末，迪士尼开始涉足真人电影领域，题材大多数是冒险类型的。第一部迪士尼真人电影是改编自英国作家罗伯特·路易斯·史蒂文森的《金银岛》，影片的成功促使迪士尼拍摄更多的同类型影片。"二战"后，迪士尼推出科幻片《海底两万里》，该片大获成功，获得两项奥斯卡大奖。

迪士尼一直没有停止在电影事业上的开创和成功，但是公司真正成为电影巨头是在迈克·艾斯纳上任之后。1984年，艾斯纳进入迪士尼，担任迪士尼董事长兼首席执行官。在此之前，艾斯纳是派拉蒙电影公司的总裁，他在电影创新方面有极高的天赋，在电影经营方面有丰富的经验，正是他使派拉蒙公司的业绩在20世纪80年代达到前所未有的高峰。

艾斯纳接手迪士尼之后立刻创办了试金石电影公司，专门针对成年观众制作浪漫喜剧片和动作片等类型的影片，并且很快就向迪士尼董事会交出了完美的答卷。1985年，试金石公司出品的《贝弗利山奇遇记》大获成功之后，迪士尼又推出了《娇娃万里追》《锡人》两部电影，艾斯纳正是利用这几部成功的作品，将迪士尼打造成为一家大制片厂。

20世纪90年代，迪士尼电影进入黄金时代，真人电影和动画电影都不断有杰作问世。真人电影代表作有《三个奶爸一个娃》《早安越南》《谁陷害了兔子罗杰》《风月俏佳人》，动画电影代表作有《狮子王》《风中奇缘》和《美女与野兽》。

2000年之后，迪士尼与好莱坞大牌制作人布鲁克海默合作拍摄了《加勒比海盗》三部曲以及《国家宝藏》系列，与瓦尔登传媒合作拍摄了《纳尼亚传奇》，这些票房火爆的大片使得迪士尼跻身好莱坞顶级电影公司行列。

好莱坞一直是国际电影市场的佼佼者，迪士尼作为北美六大电影公司之一，必然也十分注重国际市场的抢占。米拉麦克斯在欧洲建立了以英国为基地的影业公司，积极进军国际电影市场。迪士尼还成立了迪士尼博伟国际公司等一批国际部门来负责迪士尼电影产品的全球销售、发行和管理。

（二）广播电视

1. 发展时代

20世纪四五十年代，迪士尼在动画和电影上取得了一定的成功之后，将目光转向了电视业。从"二战"结束到20世纪80年代的30多年是美国电视业发展的黄金时代，华特·迪士尼感觉机会到了，开始采取行动，他的第一步是与美国广播公司签约开设了一个1小时的节目《迪士尼乐园》。

《迪士尼乐园》于1954年首播，由华特·迪士尼本人全程主持，该节目因为他的"明星效应"而获得了极高的收视率,而迪士尼也因此提高了声望。但是华特并没有满足于此,他以迪士尼强大的创意资源将电视节目办得充满娱乐性,在提高收视率的同时,借助电视面对大众的性质将迪士尼的产品宣传出去,塑造了迪士尼的品牌。

《迪士尼乐园》的成功被当时的评论界认为"它实际上改变了电视业和电影业的面貌"。而华特所做的还不限于此,1961年,他与国家广播公司合作,推出迪士尼《彩色世界》电视节目。从此,电视告别了黑白进入彩色时代,而迪士尼也从此将电视作为其强有力的传媒工具。

电视帮助迪士尼的品牌深入人心,但是日益壮大的迪士尼感觉只拥有自己的电视节目还不够,他们要开创自己的频道。1983年,公司成立迪士尼频道,专门用来播放自己制作的电影、卡通和电视节目,虽然迪士尼频道给公司带来了诸多益处,但是因为没有一个强大的电视网,迪士尼根本不能在传媒界与时代华纳和新闻集团相比。①

2. 帝国时代

艾斯纳时代,迪士尼决定收购一个电视网以迅速建立自己的媒体网络。迪士尼付出巨大的代价,成功地收购了 Cap Cities/ABC,很快拥有了 ABC 电视网络集团、ABC 广播网络以及包括 ESPN 和 ESPN2 在内的 10 家电视台。1995 年,迪士尼又以 190 亿美元的巨大代价收购美国广播公司 ABC,一跃成为当时世界上最大的娱乐媒体公司。并购使得迪士尼的动画片以及电视节目制作和 ABC 广播电视网络的传播能力有效结合在一起,使迪士尼成为一家综合性娱乐媒体公司。

迪士尼一直在充实其传媒帝国的根基,它收购了大量电视频道,已经有了卡通电影频道、家庭娱乐频道,甚至还购买了新闻频道和体育频道。借助电视的触角,迪士尼布下了天罗地网,促进了整个集团的发展。

迪士尼还向全球电视市场发起了全面的攻势。

迪士尼的 ESPN 国际频道已经成为世界体育电视频道的领头羊,向全世界 180 个国家和地区播放传统体育节目。它同时拥有全球最大的体育网站以及全球发行量最大的体育杂志之一——ESPN。

2020 年 3 月 24 日,迪士尼官方宣布旗下流媒体业务 Disney+ 正式在英国、德国、意大利、西班牙、奥地利、爱尔兰、瑞士等 7 个欧洲国家上线;4 月 3 日和 Hotstar 合作,在印度上线。迪士尼在新冠疫情防控期间多国实行居家隔离政策的背景下入局,在一定程度上弥补了其线下产品的损失。

迪士尼从一个电视节目开始,经过半个世纪的发展,已经在国际市场上建立起一个传媒帝国。

---

① 参见倪宁《迪斯尼娱乐攻略》,南方日报出版社 2005 年版,第 48 页。

（三） 互联网

20世纪末，互联网热潮席卷全球，互联网和手机迅速地渗透人们的生活，并且全面而深刻地影响人们获取资讯的途径和娱乐的方式，这对迪士尼是一个严峻的挑战。当年轻人将娱乐转移到互联网和手机这些平台之后，迪士尼几十年来精心营造、无缝衔接的欢乐世界急需搭建一个重要的新平台。

在新的形势之下，迪士尼将互联网新媒体作为公司发展战略的支柱之一。1994年，迪士尼开通迪士尼网站Disney.com，为了与Yahoo和AOL争夺互联网市场，在1998年又斥资20亿美元收购了搜索引擎公司Infoseek，并更名为Go.com。2000年8月，迪士尼成立互联网集团，集团负责管理迪士尼所有的互联网业务。

迪士尼互联网集团并不像同行那样通过收购，以新的品牌来拓展新媒体领域，而是把既有的迪士尼、ABC和ESPN品牌内容延伸到互联网上。迪士尼门户网站Disney.com提供影音娱乐等多媒体内容，位居美国十大网站之列，而ABC和ESPN的网站则是结合优质的电视内容，为观众提供点播下载和互动交流的功能，大大加强了消费者与迪士尼品牌的接触和联系。

迪士尼互联网集团得益于迪士尼优质的娱乐内容和积极的并购策略，发展十分迅速，已经建立了强大的迪士尼家族品牌网站群，下属Disney.com、ESPN.com、ABC.com、ABCNEWS.com、Family.com、Movies.com等一大批网站和网络服务项目。

迪士尼互联网集团也是一家领先的手机内容提供商。2003年7月底，迪士尼同几家无线通信公司和手机制造商的谈判吸引了华尔街的注意力。迪士尼基于《怪物公司》和《亚特兰迪斯：失落的帝国》等迪士尼拍摄的电影，开发了一批面向手机用户的电子游戏，希望建立一种无线娱乐服务，并吸引欧洲和美国的无线通信运营商向各自的用户转售这种服务。[①]

迪士尼的努力的确吸引了多家电信运营商成为自己的合作伙伴。在亚洲，迪士尼同日本的两家无线通信运营商Ntt Docomo公司和J-Phone公司开展合作，推广包括手机游戏、视频内容在内的多项无线通信内容服务。在美国，包括SPRINT PCS等企业在内的美国无线通信运营商向用户提供由迪士尼开发的手机游戏服务。

可以预见的未来是，迪士尼会将传媒帝国的疆土扩张到新兴的网络产业，给后人留下另一段传奇故事。

---

① 参见倪宁《迪斯尼娱乐攻略》，南方日报出版社2005年版，第48页。

四、经营快乐的艺术

迪士尼不是一般的娱乐公司,它对自己的定位是"三维娱乐的王国"。迪士尼把娱乐看成无所不在的"管理梦想的事业",它不仅有音乐、动画、影视、表演、传媒业务,还有实体的乐园,而它所拥有的娱乐角色又可以转变成授权的各式各样的商品,有专门的"消费品部",产品行销全世界。在迪士尼,艺术品被看作一种产品,而不是一种"作品"。很少有人能像迪士尼一样,把艺术本身的商业价值发挥到极致,所以说,迪士尼既是商业中的娱乐,又是娱乐中的商业。

(一) 想象创造动画世界

世界上任何事物都不是凭空产生的,华特·迪士尼的想象力也必然萌发于现实世界的土壤。他的想象力来自美国人的想象空间,他的创造灵感来自美国的文化背景和美国人的生活环境。当这个天才同时拥有美国文化中潜在的娱乐因子和创新精神后,一切可能都变成了现实。

1928年,华特·迪士尼制作了世界上第一部有声动画片《蒸汽船威利》,而后在1937年,享誉全球的百年经典《白雪公主与七个小矮人》在他的手中诞生了。

《白雪公主与七个小矮人》从诞生之日起就引起了巨大的轰动,今天依然家喻户晓。《白雪公主与七个小矮人》是世界上第一部有剧情的长篇动画电影,是世界上第一次发行电影原声音乐唱片,还是世界上第一部使用多层次摄影机拍摄的动画片,此外还包揽了许多其他的荣誉。

《白雪公主与七个小矮人》是迪士尼经典动画电影的先驱,从此,动画电影突破了儿童娱乐方式的局限性,成为主流的电影形态。在《白雪公主与七个小矮人》之后的不同时期,迪士尼公司又推出了《匹诺曹》《睡美人》《小美人鱼》《小熊维尼历险记》《狮子王》等一大批经典动画片,这些经典动画片的深入人心使得经典动画最终成为迪士尼动画的象征。当然,除了迪士尼经典动画,迪士尼动画电影还包括迪士尼真人动画、迪士尼计算机动画、迪士尼电影版动画等类型。

世界上有很多流行的东西都如昙花一现,而迪士尼动画却经久不衰。今天的迪士尼动画能一直风靡世界,除了凭借源源不断的创意和大半个世纪的积淀,还有一个重要的原因,那就是迪士尼精湛的制作技术。

迪士尼深知,如今的动画已经进入了技术的时代,因此,网罗了全美国乃至全世界最顶尖的动画制作技术人员。例如,迪士尼动画片《花木兰》的制作队伍由700名艺术家、动画片制作人员和技工组成。此外,迪士尼还拥有全世界最先进的动画制作设施。为了制作《花木兰》,奥兰多工作室进行了一年半的实验,在计算机图像技术上进行了几次革新。正是由于这些技术革新,才能在银幕上展现2000名匈奴骑兵在马背上穿越雪山、全力进攻的真实场景。虽然技术和专家不是动画成败的根本决定因素,但是确实保证了迪士尼在全球竞争中占有战略优势。

(二) 动画世界的商业法则

1. "轮次收入"模式

迪士尼在动画制作上硕果累累,但公司最大的成就并不是创造那些经典的卡通人物,而是将这些卡通人物带进产业化的浪潮。迪士尼的策略是利用其巨大的制造能力、完善的行销技能、良好的品牌信誉在各个行业进行拓展,将许多不同的行业整合成一个以卡通人物为核心的紧密的产业链。在这个过程当中,迪士尼创造了许多其独有的商业模式,其中就包括"轮次收入"。"轮次收入"模式通俗地说,就是"一鱼多吃"。

(1) 第一轮收入。迪士尼将其年度动画巨作,通过在本土和海外发行拷贝和录像带赚到第一轮收入,此轮收入可以让迪士尼收回成本。

(2) 第二轮收入。迪士尼每发行一部新的动画片,就会在主题公园当中增加一个新的人物,电影和公园结合产生的广告效应和共同营造的娱乐氛围,能够吸引大批游客的游览消费,迪士尼通过特许经营,借助后续产品的开发和主题公园的创收获得第二轮收入。

(3) 第三轮收入。迪士尼的第三轮收入来自品牌商品的销售。迪士尼在品牌产品的连锁经营上非常成功,通过在美国本土和全球各地建立大型的迪士尼商店,销售品牌产品,此轮收入不容小觑,约占迪士尼利润的40%。①

2. 发行模式

"轮次收入"并不是简简单单就能实现的,它有赖于一个好的发行模式,迪士尼正是利用其丰富的发行手段,将无数的产品送到全球消费者的手中。

(1) 进行"轰炸式"宣传。迪士尼每次推出新片之前,整个集团都会上下一致,全力配合,动用所有的宣传机器设备进行宣传。迪士尼电视频道、旗下ABC电视网、迪士尼网站、迪士尼乐园、迪士尼玩具专卖店都会利用自己特有的手段进行宣传,同时,迪士尼会与有着战略合作伙伴关系的电影院、麦当劳和可口可乐公司等多方合作进行宣传。可以说,在迪士尼的宣传时期,"满世界"都是迪士尼!

(2) 利用其全球化的发行网络进行国际宣传。全球化是迪士尼化的自然延伸,迪士尼通过其遍布全球的发行网络让迪士尼走出了美国,实现了全球化,因此,全球发行网络是全球化的基础。日本动画片的质量有时也能与迪士尼动画相媲美,但是由于发行网络有限,难以与后者一争高下。除了影片的发行网络之

---

① 参见喻国明、张小争《传媒竞争力》,华夏出版社2005年版,第169页。

外，迪士尼还拥有商品、书籍、玩具、服装、电视以及录像带等其他商品的全球发行网络，所有的这些构成了迪士尼复杂完备的基础设施。

（3）利用连环套式的发行。连环套的发行方式延伸"轰炸式"宣传，但是并不是把人们"轰"到电影院那么简单。迪士尼的影片名副其实、魅力无限是自然的，但更重要的是要让影片的生命得到长期延续。通常情况下，一部电影要轰动一时并不难，而要成为长期的宠儿甚至永恒的经典，就必须有所作为。迪士尼采用连环套的方式保持其作品的生命力，影片放映过后，电视播放，接着推出录像带、光盘、书籍、出版物，同时将影片中的"明星""偶像"制作成玩具或者印制在服装上，让它们走进孩子和家长的日常生活与内心深处。

（三）品牌创造明日世界

1. 迪士尼品牌核心

如果说迪士尼的成功神话源于华特·迪士尼的天才创意，那么迪士尼的发展与强盛靠的就是品牌效应。作为一个娱乐品牌，它是全球最强势的品牌之一。然而，品牌并不是与生俱来的，迪士尼经过多年经营，才赋予了迪士尼这个品牌深刻的文化内涵，才让迪士尼的品牌深入人们的感情世界。

迪士尼公司从1928年推出《蒸汽船威利》以来已经经历了近百年的发展，其发展历程就是一部品牌化生产、品牌化传播、品牌化生存的历史，迪士尼这个品牌的核心始终都没有改变。它们就是：①创新。迪士尼一直坚持创新的传统。②品质。迪士尼不断努力达到高质量标准，进而做到卓越，在迪士尼品牌的所有产品中，高质量都是必须得以保证的。③共享。对家庭，迪士尼一直坚持积极和包容的态度，迪士尼创造的娱乐可以被各代人所共享。④故事。每一件迪士尼产品都会讲述一个故事，永恒的故事总是给人们带来欢乐和启发。⑤乐观。迪士尼娱乐体验总是向人们宣传希望、渴望和乐观坚定的决心。⑥尊重。迪士尼尊重我们大家每一个人，迪士尼的乐趣是基于我们自己的体验，并不取笑他人。①

2. 迪士尼品牌维护②

创业艰难，守业更艰难。同样，创造一个品牌固然非常重要，维护和保护品牌则更加不容忽视。在维护自己的品牌上，迪士尼也做了许多的努力，迪士尼维护品牌主要借助其控制体系和法律武器。

（1）制定标准化的控制体系。迪士尼公司在进行海外扩张的时候，会通过一系列手册详细地规定场地管理、顾客服务以及演员的培训规程。同时，迪士尼全程参与乐园的建筑设计，这样既使各个特许经营部门严格遵守迪士尼的经营理念和管理方式，又能使迪士尼乐园很好地控制乐园的运营，有利于迪士尼进行品

---

① 参见莫少昆、陈静华《迪士尼乐园：贩卖快乐》，对外经济贸易大学出版社2007年版，第101页。
② 参见倪宁《迪斯尼娱乐攻略》，南方日报出版社2005年版，第99页。

牌管理和品牌维护。

（2）打造多样化的品牌授权体系。迪士尼的品牌授权主要表现在米老鼠、唐老鸭、小熊维尼等动画形象的授权上，授权对象是玩具制造商和服饰加工商。迪士尼对授权对象的商品和服务质量有严格的要求，以防止对自己的品牌形象造成不良影响。同时，迪士尼非常注意保持授权对象的商品和服务的多样性，这样既减少了被授权方冲突的可能，又增加了产品的互补性。迪士尼借助这种多样性，将迪士尼品牌的多种类授权商品在市场上密集渗透，形成消费者的族群效应，进一步增强了自己的品牌形象。

（3）控制低质量授权产品。艾斯纳发现公司许多电视电影的海外版在配音和翻译上错误百出，影响了影片的质量，于是成立了迪士尼人物声音部门，对迪士尼馆藏电影进行重新配音，所用语言多达35种。经过精心的控制和处理，迪士尼影片的海外版本在配音上逐渐成熟和完善，这一举措也维护了迪士尼的品牌。

（4）启用法律武器。在扩张过程中，迪士尼非常重视商标和专利注册。无论是在美国本土还是在国外，迪士尼都及时将自己的产品和品牌进行专利注册，对品牌授权进行严格的控制和管理，一旦发现侵权，立刻采取法律手段来维护迪士尼的品牌。

（四）合作扩大发展空间

迪士尼的合作是品牌的合作，其品牌合作有两层含义：一种是企业参加合作制，即品牌与品牌的合作，简而言之，就是通过品牌之间的相互促进，使双方品牌都获得更加广泛的宣传，一般是迪士尼和知名公司之间的合作。另一种是品牌许可授权制，即品牌与产品的合作，是指其他公司用迪士尼的品牌促销其产品。而迪士尼利用其产品来提升自身的品牌，一般是迪士尼和不知名的公司之间的合作。

那么企业参加合作制和品牌许可授权制究竟又是怎样的合作形态呢？

1. 企业参加合作制

何为企业参加合作制？以下以东京迪士尼海洋乐园的运营方式做分析。在东京迪士尼海洋乐园，绝大多数的景观建筑以及娱乐设施都是由日本的知名企业提供的，"海底两万里"由日本可口可乐公司提供，"地球中心"由第一生命保险公司提供，"夺宝奇兵"由松下电器公司提供，而园内的各式餐饮、交通工具、图片装饰也均由明治乳业、日产汽车、富士胶卷等知名企业担当。这些企业不仅出资，而且还派出自己的员工参加迪士尼乐园的建设和服务。因此，在迪士尼的建设和运营过程中，迪士尼并不需要一手包办所有的事务，通过这种合作方式，迪士尼能够得到世界一流的免费设施，为游客提供全方位的优质服务，但是与迪士尼合作的企业能够从合作中得到什么呢？

作为合作的交换条件，迪士尼会在景观、餐厅或游园车上提供企业的招牌，并且允许合作企业参加迪士尼的广告活动。与这些企业为迪士尼做的一切相比，迪士尼做的看起来确实太简单了，那么这些企业的利益关键点在哪里呢？

（1）巨大的广告效应。众所周知，迪士尼是名牌企业，其品牌具有极强的号召力，并且有数量庞大的忠实消费者，仅前五家迪士尼乐园，每年的游客数量就突破1亿人次。除此之外，迪士尼电影的观众、迪士尼消费品的购买者更是不计其数。因此，利用迪士尼的平台为自己的企业做广告，将获得良好的广告效应。

（2）责任分担，利益共享。这是迪士尼与其他企业合作时的一大宗旨，迪士尼乐园为合作企业挂牌做广告，既是分担责任的象征，又能够实现双方利益共赢。因此，迪士尼能够节约相当一部分的资源和资金，而挂牌企业也能够节约广告成本，因为，如果通过电视杂志等广告方式达到和迪士尼相当的宣传效果，那么所要付出的代价绝对远远高于这种合作方式。

（3）学习先进，提高自我。迪士尼是做文化创意产业的，创意经验丰富，其他企业能够在与迪士尼的合作过程中，学到迪士尼的创意理念和经营方法，从而提高自我创新的意识和能力。

因此，是巨大的广告效应、强烈的学习欲望、现实的经济利益驱使许多世界知名企业争先恐后地与迪士尼合作，并且为迪士尼提供资金，送上最尖端的技术和最优良的服务。

2. 品牌许可授权制

品牌许可授权制又是怎样一种模式呢？其实授权的方法和原理简单易懂，如果某个公司想将米老鼠等迪士尼的卡通形象印在自己的产品上，只要支付特许使用费，且产品符合最低质量保证条件，一切便大功告成了。在多年的品牌管理中，许可授权一直是迪士尼最擅长的品牌运营方式。

在迪士尼的四大业务板块之中，管理消费品的是迪士尼消费公司，消费公司是运用迪士尼许可授权最为广泛的，它主要负责经营所有迪士尼的日常消费品，从服装到食品，从饰品到玩具，无所不包。但是，迪士尼消费品公司几乎没有自己去生产消费品，近90%的收入都来自发放特许经营证。20世纪80年代，《星球大战》和《外星人》风靡世界，根据电影制作的玩具也成为年轻人心爱之物。迪士尼看到了这一商机，于是出巨资邀请大导演斯皮尔伯格执导《谁杀死了兔子罗杰》，同时把其中的卡通形象推广到商场。在影片拍摄前，恩斯诺便与打算使用《谁杀死了兔子罗杰》中的形象的商家签订了34个生产500多种产品的协议，收益不言而喻。从此，迪士尼在特许经营上一发而不可收，这类特许经营业务每年收入高达10亿美元。

据统计，最多的时候，迪士尼公司在全球发展了4200多个拥有迪士尼特许经营权的商家，产品范围从铅笔、橡皮、书包到价值数千美元的时髦服饰、数万美元的手表、汽车，应有尽有。这些特许经营商大多是规模不大的中小型企业，经过迪士尼授权，它们便可以利用迪士尼的品牌效应来提高自己产品的销量，而迪士尼也可以利用它们的产品将自己的创意和品牌带进千家万户。因此，迪士尼通过许可授权的合作方式，能够轻而易举地将无数的日常消费品变成它传播创意和宣传品牌的载体。

由此可以看出，是品牌与合作让迪士尼的创意成为风靡全球的商品，而创意又维护了迪士尼的品牌，促进了迪士尼的合作，可以说，这正是迪士尼模式的精髓。

五、迪士尼的全球战略

（一）迪士尼的扩张之路

1. 东京起跑线

在全球化和世界经济一体化的当今世界，许多企业都选择了向国际市场发展，建立跨国集团，而迪士尼集团在 30 年前就已经在进行它的全球计划了。

20 世纪 80 年代初，世界经济圈逐渐向东亚转移，亚洲最发达的国家日本正处在经济腾飞时期。那个时期的日本，一方面，国民收入大大提高，生活普遍富裕；另一方面，消费者有了更多的闲暇时间，却还没有形成度假的习惯。迪士尼公司认为，如果迪士尼乐园这时候进入日本，正好能与日本消费者寻找新型娱乐方式的需求相切合。基于这种情况，迪士尼决定将日本东京作为全球扩张的起点。

1983 年东京迪士尼乐园开放，1992 年巴黎迪士尼乐园开放，2005 年香港迪士尼乐园开放，2016 年上海迪士尼乐园开放。东京迪士尼项目是迪士尼海外版图扩张的第一个项目，由于国际市场环境以及盈利能力的不确定性，公司采取了许可经营模式，这也让东京迪士尼乐园成为公司唯一一座采取许可经营模式的乐园。迪士尼在日本选择日本东方地产株式会社合作，后者为东京迪士尼乐园主要投资方，享有东京迪士尼乐园的所有权及管理权。根据谈判协议，美方仅仅享有东京迪士尼乐园的相关知识产权，而日方公司则要以每年营业额的一定比例支付给迪士尼授权许可费。① 按照特许经营品牌授权模式，每年东京迪士尼将门票销售收入的 10%、商品与食物销售收入的 5% 交给迪士尼，作为特许经营费用。

2019 年 12 月，迪士尼流媒体平台"迪士尼 +"在北美上线，2020 年 3 月"迪士尼 +"在欧洲上线，2020 年 4 月"迪士尼 +"在印度上线。

2. 巴黎"滑铁卢"

早在 1976 年，迪士尼的管理人员就提出在欧洲修建乐园的计划，但是建园

---

① 中信建投社服：《"龙头时代"系列之迪士尼（DIS. us）：百年娱乐帝国的成长与扩张》，2019 - 09 - 30，https://news.hstong.com/post/content/19093015400218218？from = exclusiveNews。

的各种讨论持续多年而未果。在东京迪士尼乐园获得巨大成功之后，迪士尼受到了鼓舞，于是决定向欧洲大陆进军。经过对欧洲200多个地方的大量考察，迪士尼最终决定在巴黎修建欧洲迪士尼乐园。

1992年初，巴黎迪士尼乐园开张，借助迪士尼的品牌效应，它很快就成为全欧洲游客最多的付费游乐园，但是公司并没有从中获得很好的收益，最初的几年，乐园甚至一直处于巨额亏损状态，直到2003年第二季度才实现了开业10年来的首次盈利。可以说，迪士尼在巴黎遭遇了滑铁卢，其中的原因大致可以概括为以下几点：①欧洲经济衰退，银行利率提高，外汇市场上法郎币值坚挺；②巴黎迪士尼乐园的建设指导思想出现偏差；③迪士尼游乐方式与欧洲人长期形成的度假习惯存在冲突；④迪士尼对地理环境因素及其可能造成的影响估计不足；⑤法国人有排外心理，尤其排斥美国商业文化；⑥美国项目管理人员态度傲慢，与欧洲管理团队和当地新闻媒体产生了矛盾。①

虽然巴黎迪士尼乐园遭遇了挫折，但是迪士尼并没有怀疑其海外扩张战略的正确性，它将中国香港作为亚洲的第二战略目标地，继续实施其全球化战略。

3. 迪士尼环游世界

迪士尼乐园在全球扩张的过程中，既收获了令人惊喜的成功，也遭遇了意想不到的失败，但是迪士尼对这一切并不是没有准备的，无论是国际市场的调查分析还是扩张战略的具体实施，迪士尼都有详细的计划和强大的执行能力。

迪士尼成立了专门的公司——迪士尼国际公司来管理迪士尼的国际扩张业务，负责调整、拓展和加强迪士尼公司的各项国际业务。其具体职能是创建新的国外业务，并购发行渠道，通过零售方面的特许、合作、管理、新市场开发等方式提高迪士尼经营业绩，整合迪士尼国际机构的人力、财力、物力、信息技术、战略信息等资源。

为了进行国际业务管理，迪士尼成立了一些国际部门：ABC有线电视网集团国际部门，负责ABC有线电视网在海外市场的拓展和运营；博伟国际公司负责迪士尼电影产品的全球发售、发行和管理；博伟国际家庭娱乐公司负责迪士尼旗下各种影视产品尤其是家庭录像制品和DVD的全球销售、发行和管理。

除了迪士尼国际公司和国际部门，迪士尼还通过国际合作进行全球扩张。在澳大利亚，迪士尼拥有维格勒斯公司的影片发行权。维格勒斯是一家娱乐集团，专门为学龄前儿童提供娱乐和教育内容的产品，而学龄前儿童正好是迪士尼重要的目标客户，这个合作对迪士尼在大洋洲的扩展帮助很大。在英国，迪士尼同亚马逊网站合作开发了一个实验性项目，消费者在亚马逊网站上点击迪士尼图标，就能进入带有迪士尼视频、出版物、音乐盒互动产品的网页，利用亚马逊的点击

---

① 参见倪宁《迪斯尼娱乐攻略》，南方日报出版社2005年版，第221页。

率进一步扩大其全球影响力。①

（二）迪士尼的中国战略

1. 入乡随俗

迪士尼公司1978年就进入了中国，可以说很早就进入了中国的市场。20世纪80年代初，迪士尼与央视合作，授权央视播放《米老鼠和唐老鸭》；1994年，迪士尼向央视提供《小神龙俱乐部》，播放迪士尼最新的动画片。迪士尼的动画片在中国深入人心，但是因为我国对媒体和文化方面的外国公司有诸多政策限制，所以2005年之前，迪士尼在我国内地的业务进展非常缓慢。②

迪士尼的全球战略和中国紧密相关，迪士尼为了进入中国市场，可以说是做足了功课。迪士尼深知，想进入中国市场，一要做好政府公关，适应中国的政策；二要融入中国文化。所以，迪士尼在中国市场上做的每件事情都在践行"入乡随俗"这一中国古训。

（1）香港迪士尼乐园为了方便孩子们识别其标识，耗费巨资将中国内地通常使用的"迪斯尼"更换为香港通用的"迪士尼"，将香港常用的"和路－迪士尼"改为全中国统一使用的"华特·迪士尼"，只因为"士"比"斯"的笔画更少，孩子们更容易读写辨认。

（2）迪士尼将亚太总部迁往上海。2009年8月，公司将消费品亚太区总部由香港迁往上海，并且正式成立了华特·迪士尼（上海）有限公司，大力扩展中国内地消费品市场。上海目前是迪士尼在中国内地最大的销售市场，占全中国的20%，把亚太区总部搬到上海不排除是为兴建上海迪士尼乐园而做出的重要部署，但是其根本动因是在争取中国更大的消费市场，因为中国14岁以下的人口超过2亿，几乎等于美国全国的人口数量，迪士尼的动画将获得巨大的潜在市场。

（3）将产品注入中国元素。迪士尼将中国古代故事《花木兰》改编成动画片，粤语版聘请成龙和陈慧琳配音，在心理上拉近了与中国观众的距离。在香港迪士尼乐园，为了避免水土不服，除了保留迪士尼乐园的精华之外，还注入了香港本地的新元素，所有乐园内的演艺人员都掌握中文、英文和粤语。饮食上体现得也很明显，香港迪士尼是全球唯一有中国餐厅的迪士尼乐园，园内有相当多亚洲特有的美食，能最大限度满足中国游客的需要。

2. 网络渗透

（1）网络宣传。虽然迪士尼的米老鼠和唐老鸭很早就进入中国，并被国人熟知，但是中国第一个以"迪士尼"作为品牌的项目却是迪士尼中国网站。

---

① 参见倪宁《迪斯尼娱乐攻略》，南方日报出版社2005年版，第170页。
② 同上，第192页。

2001年,迪士尼互联网集团与中国企业海虹公司达成战略合作协议,合作建设迪士尼中国网站。海虹独家经营迪士尼中文网站以及迪士尼收费游戏频道"迪士尼小旋风",迪士尼向海虹提供境外广告客户与赞助商资源。迪士尼中国网站涵盖迪士尼网上内容的主要精华,包括游戏、家庭、娱乐等内容,这些内容涵盖了迪士尼主题公园、迪士尼电影、电视产品在内的主要业务。2003年4月,迪士尼与海虹合作终止。同年10月,迪士尼与搜狐建立合作关系,搜狐接收迪士尼互联网集团在华的一切业务。

从海虹到搜狐,迪士尼互联网集团都没有花大力气去建设中国互联网公司,也没有投入太多的资金,只是提供了自己的品牌。从战略上说,迪士尼建设中国网站并不是为了"抢占中国互联网市场",不是为了营利,而是为了开拓中国市场。迪士尼网站的真正作用在于攻占中国消费者的心理阵地,为迪士尼电影、迪士尼频道进入中国做前期准备。①

(2)网络游戏。迪士尼以影视动画起家,在进军中国市场之时,除了不断拓展影视动画、主题公园等传统业务外,网络虚拟世界的业务也及时跟进。随着互联网的兴盛,网络游戏进入了迪士尼的视野,把米老鼠的故事再度成功转化到新型媒介是彼时迪士尼的战略重点。

在国际市场上,迪士尼互联网集团还收购了游戏公司Minds Eye Productions,迪士尼旗下的BVG博伟游戏公司收购了Avalanche Software,这是迪士尼开始大举进军网络游戏行业的信号。

当然,迪士尼没有忽略中国市场,中国网络游戏市场潜力巨大,是迪士尼中国战略的重要组成部分。2003年8月迪士尼中国网站开通,其小旋风频道的精彩互动游戏使中国孩子们可以牵手迪士尼世界中的米老鼠、小熊维尼等人物。如火如荼的中国网络游戏市场令迪士尼按捺不住内心的兴奋。

迪士尼还与空中网进行合作,在中国市场推出了一款专门针对女性玩家的手机游戏——米老鼠麻将。米老鼠麻将是迪士尼为中国用户量身定做的第一款手机游戏。继这一款游戏的成功,迪士尼还将独具特色的迪士尼娱乐与中国传统文化完美地结合起来,不断推出本地化的网络游戏产品,从而抢滩中国网络游戏市场。

现在,迪士尼几乎所有的业务部门都在中国有部署,已经成为在中国内地最有影响力的娱乐传媒公司之一。

(三)战略基地——上海迪士尼

1. 上海迪士尼乐园

2009年11月4日8时30分,上海市人民政府新闻办公室受权宣布:上海迪

---

① 参见倪宁《迪斯尼娱乐攻略》,南方日报出版社2005年版,195页。

士尼项目申请报告已获国家有关部门核准。

上海迪士尼乐园经过中美双方十余年的接洽和谈判，于2009年初签订合作框架协议。2009年1月9日，美国迪士尼公司总部通过媒体发表声称，迪士尼与上海市政府正式签署了上海主题公园框架协议，并按照相关程序向国家有关部门上报了项目申请报告。2009年10月底，上海迪士尼项目获批，2016年6月16日正式开园。

上海迪士尼乐园将是全球第六个、中国第二个迪士尼乐园，不但拥有与全球迪士尼旅游目的地度假区一致的设施，还具有中国本土的神奇特色。上海迪士尼项目采用日本迪士尼乐园建造模式，实行中方控股和分期建造的原则，主题公园项目预计耗资244.8亿元，游乐场部分占地约8平方公里，周边配有超大面积的辐射配套区，一期占地约1.5平方公里。根据所签订的协议，迪士尼持有上海迪士尼乐园43%的股份，上海市政府所有的一家合资控股企业则持有57%的股份。

2. 上海迪士尼的战略意义

2005年开始，迪士尼中国总部从北京迁往上海，而迪士尼在亚太地区的业务也开始向上海倾斜，这些举动表明迪士尼已经在为下一步彻底进入中国市场实施战略调整。

迪士尼通过上海迪士尼乐园得到的绝不只是一家乐园那么简单，迪士尼在中国所做的一切本土化经营和战略调整虽然能够将迪士尼融入中国人的消费领域，获得一定的收益，但是却无法将迪士尼文化融入中国人的生活，使迪士尼成为大多数中国人日常的娱乐和消费。上海迪士尼乐园的战略作用就是利用上海这个中国的经济中心的辐射能力，将美国的迪士尼的娱乐文化和产品文化传播到中国更多的地方，尤其是娱乐消费能力没有完全释放的二级城市，借此打开中国这个巨大的市场。

迪士尼是一个伟大的企业集团，它的发展是一个将艺术文化商业化的过程，它的成功是一个使娱乐走向产业化的典范。迪士尼的伟大体现在两方面：一方面，它开创了一种前所未有的娱乐文化，这种娱乐文化影响了几代人的精神世界，逐渐成为美国文化的一部分；另一方面，它在其娱乐文化的基础上进行运作，最终将这种娱乐文化经营成一个充满活力的产业，建立了一个庞大的娱乐王国。今天的迪士尼是世界顶尖的跨国企业，它的产品和文化在世界各地广泛传播，并被越来越多的人接受。

我国是迪士尼全球战略的重要组成部分，迪士尼乐园进入我国，是迪士尼全面进入我国市场的信号，是我国的主题公园面对的一个重大挑战，同时也是一个提升行业水平的契机。面对上海迪士尼乐园，我国的主题公园产业只有整合力量，集合成一个拥有庞大竞争力的集团公司，才能与之相抗衡。

参考文献

[1] 莫少昆，陈静华. 迪士尼乐园：贩卖快乐 [M]. 北京：对外经济贸易大学出版社，2007.

[2] 倪宁. 迪斯尼娱乐攻略 [M]. 广州：南方日报出版社，2005.

[3] 喻国明，张小争. 传媒竞争力 [M]. 北京：华夏出版社，2005.

（改编者：陈　晶　范黎丽）

思考题

1. 总结迪士尼王国的成长历程，分析其成功和挫折的原因。
2. 深圳华侨城在发展过程中应如何借鉴迪士尼的经验？在面对迪士尼的挑战时又如何应战？
3. 从正反两方面讨论在上海设立迪士尼乐园的问题。

案例 2

儿童畅销书是这样炼成的[*]
——以"哈利·波特"系列为例

世界文化产业发展迅速，图书出版业的全球化运作，以美国为代表的文化产业经营模式，用独特的经营理念开发大众文化资源，整合文化产业链，形成独特经营模式，成为图书出版行业图书推广的典型。一本或一套优异的畅销书的连带效应是巨大的，有可能就此形成出版社新的出版方向、新的经营模式，甚至形成某种新的产业。而"哈利·波特"系列（以下简称"哈利·波特"）的成功，不仅仅是图书产业销售的一次创新，也是一个成功的跨媒体营销整合产业链的典范。"哈利·波特"风靡全球，被翻译成 70 多种语言，在全世界 200 多个国家累计销量达 3.5 亿多册，被评为最畅销的四部儿童小说之一，哈利·波特亦成为继米老鼠、史努比、加菲猫等卡通形象之后最成功的儿童偶像，这不能不说是文学史上的一个奇迹。

本案例以儿童畅销书的概念及构成的基本要素的相关理论为基础，浅析西方儿童畅销书"哈利·波特"的营销策略，研究这个造就出版界"神话"的魔幻之书的出版历程，通过对"哈利·波特"成功经验进行分析和总结，找出我国儿童图书出版方面遇到的市场环境恶劣、产业链难以形成、专业人才紧缺的问题与困难，并提出相应的对策，从而凸显营销策略的重要性。

一、西方儿童畅销书市场

（一）儿童畅销书的概念

所谓畅销书，就是当前销售取得最大发行量的新书。有的书即使累计销售量很大，也不能成为畅销书。而儿童畅销书是指定位为 4～14 岁之间的未成年人和青少年看的书。"畅销书"（bestseller）一词起源于美国，1895 年，美国《读书人》登载了 19 个城市书店中最畅销的 6 本书的书名，这被认为是历史上第一张畅销书单。1897 年，这家杂志又发表了全美"最好销的书"的书单。自 1903 年开始，《读书人》月刊每期公布本月内最好销的 6 本书，称为"畅销书 6 册"，"畅销书"一词首次正式使用，"畅销书 6 册"随即出现在全美各家书店最显眼的柜台上。第一次世界大战后，"畅销书"这一称法才逐渐普及美国以外的各国出版界。

---

[*] 本案例改编自张胜冰、马树华、尚光一、徐向昱《文化产业经营管理案例》，中国海洋大学出版社 2007 年版。

（二）儿童畅销书的基本要素

1. 具有畅销潜质的实质内容

儿童畅销书畅销元素有魔幻、冒险、正义与邪恶、友情等，要求故事幻想离奇、幽默风趣、惊险刺激。以儿童心理为本位思考而出版的图书，必须符合现代许多孩子的心理，满足孩子的心理需求，才能畅销。

2. 适合儿童口味的装帧形式

为了更适合儿童的口味，无论是插图还是封面、包装等一系列的图书制作环节，都必须符合儿童的审美趣味。

3. 选择恰到好处的出版时机，进行适当的营销运作

树立正确的出版营销意识，适时恰当地运用营销策略。针对不同的客户群体必须采用不同的营销策略。对于图书的营销，出版社应该注重多种营销传播手段整合运用。

在利用媒体宣传策略时，必须遵循三条基本原则。

（1）从小众媒体走向大众媒体，而不是固守专业报刊。对媒体进行有机整合，而不是采用单一媒体。选取儿童和家长关注度高的媒体，作为宣传的重点渠道。

在当前的图书出版活动中，营销运作已经成为必需条件。在出版儿童畅销书的过程中，应该主动地有意识地采用各种合适的宣传渠道。儿童图书市场面对的购买群体不仅是儿童，还有大部分的家长，因此，不要采用单方面的营销模式。

（2）营销策划贯穿图书销售的始终。在当前的图书出版活动中，不能将图书的出版营销等同于宣传与广告，而是将之视为贯穿于选题策划—市场调研—图书销售—读者服务各个环节的营销活动。尤其是在儿童畅销书出版的前期，营销的作用显得越来越重要。

（3）对图书的宣传介绍自始至终都不能间断。选取暑假作为宣传时间，这个节点是儿童畅销书不可错过的时机，可采用整合媒体的方式，加大宣传力度，扩大影响。

但营销不等于"炒作"。畅销书畅销的前提和基础是它本身的质量，否则，一切营销手段都是无本之木，只有将二者巧妙地结合起来，才能形成最佳的营销方案。

以上这三个要素相辅而成，缺一不可，其中营销要素尤为关键，它是畅销书实现价值的最终环节。

（三）西方儿童图书市场的现状和问题

1. 西方儿童图书市场的现状

随着儿童出版业的发展，世界出版业面临着变革，大量企业并购的出现，造

成企业数量越来越少。出版社内部的竞争也越来越激烈,在图书零售领域,由于大量独立书店在连锁书店和网上书店的共同压力下被迫关闭,图书零售领域也发生了巨变,并对图书出版方式产生了影响,电子革命也开始影响儿童图书市场,互联网日渐成为重要的销售口和信息源,出版公司纷纷制定电子出版战略规划。

2. 西方儿童图书市场出现的问题

由于新技术的发展,图书的销量出现大幅度滑坡。各种各样娱乐方式和阅读方式的出现,给传统的图书市场带来了致命的打击。

(1) 并购的后果。随着市场经济全球化的发展,大量文化企业进行并购,虽然说企业的并购有利于资源的整合、产品的推广(出版社能拿出大量的资金和人才来进行儿童图书的销售),其中最著名的便是时代华纳和 AOL 的并购案,但是由于存在企业文化融合等大量问题,企业失败的例子比比皆是。

随着儿童出版市场被寡头企业所垄断,未来小型出版社会大量消失,儿童图书出版也会出现同质化现象,同时,出版的儿童图书的种类会大大减少。

未来的儿童图书市场将是几本超级畅销儿童书的天下。以"哈利·波特"为例,英美这些年儿童图书市场呈上升趋势,这与"哈利·波特"的畅销密不可分。尤其是在英国,儿童图书市场的销售呈波浪式增长,有"哈利·波特"出版的年份,其销售量上升,无"哈利·波特"出版的年份,其销售量就呈下降趋势。

(2) 图书商业化。由于现在的儿童图书出版竞争日趋激烈,同时出版社的数量正在大大减少,图书出版商为了保证利润,常常选择一些大众化的作品出版,为了能在短期内获得收入,为了加大销售量,有时编辑还会篡改原作者作品,增加大量虚构情节,以迎合大众口味。

二、"哈利·波特"之母——J. K. 罗琳

"哈利·波特"之母——J. K. 罗琳(J. K. Rowling),本名乔安妮·凯瑟琳·罗琳,1966 年 7 月 31 日出生于英国的格温特郡。小时候的罗琳是一个戴眼镜的相貌平平的女孩,非常爱学习,有点害羞,流着鼻涕,还比较野。

任何一位优秀作者的出现,都离不开他童年的生活经验,罗琳也不例外。她从小喜欢写作和讲故事,年仅 6 岁就写了一篇跟兔子有关的故事。她不但爱写作,希望未来能成为一名作家,讲故事也是她的爱好:在家里,妹妹是她的听众;在学校,同学就是她的听众,创作的欲望和动力始终伴随着她。同时,深厚的文化背景给罗琳带来极大的创作灵感。在欧洲大地上,很久以前就流传着关于古老巫术的各种传说和神话。进入中世纪以来,基督教的领袖们大肆迫害巫师,1692 年在塞勒姆举行的女巫审判中,19 名女巫被处死——这一事件标志着美国和欧洲迫害女巫运动的结束。在如此漫长的历史时期中,巫婆、巫医、炼金术演变成为一种文化,在欧洲的土地上广为流传,它给了童年时代的罗琳无尽的遐

想,也为"哈利·波特"的诞生奠定了基础。

24岁那年,罗琳在前往伦敦的火车旅途中,一个瘦弱、戴着眼镜的黑发小巫师闯进了她的生活,使她萌生了创作"哈利·波特"的念头。写作的激情带给她无限的动力,她要把这个瘦弱的巫师带到人间,推向世界。于是,哈利·波特诞生了——一个11岁的小男孩,瘦小的个子,黑色、乱蓬蓬的头发,明亮的绿眼睛,戴着圆形眼镜,前额上有一道细长、闪电状的伤疤……哈利·波特成为风靡全球的童话人物。在此期间,罗琳经历了事业和爱情的双重打击,一度濒临自杀,但为了她的女儿和她终身热爱的写作,她坚持了下来,在家附近的一家咖啡馆里进行"哈利·波特"故事的创作。不过,她的努力并没有得到回报,出版的历程也是困难重重,接连被12家出版社拒绝。终于,她的执着感动了出版商,出版社首印了500册,从此"哈利·波特"之风开始刮起,令人难以抵挡它的魅力。图书一出版便备受瞩目,好评如潮,先后荣获英国国家图书奖儿童小说奖和斯马蒂图书金奖奖章。随后罗琳又分别于1998年与1999年创作了系列的第二部《哈利·波特与密室》和第三部《哈利·波特与阿兹卡班的囚徒》,再次轰动世界。2000年7月,随着第四部《哈利·波特与火焰杯》的问世,世界范围的"哈利·波特"热持续升温,创造了出版史上的神话。2003年6月推出了第五部《哈利·波特与凤凰社》;2005年7月推出第六部《哈利·波特与混血王子》,销售势头一浪高过一浪,形成了一次比一次猛烈的"哈利·波特"飓风,被视为出版界的一个奇迹,而"哈利·波特现象"也成为众多专家学者热烈讨论的话题。

三、"哈利·波特"畅销书的营销策略

(一)畅销书的质量和定位

图书的质量决定着该书在市场上是否以及在多大程度上得到市场的认可。没有高水平的编辑,出畅销书是不可能的,不是出自高手的佳作,书也不可能得到畅销,所以图书更强调以质取胜,重视营销。图书本身要有丰富的内涵,切合读者需求,具有真正的原创性,能够提供崭新的理念和视角,能够独树一帜,使人耳目一新,并真正有所收益。任何一个好的商业典范、一个产业链整合的奇迹,其源头都是一个好的故事,好故事是畅销的基础,内容为王是文化产业发展的前提。

以"哈利·波特"为例,注重图书的质量尤为重要。"哈利·波特"的出版并非一帆风顺,在连遭12家出版商拒绝之后,英国著名出版商布鲁姆斯伯瑞出版社(以下简称"布鲁姆斯伯瑞")仅以1500英镑的价格买断了该书的首版出版权,"哈利·波特"开始并没有开展多少营销活动,在"哈利·波特"第一部图书发行时,首印只有500册。是什么造就了"哈利·波特"的畅销传奇?是高

水平的作品，是一部口碑畅销商品的典范。

1. 内容为王

"哈利·波特"之所以能掀起"魔法热"，在于它讲述了一个内容奇特、充满魔幻的童话故事，激发了人类潜在的幻想心结。罗琳利用奇幻文学的表现手法，借助"魔法""巫术"等道具，描写了真实世界中人类潜在的善良、正义、勇敢、机智和永不退缩的精神追求。

（1）深厚的文化背景。在欧洲这片古老的大地上，很早以前就出现了关于巫术的各种各样的传说。其中，1945年出版的著名小说《魔戒》就以其严密而具体地描述了霍比特人、小精灵、小矮人的故事，构建了一个庞大的魔幻第二时空，满足了人类对魔幻的无限想象力，在此期间出现的大量欧洲文学作品或多或少都烙上了魔法和巫术的痕迹。显然，罗琳正是生活在这种蕴含着深厚巫术文化底蕴的环境中并深受影响，并在此基础上做出了大胆的想象和整合。

在罗琳所构建的"哈利·波特"的魔法世界中，大量神乎其神的描写并非横空出世，而是有很深厚的欧洲文化背景的，它们若隐若现地潜伏在她的笔端，也潜伏在读者的心底。

"哈利·波特"有引人入胜的好莱坞式情节，完美融合的西方古典文学精粹，并从希腊神话、狄更斯小说、《魔戒》三部曲与电影《星际大战》中广泛取材，生动描绘了哈利·波特、赫敏·格兰杰、罗恩·韦斯莱等主要角色学习魔法、与同学冲突、与伏地魔对抗等情节，在"哈迷"眼前展开了一幅神奇、惊险、传奇、真实的魔幻画卷。

（2）现实和丰富想象力的完美结合。深厚的文化背景，使得读者在阅读此书的过程中，减少了文化折扣度的影响。同时，罗琳巧妙地把这些想象"身边化""家常化"——谁没有被同学搞过恶作剧，谁没有被家长咆哮过，谁不希望读书写作业时可以得到一支速写笔。这些遭遇和愿望，不分读者年龄，难道不是人人都经历和暗自希望的吗？正如许多商业品牌成功的奥秘一样，首先是文化本身，使"哈利·波特"这一文学作品轻易地突破了全球读者不同文化、种族和地域的界限。

虽然"哈利·波特"问世时，曾被出版商定位为面向9～15岁读者群的书籍，同时，第二部《哈利·波特与密室》和第三部《哈利·波特与阿兹卡班的囚徒》甚至都获得了9～11岁年龄组Nestlé Smarties图书奖，但是这违背了作者罗琳的初衷，所以，在对外的讲话中，她一再说明她在开始写"哈利·波特"时并没有针对某个年龄段读者的想法。大概也正是罗琳这个不刻意的想法反而为她赢得了更多的读者。

从哈利·波特的形象入手，可以发现他身上既有英雄的"神性"，又有普通人的"人性"，仿佛就是我们身边的邻家小男孩，所有的读者伴随着他一起成长，他暗合了后现代社会里人们的阅读期待。传统英雄的时代消失了，每个人都渴望奇迹般地出现不平凡的生活，哈利·波特身上折射出人们这样的心理愿望；而哈利·波特不时表现出来的慵懒、恐惧、信心不足等也几乎是每个读者都有的缺点，他属于这个时代，这也正是他能赢得成年读者的原因。

"哈利·波特"戳中了读者和观众的审美神经——多元化世界当中的"同质化"的审美神经，并且成为一种精神思潮的象征。[①]

"哈利·波特"的成功更要归功于这个时代，即经济、文化日益全球化的时代，全球化才是成就它的决定性因素。

2. 定位

（1）基本定位是儿童图书市场。由于"哈利·波特"的这一基本定位，所以书基本上是以儿童的视角来阐述故事，这就涉及一个以儿童为中心的问题。

罗琳在"哈利·波特"中构建了一个完整而严密的魔法世界。随着故事的深入，作者严谨而富有层次地向我们展示了魔法世界的构成：政府机关（魔法部）、教育机构、新闻媒体（《预言家日报》《巫师周刊》《唱唱反调》）等和不同种族的魔法生物（纯种巫师、混血巫师、出身麻瓜家庭的巫师、半人半兽、其他非人类生物等）。正是由于构建了如此严密的、类似于现实世界的魔法世界，其中发生的纷繁复杂的故事才显得紊而不乱、极富条理。

同时，荒诞、变形、夸张、幽默、搞笑、魔幻、时空错位、任意组合、非物性、非逻辑性等艺术要素，在"哈利·波特"中都得到了淋漓尽致的发挥，而所有这一切都恰到好处地顺应和符合了儿童思维的特征。

（2）畅销书价格。图书的定价要考虑读者的经济承受能力和心理承受能力，在价格与销量成反比的市场规律作用下，畅销书的定价既是一个成本核算的过程，更是研究读者购买心理的过程，是科学性与艺术性相统一的过程。

"哈利·波特"也充分掌握了儿童的心理，并且他们手头拥有可支配的收入，因此以儿童为主要消费对象。以下以英国儿童为例对这个问题做具体诠释。

在英国图书市场上，儿童代表着一支主要的购买力量。7～16岁的孩子每周平均有7英镑的钱可用来支配，这还不包括圣诞节和生日的礼金，另外还有一些图书券，随着年龄的增长，儿童的资金会大大增加。

同时，无论在哪个国家，这一年龄段的读者对图书的价格都极为敏感。一本书畅销之前，读者决定买不买的时间一般是5～10分钟。首先是看书名，然后是看作者，之后就是看书的封面设计，接下来看内容简介和结构，最后是看定价，这几项构成读者是否买书的决定因素。因此，编辑在出版图书时，必须在每一个环节都做到位，才能促成读者购买。

彼时中国的图书市场，畅销书价格基本都在20元上下，单本书零售价格超过25元的比较少见，超过30元的可谓稀少。举例来说，拿19元和20元做比

[①] 参见玉溪《〈哈利·波特〉：童话、产业与品牌》，载《新民周刊》2007年8月1日。

较，虽然只差1元，但是一个是十几，一个是20，实际上是两个层次。能不上20元就不要上，价格尾数为9，给人一种便宜的感觉，这是心理的陷阱。图书市场也一样，出版社必须了解读者的心理价位。所以，尽管"哈利·波特"在世界图书市场上英文版价格折算高达200多元人民币，但是中文版的"哈利·波特"首版价格也只有19.5元。

（二）上市促销

做产品的营销，首先要确定产品的大类是什么，因为针对不同类别的产品实施营销活动时所采取的手段是不同的，达到的效果也会有很大的差异。

畅销书一般定位为一般性图书，以下就以其特点来分析。

（1）在当今物质条件优越的现状下，转借阅读和再次传播的可能性是比较低的，一般图书很显著地呈现出快速消费品的特征：一般情况下很少会二次阅读，看完就扔一边或收藏起来是普遍的情形。

（2）一般性图书比快速消费品的生命周期还要短，由于新的图书会不断出现，为了保持流转，大多数书店给每种图书的上架周期平均只有3个月的时间。这样的情况下，营销者的压力是非常大的，极大地考验你的智力去争取读者的关注，尽可能地保持和维持上架周期。所以，在竞争如此激烈的环境下，一本一般性图书要想成为畅销书是很困难的，必须实施多方面的市场推广，要分阶段地采取多种方式做宣传，并且敢于投入。可以利用书市、订货会、报刊媒体、签售、网上论坛、读者俱乐部以及社会知名人士进行推广，并形成上述诸多方面的互动。

此外，畅销书的推出时间也必须精心设计，把握最佳推出时机，善于"借势"和"借力"，以期在最短时间内形成图书销售的轰动效应。成功的宣传策划能把漫长的销售时期急速缩短，让出版商和作者在最短的时间内名利双收。而图书的价值是通过市场交易的手段、通过出版商出售而读者购买和阅读来实现的，为了实现这一目标，促销宣传的策划及实施的重要性更加突出。这印证了当今出版业的一句话，现在的图书出版不叫"出书"，叫"做书"。

以"哈利·波特"为例，有人曾把2000年誉为"哈利·波特时代"，这或许有些夸张，但自2000年以来，"哈利·波特"的确演绎了一个让人难以置信的商业传奇。

而这个传奇的发生离不开一场"公开化秘密行动"，这个名字是媒体用来形容"哈利·波特"品牌营销方式的，这一营销方式全力用在了图书上。在酒香也怕巷子深的时代，没有品牌宣传的商品几乎是没有的，但能像"哈利·波特"这样倾力宣传的商品恐怕也是少见。

其实，制造了这个商业奇迹的主角，是以布鲁姆斯伯瑞及电影巨头时代华纳为首的商业集团，美国资本和美国式营销方式真正掌握着"哈利·波特"商业传奇的魔法。

虽然出版的成功离不开跨媒体的宣传，但是同时也不能抹杀英国出版商成功的营销策略的功劳。

(1) 逆向推销。逆向营销是作者、出版商和发行商推销"哈利·波特"最常用的营销手段，即悬念营销。

负责出版"哈利·波特"中文版图书的人民文学出版社策划部主任孙顺林认为："吊足读者胃口，造成轰动效应，'哈利·波特'系列做到了极致。"延迟图书首发时间，让孩子们等待零点时刻的到来，在首发日的零时举办狂欢节，这些策划都非常成功。

以第七部《哈利·波特与死亡圣器》（以下简称"《死亡圣器》"）为例，作为"哈利·波特"的大结局，为了造成该书巨大的轰动效应，布鲁姆斯伯瑞早在第六部《哈利·波特与混血王子》及之前的几部图书的操作过程中，已经着手安排《死亡圣器》的商业运作。

早在出版第一部《哈利·波特与魔法石》与第二部《哈利·波特与密室》时，布鲁姆斯伯瑞就已经与罗琳约定要出到第七部。至少五年以来，布鲁姆斯伯瑞都在时不时地营造读者对《死亡圣器》的期待，大结局的概念更是被布鲁姆斯伯瑞炒得火热。当《死亡圣器》进入创作阶段后，对于罗琳来说，创作意味着各种情节与结局的设计，而对出版商布鲁姆斯伯瑞来说，炒作意味着如何构思并让读者参与一个个悬念。

另外，"哈利·波特"的出版与电影上映的时间和节奏控制得非常巧妙。"哈利·波特"的前四部差不多是每年出版一部，随着"哈利·波特"风靡全球，作者从第五部开始放慢出版节奏，隔一年才出版下一部。这期间还有"哈利·波特"系列电影的前后助阵，"哈利·波特"旋风足足刮了10年，人们对它的新鲜感不减。

(2) 示假隐真的"保密"营销术。与悬念并生的炒作手段是保密。保密是为了营造神秘感，保持"麻瓜"们（书中称不会魔法的人为"麻瓜"）的兴趣与好奇心，从第三部开始，布鲁姆斯伯瑞及英国学者出版社开始运用这一招了。

出版社发言人克里斯丁·马里安尼透露："哈利·波特"出版商雇佣大量保安人员，并配备警犬，甚至使用卫星跟踪系统。[①] 专家估计，保卫费用可达1000万英镑（约合2000万美元）。"哈利·波特"享有一个专门的放置区域，它们被完全隔离，周围有高达8英尺的围墙，入口只有很有限的几个，每个入口都有保安层层把守，只有佩戴特殊徽章的才能获准进入，而且每次出入都必须向保安出示徽章。

同时，出版商采用全球同步发售的方式，为严防个别出版社提前泄密，两大

[①] 参见张胜冰等《文化产业经营管理案例》，中国海洋大学出版社2007年版，第21页。

出版社制定并炒作了极其严格的合作协议。新书出版之后，更是绝对做到悄悄运抵各国，即便在全球同步发售前一秒钟打开包装，一经发现也将受到严惩。这一做法在中国也得到了严格的贯彻。中国图书进出口（集团）总公司对《死亡圣器》的分发、运送、书店接货、存储和书店再分发等环节也都有特别的保密要求。

但在高度保密的同时，出版社有时故意安排一点泄密新闻。例如，英国《每日电讯报》称一名自称"Gabriel"的黑客攻入《死亡圣器》出版商的电脑系统，窃取了《死亡圣器》的文稿，泄露了小说结局，但出版商马上予以否认，此番炒作自然令"麻瓜"们的神经进一步受到刺激。

从第三部开始，出版社强调"哈利·波特"首发前的保密工作，这主要不是出于防盗版的考虑，而是为了图书营销。

（三）跨媒体营销

"哈利·波特"的成功是国际传媒巨头无所不包的跨媒体传播力量的整合。

跨媒体营销是指现有各类相互独立的媒体趋向融合，形成一个全方位并以宽带网络信息服务为核心，整合各种传播媒介的跨媒体平台，给人们创造出一种整体的体验。跨媒体合作成功整合了IT业和传媒业的优势，使电影、娱乐业及相关产品的销售及时、迅速、低成本地走向世界。跨媒体经营的实质，是围绕知识产权形成的众多媒体与资本间的一条产业链。

而"哈利·波特"的成功，正是新型传播营销模式的一种尝试，即未来大型的媒体集团将走向并购，即一家传媒集团包揽所有图书出版以及后续的开发，来达到利益的最大化。

AOL-时代华纳整合线上线下的资源，以跨媒体的名义，不遗余力吊足公众对"哈利·波特"的胃口。无论是美国在线的网络资讯、华纳的大西洋电影公告板，还是集团旗下著名的娱乐杂志《娱乐周刊》，都借近水楼台之便，大量报道《哈利·波特》电影的台前幕后。

独特的优势使得整个AOL-时代华纳集团摇身一变，成为融庞大基础用户、快速娱乐业资讯、大范围销售渠道于一体的一个中心市场。跨媒体的优势在于其整合了当今时代最新科技成果，利用传统媒介和新兴媒介的长处，进行了整体的宣传营销。即利用媒体宣传电影，同时利用电影反推广衍生品的开发，相辅相成，最终形成一系列的产业链的开发。这个市场没有固定的形态，但是从它的辐射力来看，势力之庞大绝对超乎人们的想象。这个销售推广平台可以应用到娱乐行业的各个角落。

（四）衍生品开发

利用已经形成的品牌优势，开发相近或相关的系列产品，可以充分挖掘和利用品牌的潜在价值,实现新的利润增长点,从而达到效益和利润的最大化、最优化,这是品牌营销战略中十分强调的一点。对于图书营销来说,品牌的开发和经营同样显得十分重要。畅销书在市场上大受欢迎,说明在畅销期内畅销书的品牌已经形成,这时就要求相机而动,利用已有的品牌优势,推出与之相关的图书或其他产品,使这些"衍生"产品也能乘着原书的畅销之风而行销市场。反过来,这些图书或者产品也会使得原书更为走俏,从而延长了畅销的生命周期。

当今时代,创意产业和知识经济的诞生,仅仅只是产业链开发的手段而已,真正带来辉煌的是根据"哈利·波特"改编的电影及一系列衍生品的开发,随之而来的是巨大的财富链。而庞大的产品集群无疑又加深了人们对于"哈利·波特"的品牌印象,以至于后来即使从未读过"哈利·波特"书籍的人们,也会存留下关"于哈利·波特"的新鲜印象。

不可否认,"哈利·波特"的成功是经济全球化、信息全球化的成果。

由一个好的魔幻故事开始成长到形成产业,"哈利·波特"形成了一个庞大的产业链,并且不断扩展、丰富,产业的边际和界限不断模糊。其大致经历了这样的延伸路径:系列图书畅销—系列电影—DVD上市—玩具及电玩等商品热卖—带动英国旅游发展—其他相关产业品牌不断出现—哈利·波特主题公园——一个更庞大品牌的出现。

收入来源可分为三部分:

第一层收入为电影业。在1997年,时代华纳在发现"哈利·波特"之后,十分看好这本书的潜力,购买了罗琳第一部到第四部小说的电影版权以及后三部小说的优先权。从此,时代华纳运用好莱坞巨头惯用的操作模式,利用手上买断的资源,对"哈利·波特"开始全商品化的经营。

据报道,《哈利·波特与火焰杯》成为"哈利·波特"系列影片当中上映首个周末票房收入最佳的一部,其票房达到了1.014亿美元。它还是上映前3天票房收入排名第四位的影片,仅落后于2002年的《蜘蛛侠》(1.148亿美元)《星战3:西斯的复仇》和《怪物史莱克2》(这两部影片上映第一个周末票房均为1.08亿美元)。

第二层收入为由电影所产生的原声唱片、DVD等电子产品。时代华纳在这方面有着独特的优势,由于时代华纳和AOL网站的并购,原声唱片由其子公司录制,而影片放映后的许多信息出现在时代华纳的《财富》杂志上;AOL网站成为在线宣传、网上订票和其他服务的最便捷之处。网站专门建立了一个叫"巫术之屋"的分站点,利用开奖奖券和免费电影票吸引儿童用户订票,并参加电影在纽约的首映式。作为回报,网站吸引了无数年轻的用户。

如果说早期报道说时代华纳和AOL网站并购是失败的案例,但是当今时代"哈利·波特"的跨媒体营销告诉了世界,内容整合与渠道统一的威力,跨媒体营销的时代已经到来。

第三层收入为与图书、电影相关的衍生品的开发。

（1）与"哈利·波特"有关的文化产业。书籍如《我与哈利·波特的真实故事》《哈利·波特的魔法世界》《神奇的魁地奇球》《怪兽与它们的产地》《写给哈利·波特的信》《读哈利·波特学英语》等，随着"哈利·波特"问世而陆续上市，与图书相关的书包、挂历、笔记本等也在各地出现。例如，德国Eichborn出版社在奥地利与瑞士出售哈利·波特日历，英国布鲁姆斯伯瑞出版社在英国销售哈利·波特日历、日记、信纸、通讯录等。

（2）"哈利·波特"衍生品的开发。衍生品即当今充斥市场的各类文体用品、游戏玩具、生活用品和服装等品牌商品。

1）游戏行业。"哈利·波特"几乎每一部小说都会有一部相应的游戏，基本上由美国著名的游戏商电子艺界（EA）进行开发，而其他网上流传的小游戏则更是数不胜数。

2）主题网站、道具和玩具等行业。在哈利·波特的主题网站商店中可以买到巫师帽、文化衫、巫师袍、魔杖等道具。世界上最大的三家玩具商——丹麦Lego，美国的Mattel、Hasbro也依照《哈利·波特与魔法石》中的人物、棋盘等做成玩具、纸牌、纸牌游戏等产品进行出售。

3）杜莎夫人蜡像馆与电影放映一同在全世界范围巡展。各行各业制造商模仿电影魔法物品，如"魔法扫帚"、魔杖、摄魂怪、火焰杯三强赛中的火龙等玩具，霍格沃茨四个魔法学院各自的院服、魁地奇球服、波特的隐形衣等风靡全球，拥有巨大且稳定的消费群体。

仅2001年11月，在《哈利·波特与魔法石》公映时，向时代华纳购买商品特许经营权的公司就已经有80家，而产品品种达到2000种之多。

现在，与"哈利·波特"相关的产品已出现在世界各地。从美国到中国，从苏格兰到澳大利亚，只要你上街，"哈利·波特"的饮料、衬衫、盘子、魔法小屋、魔法长袍、飞天扫帚、金饰与各种糖果等几乎到处都是。而"哈利·波特"经济价值的深挖掘也已在进行中，伴随而来的是建造哈利·波特魔法世界体验式的主题公园。

四、"哈利·波特"畅销书带给中国的启示

（一）打造畅销书的畅销原则

内容为王。营销活动不管以何种方式展开，如果脱离了内容，营销活动做得再好、资金投入再多、声势再浩大，都无法带来销售业绩和利润的增长，最终有可能是一场炫目过后的亏损。

营销者应该清醒地认识到，图书的内容这一强有力的支撑才是获得持续销售业绩增长的保障。围绕内容做营销易于操作，方法简单，投入回报比率较高。

(二) 鼓励原创优秀作品出版

在我国近十几年来的少儿图书出版市场，盗版、克隆作品成风，一些出版社仅仅为了获得可观的经济利润，大量出版同一本畅销书的不同版本，造成了极大的资源浪费，同时扰乱了市场。

在中国，由于缺乏对知识产权的保护，盗版盛行，虽有出台法律法规，但是执行力度低，管理部门人员构成复杂，多头管理，致使打击力度弱。

国内的出版社看到"哈利·波特"引进我国所带来的巨大利润之后，纷纷大量引进国外的儿童畅销书。虽然这使得国内青少年能够阅读到大量国外优秀儿童图书，却不利于我国原创作品的出版。

在我国，要培养大批的原创作者，产生大量优秀的原创儿童畅销书，就不应再出版那些简单模仿儿童畅销书装帧或内容相似的跟风之作。

(三) 培养专业人才

在信息技术高度发达的时代，文化同质化的现象变得司空见惯。"哈利·波特"作为西方一部魔幻小说，是否能在中国畅销，会不会出现水土不服、文化折扣度高的问题，这都是中国出版界面临的问题。"哈利·波特"包含了大量的西方文学典故和文化术语，当它刚进入我国时，我国的图书代理商持谨慎态度。

新中国成立以来，我国大多数出版社都是国有体制，出版的书籍大多是经典名著，尤其儿童图书这一块市场，与国外的差距很大。

中国离"哈利·波特"还有多远？中国没有优秀的畅销书吗？答案是否定的。美国维亚康姆中华区总裁李亦非说道："中国的孙悟空有着可以与哈利·波特媲美的形象和故事，但是哈利·波特形成了产业，孙悟空却没有。"

我国应该培养大量的人才来进行产业链的开发。我国现在有大量的创作者，却没有经营者，好的图书难以获得好的回报，对图书产品的开发仍处于初级阶段。就如上述观点所述，初级营销时代已经过去，我国应该加强这方面人才的培养。

(四) 图书产品应该注重产业链的开发

"哈利·波特"之所以能成为一个完美的商业经典，最成功的因素就是对文化产品不断开发，最终形成产业链。发达的文化服务业是当今文化产业发展的重要标准。

以美国的学者出版社和英国的布鲁姆斯伯瑞出版社为例，它们充分挖掘利用"哈利·波特"图书所特有的历史文化资源，打造了一个魔法的国度，其后又连续开发了根据图书改编的电影和 DVD 以及一系列与其相关的其他产品，投资 5 亿美元，携手奥兰多环球影城建造"哈利·波特魔法世界"主题公园。这些包括图书出版、改编电影、DVD以及文具、游戏、服装等在内的成千上万种特许经营商品和主题公园已经聚集成一个庞大的文化产业——以文化图书出版为开端、以跨媒体营销与衍生产品开发为特点的文化产业链架构。

美国著名经济学家罗默曾提出:"新创意会衍生出无数的新产品、新市场和创造财富的新机会,因此,创意才是推动一国经济成长的原动力。"[①] 对精明的商家来说,"新创意"也是推广"哈利·波特"品牌的原动力。

单纯地对文化产品进行营销的时代已经过去,"哈利·波特"案例的产生,为我国乃至世界文化产业提供了很好的模板。

(五) 规范法律法规,培育市场,吸引投资

规范法律法规,是培育市场的基础。我国出版社面临的重要问题之一,是知识产权的保护。出版社支付高额的版权费来获得图书出版权,但是,中国的法律法规不完善,盗版问题导致出版社蒙受巨大损失,使之不仅面临行业内的竞争,还有与盗版商的竞争,严重不利于图书市场的正常、良性发展。

所以,如今国内文化产业应该把重点放在如何规范、培育市场,如何将产业链连接成型,如何建立更广泛的经营平台上。

同时,由于中国的出版社资金有限,难以形成大规模的图书宣传活动,使得大量优秀作品难以畅销,吸引投资是图书出版的必要手段。

(六) 宣传模式多样化,加强媒体间的互动

以"哈利·波特"为例,我国的图书出版商虽采用社店合作策划的形式——人民文学出版社与新华书店、民营书店和各地的图书批发商同舟共济,效益共享,调动各个方面的积极性,发挥整体运作的功效,将一个"局部战争"演变为一场"全民战争",但还仅仅是利用传统的广告宣传及一些新闻发布会、研讨会等传统的营销手段。

而在美国,出版商特别注重宣传方式创新,给读者留下深刻印象。以"哈利·波特"的宣传活动为例,首发在深夜12点,美国各家书店点燃蜡烛,穿着黑斗篷、戴着小眼镜的"波特"穿梭店内,营造出节日般的气氛,给人留下深刻印象。

当今我国出版业的图书宣传模式主要选择纸质媒体进行,在电视、广播的宣传一般借助相关的电影、电视连续剧的播映来进行,很少通过电视栏目的宣传和推荐为畅销书造势,在利用新兴媒体——网络方面能力不足,网络只是用来传播图书信息,利用得还很不充分。

美国出版业则不同,熟练地掌握在各种媒体上以各种形式宣传畅销书的功夫是

[①] 陈华文:《文化创意案例教程》,上海交通大学出版社2013年版,第19页。

其必修课，宣传方式更为灵活多变，可选择的余地更大，也更能显现各种媒体配合起来宣传的优势。如前所述，电视节目的访谈和推荐、书评在美国对畅销书的巨大推动作用无须多言，如著名的读书俱乐部的节目，网络也是图书宣传的途径。

美国出版商一般都会给畅销书建立专门的网页，并且设计得十分精美而有创意。例如"哈利·波特"的网站，人民文学出版社的网页和美国Scholastic出版社的比较起来差距颇大。

因此，我国出版社在宣传活动中必须别出心裁，加强媒体的互动，使出更多新奇的宣传绝招，留给人深刻印象。

参考文献

[1] 管晨. 全球化背景下美国创意文化产业链 [J]. 艺术百家，2000 (7).

[2] 郝振省. 国际出版业发展报告 [M]. 北京：中国书籍出版社，2008.

[3] 蒋晞亮. 中国少儿图书市场的现状和发展 [DB/OL]. http://ekan.com.cn/ekan/news.jsp?id=1036.

[4] 魏龙泉，邵岩. 纵览美国图书出版与发行 [M]. 北京：中国经济出版社，2007.

[5] 吴晓燕. 中国离哈利波特有多远 [J]. 经营者，2007 (15).

[6] 王丹菁. 哈利·波特系列产品热销带来的思考 [DB/OL]. http://www.cqvip.com.

[7] 玉溪.《哈利·波特》：童话、产业与品牌 [J]. 新民周刊，2007-08-01.

[8] 杨贵山，种晓明. 海外出版社概述 [M]. 苏州：苏州大学出版社，2007.

[9] 朱浩. 中美畅销书宣传比较研究 [J]. 出版科学，2006 (4).

（改编者：吴凯颜）

思考题

1. 儿童畅销书的基本要素有哪些？
2. 分析"哈利·波特"的营销策略。
3. "哈利·波特"给我国出版社带来的启示是什么？

案例 3

洋为中用
——CAA 经营模式及其启示

CAA（Creative Artists Agency，创新艺人经纪公司）作为美国顶级的娱乐经纪公司，运作了一系列优秀的影视娱乐节目及作品，是美国娱乐经纪行业的代表，也是美国乃至北美地区娱乐业最具影响力的机构之一。CAA 成立于 1975 年，总部位于美国洛杉矶，其经纪范围，从 20 世纪的影视、音乐、戏剧领域，到 21 世纪已扩展到体育、电子游戏、互联网等众多领域。CAA 拥有超过 70% 的好莱坞一线明星。[①] 在好莱坞电影中，CAA 客户常年是绝对的主角，在奥斯卡颁奖礼上，CAA 也常作为最大的赢家包揽奥斯卡八大奖项。2010 年，CAA 获得奥斯卡"大满贯"，即所有获奖人物均是 CAA 的签约客户。美国的文化、法律、政策环境造就了其与中国、日韩等亚洲娱乐经纪行业迥异的艺人经纪模式。CAA 与美国另一顶级娱乐经纪公司 WME 虽在 21 世纪初期登陆中国，但由于与中国娱乐经营理念和发展程度截然不同，对中国的艺人经纪影响甚微。中国该如何借鉴 CAA？他国市场的成功经验又该如何本土化？本案例将从现状、模式、对比及借鉴四个角度透视 CAA 所代表的美国娱乐经纪模式下的艺人经纪。

一、CAA 与迈克尔·奥维茨

（一）美国娱乐经纪公司概况

1. 美国娱乐经纪的缘起

创始于 1898 年的 WMA（William Morris Agency）是美国最老牌的娱乐经纪公司，公司的变迁基本上代表了美国娱乐经纪的历史变迁。WMA 在美国洛杉矶贝弗利山庄、纽约、田纳西州纳什维尔、迈阿密、英国伦敦、澳大利亚悉尼均设有办事处。20 世纪五六十年代，WMA 代理梦露、猫王、凯瑟琳·赫本等超级明星，它也是最早开始音乐经纪的经纪公司。WMA 以"收发室"培训系统闻名，经纪公司新人多被分配到公司的邮件收发室，从剧本分理、递送合约、分发邮件这样的文件往来工作开始，由此了解娱乐经纪行业和公司的体系和流程。现在美国的娱乐经纪公司也基本沿用 WMA 式的新人培训系统。[②] 由于美国娱乐经纪行

[①] 参见《CAA 助力 87 届奥斯卡 伊纳里多〈鸟人〉独揽 4 奖》，2015-03-04，http://ent.163.com/15/0304/13/AJS7QGBE000333J5.html。

[②] 邮件收发室操作岗洛杉矶招聘信息，https://caa.wd1.myworkdayjobs.com/en-US/Careers/details/Mailroom-Operations---Shipping-Receiving_JR5431? q=mail。

业对谈判、商务等能力要求较高，同时需要熟悉娱乐行业、娱乐法的律师，因此，经纪公司通常会选择受过高等教育并拥有法律、心理学、工商管理专业背景的新人，他们具有在合约谈判、合同拟定方面的潜力。根据 2016 年 3 月《加利福尼亚州劳动法》标题 8 中的 1700.6 款，未经劳工委员许可，任何人不得从事人才经纪业务，人才经纪人必须持有执照。执照的申请需要在从事的业务或职业中工作至少两年。获得经纪人资格需要在所选行业工作 5 年以上。①

2009 年 4 月，WMA 与成立于 1995 年的 Endeavor 公司合并，合并后的新公司命名为 WME（William Morris Endeavor），WME 成为唯一能够与经纪行业霸主 CAA 抗衡的大公司。

2. 美国娱乐经纪公司现状

（1）七家娱乐经纪公司一统天下。美国娱乐经纪业经过 120 多年的发展，已基本形成两大顶级经纪公司——CAA（Creative Artist Agency）、WME（William Morris Endeavor）和五小经纪公司——UTA（United Talent Agency）、CESD（CESD Talent）、PARADIGM（Paradigm Talent Agency）、GERSH（Gersh Agency）、APA（Agency for the Performing Arts）一统天下的局面。美国的作家、作曲家、歌手、好莱坞电影或热门电视剧的演员、编剧、导演及制片等一线艺人几乎都归这七家娱乐经纪公司代理，其中 CAA 和 WME 更是占据了美国娱乐业半壁江山。

UTA 由 Neil Warnock 创办于 1981 年，Neil Warnock 曾与滚石（The Rolling Stones）、平克·弗洛伊德乐队（Pink Floyd）、迈克尔·杰克逊等最具影响力的音乐人合作，并一直独家代理多莉·帕顿、爱丽丝·库珀、摩托头乐队等知名艺人。UTA 在洛杉矶、伦敦、迈阿密、纳什维尔、纽约、多伦多、马尔默均设有办事处。公司为艺人提供在品牌整合/代言、数字/社会媒体、旅游营销、文学代理、大学演讲活动、赌场预订等方面的增值机会。② 曾签约的艺人有约翰尼·德普、哈里森·福特、科恩兄弟、席琳·迪翁、河智苑、李冰冰等。

CESD 起源于好莱坞的 Cunningham & Associates 电影公司，1971 年，比尔·坎宁安在纽约设立办事处。CESD 业务包括为表演者提供完整的镜头和配音广告、数字、印刷/时尚、美容、舞蹈、动画和游戏、主持、木偶师、宣传片/预告片/旁白，以及电视和广播附属营销。CESD 还代理美国一些顶尖的年轻明星，其出镜部、印刷部和配音部代表儿童和青少年演员参与商业、动画和印刷业务。③

PARADIGM 始建于 1992 年，由 Sam Gores 担任主席。公司主要为演员、音

---

① https://www.agentassociation.com/index.php?src=directory&view=agencyLicensing&query=%28name.like.agent.or.name.like.qualification&xsearch_id=agencyLicensing_search1&xsearch[0]=agent%20qualification&xsearch[1]=&srctype=detail&back=agencyLicensing&refno=6.

② https://www.unitedtalent.com/about.

③ https://cesdtalent.com/about/.

乐人、导演、作家和制片人进行职业生涯规划，由于将艺术家利益置于首位，公司在艺人中享有良好的声誉。PARADIGM 选择多元化客户，使其能与其他大型经纪公司进行有效竞争，同时也个性化地关注每位客户。公司在洛杉矶、纽约、蒙特雷、纳什维尔均设有办事处，业务涉及电影、电视、音乐、公司活动、现场表演/喜剧、数字媒体、书籍出版、商业代言、文学版权等。①

GERSH 由好莱坞著名经纪人 Phil Gersh 于 1949 年创立。GERSH 在贝弗利山庄和纽约设有办事处，拥有 12 个服务部门：人才、文学、电影金融、图书、喜剧、剧院、制作、另类选择、数字、品牌、商业制作和商业背书。客户名单包括电影、电视、新媒体、品牌内容和舞台领域的获奖演员、作家、制片人、导演和制作人才。②

APA 由 MCA 前高管 David Baumgarten、Roger Vorce 和 Harvey Litwin 于 1962 年建立，是洛杉矶最大的多元化艺人经纪公司之一，总部设在贝弗利山庄，在纽约、纳什维尔、亚特兰大、多伦多和伦敦也设有办事处。APA 帮助客户在各媒体平台上建立自己的职业生涯和品牌。③ APA 代理艺术家、演员、品牌、知识产权以及全媒体平台作品，包括电影、电视、音乐、戏剧、出版以及数字产品。④

20 世纪 80 年代，大制片厂时代结束，加上电视平台的崛起，娱乐经纪行业逐渐兴盛。美国娱乐经纪公司成为美国出版、音乐、影视、演出、游戏乃至体育等各种文化娱乐行业的"策划者"。由于签约艺人的多元化，一家公司内部的签约客户可以完成将创意转化为脚本的整个过程，实现了艺人经纪的捆绑销售。

（2）经纪范畴愈加广泛。美国传统的娱乐经纪主要集中在音乐、演出、影视行业，从事的是艺人的居间、行纪、代理工作。现在的娱乐经纪已不再停留在以往的传统业务上，许多经纪公司还介入了数字出版、游戏、时尚、体育、旅游行业以及百老汇舞台等几乎所有与文化产业相关的领域。除此之外，它们还为企业客户提供产业咨询、品牌管理、营销策划、时尚活动以及商业情报的服务，早已不只是人才代理那么简单。

不断变化的内容市场对经纪公司的业务造成了一定的冲击，一方面，美国的娱乐经纪公司积极拓展广泛的业务范围，另一方面，传统的核心商业领域——影视、音乐、巡回演唱会、出版依然是经纪公司利润最为丰厚的部分。

（二）奥维茨与 CAA 的发展历程

1. 奥维茨生平

迈克尔·奥维茨（Michael Ovitz）1946 年 12 月 14 日出生于美国芝加哥。父

---

① https://www.paradigmagency.com/about/.
② https://gersh.com/about/.
③ https://www.apa-agency.com/who-we-are/.
④ http://www.apa-agency.com/about.aspx.

亲大卫·奥维茨对儿时的奥维茨产生了较大的影响。由于父亲在小镇上组织了小联盟棒球队，奥维茨从小就喜欢棒球，几乎参加每一场小组赛。这段经历不仅锻炼了奥维茨好胜的性格，而且为他以后进军好莱坞积累了人脉。

1965年，奥维茨考上洛约拉法学院，主修医学。利用假期兼职，奥维茨申请了环球影视场内导游的职位，面试官恰恰是小联盟棒球队一位队员的父亲。除了认识面试官，更因为小时候在棒球队经常担任场上队长，在学校一直担任学生会副主席，性格外向，勇气过人，有很强的组织领导能力，奥维茨当场通过面试。

1966年，奥维茨从医学专业转到商业与心理学专业。兼职期间进入20世纪福克斯，担任场内旅游主管助理，并很快升任主管，主要负责设计旅游内容、线路及各种协调工作，管理着75名员工。

1969年，奥维茨大学毕业，进入WMA。由于大学读书期间丰富的工作经验，进入公司100天后，奥维茨开始担任总裁助理；进入公司7个月后又被授予经纪人资格。奥维茨的晋升之路创造了邮件收发室新人在经纪公司晋升最快的纪录。

1975年，奥维茨离开WMA，白手起家成立CAA。同时从WMA离开的还有负责公司哥伦比亚（CBS）电视节目的罗兰德·伯金斯（Rowland Perkins）、负责公司全国广播公司电视节目（NBC）的比尔·哈勃（Bill Haber）、负责公司美国广播公司电视节目（ABC）的迈克·罗森费尔德（Michael Rosenfeld）以及罗恩·梅耶（Ron Meyer）四位超级经纪人。

1995年，奥维茨离开CAA，入主迪士尼公司出任总裁。此时的CAA已成为好莱坞演艺行业的旗帜。喜欢挑战的奥维茨进入迪士尼公司后，仅呆了14个月就被踢出公司。

1998年，奥维茨再度出山，成立艺术家管理集团（Artists Management Group，AMG）。新公司面临要与CAA竞争的问题，而奥维茨本人建立的磐石帝国他自己也无法打破。2001年，奥维茨将AMG转手，本人也从此彻底退出演艺经纪行业。

2. CAA的发展历程

1975年，从WMA跳槽的五位超级经纪人租用朋友的一间办公室，借来一台打印机和一部电话，然后用200美元到旧货市场添置完全部的办公设备，开启了他们的明星帝国建设。

（1）从整合二流艺人的日间电视节目到发掘版权追星。作为初建公司，在没有任何资源与品牌优势的情况下，五位创始人无法签约电影明星客户。为维持公司运转，五人从二流艺人参演的日间电视节目入手，签到了一串客户，并与时代华纳、ABC、NBC等建立了联系。20世纪70年代的美国，相比于电影，只有20多年历史的电视有点冷门，而相对于晚间节目，电视的日间节目又有点冷门，冷门资源的整合让新公司避开了强大的竞争对手。虽然公司经营依旧艰难，但开始有了收入。

收益甚微的冷门电视节目依然无法让 CAA 签到大明星，于是奥维茨采取曲线追星的方式，从全美顶尖的文学代理公司下手，遍寻优秀版权，以此来吸引编剧、导演、明星。1976 年，奥维茨结识了著名的文学代理人莫顿·詹克罗（Morton Janklow），并获得了小说《头儿们》的电视版权。奥维茨很快设计了相应的演员与电视节目形式，并成功销售给 CBS，成为当年非常走红的电视小型系列节目。此后，奥维茨又获得了美国 1975 年畅销小说《幕府将军》的电视版权，并与 NBC 合作，历时 3 年制作出了 12 小时的电视系列片，节目播出后成为当季收视冠军。两部小说版权的运作，虽没有让 CAA 签下大腕明星，但让 CAA 彻底走出了财务困境。

（2）从挖小公司经纪人到通过律师追星。有了两部知名电视剧的成功运作经验，奥维茨从挖角小公司经纪人开始找大明星。名气大、公司小的经纪人，其背叛公司的成本较低，把他们挖过来，他们服务的明星通常也会跟来。奥维茨将目标锁定在经纪人马迪·鲍姆身上。鲍姆的经纪公司虽然规模很小，但公司客户单上有一串明星，并且，鲍姆人脉广泛，与许多知名导演、制片人、律师、影视公司高管等好莱坞权力阶层关系不错。1976 年 9 月，奥维茨以 CAA 6% 的股份及管理上完全平等的条件，说服鲍姆加盟 CAA，一起投靠 CAA 的还有他的 2/3 客户。

经过鲍姆的点拨，奥维茨在对好莱坞权力结构的认识上豁然开朗，除了经纪人，大腕律师也是明星背后的一只手。奥维茨于是将目标锁定大律师亨德勒。凭借极好的沟通交际能力，不久亨德勒就向奥维茨引荐了正在寻找经纪人的肖恩·康纳利。一份非常贴心而又可行的演艺规划打动了康纳利，1979 年 2 月，康纳利与 CAA 正式签约，成立整整 4 年后，CAA 客户单终于出现了超级巨星。1980 年 CAA 又陆续与达斯汀·霍夫曼、保罗·纽曼签约。很快，奥维茨又拿下动作明星史泰龙、新星汤姆·克鲁斯，以及当时已经大红大紫的比尔·默雷。CAA 的明星帝国逐渐建成。

二、CAA 的商业运作模式

CAA 虽然不是美国最早成立的娱乐经纪公司，但是它只用了 30 年就完成了对手历经百年也未能成就的传奇，并远超许多老牌经纪公司。美国的许多权威杂志如 Fast Company、《财富》《首映式消息》等都给予了 CAA 极高的评价。AMG 的失败证明奥维茨创建的 CAA 模式其本人也无法超越。

（一）充实代理客户，形成多元艺人

1. 发掘潜力新人，积累艺人资源

除了签约大腕明星外，发掘潜力新人也是经纪公司树立品牌、持续发展、培养核心竞争力的一种手段。20世纪80年代，CAA慧眼识珠签下新人汤姆·克鲁斯，经过《危险的行业》（*Risky Business*）、《步步登天》（*All the Right Move*）、《壮志凌云》（*Top Gun*）等若干部电影的磨炼，汤姆·克鲁斯逐渐成为美国一线男星。2005年CAA进入中国后，也陆续签约了许多青年导演、演员。

CAA的潜力新人发掘与日韩养成型模式存在较大差异。杰尼斯模式下培养的偶像通常通过星探或海选选出练习生，再通过经纪公司安排的一系列演艺课程学习后安排出道，成为明星。CAA则通常发掘已有一定作品的潜质新人，由于新人有一定知名度，签约风险通常较低，同时，签约新人无须从零开始培养个人艺能，艺人培养成本较低。对于没有背景的新人，CAA一般通过看其作品了解其表演水平；通过看导演的戏或者他自己开发的剧本了解其水平。①

2. 挖角顶级经纪人，获取明星资源

虽然并购经纪公司是简单直接地获得公司客户资源的一种方法，但毕竟风险较大，极可能因为经营理念、企业文化等问题导致失败。大部分娱乐经纪公司都是明星跟着经纪人走，并购公司不如直接挖角经纪人，尤其是握有顶级艺人的经纪人。因此，CAA建立初期的"追星"方式，在后续40年的时间一直被沿用：顶级经纪人拥有多年的行业工作经验，积累了大量稳定的客户资源，挖角顶级经纪人是获取明星客户资源的一条捷径。

3. 拓展海外市场，占有海外客户

在娱乐资源全球化整合的大环境下，CAA亦非常重视海外市场的拓展。CAA除了在美国的洛杉矶、纽约、纳什维尔、亚特兰大、迈阿密、芝加哥设有办事处，也将手伸向了英国、中国、瑞典、德国、印度，在伦敦、北京、斯德哥尔摩、慕尼黑、孟买均设有办事处。2005年以来，CAA在中国签有李连杰、莫文蔚、吴彦祖、黄渤、徐峥、余男、王力宏等演员，吴宇森、宁浩、陆川、高群书、金依萌等导演。CAA于2005年开设中国北京办事处，并在中国市场成功拓展了跨境电影业务。CAA在中国签约的许多年轻导演、演员、制片人、主持人、运动员、设计师、模特等均是在自身行业有突出表现或有巨大突破可能性的人才，如漫威首位华人英雄刘思慕。即便是挖掘新人，也要求他们在某一方面已经显露出潜质。如NBA（美国职业篮球联赛）选秀状元威廉姆森、CBA（中国男子篮球职业联赛）选秀状元王少杰，均是在大学期间已经崭露头角才签约到CAA。在十几年的时间，CAA深度参与了几乎所有中美合作的重要电影，包括首部票房破10亿的国产片《泰囧》，为他们提供组盘、销售或融资服务。2017年，华人文化宣布入股CAA，双方成立CAA中国，由中方控股。2018年1月，CAA中国建立品牌合作部，5月引进音乐业务，2018年8月，CAA中国合并国内领先

---

① 《CAA中国区总经理罗异：好莱坞法则中国生存之道》，2010-03-16，http://ent.163.com/10/0316/16/61TLL2K500033RQH_3.html。

体育公司凌势动力，成立体育部，成为在体育营销、品牌咨询、运动员代理等方面的行业领头羊。2019年CAA中国建立社交媒体&数字内容部。2023年4月升级品牌合作部成立CAA Brand Studio……CAA一步步探索在中国娱乐经纪中的更多可能。

（二）提供优质服务，稳定代理客户

1. 整合公司资源，为客户争利

发掘潜力新人、挖角大腕明星、拓展海外客户等为CAA积累了大量且多元的艺人资源，这使得CAA从节目策划，到作家、编剧、制片人，再到导演、演员，一应俱全，为实现整个项目而非仅对明星个人的运作打下了基础。奥维茨采取"一揽子"服务，在为投资方提供包括制片人、编剧、导演、演员甚至整部戏预算等全方位投资方向的分析报告供投资方参考的同时，也最大限度地实现了争取艺人工作机会的目的。CAA艺人阵容强大，让许多制片公司望尘莫及。一方面，"一揽子"服务极大地提升了艺人的薪酬水平，也同时抬高了经纪公司面对制片公司的话语权；另一方面，一次交易输出多个艺人也为公司新人提供了更多机会，实则是经纪行业的一场革命。

2. 降低佣金比例，与客户平等

除了"一揽子"服务为客户争利，CAA还主动让利。奥维茨将CAA美国的佣金标准从行业惯用的10%降到6%，又从6%降到5%，后来降到3%。①

虽然佣金比例降低，但在艺人的高薪酬下，3%的佣金比例仍比其他公司10%的佣金赚得更多。CAA从成立之初便是一个独立的经纪公司，不参与任何制作，即便进入中国这块当时没有相关法规制约经纪公司与制作公司关系的市场，CAA仍坚持"经纪与制作合一会破坏艺人利益"。在目前佣金比例普遍在40%以上甚至90%的中国娱乐经纪市场上，CAA中国的佣金比例始终规定在10%。较低的佣金比例既可以刺激经纪人卖力工作，也能让经纪人在为艺人选择工作机会时，更多地为艺人的演艺生涯而非佣金着想。艺人是公司的客户而非员工，只有建立平等关系，才能实现更加长期稳定的合作。

3. 限制签约年限，便于双向选择

中国有许多娱乐经纪公司由于与艺人收入分配不公、签约年限过长，而导致解约、翻脸的案例。美国经纪公司的合同纠纷以及违约赔偿都会按照美国娱乐经纪协会ATA、美国演员平等权益协会AEA的相关规定来协调。经纪公司不会通过强硬的方式与艺人绑定，而是通过增加自己对客户的吸引力，完善对客户的服

---

① 《奥维茨：100亿美元经营顶级明星》，2006-11-06，http://finance.sina.com.cn/leadership/crz/20061106/11473052235.shtml。

务，构建与客户的稳固合作关系。① CAA 在签约年限方面实行的是加州《劳动法》规定的 1 年制，同时，艺人还可以随时解约。经纪人的工作没有成绩，艺人就会离开，这虽然为经纪人带来了更大的工作压力，但已形成良性循环的 CAA，其品牌价值能随着艺人身价的提高得以放大。单纯靠延长签约年限、设置高额违约金等方式并非开放式市场竞争的状态，火了的艺人若能为新公司带来高于违约金的收益，就会有新东家为其买单，没有价值潜力的艺人，留住也恐难靠剥削获益。CAA 式的"松散合同"秉承的是以艺人为中心的服务理念。

（三）实现资源共享，团队人人平等

CAA 的艺人归整个公司代理，而非个人，信息亦是公司共享，巨大的资源平台能提供给艺人很多别的公司提供不了的机会。团队代理的艺人运作模式使经纪人不会全盘负责一个艺人，项目工作由大家共同完成。在 CAA，即便是超级巨星，大部分服务也都由公司提供。一方面，资源共享、团队代理使得很多竞争对手无法从 CAA 挖走艺人，另一方面，由于团队作战，同样数量的艺人经纪业务，CAA 只需要对手 1/3 的经纪人，从而实现了资源利用的最大化。

在 CAA 的员工名片上，只有名字，没有具体的头衔和职位。办公室不挂牌子，会议室与接待室谁都可以随时使用，员工工资单也是按姓氏字母排列。CAA 全公司都有义务服务于每个艺人，不仅员工或地区总经理，连主席也要亲自带艺人。公司内部人人平等，CAA 做到了不分地位和等级。

（四）不断拓展领域，延长资源链条

1975—1995 年，CAA 的代理业务主要集中在电影、电视与演出方面，运作项目及代理客户都主要集中于该领域。1996—2005 年，CAA 逐渐向音乐、文学、歌剧以及游戏领域拓展。由于当时的 CAA 已经拥有较高的知名度以及丰富的战略战术经验，所以 CAA 拓展新兴市场有着天然的竞争优势。CAA 一方面通过直接联系歌星、作家、乐队、歌舞剧团等吸收代理客户，另一方面通过作曲家、音乐监制、律师、经纪人等进行迂回接触、谈判，或者直接进行并购吸收客户。2006 年，CAA 开始大举进入体育代理市场。2015 年，CAA 也挺进了与体育相关的一系列其他领域。2019 年新冠疫情给全球许多行业带来了巨大冲击，不过，为世界顶尖运动员促成合作的体育经纪业务依然保持稳健发展。福布斯以 2020 年各大体育经纪公司在篮球、橄榄球、棒球、曲棍球和足球等团队运动中谈判达成的球员合同，以及高尔夫球员和网球运动员的代言收入为依据，发布了 2020 最有价值体育经纪公司排行榜，CAA 位列第一名。在全球前 50 名体育经纪人排行榜上，CAA 共有 11 位经纪

---

① 参见袁玥《美国娱乐经纪公司商业运行模式分析——从中介视角透视美国娱乐产业》，载《艺术百家》2010 年第 7 期。

人入选。① 2021年签下NFT"无聊猿"Jenkins the Valet拓展云宇宙数字经纪领域业务。

三、美国与中国的娱乐经纪对比

美国经纪人、经理人、娱乐律师作为经纪主体，在不同的权责范围内帮助艺术家获得工作或者为艺术家提供咨询，与中国娱乐经纪存在较大的差异。

（一）美国娱乐经纪主体

1. 经纪人

美国加州劳动法对经纪人有明确的规定：人才经纪指在求职过程中，从事于帮助艺人获得工作或者承诺提供工作机会的个人或公司，经纪人必须获得相应的经纪执照。这里的经纪人（经纪公司）和中国娱乐经纪公司的经纪范围有所不同。好莱坞经纪公司所面向的客户范围更加广泛，它们不仅仅服务于艺人，还为编剧、制片、导演或者其他剧组工作人员提供服务（在好莱坞，剧组其他工作人员的地位也不低于演员，而且这些剧组人员还有工会），艺人们不会通过"卖身契"被经纪人捆绑，经纪人只是作为中介，来为自己的委托人联络工作机会，进行相关谈判，从委托人的工作报酬中收取一定比例的手续费。委托人和经纪代理公司之间是平等的合作关系，各取所需。② 经纪公司从设立到联络工作、完成业务亦会受到多方约束：持证上岗、信用备案、劳动法律、行业协会等。加州《劳动法》第1703节（a）条第三款规定经纪公司必须向劳工委员会提交5万美元保证金，（f）条规定艺人与人才经纪机构之间的合同期限不超过1年，且不得自动续签。第1703.1节规定从事人才服务业务的每个人都应保存和维护人才服务业务记录，包括艺人在与人才经纪机构签订的合同期内支付的费用金额、经纪公司经纪人及高管的姓名、地址、出生日期、社会保险号、联邦税务识别号和驾驶执照号、每个星探及其在招募艺术家时使用的官方姓名、主要居住地址、出生日期、联邦税务识别号和驾驶执照号等劳工专员要求的任何其他信息。③ 这种无为而无不为的管理方式使得美国的娱乐经纪行业在宽松的环境、严格的法律法规范围内有序运行，这与美国对各文化行业的管理方式不谋而合。

加州法律和好莱坞的各行业工会对经纪人和制片公司的职责范围进行了明确的划分，经纪人虽然为艺人联络工作，却被禁止通过制片和发行之类的实体公司

---

① 《〈福布斯〉全球最有价值体育经纪公司排行：体育行业一直存在的"大厂"认证》，https://www.sohu.com/a/442428124_488056。
② 参见刘茫《扒一扒好莱坞艺人经纪行业的状况》，2015-08-27，http://zhuanlan.zhihu.com/20186957。
③ 美国加州《劳动法》，https://www.agentassociation.com/clientuploads/PDFs/AGENCY%20LICENSING/CA%20Law%20-%20Fee%20Related%20Services.pdf。

获得经济利益。制片公司与经纪公司独立的原因在于：一方面，20世纪80年代，美国联邦贸易委员会（FTC）与好莱坞之间在垄断与反垄断方面交锋20多年后，最高法院以派拉蒙为例，做出了对传统大制片厂的最终判决，即大制片厂捆绑销售多部电影的模式被打破，从制作到放映的垂直整合体系亦被动摇。制片公司以项目制的方式与艺人合作，两者平等，而不再是制片公司雇佣艺人。另一方面，持有经纪牌照的经纪公司如果同时涉足制片业，相当于既当卖家又做买家，在演员工会眼中，会破坏行业竞争，不利于维护艺人的权益。这种分工顺应了专业化和职业化这一市场经济需求。在如此分工明确的行业里，好莱坞经纪人的核心竞争力表现为与制片公司谈判、周旋，尽一切可能为旗下的艺人创造更多、更好的工作机会，且在每一个工作机会中为艺人争取到更多的权利。为艺人争利也就意味着为自己争利，提高艺人片酬的同时，亦提高了经纪人的佣金收入，同时，这对经纪人与制片公司打交道时的交易能力有了更高的要求。

2. 经理人

经理人或称独立经纪人，其职责在于对艺人或名人在娱乐领域事务提供建议与咨询，以确保艺人事业的顺利发展。经理人和经纪人职能划分十分清晰：前者是为演员、少数编剧提供全天候的长期事业发展规划和建议，以及与艺人的经纪人进行沟通；后者则是为艺人寻求工作机会以及承担其中的谈判职能。

在现实中，不少经理人会做无照"黑中介"的生意，既为艺人事业进行规划和建议，又为艺人招揽工作进行谈判，承担经纪职能，抢占经纪公司业务。这种状况源于好莱坞对经理人管理法律法规的缺失。在好莱坞，成为经理人几乎没有任何条件限制，不属于州法律规制的范围，也缺少行业联盟的限制。只要经理人与艺人双方同意，经理人就能够代表艺人去跟第三方谈判来谋求合作。当然，这并不意味着这些"黑中介"就可以逍遥法外。美国现行法律规定，如果艺人能够证明经纪人无照经营，劳动委员会就有权宣布其经纪代理合同无效，并可能要求其赔偿或返还这些合同产生的佣金。这一规定让无照经纪人和他们所代理的艺人陷入一种微妙的关系：无照经纪人继续当"黑中介"的话，就要防备艺人的"反咬"，承担起合同被宣告非法或无效的巨大风险。[①]

3. 娱乐法律师

娱乐法律师负责解决一切与艺人有关的合同谈判及法律事务。娱乐法律师是娱乐经纪主体中比较特殊的一类，他们的主要职能是保障艺人在法律层面上的权益，即合同谈判，而这个层面的内容，经纪人往往难以驾驭。在通常情况下，娱乐法律师会与艺人的其他合作伙伴代表进行谈判，从各方面为艺人争取权益。虽然美国演员工会为保证演员片酬对其成员设置了最低报酬标准，但演

[①] 参见刘茫《扒一扒好莱坞艺人经纪行业的状况》，2015-08-27，http://zhuanlan.zhihu.com/20186957。

员的代理律师们依然会在协议中约定比行业协会标准更加优厚的待遇：先期总票房分成、收支平衡点的优先票房分成、票房奖金、立项奖金、发行奖金乃至获奖奖金、第三方担保支付、合理认可权、平等置入权、确认权、更衣设施乃至署名位置、格式、大小等，事无巨细地为艺人争取。

综上，美国的娱乐经纪代理机构分工明确、权责清晰，通过法律法规和行业自律，对经纪代理机构进行多方限制，使委托人利益得到了充分保护，避免了经纪代理公司的过度膨胀，经纪主体在娱乐经纪行业中发挥了其重要作用。

（二）中国娱乐经纪主体

对比美国行业细化、分工明确、权责明晰的经纪模式，中国没有从法律和行业协会层面将娱乐经纪公司的制作与经纪业务严格分离开来，制作人、经纪人、经理人集成到一个娱乐公司。

目前，中国的经纪业务在制作、经纪垂直整合体系下呈现多头并举的状况：依托制作资源帮助艺人发展的制作人、经纪人、经理人三位一体模式，如荣信达的李小婉、海润千易常继红；依托制作公司成立自负盈亏的艺人工作室模式，如华谊兄弟的李晨工作室、西安嘉行影视旗下的杨幂工作室；以明星个人为核心成立的独立艺人工作室模式，如李冰冰工作室、好妹妹的春生工作室；拥有资源整合平台以及海外市场操作能力的全产业链资源整合模式，如 CAA 中国、Endeavor 中国。

相比之下，依托制作公司的艺人工作室模式更适合中国影视产业的现状，但 CAA 这样的独立经纪模式，未来肯定更符合产业发展的长期需要。依托制作公司成立艺人工作室，说明公司对该艺人重视程度较高。公司会为艺人提供相应的影视资源，艺人有权选择接受与否，同时艺人可以更灵活地去参加商演及自己争取来的演艺活动。艺人及工作室工作人员的收入有可能来源于公司，也有可能由艺人自己支配。以明星个人为核心成立的独立艺人工作室是在目前缺乏强大独立经纪公司环境下的产物。以往隶属于制作公司的艺人，进入成熟期后自立门户，艺人是自己的老板，对工作室其他艺人及员工负责。目前的独立艺人工作室其客户资源比较有限，难以更广泛地开展经纪业务，真正承担起经纪公司角色。

（三）中国娱乐经纪行业的问题

1. 缺乏独立经纪体制

制作与经纪垂直整合体系下的经纪模式虽然有利于发掘新人、形成明星，但在市场多元化竞争环境下，较易损害艺人利益，不利于艺人事业的长远发展。例如，三位一体制模式的荣信达公司通过新版电视剧《红楼梦》挖掘出杨洋、蒋梦婕，但在这部作品之后两人的事业就几乎陷入沉寂，最终以解约的方式结束了双方的合作。此外，周迅、陈坤、杨幂、阚清子、李沁等也纷纷从荣信达出走。荣信达单凭自身的制作业务带动旗下经纪艺人的发展，虽然能"造星"，却无法真正地承担经纪公司的角色。成熟艺人会选择与经纪公司解约，寻求更大的平台。艺人在引入期及形成期需要制作公司强大的资金背景、优秀的作品帮助打造明星，而艺人进入成熟期后，制作公司的作品却很难始终符合艺人身价的增长，因此，制作与经纪业务合一模式虽然对新人有一定吸引力，但成熟艺人的利益却得不到保障。成熟艺人需要的是一个开放、多元的职业机会，依靠类似"禁止解约"的合同条款也无法帮助公司来捆绑艺人，因为解约本身就是违约成本和预期收益的平衡，实质上是对经纪公司竞争力的考验。好莱坞艺人合约不能超过3年，就是为了让艺人有充分的自主选择权，根据经纪人的服务能力来选择是否续约。以艺人为中心，为艺人解决每个阶段的需求，提供匹配的专业服务，形成共赢局面，经纪公司才能持久存续。

2. 佣金比例偏高

CAA曾在美国独创了娱乐经纪行业的"沃尔玛革命"，将佣金比例一降再降。CAA中国区15%的提成比例，也是行业的较低标准。在中国，制作、经纪垂直整合体系下，经纪公司与艺人的佣金比例与美国存在较大差异。

湖南卫视背后的天娱传媒，号称中国内地的SM公司，其与艺人的分成比例通常为6∶4。2004年成功举办第一届超级女声开始，2005年又捧红了李宇春、周笔畅、张靓颖等人，之后湖南卫视联手天娱传媒，几乎年年都办选秀节目，而每一次都会签下大量艺人。但如果选秀艺人要想长久发展，则会投靠新的经纪公司。只不过成功解约的代价就是天价违约金。不公平分配的结果往往就是艺人跳槽，寻找新东家，以实现报酬与艺人自身价值的平衡。

3. 明星片酬偏高

在美国，在CAA创造的"一揽子"服务模式下，美国演员片酬普遍上涨了10倍，这是制作与经纪分离模式下经纪公司最大化为艺人争利的结果。同时，好莱坞有非常严格的工会体系，演员工会对于其成员设置了最低报酬标准，即使演小角色，也有最低报酬保障。在制作与经纪业务合一模式下，利益天平会向制作方倾斜，损害艺人利益，最终导致艺人片酬偏低，例如韩国、中国香港。而同为制作与经纪业务合一模式下内地明星艺人片酬却明显偏高。在我国内地，明星片酬一般占到一部剧总投资的50%甚至70%以上。[①] 明星制使得影片的生产、宣传全部围绕明星进行，明星成为影视片的品牌，而对剧本、导演、服装、化妆、道具、场景、后期等的资金投入却相对较低。

早在2006年8月，中国广播电视协会电视制片委员会通过了《中国电视剧制作行业自律公约》，向明星高片酬发出了宣战。2016年、2017年、2018年、

---

① 参见孙仲《评论：限制演员片酬不妨学学韩国》，载《北京晨报》2014年11月14日。

2020年、2021年，广电总局，中国广播电影电视社会组织联合会电视制片委员会，优酷、爱奇艺、腾讯视频三大视频网站，六大制片公司等发行和制片机构，中国电视剧制作产业协会等，均对明星高片酬问题提出了倡议及建议。2022年2月，广电总局印发的《"十四五"中国电视剧发展规划》中强调，严格执行每部电视剧全部演员总片酬不得超过制作总成本的40%、主要演员片酬不得超过演员总片酬70%的制作成本配置比例规定，加强片酬合同备案与核查。然而，目前还没有出台相关的法律法规对明星的最高片酬进行限制。我国一线明星片酬畸高，而普通演员及群众演员的超低收入与其形成了鲜明对比。

由于我国的影视演出作品缺乏试水平台，明星成为多方选片的依据，也由于市场缺乏让消费者检验作品的平台，观众通常通过自己喜欢的明星选择影视演出作品，电视台、制片人、制作人也会投"观众所好"选择大牌明星作品，以此降低其购买、制作风险，进一步助推了明星的高片酬。美韩电视剧的制作播出均采取边拍边播方式，及时把握市场动态，根据市场反应及需求做出调整。当下，美国制片商对系列电影的青睐也是电影寻求市场检验后的结果。因此，形成电视剧边拍边播模式，建立各内容产品试水平台（连载杂志、弹幕网站等），让消费者而非电视台、制片人成为内容产品的购买者，让观众、电视台、制片人更多地将目光锁定在内容产品本身而非明星身上，亦能在一定程度上减少演员的片酬。

作为保护演员权益的中国电视艺术家协会演员工作委员会的进入门槛较高，主要为一线演员服务，新演员如何维权等问题暂未被提及。虽然协会提出多管齐下治理明星"天价片酬"，要营造健康清朗的文艺生态，让失德演员和相关从业演员没有生存空间，但演员工作委员会并未参与调控高片酬。此外，国内影视热让大量热钱涌入，演员片酬则在投资成本上随之提高。甚至，许多影视制作公司为实现所谓的"高票房""大制作"做高影片投资成本，更进一步抬高了演员片酬。

（四）中国娱乐经纪行业的启示

1. 形成独立经纪公司模式，建立平等经纪关系

相比于"好莱坞"的权利分治，我国电影市场缺少制衡垄断的法律依据，国内的制作公司可以进行全产业链布局，艺人与经纪人关系难以平等。艺人作为文化经纪合同中的委托人，与经纪公司或经纪人之间应该是各取所需、平等合作的关系。从艺人角度看，艺人成名前收入极低，有的甚至几乎没有收入，靠经纪公司"借款""记账"的方式生活，此时经纪公司与艺人签订的合同中含有公司占有分配比例较高或与艺人签约年限较长等霸王条款，这无疑是极不公平的。这种不公平的合作状态只会暂时存在于新人时期，因为处于引入期、成长期的艺人为了借助经纪公司的资源平台，只好甘受剥削。引入期及成长期的艺人收入有限，在高佣金比例下的经纪公司依然收入不高。步入成熟期的艺人在预期收益与违约成本达到平衡时往往会选择与经纪公司解约，或在合同到期后另觅东家，或自立门户。因此，不平等合作关系下的经纪合约无法形成长续久存的合作。经纪公司与艺人良性的关系是建立在以艺人为中心、为艺人解决各个阶段的需求基础上。在自由竞争的市场环境下，经纪公司同样需要向开放的市场竞争让步，而非以不公平条款垄断艺人。独立经纪公司模式未来会更符合产业发展的长期需要。

2. 规范艺人及娱乐经纪行业，发挥行业协会作用

行业协会是介于政府与企业之间，为行业服务、沟通、协调、监督、公正、自律的社会中间组织。美国的演员工会、编剧工会、导演工会、表演艺术经纪人协会、娱乐经纪公司协会等在规范演艺行业、约束娱乐经纪行业、保护艺人利益等方面发挥了极其重要的作用。例如，经纪人不能同时靠获取制作公司收益获利，设置演员工资下限，佣金最高不应超过行业习惯定下的10%，经纪人和艺人的合同期限不得超过1年。我国与娱乐行业相关的各行业协会正在逐步发展中。中国广播电视社会组织联合会（简称"中广联合会"）是经中央编办批准使用事业编制的广电总局主管的社会组织，其前身是1986年10月15日在北京成立的中国广播电视学会，2019年更改为现名。中广联合会近几年在规范行业发展上制定了一系列文件。2017年9月，中广联合会电视制片委员会、中广联合会演员委员会、中国电视剧制作产业协会、中国网络视听节目服务协会联合发布《关于电视剧网络剧制作成本配置比例的意见》，建议全部演员的总片酬不超过制作总成本的40%，主要演员不超过总片酬的70%，其他演员不低于总片酬的30%，坚决杜绝过高片酬。2020年2月，广电总局发布了《关于进一步加强电视剧网络剧创作生产管理有关工作的通知》，通知指出，在电视剧网络剧完成片审查阶段，制作机构须将制作成本决算配置比例情况报告、演员片酬合同复印件，提交至有关广播电视主管部门备案。每部电视剧网络剧全部演员总片酬不得超过制作总成本的40%，其中主要演员片酬不得超过总片酬的70%。[①] 2022年5月，中广联合会、中国网络视听节目服务协会共同发布《演员聘用合同示范文本（试行）》，提出演员片酬等劳务收入不得使用现金方式支付，不得以股权、房产、珠宝、字画、收藏品等变相支付报酬形式隐匿收入，严格区分个人收入和工作室经营所得、公司收入。演员聘用合同书应列明演员经纪公司/演员工作室与演员本人之间的酬金分配以及对应合同义务等情况。[②] 上述相关文件的出台能在一定程度上遏制明星片酬畸高现象。

3. 促进娱乐经纪业发展，建立成熟造星机制

我国长期的制作人、经纪人、经理人三位一体的经纪模式，导致了娱乐经纪

---

① https://whly.tj.gov.cn/ZWGKYXXGK1640/zcwj09271/WLJZCWJ09274/202108/t20210826_5557094.html.

② http://www.nrta.gov.cn/art/2022/5/9/art_114_60318.html.

公司业务泛而不精。有制作背景的经纪公司会将主要精力放在内容制作方面，对艺人培训、包装、宣传推广等工作重视程度不高，难以实现工业标准化造星。我国一线演员片酬过高亦与我国娱乐经纪行业造星机制不够成熟有关。优秀的艺人资源在广大的电视、电影、音乐、演出等内容平台上显得尤为珍贵，片酬自然逐年攀升。对比韩国，成熟的练习生制度使娱乐经纪公司能快速大量地推出优秀艺人，很好地弥补了这类经验技能型文化资源的匮乏。因此，要促进娱乐经纪行业发展，丰富多元的艺人资源必不可少。在我国，也应该建立成熟的造星机制、艺人发掘模式，形成偶像生产的批量化、明星制造的制度化。

参考文献

［1］奥维茨：100亿美元经营顶级明星［J］.竞争力，2006（11）.

［2］斯雷特. 好莱坞首席明星代理人：迈克尔·奥维茨传［M］.李斯，译. 海南：海南出版社，2001.

（撰稿人：殷亚丽）

思考题

1. CAA 建立之初是如何挖角明星客户的？
2. CAA 创造了怎样的商业运作模式？
3. 试比较 CAA 与我国经纪模式的异同。
4. CAA 的成功经验对我国艺人经纪行业发展有哪些启示？